복 있는 사람

오직 여호와의 율법을 즐거워하여 그 율법을 주야로 묵상하는 자로다.
저는 시냇가에 심은 나무가 시절을 좇아 과실을 맺으며 그 잎사귀가 마르지 아니함 같으니
그 행사가 다 형통하리로다. (시편 1:2-3)

이 책의 추천사를 쓰기 위해 이른 아침부터 늦은 오후까지 하루종일 원고를 읽었다. 책을 다 읽고 난 후 나의 느낌은 마치 무더운 여름날 시원한 계곡, 그 아래서 목욕을 한 것 같았다. 정신이 쇄락(灑落)해지고 마음이 편안해진다.

오늘날처럼 교회 안에서조차 기독교에 대한 생각이 혼란스러운 시대에는 이러한 책이 필요하다. 저자는 유능한 신학자인 동시에 평범한 신자들과 소통할 줄 아는 능력을 가진 저술가이다. 이 책은 신학의 깊은 학문적 지식으로 신앙의 도리를 제시하는 책이다 조직신학 책이라고 하기에는 너무 실천적이고, 신앙생활의 지침서라고 하기에는 학문적인 뿌리가 깊다. 성경론으로부터 시작해서 하나님, 인간, 예수 그리스도와 구원, 교회 등에 관한 교리를 심도 있게 풀어 갔다. 그러면서도 현실에 대한 적용을 결코 소홀히 하지 않았는데, 그 점이 이 책을 더욱 빛나게 한다. 이것은 아마도 저자가 단지 연구실에 있는 학자가 아니라 전심으로 자신의 모든 삶의 방면에서 하나님을 추구하며 살아온 신앙인임을 보여주는 것이라고 생각한다.

나는 저자가 출간하게 될 이 책의 후속편들을 더욱 기대한다. 독자들이 진지한 열심을 가지고 이 책들을 읽는다면, 오늘날 참을 수 없으리만치 너무나 가벼운 사상 없는 기독교 신앙을 떠나서 성경이 제시하는 참된 기독교 신앙으로 돌아오게 될 것이다. 이 책은 분명 독자들에게 그러한 유익을 줄 것이라고 확신한다.

김남준 열린교회 담임목사

처음 원고를 읽고 나서 '와! 내가 믿는 기독교 신앙을 이렇게 논리 정연하게 잘 정리해 주다니, 대단하다'는 생각이 들었다. 내가 속으로만 생각하고 있던 주제와 표현을 대신해서 해주고 있는 것 같았다. 이 책이 논리적이고 설득력이 있는 이유는, 저자가 단순히 자기 속에 떠오르는 사색을 쓴 게 아니라 교육 현장에서 만나는 학생들에게 표현하고 가르치면서 다듬어지고 그들의 삶에 부딪히면서 얻은 바를 글로 옮겼기 때문이다. 특히 저자는 결코 부끄럽지 않은 기독교와 기독교의 진리가 부끄러운 삶을 사는 자들 때문에 웃음거리가 되는 현실을 안타까워하면서 믿는 자들에게는 진리를 정리하여 확신을 주고, 막연한 생각으로 신앙을 거부하는 이들에게는 영광스러운 복음의 진리를 변증하려는 마음으로 이 책을 쓴 것이다.

이 책의 가장 큰 장점은 기독교의 기본 주제를 2천 년 기독교 역사와 신구약 성경 및 신학의 통일성이라는 관점에서 설명하기 때문에 신앙의 각 항목에 대해 균형 잡힌 시각을 갖게 해준다는 점이다. 그러면서도 각각의 항목과 관련된 논쟁점까지 쉽고 자세히 설명하고 있다. 따라서 신앙을 체계적으로 정리하고 싶은 이들은 이 책을 통해 신앙이 더욱 단단해지고 자신이 믿는 바와 실천하는 바에 대해 더 큰 자부심을 가질 수 있을 것이다. 한편, 기독교를 알고 싶지만 그 방법을 몰라 답답해하던 이들에게도 이 책은 기독교 신앙과 성경을 제대로 이해할 수 있게 해주는 귀한 안내서가 되어 줄 것이다. 바라기는, 이 책을 읽으면서 진리에 대해 막혔던 눈이 활짝 열리는 발견의 기쁨뿐 아니라 진리의 얕은 물가에만 머물던 허기진 마음을 채우는 신앙의 깊이를 체험하게 되기를 빈다.

노재석 전주서부중앙교회 담임목사

이 책은 아우구스티누스, 칼빈, 바빙크로 이어지는 보편적이고 성경적인 기독교회가 믿고 있는 바와 행해야 할 바가 무엇인지를 차근차근 설명해 준다. 역사신학을 전공한 이답게 교회사의 여러 자료들을 능수능란하게 인용하면서도 성경적인 균형과 실천적인 적용점을 놓치지 않기 위해 애쓴 흔적을 매 페이지에서 확인할 수 있다. "신앙은 신학의 세속화를 방지하고, 신학은 신앙의 분리주의를 방지한다"라는 헤르만 바빙크의 의미심장한 말처럼, 이 책은 공교회적 신앙을 회복함으로써 세속화된 시대에 다시금 기독교의 원래 모습을 앎과 실천을 보여주고자 하는 경건한 신학이 빚어낸 소중한 작품이다. 기독교에 대한 파편적이고 왜곡된 오해를 걷어내고 그 진면목을 일별하고자 하는 이들에게 적극 권한다.

우병훈 고신대학교 신학과 교수

기독교란 무엇인가

기독교란 무엇인가

2017년 4월 24일 초판 1쇄 발행
2020년 2월 17일 초판 2쇄 발행

지은이 한병수
펴낸이 박종현

도서출판 복 있는 사람

주소 서울특별시 마포구 연남동 246-21(성미산로23길 26-6)
전화 02-723-7183, 7734(영업·마케팅)
팩스 02-723-7184
이메일 blesspjh@hanmail.net
등록 1998년 1월 19일 제1-2280호

ISBN 978-89-6360-220-2 03230

이 도서의 국립중앙도서관 출판예정도서목록(CIP)은
서지정보유통지원시스템 홈페이지(http://seoji.nl.go.kr)와 국가자료공동목록시스템
(http://www.nl.go.kr/kolisnet)에서 이용하실 수 있습니다. (CIP 제어번호:2017007522)

ⓒ 한병수 2017

이 책의 저작권은 저자와 도서출판 복 있는 사람이 소유합니다.
신저작권법에 의하여 한국 내에서 보호받는 저작물이므로 무단 전재와 무단 복제를 금합니다.

기독교란 무엇인가

CHRISTIANITY

한병수

복 있는 사람

차례

들어가는 글　　　　　　　　　　　　　　　　8

1・기독교의 전체적인 그림　　　　　　　17
2・성경이란 무엇인가　　　　　　　　　　47
3・하나님은 누구신가　　　　　　　　　　69
4・하나님이 행하신 일은 무엇인가　　　117
5・인간은 누구이며 그리스도 예수는 누구신가　　163
6・이제 나는 누구인가　　　　　　　　269
7・교회란 무엇인가　　　　　　　　　　291

참고 문헌　　　　　　　　　　　　　　482
찾아보기　　　　　　　　　　　　　　483

들어가는 글 | 벼랑으로 내몰린 기독교를 생각하며

자신의 가치관과 세계관을 벗어나 있는 사람은 없습니다. 자신의 가치관과 세계관이 완전하고 무흠하다고 주장할 사람은 아무도 없을 것입니다. 스스로 보기에 아무리 모순이 없고, 최고의 생각과 판단과 선택이고, 심지어 지구촌의 절반을 설득하여 지지를 얻어 낼 만한 논거를 제시할 수 있다 하더라도, 자신의 유한하고 불완전한 가치관일 뿐이라는 사실을 부정할 사람은 아무도 없을 것입니다. 기독교에 대해 부당한 독설을 쏟아내고, 과도한 혐오를 드러내고, 적대적인 논증을 펼치는 이들도 예외가 아닙니다. 그런 이들 중에 아마도 영국의 무신론적 지성인인 버트런드 러셀Bertrand Russell이 대표적인 인물일 것입니다. 러셀은 자신이 기독인이 아닌 이유를 『나는 왜 기독교인이 아닌가』Why I Am Not a Christian이라는 책으로 발표하여 이후의 모든 무신론 신봉자들의 다양한 논거가 의지하는 반기독교 정서의 초석을 놓은 사람입니다. 러셀이 내세우는 논거의 핵심은 '하나님이 없다'는 것과 '불멸은 없다', '그리스도 예수는 선하지도 의롭지도 않고 성인다운 위대함도 없다'는 것입니다. 오히려 기독교는 두려움과 잔인함이 입 맞춘 저급한 종교의 표본일 뿐이라고 평가한 뒤 사람들을 향해 니체가 "인간과 신을 동등하게 만드는 도구"라고 했던 '지식'을 스스로 취득하여 세상의 정복을 꾀하라고 외칩니다. 이 외침은 흡사 인간으로 하여금 신과 한판 승부를 벌이라고 부추기는 것 같습니다. 지금도 이 세상에는 이렇게 외치는 '러셀'들이 많이 있습니다.

제가 볼 때 러셀의 논지와 논증은 노벨 문학상 수상자의 저력을 발휘하여 마치 기독교가 싫다는 자신의 주관적인 거부감을 지성인의 논리적인 어법과 세련된 격식으로 옷 입혀 놓은 것 같습니다. 하나님의 존재를 부인하고, 만약 있더라도 잔인한 신일 것이라는 논지를 펼칠 때에도 그는 자신의 주관적인 혐오감을 정당화하는 데에 이바지할 텍스트를 성경에서 임의로 선별하고 자의적인 기준으로 어설프게 해석하는 모습을 보입니다. 그가 추구하는 논증의 객관성은 기껏해야 자신의 기독교 혐오와 유사한 성향을 가진 타인에게 공감을 일으키는 정도의 수위를 넘어서지 못합니다. 그가 다양한 분야에서 보인 수학적인 정교함과 문학적인 감수성과 학문적인 탁월성은 그의 주관적인 편견을 제어하지 못하고 오히려 자신의 편견에 대한 광범위한 공감대를 확보하기 위해 동원된 들러리 정도로 보입니다. 러셀에 버금가는 현대의 전투적인 무신론자 리처드 도킨스Richard Dawkins도 기독교를 유해한 '망상'으로 치부하며 하나님은 없고 모든 종교는 틀렸다는 단호한 입장을 펼칩니다. 저는 이러한 이들에 대해 개별적인 반론을 펼칠 필요성과 유용성을 느끼지 못합니다. 시편 저자의 평가에 의하면, 악인과 어리석은 사람은 "하나님이 없다"는 확고한 생각을 마치 지성인의 자격인 것처럼 마음에 품고 지성인의 품격인 것처럼 입술에 담습니다(시 10, 14, 53편). 러셀과 도킨스가 보여주는 사고의 길과 고정된 방향을 보면 그들의 모습과 시인의 진단이 너무도 안타깝게 겹칩니다.

어떤 사람들은 수십 억의 인류가 기독교를 믿는 것은 무뇌적인 맹신의 위력이 입증된 것일 뿐이라고 말합니다. 건강한 지식의 소유자는 결코 신앙에 넘어가지 않는다고 말합니다. 이것은 러셀이 지식을 기독교의 대안으로 제시한 이유와 맥락이 같습니다. 또한 이것은 1세기의 기독교가 지성인을 배척한 무지하고 비천한 자들의 종교였으며 당시 기독교의 구성원이 주로 노예와 여성과 아이들로 이루어져 있었던 것이 그 증거라는 2세기의 기독교 대적자 켈수스Celsus의 주장과도 결이 같습니다. 사실 바울도 교회는 지혜로운 자와 유능한 자와 유식한 자들이 적고 세상의 미련한 자들과 약한 자들과 천한 자들과 멸시 받는 자들과 가난한 자들이 세움 받는 곳이라고 하여 그러한 주장을 두둔하는 듯합니다(고전 1:26-29). 그러나 그 바로 앞에 등장하는 "십자가의 도가 멸망하는 자들에게는 미련한 것"이며 "지혜 있는 자들의 지혜를 멸하고 총명한 자들의 총명을 폐하느니라"(고전 1:18-19)는 바울의 진술을 보십시오. 결국 바울은 하나님의 어리석어 보이는 것이 사람의 지혜보다 낫고 하나님의 약하심이 사람의 강함보다 낫다는 결론을 내립니다(고전 1:25). 교회는 결코 지식과 지혜와 명철이 배제된 곳이 아닙니다.

기독교와 진정한 그리스도인은 사람의 기준으로 평가 받지 않습니다. "신령한 자는 모든 것을 판단하나 자기는 아무에게도 판단을 받지 아니하느니라"(고전 2:15). 물론 기독교를 싫어하는 이들의 입장에서 보면, 이것은 기독교의 독선을 보여주는 대표적인 주장으로 여겨질 것입니다. 그러나 바울의 이러한 진술에는 어떠한 오류도 없습니다. 그렇지만 바울의 무오류한 주장과 무신론의 차가운 비판 사이에는, 우리가 우리 자신을 성찰해야 할 중요한 내용이 있습니다. 무신론의 기독교 비판에 대한 기독교의 올바른 대응은 치밀한 반론을 제시하여 치명적인 면박을 가하는 데에 있지 않습니다. 그렇다고 외부의 왜곡된 주장과 악의적인 비판에 대해 무조건 침묵으로 일관하는 태도를 두둔하려는 것은 결코 아닙니다. 외적인 대응과 내적인 성찰 사이에서 적절한 균형을 잡아야 한다는 말입니다. 신령한 자는 모든 것을 판단하나 타인에 의해 판단을 받지 않는다는 바울의 주장에서, 우리는 지금 혹독하게 판단을 받고 있는 우리 자신의 상태가 신령하지 않을지도 모르니 우리 자신을 점검해야 한다는 교훈을 얻습니다. 물론 주님께서 "세상이 너희를 미워하면 너희보다 먼저 나를 미워한 줄을 알라"(요 15:18)는 말씀으로 하나님을 싫어하는 인간의 본성적인 문제를 가르쳐 주셨지만, "하나님의 이름이 너희 때문에 이방인 중에서 모독을 받는도다"(롬 2:24)는 바울의 뼈아픈 지적에서 자유로운 그리스도인과 교회는 없을 것입니다. 그러므로 기독교에 대한 비난과 조롱과 거부의 빌미를 우리가 제공했을 것이라는 점을 성찰해야 하는 것입니다. 실제로 하나님의 이름이 모독을 당하는 참담한 현실의 원인 제공자는 타인이 아닙니다. 우리이고, 교회이고, 바로 나입니다. 그래서 우리는 지금 벼랑 끝에 서 있습니다. 이런 차원에서 외부적인 비난의 강도가 높을수록 내부적인 성찰의 깊이는 더해져야 할 것입니다.

사실 믿음의 선배들이 고수했던 이중적인 사명은 진리의 오류와 왜곡에서 기독교를 지키고 변증하는 것과, 바른 진리를 가르쳐서 교회로 하여금 스스로를 돌아보게 하고 그리스도 예수의 거룩하고 장성한 몸이 되게 만드는 것이었습니다. 그들은 변증과 훈육의 균형을 잃지 않으려고 집중적인 노력을 했습니다. 주변에서 무신론의 어리석은 비난과 조롱이 공격해 올 때마다 우리는 반드시 필요한 최소한의 변증적인 언사를 내보내야 하겠지만, 그보다 더 중요한 우리의 대처는 그들을 인내하고 사랑하며 기다리는 것입니다. 동시에 우리 자신이 그리스도 예수의 사랑과 진리를 얼마나 제대로 깨닫고 체득하고 열매 맺고 있는지를 성찰하는 것입니다. 실제로 오늘날의 기독교는 때때로 의로움 중에 부당한 공격을 당하기도 하지만 불의함 중에 정당한 비난을 받는 경우도 많습니다. 우리는 기독교의 뺨을 때리는 어떠한 종류의 공격을 만나든 오히려 그것을 선용하여 반대편 뺨을 내밀고 스스로를 보다 엄밀하게 돌아보고 주께로 온전히 돌이켜 신령한 자의 성경적인 면모를 제대로 갖추는 계기로 삼는 편이 좋습니다.

이 책 『기독교란 무엇인가』는 제가 수년 동안 합동신학대학원과 대한신학대학원, 아세아연합신학대학원, 전주대학교에서 가르친 내용을 정리하고 종합하고 다듬은 것입니다. 하나님을 믿고 사랑하고 따르는 이들을 위해서는 기독교의 전반적인 기초와 토대를 다지려는 목적으로, 하나님이 없다고 생각하는 이들을 위해서는 기독교의 간략한 소개와 정중한 초청의 목적으로 쓰여진 책입니다. 기독교를 거부하고 혐오하는 이들의 왜곡과 오류를 반박하고 교정하는 변론의 성격apologia과, 그리스도인이 기독교의 기본적인 소양을 갖추고 그리스도 예수의 온전한 형상을 이루어 신령한 자가 되도록 그를 세워 가는 훈육의 성격aedificatio을 동시에 가지고 있습니다. 즉 그리스도인이 믿는 기독교는 무엇인지, 그런 기독교를 그리스도인은 제대로 믿고 있는지를 개론적인 차원에서 소개하고 점검하는 책입니다. 대한민국 땅에 있는 믿음의 형제와 자매들이 기독교에 대해 비방의 날을 세우는 이들에게 따뜻한 변증의 말을 준비하는 동시에 소망에 관해 묻는 이들에게 친절한 대답의 말을 준비하는 자료로 이 책이 쓰일 수 있기를 진심으로 바랍니다.

기독교 안에도 다양한 신학적 관점들이 있습니다. 저는 히포의 주교 아우구스티누스에 의해 잘 정리된 교부들의 정통 신학, 정통적인 교부들을 잘 계승하고 신학적 명맥을 유지한 중세의 일부 경건한 학자들의 신학, 중세의 부패한 신학과 교회를 현저하게 회복한 종교개혁 신학, 이 신학의 생활화와 체계화와 구조화와 제도화와 교육화와 학문화를 도모했던 근대 초기의 개혁파 정통주의 신학의 관점을 가지고 있습니다. 즉 (1)하나님이 최고의 선이라는 생각으로 모든 인간은 하나님의 영광을 위해 존재하며 그 영광을 지향하는 것이 인생에게 있어서 최고의 복이자 동시에 최고의 영광에 참여하는 것이라고 믿으며, (2)하늘과 땅의 모든 권세를 가지신 주님께서 모든 만물과 모든 역사를 주관하고 계신다는 하나님의 절대적인 주권을 믿으며, (3)모든 성경은 하나님의 말씀이기 때문에 결코 가감할 수 없고, 우리의 삶과 신앙에서 다른 무엇과도 바꾸거나 비교할 수 없는 절대적인 기준과 질서와 규범이기 때문에 언제나 성경 우선적인, 성경 주도적인, 성경 의존적인 사색이 필요함을 믿으며, (4)성경이 계시하는 하나님은 성부와 성자와 성령으로 계셔서 다른 어떠한 종교의 신 개념과도 구별되는 유일하신 삼위일체 하나님이심을 믿으며, (5)분리와 분열과 혼합과 변질이 없는 완전한 하나님이자 완전한 인간이신 성자 그리스도 예수의 성육신과 죽음과 부활과 승천으로 인해 하나님의 택한 백성들이 속죄함을 받고 하나님의 자녀와 천국의 시민이 됨을 믿으며, (6)하나님의 백성은 그리스도 예수의 몸으로서 하나의 우주적인 교회를 이루고 있음을 믿으며, (7)마지막 날 그리스도 예수께서 다시 오심으로 우리는 몸의 부활로 하나님의 아들의 형상을 온전히 이루어 예수님과 같아질 것을 믿고 있습니다. 이 책에는 이러한 관점들이 반영되어 있을 것입니다.

　　기독교는 부끄러운 종교가 아닙니다. 기독교를 빙자해서 이익을 얻으려고 인간적인 술수를 쓰고 종교인의 행세를 하는 사람들, 말로는 하나님의 자녀라고 하면서 그분의 자녀답게 살지 않고 무절제한 탐욕의 삶을 살아가는 사람들이 부끄러운 것입니다. 하나님의 교회는 세상에 하나님을 보여주고 들려주고 경험시켜 주는 증인이기 때문에 스스로를 당당하게 드러낼 필요가 있습니다. 그러나 무례하지 않게, 교만하지 않게, 경솔하지 않게, 성급하지 않게, 경박하지 않게, 미숙하지 않게, 거짓되지 않게, 사악하지 않게, 겸손함과 온유함과 진실함을 가진 증인이 되어야 할 것입니다. 이는 숙제를 하듯이 억지로 연출하는 것이 아니라, 기독교의 진리 자체가 그런 증인됨을 가르치고 있기 때문에 우리의 전 인격이 기독교를 바르게 체득하면 저절로 풍겨나는, 꾸미지 않은 향기일 것입니다.

감사 드릴 분들이 많습니다. 저에게 신학적인 도움을 준 분들로 아타나시우스, 바실리우스, 아우구스티누스, 베르나르두스, 칼빈, 폴라누스, 헤르만 바빙크, 김영규, 리처드 멀러 등이 있습니다. 이 책은 마치 이러한 분들의 책들과 강의들을 통해 얻는 신학적 통찰들의 편집물과 같습니다. 느슨하게 각주를 달았지만, 각주가 없는 신학적 통찰들도 저의 것이라고 내세울 만한 것은 하나도 없습니다. 그리고 부족한 저에게 여러 대학에서 가르치며 배울 기회를 마련해 주신 모든 분들에게 진심으로 감사를 드립니다. 또한 강의실 안에서 많은 질문과 생각을 나눠 주고 대화의 파트너로 참여해 준 합신대, 대신대, 아신대, 전주대 학우들에게 진심으로 감사를 드립니다. 그리고 부족한 원고를 읽고 출판을 결정해 준 복있는사람 출판사의 박종현 대표에게 감사를 드립니다. 탁월한 편집과 다양한 조언과 대화로 원고를 더욱 윤택하게 해준 박명준 편집자와 문신준 팀장, 일일이 만나지는 못했지만 묵묵히 수고의 땀을 흘려 준 복 있는 사람의 지체들 모두에게도 감사를 드립니다. 지혜와 사랑으로 늘 가정을 아름답게 세우고 기도로 부족한 남편의 연구를 지원해 준 아내에게, 그리고 보석 같은 하나님의 선물들인 은진이와 긍휼이와 혜리에게 진심으로 감사를 표하고 싶습니다. 마지막으로, 이 책의 독자들께 미리 감사를 전하고 싶습니다. 이 책은 40대 중반의 미숙한 신학자의 설익은 생각을 담은 책입니다. 그래서 현명한 독자들의 따뜻한 격려와 따끔한 지적과 진실한 책망으로 보완하고 다듬어야 할 책입니다. 이 소략한 문서가 하나님의 교회에 유익이 되기를 소원하며, Soli Deo Gloria.

2017년 3월 전주에서
한병수

I.
기독교의 전체적인 그림

기독교가 실제로 잘못하는 것도 많지만 기독교에 대한 오해도 적지 않습니다. 기독교에 대한 적잖은 사람들의 일반적인 오해는 대체로 '장님 코끼리 만지는 식'입니다. 즉 자신의 부분적인 경험에 근거하여 코끼리를 코끼리로 이해하지 못하고 무, 바위, 방앗공이, 나무토막, 마룻바닥, 항아리로 간주하는 것과 같습니다. 이러한 단편적인 관찰의 편집과 재구성의 단계를 거쳤다고 할지라도 그것은 여전히 인간적인 가공물의 수준을 벗어나지 못할 것입니다. 자연에 대한 모든 관찰도 이와 다르지 않습니다. 극미시 세계의 운동량과 위치는 동시에 확정할 수 없다는 불확정성 원리로 노벨상을 받은 독일의 물리학자 베르너 하이젠베르크Werner Karl Heisenberg, 1901-1976는 "우리가 관찰하는 자연은 진정한 자연의 모습 그대로가 아님"을 반드시 기억해야 한다고 말합니다.[1] '자연'과 '관찰된 자연'은 다릅니다. 우리에게 관찰된 자연은 한 관찰자가 특정한 관점을 따라 특정한 각도로 반사된 가시광선에 의존하여 관찰한 것을 재구성한 가공물일 뿐입니다. 비록 자연 자체와 밀접하게 연관되어 있기는 하지만 있는 그대로의 자연은 아닙니다.

인간의 관찰이 갖는 한계를 잘 지적한 하이젠베르크의 불확정성 원리를 보면, 극미시 세계에서 우리의 눈에 관찰되는 것은 입자 자체가 아니라 그 입자와 충돌한 빛에 반사된 것입니다. 입자는 너무도 미세하고 예민하

---

[1] Werner Heisenberg, *Physics and Philosophy: The Revolution in Modern Science*(London: Harper, 1958), 78.

게 반응하기 때문에 빛과 충돌한 후에는 원래 있던 자리에서 이동하여 어디론가 움직일 수밖에 없습니다. 즉 입자가 그 지점에 있었다는 사실은 알지만 입자의 정확한 위치는 변경되어 알 수가 없습니다. 이처럼 하나를 알면 다른 하나를 모르는 일이 생깁니다. 이는 인간이 전체를 동시에 지각할 수 없고 전체의 일부만을 관찰할 수밖에 없어서 발생하는 일입니다.

세상에는 0차원, 1차원, 2차원, 3차원과 같은 다양한 종류의 차원들이 있습니다. 모든 차원을 다 보지 못하는 것이 우리의 인식론적 한계인데, 이로 인하여 우리는 단 하나의 차원도 제대로 이해하지 못합니다. 1차원인 선에서는 선이 보이지 않고 그보다 낮은 0차원의 점만 관찰되고, 2차원인 면에서는 동일한 차원의 면이 보이지 않고 그보다 낮은 0차원의 점과 1차원의 선만 관찰되고, 3차원인 입체의 세계도 자체의 세계는 보지 못하고 그보다 낮은 0차원의 점과 1차원의 선과 2차원의 면만을 지각할 수 있습니다. 이러한 지각의 한계 때문에 어떤 차원에서 자신의 차원을 보는 방법은 낮은 차원의 관찰들을 조합하는 것입니다. 1차원의 경우에는 0차원의 점들의 조합으로, 2차원은 1차원의 선들의 조합으로, 3차원은 2차원의 면들의 조합으로 구성해야 비로소 자체의 차원이 보입니다. 3차원에 사는 우리는 3차원의 어떠한 것도 있는 그대로를 볼 수 없습니다. 얼굴의 측면과 전면을 조합한 '도라 마르의 초상'을 그린 피카소[Pablo Picasso, 1881-1973]는 2차원의 것들만 눈에 보이기 때문에 3차원을 2차원에 담아내기 위해서는 "보는 것을 그리지 않고 생각하는 것을 그려야 했다"고 말합니다. '도라 마르의 초상'은 생각으로 그려 낸 2차원적 관찰들의 합입니다. 이는 3차원의 입체 전체를 보지 못하는 인간의 인식론적 한계를 잘 보여주고 있습니다.

보다 낮은 차원을 조합해야 한다는 한계와 더불어 생각해야 할 또 하나의 한계는 이해된 부분과 전체 속의 실재적인 부분이 서로 일치하지 않는다는 점입니다. 이해된 부분은 우리의 관찰에 노출된 자연의 일부가 재구성된 것입니다. 이해된 부분들의 재구성된 조합은 결코 전체일 수 없습니다. 따라서 우리가 속한 차원을 정확하게 보기 위해서는 우리보다 높은 차원의 존재에 의존할 수밖에 없습니다. 즉 3차원의 공간과 4차원의 시간까지 초월하는 영원하고 광대하신 하나님께 의존할 수밖에 없습니다. 의존하지 않으면 우리는 우리보다 낮은 차원의 짜깁기에 우리 자신을 너무도 희미하게 비추어 볼 수밖에 없을 것입니다. 우리는 우리 자신을 스스로 이해할 수 있는 존재가 아닙니다. 하나님의 눈에 비추어진 우리를 알 때 비로소 우리 자신을 이해한 것입니다.

성경은 인간과 세상을 바라보는 하나님의 눈입니다. 그러한 신적인 차원의 눈으로 만물과 역사를 보고 이해하는 자는 지혜로운 자입니다. 그리고 성경은 하나님의 시각으로 응시해야 비로소 읽히는 책입니다. 그러나 성경을 통해서 온 세상을 보더라도 여전히 환원주의적 습성을 따라 쪼개고 분할하고 해체하는 분석적인 사고만을 추구하는 사람들이 많습니다. 성경을 볼 때에도 하나님의 전체적인 관점이 아니라 인간의 분할적인 관점에 의존하는 경향이 성경 해석학을 주도하고 있습니다. 기독교를 전체적인 안목으로 이해하지 않으면 부분들의 합 혹은 부분들의 재구성이 전체적인 이해의 부재를 어설프게 대신할 것입니다. 하지만 과연 인간의 시공간적 차원에서 이루어진 기독교에 대한 부분적인 이해가 아무리 재구성의 과정을 거친다고 해도 기독교의 전체적인 이해를 담보할 수 있을까요? 기독교의 부분적인 이해들을 아무리 아름답고 정교하게 종합해도 기독교의 전체적인 이해에는 도달하지 못할 것입니다.

물론 전체적인 사고를 한다고 해서 기독교에 대한 전체적인 이해가 반드시 담보되는 것은 아닙니다. 그럼에도 불구하고 전체를 보려는 자세와 시도는 기독교에 대한 오해의 정도를 최대한 축소시켜 줄 것입니다. 기독교는 1차원과 2차원과 3차원과 4차원 같은 시공간적 범위를 넘어섭니다. 기독교는 영원과 무한과 불변까지 다룹니다. 하늘만 다루지도 않고 땅만 다루지도 않습니다. 피조물만 다루지 않고 창조자도 다룹니다. 기독교는 지식만도 아니고 행위만도 아닙니다. 기독교는 사랑의 종교만도 아니고 정의의 종교만도 아닙니다. 기독교는 개별적인 성격만이 아니라 공동체적인 성격도 가지고 있습니다. 보이는 것만이 아니라 보이지 않는 것도 다룹니다. 인간의 육신만이 아니라 영혼의 문제도 다룹니다. 하나를 취하고 다른 하나를 버리면 기독교는 도무지 이해가 되지 않습니다. 각각을 유기적인 전체가 아니라 독립된 낱개로 다루어도 온전한 이해에 도달하지 못합니다. 그래서 기독교에 대한 올바른 이해는 우리에게 유기적·통합적·융합적·종합적인 접근법을 요구하고 있습니다. 부분과 전체의 선순환적 이해 속에서 기독교에 대한 이해는 온전함에 이릅니다.

존재의 질서

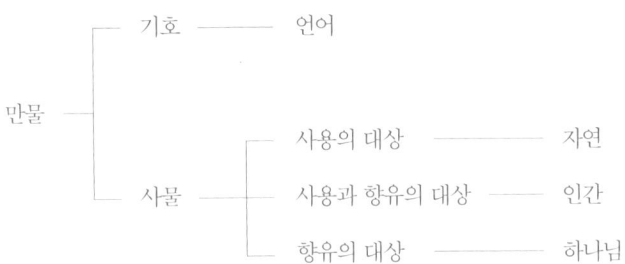

기독교의 온전하고 전체적인 이해에 도움을 주는 교부가 한 사람 있습니다. 바로 히포의 교부 아우구스티누스Augustinus of Hippo, 354-430인데, 그는 기독교의 이해와 설명에 들어가기에 앞서 존재의 분류와 질서를 우리에게 제시하고 있습니다. 모든 존재는 '기호'와 '사물'로 나뉩니다. 기호는 어떤 실체를 가리키는 것을 의미하며, 기호의 대표적인 예는 '언어' 혹은 '말'입니다. 사물은 다시 자연과 같은 '사용의 대상', 인간과 같은 '사용과 향유의 대상', 그리고 하나님과 같은 '궁극적인 향유의 대상'으로 분류될 수 있습니다. 여기에서 중요한 것은 오직 하나님만이 궁극적인 향유의 대상이며, 자연이나 인간을 그런 향유의 대상으로 여겨서는 안된다는 것입니다. 하나님을 사용의 대상으로 여기거나, 자연을 향유의 대상으로 여기거나, 인간을 교주처럼 숭앙의 대상으로 여기거나 이익의 방편으로 활용하는 것은 모두 존재의 질서를 훼손하는 일입니다. 하나님이 아니라 자연 자체를 우주의 질서로 간주하는 이신론理神論, deism, 하나님과 피조물을 혼동하고 자연을 신이라고 주장하는 범신론汎神論, pantheism, 인간의 신격화를 지향하는 다양한 종류의 인본주의 및 해괴한 이단들은 모두 존재의 가장 기본적인 질서를 왜곡하고 있습니다. 여호와를 신으로 여기고, 사람을 사람으로 여기고, 자연을 자연으로 여기는 것은 사물과 사태와 사건을 이해하는 인식의 기본적인 틀입니다. 이 틀에서 벗어난 관점은 인식이든 행위이든 오해와 과실의 원흉으로 기능할 것입니다.

특별히 인간은 사적인 이익의 방편으로 이용되는 대상이 아니지만 궁극적인 향유의 대상도 아니라는 점과 하나님을 알고 향유하는 수단적인 성격이 가진다는 이유 때문에 '사용과 향유의 대상'으로 분류된 것입니다. 아버지나 남편이나 아내나 자식이나 친구라 할지라도 그들에게 도취되어 그들을 우상처럼 여기거나 그들에 의해 생사가 좌우되고 희비가 엇갈리는 것은 올바르지 않습니다. 우리는 비록 각자의 근접한 인간 문맥 안에서 기쁨과 슬픔과 고통과 사랑을 나누기는 하지만 우리의 궁극적인 기쁨과 슬픔과 고통과 사랑은 하나님 안에만 있기 때문입니다. 시편의 증거처럼, 하나님 자신만이 우리에게 기쁨이며 자랑이며 영광이며 소망이며 분깃이며 기호이며 즐거움이 되십니다. 인간은 기쁨과 즐거움과 소망과 자랑의 근원이나 출처가 아니라 사랑의 대상입니다. 비록 원수라 할지라도 이 사랑에서 배제되는 사람은 없습니다. 물론 주님의 말씀처럼, 주님보다 아버지나 어머니를 더 사랑하고 아들이나 딸을 더 사랑하는 자는 하나님께 합당하지 않을 것입니다(마 10:37). 사랑에도 합당한 질서와 적절한 차원이 있습니다. 목숨과 마음과 뜻과 힘과 성품을 다하여 하나님을 사랑하는 것이 먼저이고, 그 사랑의 표현형은 이웃을 자기 몸처럼 사랑하는 것입니다. 이 두 사랑이 비록 실체에 있어서는 서로 다르지 않지만 순서의 전도는 용납되지 않습니다.

하나님을 궁극적인 향유의 대상으로 여기지 않으면 사람들은 다른 것을 향유하게 되고 향유의 다른 대상이 무엇이든 그것은 사람들의 마음을 조정하는 우상으로 둔갑하게 됩니다. 돈을 향유하기 시작하면 우리는 돈의 유무와 증감에 따라 희비가 교차하는 존재로 전락하고, 우리의 자존심도 우리의 가치관도 우리의 성취도 우리의 인맥도 우리의 직장도 우리의 가문도 우리의 신체도 향유하기 시작하면 우리는 그 노예로 전락하고 맙니다. 그러나 영원하고 무한하고 불변하는 하나님을 궁극적인 향유의 대상으로 삼는 것은, 우리의 기쁨과 영광과 감사와 감격과 즐거움과 행복과 만족이 영원과 무한과 불변의 차원으로 승화되는 최고의 길입니다. 우리가 하나님을 향유하면 더 이상 땅에서의 각종 변덕과 불안과 공포와 위협과 부조리에 덩달아 춤추거나 흔들리지 않습니다. 그러할 때 우리는 인간과 자연에 과도하지 않은 적합한 분량의 관심과 주의를 기울이고 적당한 수준의 민감도로 반응하고 적정한 차원의 관계를 맺습니다. 이처럼 기독교의 진리는 존재의 질서이며 모든 차원의 존재들이 최적의 상태에 이르고 최상의 조화를 이루도록 가르치고 안내하고 지도하는 규범의 성격을 가지고 있습니다.

믿음의 선배들은 히포의 교부가 우리에게 제공한 존재의 질서와 구조에 기초하여 오랜 세월에 걸쳐 기독교 신앙과 진리 체계를 발전시켜 왔습니다. 기독교는 스스로 존재하지 않기에 존재의 외적인 원리가 필요하고 스스로 알려지지 않기에 인식의 외적인 원리가 없어서는 안됩니다. '원리' ἀρχή, principium 라는 말의 철학적인 의미는 '사물이 존재하게 되거나 발생하게 되거나 알려지게 되는 시초'를 뜻합니다.

신학의 원리

스스로 존재하지 않고 스스로 알려지지 않는 기독교는 그러한 '시초' 혹은 '원리'를 가지고 있습니다. 존재에 있어서 기독교는 '하나님'께 의존하고 있으며, 인식에 있어서는 '하나님의 말씀'에 의존하고 있습니다. 하나님의 말씀에는 두 종류의 말씀, 즉 마음에서 증거하는 '성령의 내적인 말씀'과 성경에서 증거하는 '성령의 외적인 말씀'이 있습니다. 그리고 내적인 말씀과 외적인 말씀을 수납하는 도구적인 원리로서 '믿음'이 있습니다. 이 믿음은 인공물이 아니라 주님께서 우리에게 은혜의 선물로 주신 것입니다. 기독교의 원리는 이처럼 네 가지, 즉 (1)하나님과 (2)성령의 내적 증거와 (3)외적 증거인 성경과 (4)믿음으로 구성되어 있습니다. 어느 것 하나라도 무시되면 기독교는 존재할 수 없고 기독교 진리는 인식될 수 없습니다. 하나님의 존재를 인정하지 않고 무신론을 주장하는 사람이나, 성경을 하나님의 말씀으로 인정하지 않는 자유주의 사상가나, 성령의 지속적인 가르침에 주의하지 않고 이신론을 주장하는 사람이나, "보이지 않는 것들의 증거요 바라는 것들의 실상"인 믿음을 갖지 않은 사람은 올바른 기독교 신앙의 소유자가 될 수 없습니다. 이런 사람들은 어떤 식으로든 참된 기독교를 왜곡하고, 폄하하고, 과장하고, 축소하고, 거부하고, 반대하고, 조롱하고, 멸시하고, 핍박하고, 억압하게 될 것입니다.

원리는 시작이며 원천이며 질서이며 방향이며 규범이며 법입니다. 이런 원리가 존중되지 않은 기독교는 기독교가 아닙니다. 어떤 사람이 경험한 기독교가 앞에서 언급한 원리에서 비롯되지 않았다면, 그는 참된 기독교가 아니라 거짓된 기독교 혹은 왜곡된 기독교 혹은 부분적인 기독교를 경험한 것입니다. 거짓된 기독교를 식별하는 것은 어려운 일이 아닙니다. 성경을 부정하고, 성경의 경계를 벗어나고, 하나님의 존재를 부정하고, 영광과 권위와 주권과 위엄과 경배에 있어서 하나님을 인간이나 자연물 혹은 인공물로 대체하고, 구원에 있어서 믿음이 아니라 행위를 앞세우고 은혜가 아니라 공로를 주장하고, 믿음의 눈이 아니라 육안으로 보이는 가시적인 것들을 전부로 여긴다면 그것은 참된 기독교가 아닙니다. 비록 성경을 하나님의 말씀으로 인정하는 자라도 믿음으로 읽지 않고 인문학적 기술로만 성경을 해체하고 분석하고 해석하게 되면 필히 거짓된 기독교에 이를 수밖에 없습니다. 성경을 바르게 읽으려면, 믿음으로 읽고 인문학적 소양으로 믿음을 보조하는 모양새가 가장 좋습니다. 보이지 않는 것들을 믿음으로 보면서 성경을 읽지 않는다면, 보이지 않는 성경의 본래적인 저자와 본질적인 의미와 궁극적인 목적은 어떤 식으로든 생략되고 무시될 것입니다. 인문학적 기술로 아무리 정밀하게 해부하고 수사학적 기교로 아무리 화려하게 포장한다 해도 믿음의 읽기가 배제된다면, 성경을 하나님의 말씀이 아니라 일개의 인문학 텍스트로 간주하는 것과 다르지 않습니다.

믿음의 선배들 중에 히포의 교부 아우구스티누스는 기독교 진리를 설명함에 있어서 삼위일체 하나님이 '만물의 원인'이며 '존재의 시초'라는 점을 분명히 했고, 제네바의 종교개혁자 칼빈Jean Calvin, 1509-1564은 성경이 기독교 진리의 객관적인 원리이며 모든 이성을 능가하는 '성령의 은밀한 증거'에 의해 하나님의 진리를 확신하기 때문에 '말씀과 자신의 영에 의한 확실성'은 서로 분리될 수 없다고 했습니다. 외적인 말씀과 내적인 말씀의 구분은 어떤 시대적인 필요에 의해 급조된 것이 아니라 이사야 59:21의 "네 위에 있는 나의 영과 네 입에 둔 나의 말"이라는 성경 텍스트에 기초한 것입니다. 비록 하나님의 말씀이 외적 말씀인 성경과 내적 말씀인 성령의 증거로 구분되나 그것은 계시의 방식에 있어서만 그러하고 실체에 있어서 둘 사이에는 다름이나 대립이나 모순이 전혀 없습니다. 성령의 증거는 보편화와 객관성을 담보하기 어렵기 때문에 기독교 진리의 체계와 개별적인 가르침은 모두 하나님의 외적 말씀인 성경에 전적으로 의존하고 있습니다.

로마서의 신학적 구조

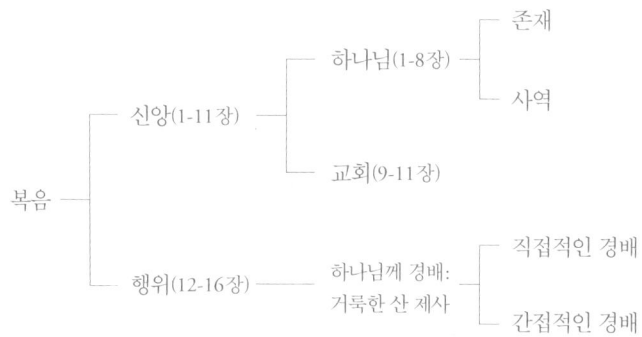

성경은 과연 기독교의 진리를 어떻게 가르치고 있을까요? 이에 대해서는 기독교의 진리를 가장 잘 요약한 로마서를 살펴보는 것이 가장 좋습니다. 성경 전체가 가르치는 바는 로마서의 신학적 구조에 나타난 것처럼 '믿어야 할 것'credenda과 '행해야 할 것'facienda으로 구성되어 있습니다. 믿어야 할 내용은 하나님(그의 존재와 사역)과 교회로 구성되어 있으며, 행해야 할 내용은 하나님을 경배하는 것, 즉 우리의 전 인격을 하나님께 거룩한 산 제사로 드리는 것입니다. 여기서 주의할 것은 기독교의 선행은 인간 문맥 안에서 합의된 규범에 따라 행해지는 구제나 섬김이 아니라 하나님 경배의 구현을 뜻한다는 것입니다. 다시 말하면, 삶의 모든 영역에서 사랑하고 양보하고 높여 주고 위로하고 격려하고 세워 주고 보호하고 섬기는 모든 행위들이 하나님을 경배하는 다양한 양태라는 것입니다. 이웃을 내 몸처럼 사랑하는 것도 목숨과 마음과 뜻과 힘을 다하여 하나님 사랑하는 것을 구현하는 것입니다. 사랑의 이유는 이웃 자체가 아닙니다. 그 이유는 땅이 아니라 하늘에 있습니다. 하나님 때문에 이웃을 사랑하는 것입니다. 사랑의 기원과 근거와 무게가 인간에 있지 않고 하나님께 있습니다. 그래서 이웃이 비록 원수라 할지라도 사랑에는 변동이 없습니다. 우리를 위협하고 거짓으로 모함하고 막대한 손해와 극심한 피해를 주더라도 축복하고 기도해야 할 지속적인 사랑의 대상이라는 사실은 바뀌지 않습니다.

신학의 구조

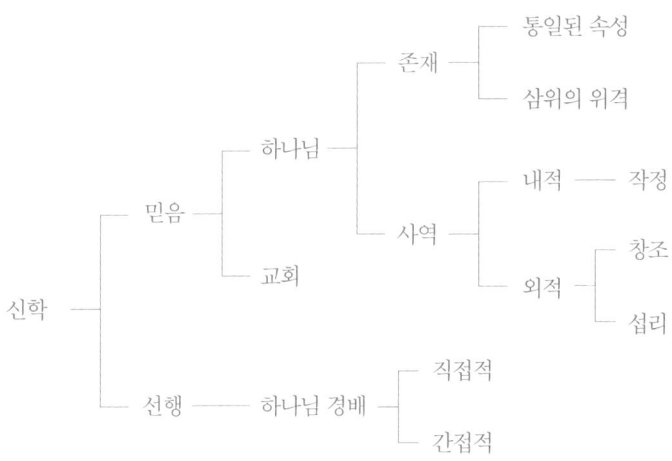

위의 도표는 로마서가 보여준 기독교의 체계와 신학의 교의학적 체계가 다르지 않음을 보여줍니다. 즉 신학은 믿음과 행함으로 구성되어 있으며, 믿음의 대상은 삼위일체 하나님과 교회이며, 하나님에 대한 믿음의 내용은 존재와 사역으로 다시 분류됩니다. 하나님의 존재는 속성의 통일성 secundum essentiam과 위격의 삼위성 secundum relativum으로 나뉘고, 하나님의 사역

secundum creaturam은 내적인 사역과 외적인 사역으로 나뉘는데 내적인 사역에는 하나님의 계획 혹은 작정이 있고 외적인 사역에는 창조와 섭리가 있습니다. 신학에 있어서도 행함의 내용은 하나님을 경배하는 것입니다.

　신학의 구조에서 유의해야 할 부분들이 있습니다. 첫째, 하나님이 행하신 일들에서 내적인 사역과 외적인 사역은 계획과 성취, 혹은 작정과 실행이란 불가분의 관계성을 가지고 있다는 것입니다. 세상이 아무리 부패하고 타락하고 어지럽고 혼잡해도 하나님의 뜻과 계획을 벗어날 수는 없습니다. "내가 생각한 것이 반드시 되며 내가 경영한 것을 반드시 이룰 것이라"(사 14:24)는 하나님의 약속이 있으니 우리는 근심하고 두려워할 필요가 없습니다. "이방 나라들이 분노하며 민족들이 허황된 일들을 도모"(시 2:1)하며 하나님과 그의 백성을 대적하지만 하늘에 계신 하나님은 저들을 비웃으실 것입니다. 그러므로 우리의 반응은 잠잠히 그 하나님을 경외하고 기뻐하는 것입니다.

　둘째, 하나님의 존재와 사역은 목적과 수단의 관계를 가지고 있다는 것입니다. 하나님이 행하신 모든 일의 목적은 일 자체에 있지 않습니다. 하나님의 모든 사역은 하나님의 존재를 드러내는 계시적인 성격을 갖고 있습니다. 즉 하나님이 하시는 일을 통해 우리는 하나님이 어떤 분인지 알게 된다는 말입니다. 이런 맥락에서 요한은 아버지의 명령으로 수행하는 예수님의 모든 사역을 '증거'μαρτυρία라고 적습니다(요 5:36). 예수님의 모든 사역이 예수님의 존재를 증거하듯, 내적인 작정이든 외적인 창조와 섭리이든 하나님의 모든 사역은 하나님의 존재와 속성을 증거하고 있습니다. 그러므로 우리는 우리에게 이루어진 하나님의 놀라운 일 자체에 만족하고 안식하는 것이 아니라 그 일의 주체이신 하나님께로 소급하여 모든 만족과 안식을 하나님의 신적인 속성에 두어야 할 것입니다.

셋째, 하나님과 교회 사이에도 유기적인 관계가 있다는 것입니다. 교회는 그리스도 예수의 몸으로서 하나님과 분리될 수 없습니다. 베드로와 예수님의 표현처럼, 하나님을 향해서는 교회가 '그의 본성의 참여자'(벧후 1:4)로 부름 받았으며 세상을 향해서는 '하나님의 증인'(눅 24:48)이란 관계성이 하나님과 교회 사이에 있습니다. 교회의 존재 이유는 하나님의 본성에 참여하여 하나님의 본성을 드러내는 증인됨에 있습니다. 그리고 가장 큰 구분인 믿음과 행위 사이에도 "믿음이 그의 행함과 함께 일하고 행함으로 믿음이 온전하게 되었느니라"(약 2:22)는 야고보의 기록처럼 분리되지 않는 유기적 연합의 관계가 있습니다. 그러하기 때문에 믿음이 입술과 생각에만 머물고 삶의 실천으로 옮겨지지 않는 사람, 비록 삶의 행위는 화려하나 정작 내면에는 믿음이 없는 사람은 온전한 신학의 소유자가 아닙니다. 그런 사람은 맹목적인 열정 혹은 차가운 지성으로 하나님의 영광을 가리우고 그의 이름이 사람들 가운데서 모독을 당하게 만드는 원흉으로 전락할 가능성이 높습니다.

우리가 경험한 것만이 기독교의 전부가 아닙니다. 경험하지 못한 부분도 얼마든지 있습니다. 내가 좋아하는 것만이 기독교의 전부가 아닙니다. 죄악된 본성을 가진 대부분의 인간은 기독교에 대해 싫어하는 성향을 가지고 있습니다. 우리에게 잘 이해된 것만이 기독교의 전부가 아닙니다. 베드로가 지적한 것처럼 성경에는 난해한 구절들도 많습니다. 만약에 우리의 경험과 기호와 이해력에 근거하여 기독교를 논한다면 부분성의 한계에서 벗어나지 못할 것입니다. 나아가 부분을 전체로 여긴다면 문제는 더욱 심각해질 것입니다. 반대로 성경이 침묵하는 부분이 혹시라도 우리가 경험하고 좋아하고 괜찮아 보인다고 해서 기독교에 추가한다면 그 역시 동일한 문제와 오류를 낳을 것입니다. 그러므로 성경에 기록된 것은 하나라도 침묵으로 지나가지 말아야 하며 기록되지 않은 것은 인위적인 어떠한 것도 섞지 않으려는 태도로 기독교의 전체적인 그림을 보려는 부단한 연습이 우리에게 필요할 것입니다.

전체적인 시각으로 기독교를 이해한 선진들의 개념들 중에는 다음과 같은 것들이 있습니다. (1)기독교의 하나님은 온 세상과 만물의 창조자이며 역사의 통치자이며 회복자이며 완성자가 되십니다. (2)기독교는 죄로 인하여 타락한 하나님의 순전한 창조물이 그리스도 안에서 다시 회복되고 성령의 은혜로 통일되고 하나님의 나라로 재건되는 것입니다. (3)기독교는 스스로 충분하신 하나님이 죄로 인해 파괴되고 다시 그리스도 안에서 회복된 피조물 안에서 영광과 존귀를 받으시고 자녀와 후사가 된 우리에게 그 영광과 존귀를 나누시는 것입니다. (4)기독교는 처음부터 끝까지 하나님을 증거하되 스스로 계신 하나님, 피조물 안에 거하시는 하나님, 죄를 대적하는 하나님, 그리스도 안에 계신 하나님, 성령으로 모든 저항을 허무시고 모든 피조물을 작정하신 대로 이끄시는 하나님을 전합니다. 기독교 역사에서 가장 오랫동안 그 권위가 인정되어 온 종합적인 진리가 사도신경 안에 담겨 있습니다. "나는 전능하신 아버지 하나님, 천지의 창조주를 믿습니다. 나는 그의 유일하신 아들, 우리 주 예수 그리스도를 믿습니다. 그는 성령으로 잉태되어 동정녀 마리아에게서 나시고, 본디오 빌라도에게 고난을 받아 십자가에 못 박혀 죽으시고, 장사된 지 사흘 만에 죽은 자 가운데서 다시 살아나셨으며, 하늘에 오르시어 전능하신 아버지 하나님 우편에 앉아 계시다가, 거기로부터 살아 있는 자와 죽은 자를 심판하러 오십니다. 나는 성령을 믿으며, 거룩한 공교회와 성도의 교제와 죄를 용서받는 것과 몸의 부활과 영생을 믿습니다. 아멘."

기독교 역사에서 가장 오랫동안 존중되어 온 신조가 요약하는 기독교의 총화와 더불어 유념해야 할 것은 성경의 구체적인 텍스트가 기독교의 전체적인 그림을 어떻게 그리고 있느냐 하는 것입니다. 성경에 뿌리를 내리지 않은 신조의 기계적인 암기로는 온전한 경건에 이를 수 없습니다. 그래서 기독교의 전체적인 교훈을 개별적인 성경 텍스트를 중심으로 하나씩 살펴서 우리의 신학적인 지식이 성경에 닻을 내리도록 하는 게 좋습니다.

기독교의 목표는 하나님께 영광이다

"그런즉 너희가 먹든지 마시든지 무엇을 하든지 다 하나님의 영광을 위하여 하라"(고전 10:31).

먹고 마시고 행하는 것은 인간의 기본적인 삶입니다. 그러나 동물들도 먹고 마시고 행합니다. 식음과 행동은 모든 살아 있는 생물의 속성입니다. 그러므로 그 자체로는 어떤 가치가 구별되지 않습니다. 설령 다르다해도 오십 보, 백 보의 무의미한 차이일 뿐입니다. 방향이 부여될 때에 가치의 구별이 생깁니다. 하나님의 사람들이 살아가는 삶의 구별은, 무엇을 먹든지 무엇을 마시든지 무엇을 하든지 다 하나님의 영광을 지향하는 eis 것에 있습니다.

뒤집어서 생각해 보면, 하나님께 영광을 돌린다는 것은 특정한 기간에 특별한 방식으로 수행하는 단회적인 이벤트가 아님을 알 수 있습니다. 하나님의 영광을 추구하는 것은 판을 벌이거나 멍석을 깔지 않고도 인생의 지극히 일상적인 현장에서 호흡처럼 중단 없이 벌어지는 일입니다. 즉 하나님의 영광은 항상 범사에 쉬지 않고 구하는 것입니다. 하나님의 영광은 그 자체가 우리의 삶입니다. 인생의 참된 의미와 본래적인 가치가 거기에 있습니다.

하나님의 영광을 위하지 않는다면 무엇을 먹어도 먹는 게 아닙니다. 하나님의 영광이 추구되지 않는 마심은 무의미한 액체의 흡입일 뿐입니다. 무엇을 하더라도 하나님의 영광과 무관하다면 아무것도 하지 않은 것입니다. 하나님의 영광을 지향할 때에 인생은 제대로 먹고 마시고 행하는 것입니다. 그것이 인간답게 제대로 사는 길입니다. 그렇지 않으면 아무리 기막힌 요리를 먹고 최고급 음료의 잔을 기울이고 온 세상의 시선을 사로잡는 행위의 화려함을 발산한다 할지라도 모두 헛된 짓입니다.

표피적인 안목으로 볼 때 식음과 행위는 생명과 몸을 건강한 상태로 유지하는 수단으로 보이지만, 성경적인 안목으로 볼 때 그것은 하나님께 영광을 돌리는 가장 일반적인 현장입니다. 그러니 바울이 권하는 것처럼, 가난하고 연약한 이들을 잔치의 상석으로 모시고 자기의 양심과 유익이 아니라 타인의 양심을 따라 모든 사람들을 즐겁고 이롭게 하는 일들이 우리의 행위를 장악하게 하십시오(고전 10:33). 물론 사람의 환심이 아니라 하나님의 영광을 구하는 일환으로 말입니다.

하나님의 영광이라는 방향성을 이탈하면 무엇을 먹어도 배부르지 않을 것이고, 무엇을 마셔도 해갈되지 않을 것이며, 무엇을 행해도 성취되는 것이 없을 것입니다. 기껏해야 자신과 타인의 입맛에 맞는 삶일 수는 있어도 하나님의 영광과는 무관할 것입니다. 그것은 살아 있어도 사는 게 아닙니다. 하나님의 영광이 빠진 삶은 이가봇의 삶입니다. 하나님의 법궤를 빼앗기고 시아버지, 시동생, 남편이 비운의 죽음을 맞았기에 비록 아들을 낳

앉아도 아무런 반응이 없는 이가봇의 삶과 같습니다(삼상 4:19-22).

하나님의 영광이 떠난 무의미와 허무보다 무서운 저주는 인생에 없습니다. 인간은 하나님의 영광을 향하도록 지음 받았기에 하나님의 영광을 향할 때에 인생다운 인생을 사는 것입니다. 하나님의 영광을 구한다는 것은 지극히 본성적이며 일상적이고 자연스런 일입니다. 먹든지 마시든지 행하든지 다 하나님의 영광을 위한다는 것이 우리에게 얼마나 큰 축복이고 근원적인 기쁨이며 궁극적인 영광인지 모릅니다.

인생의 기본적인, 본성적인, 궁극적인 목적이 무엇인 것 같습니까? 하나님의 영광을 지향하며 추구하는 것입니다. 본래 모든 인간은 그렇게 지음을 받았습니다. 그러므로 하나님의 영광을 구하는 것은 인간의 본원적인 상태를 회복하는 일입니다. 그래서 자신에게 가장 큰 유익이 주어지는 일입니다. 나아가 온 인류에게 가장 큰 유익을 끼치는 일입니다. 우리가 하나님의 영광을 구하면 각 시대와 온 세상이 최고의 유익을 얻습니다. 어떤 종교적 최면이 아니라 진정으로 하나님의 영광을 구하면 그렇다는 말입니다. 그러나 자의적인 억견이 아니라 성경이 말하는 하나님의 영광이 무엇인지 알지 못한다면 비록 성도라 할지라도 '하나님의 영광'이란 거창한 구호의 화려한 장밋빛에 몽롱하게 도취하는 정도로 만족하고 말 것입니다.

삶의 목적 또한 하나님의 영광이다

"이는 만물이 주에게서 나오고 주로 말미암고 주에게로 감이라. 그에게 영광이 세세에 있을지어다"(롬 11:36).

로마서는 1장부터 11장까지의 믿어야 할 것들과 12장부터 16장까지의 행해야 할 것들로 구분할 수 있는데, 이 구절은 우리가 믿어야 할 것들의 결론이요 요약인 동시에 우리가 행해야 할 것들의 전제와 같습니다. 이 말씀에는 하나님께 영원토록 영광을 돌린다는 말의 핵심적인 의미와 이유가 담겨 있습니다. 이는 하나님과 만물의 관계성에 대한 지식과 결부되어 있습니다. 즉 하나님은 만물의 근원이며 만물의 보존자며 만물의 목적이 되신다는 것입니다. 그러므로 모든 만물이 하나님께 세세토록 영광을 돌리는 것은 마땅한 일입니다. 영광의 핵심적인 내용은 모든 것이 주에게서 나와야 하고, 주로 말미암아야 하며, 주에게로 가야 한다는 것입니다.

신학을 예로 들자면, 신학은 하나님이 주신 계시에 전적으로 뿌리를 두어야 하고, 하나님에 의해서 전개되어야 하며, 하나님께 돌아가는 것이어야 한다는 말입니다. 그래서 중세의 학자 토마스 아퀴나스Thomas Aquinas, 1224-1274의 경우, 신학의 정의를 "하나님에 의해 가르쳐진 것이고, 하나님을 가르치는 것이고, 하나님께 이르는 것"이라고 했습니다. 이러한 정의는 이후로도 경건한 학자들에 의해 계속해서 계승되어 왔습니다. 우리의 삶도 신학의 정의와 다르지 않습니다. 즉 우리가 무엇을 먹고 무엇을 마시고 무엇을 하든 하나님께 뿌리를 두어야 하고, 하나님을 통해야 하고, 하나님을 향해야 합니다. 의지의 원인과 이유가 하나님 자신이 아니라 나와 세상에 있거나, 계획의 실행이 그리스도 안에서 하나님의 은혜로 말미암지 않고 인간적인 방식이나 세상적인 수단에 의존하고 있거나, 계획의 목적이 하나님 자신이 아니라 나의 유익이나 세상적인 만족에 있어서는 안됩니다.

이러한 삶이 없이는 하나님께 영광을 돌릴 수 없습니다. 아무리 대단한 위인이 되고 아무리 위대한 일을 이루더라도, 그 모든 시작이 오직 하나님께 있기 때문에 우리 자신에게 돌릴 영광은 단 한 조각도 없습니다.

자신의 힘과 재능과 노력으로 이루어진 것이 아니라 하나님의 은혜로 말미암은 것이기에 자신의 몫으로 챙길 영광은 전혀 없습니다. 모든 것이 하나님을 향한 것이기에 내 욕망의 주머니에 챙길 어떠한 것도 없으며 그저 무익한 종으로서 해야 할 일을 했다는 고백밖에 남길 것이 없습니다.

처음과 방법과 나중이 하나님 이외의 다른 것과 결부되어 있다면, 우리는 하나님께 온전한 영광을 돌리지 않고 그 다른 것의 공로에 해당되는 만큼 영광의 분량을 그것에게 돌려야 마땅할 것입니다. 그러나 성경은 주님만이 처음과 방법과 나중이 되신다고 말합니다. 바울은 자신의 됨됨이마저 전적인 하나님의 은혜로 돌리고 있습니다. 그 은혜가 너무도 지고하고 신비로워 인간의 지력이 능히 미치지 못하지만, 분명한 것은 모든 것이 은혜여서 어떠한 공로도 자신에게 돌릴 수 없고 오직 "나의 나 된 것은 하나님의 은혜"라는 고백만 남깁니다(고전 15:10).

"누가 주님의 마음을 먼저 알았으며 누가 먼저 하나님께 드려 하나님의 갚으심을 받을 수 있느냐"고 바울은 묻습니다(롬 11:34-35). 이는 존재도 주님의 선물이고, 보존도 주님의 은혜이고, 목적도 하나님 자신인데 어떻게 인간에게 어떤 공로나 보상을 돌릴 수 있느냐는 물음인 것입니다. 하나님과 인간에 대한 이러한 지식이 있다면 우리는 세세토록 그분께만 영광을 돌릴 수밖에 없습니다. 즉 우리에게 삶의 전적인 이유와 도움과 목적은 하나님 자신이 되셔야 한다는 것입니다.

우리가 하나님을 영화롭게 한다는 것은 하나님께 어떤 결핍이 있음을 의미하지 않습니다. 하나님은 우리에게 찬양과 영광을 취하셔야 비로소 존재가 온전하게 되거나 피조물의 어떤 보완이나 승인을 받아야 속성이 온전하게 되시는 분이 아닙니다. 하나님은 사람의 손으로 만든 성전에 거하시지 않습니다. 오히려 그분은 우리에게 만물과 생명과 호흡을 주시는 분입니다. 그런 분에게 영광을 돌리는 데는 다른 이유가 없습니다. 피조물이 창조자를 대하는 마땅한 반응이기 때문에 다른 이유가 필요하지 않습니다.

하나님께 가치가 될 만한 것이 우리에게는 없습니다. 우리는 하나님께 무언가를 드려서 그것이 가진 가치의 분량에 상응하는 보상을 그분에게서 돌려받을 수 있을 정도로 유가치한 존재도 아니고 그 정도의 유가치한 소유물도 없습니다. 혹시라도 있다면 주님에게서 말미암은 것이기에 다시 주님께로 돌리는 것이 마땅합니다. 그것으로 하나님과 거래하는 것은 가당치도 않은 일입니다. 다시 말하지만, 하나님께 영광을 돌리는 것은 모든 것을 받기만 하는 피조물로서 창조자에 대한 마땅한 태도인 것입니다. 하나님의 속성이나 존재감을 보완하는 것과는 아무런 관계가 없습니다.

삼위일체 하나님은 유일한 향유의 대상이다

"하늘에는 주 외에 누가 내게 있으리요. 땅에서는 주밖에 내가 사모할 이 없나이다"(시 73:25).

이 구절에는 하나님을 영원히 향유하는 것의 의미가 잘 묘사되어 있습니다. 본문의 논지는 하늘과 땅에 주님 이외에 사모하고 소원하고 즐거워할 어떠한 대상도 없다는 것입니다. 이러한 상태만이 하나님께 합당한 영광이 돌려지는 때라고 칼빈은 말합니다. 그의 주석에 의하면, 우리의 애착이나 열정의 "지극히 미소한 분량"이 피조계에 돌려진다 할지라도 하나님께 마땅히 돌려져야 할 영광을 횡령하는 것입니다. 칼빈의 평가처럼, 이러한 현상은 모든 시대에 나타나는 불경함의 전형적인 유형인 것 같습니다.

하늘과 땅에는 하나님 이외의 어떠한 것을 사모하게 만드는 거짓들과 환영들이 무수히 많습니다. 세상은 미혹으로 차고 넘칩니다. 미혹의 종류와 양태가 무수하고 나날이 진화하고 확장되고 있습니다. 하나님 외에도 쏟을 관심과 애정을 적당하게 안배하고 싶은 충동을 유발하는 매혹적인 대상들이 홍수처럼 쏟아지고 있습니다. 이러한 홍수에 시인 자신도 휩쓸려서 미끄러질 뻔했다고 밝힙니다. 이러한 미혹의 원흉들로 시인이 2절에서 14절까지에서 제시하는 것은 '악인이 형통하는 것', '악하고 오만한 자들은 죽을 때에도 고통이 없고 오히려 힘이 강건한 것', '일반 사람들이 당하는 고난이나 재앙이 그들에게는 없다는 것', '생이 부요해서 살이 쩌 눈이 튀어나올 정도이고 그들의 소득은 마음의 소원보다 많다는 것', '악인들이 항상 평안하고 재물은 더욱 불어나는 것' 등인데, 이러한 것들보다 더 참을 수 없는 것은 일평생 하나님만 바라보며 하루 종일 주님만 섬기는 자신은 "종일 재난을 당하며 아침마다 징벌을 받"는 것이라고 합니다. 이러한 원흉들을 제거하는 방법은 하나님을 응시하는 것입니다. 위의 것을 바라보는 것입니다.

하나님은 우리 "마음의 반석이시요 영원한 분깃"(시 73:26)이 되십니다. 이 구절에 하나님에 대한 시인의 이해가 축약되어 있습니다. 하나님은 시인에게 몸과 마음이 무너질 때 존재와 상태의 보존을 가능하게 하는 반석이 되십니다. 시인 자신을 보존할 뿐만 아니라 다른 원수들의 공격도 무력하게 할 정도로 안전하고 견고한 안식처가 된다는 의미도 있습니다. 일반의 마음을 지으신 하나님은 눈으로 관찰되지 않고 손으로 고칠 수 없는 마음의 심각한 상태와 취약한 본질을 정확하게 아시고 최상으로 회복시킬 수 있으신 분입니다. 그리고 인간은 스스로 존재하지 못하기에 외부의 것이 필요한데 하나님이 그 필요의 전부라고 말하는 듯합니다.

시인은 주를 멀리하는 자와 하나님을 가까이 하는 자를 대조하고 있습니다. 하나님을 떠나는 자는 망하고 가까이 하는 자는 복되다는 결과적인 대조도 언급하고 있습니다. 대상이 누구냐에 따라 가까이 함이 복이 되기도 하고 저주가 되기도 합니다. 하나님은 복의 근원이며 최고의 복 자체가 되십니다. 하나님을 가까이 하는 것보다 더 복된 것은 어디에도 없습니다. 그리고 하나님을 멀리하는 것은 복된 것을 소유하지 못하는 정도가 아니라 멀어진 만큼의 저주를 받고 멸망을 당합니다. 이는 밤의 경점과 같이 짧은 인생을 고려하지 않으면 이해할 수 없는 것입니다.

1천 년의 기간도 고작 하루에 불과하신 분 앞에서는 이 세상을 살아가는 사람들이 아무리 화려하고 존귀하게 살아도 안개처럼 곧 사라지는 환영일 뿐입니다. 측정이 불가능한 영원 속에서의 상태가 얼마나 중요한지 모릅니다. 시간의 세계와는 비교할 수 없을 정도로 놀라운 은혜와 기쁨과 영광의 상태를 영원히 누린다고 생각해 보십시오. 그런 관점에서 세상을 보면 화려함과 쾌락에 취하여 영원에 비추어진 자신의 실상을 직시하지 못하는 것 자체가 어쩌면 가장 비참한 멸망의 내용일 수 있습니다. 문제의 관건은 하나님을 가까이 한다는 것이 무엇을 의미하며 어떻게 하나님을 가까이 하느냐에 있습니다.

하나님은 영이십니다. 이는 그분이 물리적인 거리 좁히기의 대상이 아니라는 뜻입니다. '멀리' 혹은 '가까이' 같은 거리 개념에 의미론적 전환이 필요할 듯합니다. 본문에는 '가까이 함'의 의미가 "내가 주 여호와를 나의 피난처로 삼아"라는 표현으로 암시되어 있습니다. 이는 두려움에 떨고 있었던 믿음의 조상에게 "두려워 말라. 나는 네 방패요"(창 15:1)라고 하신 하나님의 말씀과 상당 부분 겹칩니다. 피난처는 나 자신의 일부만 보호하고 가려 주는 곳이 아닙니다. 나의 전부가 완전히 안전하게 파묻히는 곳입니다. 하나님을 피난처로 삼는다는 것은 하나님 안에 온전히 거함을 뜻합니다. 이 또한 물리적인 주거를 뜻하지는 않습니다.

요한복음 15장은 거룩과 순종을 그리스도 안에 거하는 방편으로 소개하고 있습니다. 거룩과 순종은 분리된 개념이 아니라 서로 맞물려 있습니다. 거룩하지 않으면 하나님의 말씀을 준수할 수 없고 하나님의 말씀을 준수하지 않고서 거룩해질 방법은 존재하지 않습니다. 순종과 거룩의 실체는 동일하며 양태에 있어서 순종이 행위이고 거룩은 상태라는 구분이 있을 뿐입니다. 그러나 중심을 보시는 하나님의 눈에는 행위와 상태가 구분되지 않습니다. 하나님을 가까이 함이 복이기에 시인은 "주 여호와를 나의 피난처로 삼았다"고 말합니다(28절). 피난처로 삼는다는 것은 하나님 안에 거하는 것을 의미하고, 거하는 방식은 물리적인 거처가 아니라 하나님의 말씀을 듣고 준행하여 말씀으로 거룩하게 되는 것입니다.

신학적 표현을 빌리면 이것은 그리스도와의 연합 unio cum Christo을 뜻합니다. 이는 또한 내가 그리스도 안에, 그가 내 안에 거하시는 것을 뜻합니다. 이런 맥락에서 바울은 자신이 그리스도 안에서 발견되는 사람이고 싶어 했습니다. 주님은 분명히 우리 안에 계시지만 우리는 종종 그리스도 안에 거하지 않고 그리스도 안에서 발견되려 하지도 않습니다. 시인의 글에서는 '여호와를 가까이 하는 복'의 구체적인 개념이 선명하지 않습니다. 바울의 경우에는 그리스도 예수를 얻고 그 안에서 발견되기 위하여 심지어 죽음에서 부활에 이르는 데까지 주님을 본받고자 했습니다. 저는 시인이 말하고자 한 여호와를 가까이 하는 복의 구체적인 의미를 여기에서 찾습니다. 이보다 강렬한 그리스도와의 연합을 추구했던 다른 인물이 떠오르지 않을 정도로 자신의 생명과 죽음까지 상대화할 줄 알았던 사람이 바울이 아니었나 싶습니다. 하나님을 영원토록 향유한다는 것은 바로 이런 의미입니다. 이것이 인생의 궁극적인 목적이요 방향과 안식이 되어야 할 것입니다.

기독교의 영광은 십자가다

"내게 주신 자도 나 있는 곳에 나와 함께 있어 아버지께서 창세 전부터 나를 사랑하시므로 내게 주신 나의 영광을 그들로 보게 하시기를 원하옵나이다"(요 17:24).

예수님의 이 기도문에 의하면, 하나님을 향유한다는 것의 의미는 성부께서 예수님께 주신 영광을 보는 것입니다. 이 영광은 어떤 것일까요? 아마도 목격자의 진술이 가장 객관적일 것이며 목격자가 다수일 경우에는 진술의 객관성이 더 높아질 것이라는 사실에 모두 동의하실 것입니다. 요한은 '우리'라는 공동체가 본 예수님의 영광을 이렇게 기록하고 있습니다. "말씀이 육신이 되어 우리 가운데 거하시매 우리가 그의 영광을 보니 아버지의 독생자의 영광이요 은혜와 진리가 충만하더라"(요 1:14).

여기서 예수님의 영광이 의미하는 바는 말씀이 육신이 되었다는 것과 육신이 되신 예수님이 충만한 은혜와 진리로 둘러싸여 계시다는 것입니다. 예수님의 성육신은 그 자체가 은혜이며 본인이 진리이시기 때문에 은혜와 진리로 충만하실 수밖에 없습니다. 예수님은 이 땅에 당신의 백성들이 지은 죄를 사하시기 위해 죽으러 오셨고 아버지의 뜻을 온전히 선포하고 온전히 성취하신 분이기에 은혜와 진리가 충만하신 분입니다. 예수님은 이런 영광을 제자들도 보고 누리기를 기도하고 있습니다.

이처럼 예수님의 영광을 목격하는 하나님 향유는 눈부신 번영이나 초고속 승진이나 막대한 재물이나 막강한 권력의 확보나 취득과는 아무 상관이 없습니다. 오히려 예수님은 자신의 죽음이 임박한 유월절 즈음에 "인자가 영광을 얻을 때가 왔도다"(요 12:23)라고 했습니다. 여기서는 영광이 죽음과 연결되어 있습니다. 이는 사람들이 생각하는 영광과 판이하게 다릅니다. "우리가 그와 함께 영광을 받기 위하여 고난도 함께 받아야 할 것이니라"(롬 8:17)는 바울의 지적처럼, 예수님의 영광은 고난을 수반하고 고난을 관통해야 비로소 보이고 공유할 수 있는 것입니다.

성부께서 예수님께 주신 영광을 제자들이 보기 위해서는 예수님의 기도에 암시된 것처럼 (1)성부의 허락 없이는 안된다는 것과 (2)그리스도 예수와 더불어 있어야만 가능한 것임을 확인할 수 있습니다. 성부께서 허락하신 자가 아니면 아무도 예수님께 나아갈 수 없습니다. 같은 맥락에서 하나님은 "주의 영광을 내게 보이소서"(출 33:18)라고 기도한 모세에게 당신의 모든 선을 그의 앞으로 지나가게 하시면서 "나는 은혜 베풀 자에게 은혜를 베풀고 긍휼히 여길 자에게 긍휼을 베푸느니라"(출 33:19)는 당신의 절대 주권을 말씀하신 것입니다.

그리고 예수님과 더불어 있지 않으면서 독생자의 영광을 목격할 수 있는 자는 아무도 없습니다. 이에 관하여 제자도의 어법을 빌리자면, 우리가 자기를 부인하고 자기 십자가를 짊어지는 때가 바로 예수님과 동행하는 때입니다. 이는 예수님이 걸어가신 십자가의 길을 걸어가는 때가 바로 인자의 영광을 목격하고 취득하는 때라는 말입니다. 십자가의 도상에서 예수님의 영광을 목격하고 그렇게 함으로써 우리는 하나님을 향유하는 인생의 궁극적인 목적에 도달하는 것입니다. 하나님을 향유하는 자는 다름 아닌 이처럼 십자가의 생을 추구하는 자입니다.

십자가가 믿는 자에게는 지혜와 능력과 진리가 입 맞추는 곳입니다. 독생자의 영광이 거기에 있습니다. 성부께서 예수님께 주신 영광이요 예수님이 제자들로 보기를 원하였던 영광은 고달픈 십자가의 길을 걸어가며 예수님과 동행할 때에 비로소 목격되고 취득되는 것입니다. 오늘날 교회에서 이런 영광을 목격하기란 마치 하늘의 별 따기와 같이 불가능한 일처럼 보이는데, 이는 독생자의 영광이 무엇이고 그 영광을 목격하고 취득하는 방법이 어떤 것인지를 모르는 무지의 결과인 것 같습니다.

하나님을 향유하고 싶다면 은혜와 진리로 충만한 독생자의 영광을 보십시오. 그 영광을 보고 싶다면 예수님과 함께 하십시오. 그리스도 예수와 동행하는 방법은 고난의 십자가를 짊어지는 것밖에 없습니다. 다른 길과 방법은 없습니다. 영광의 의미와 방법은 모두 십자가에 있습니다. 그런데 교회가 이것을 외면하고 있는 듯합니다. 개념적인 왜곡과 방법론적 회피에 민첩한 모습을 보입니다. 그렇게 되면 우리 자신도 독생자의 영광을 목도하지 못할 것이고 세상 사람들도 그 영광을 경험하지 못하게 될 것입니다. 참으로 끔찍한 일입니다.

이런 식이라면 세상에 캄캄한 어두움을 드리우게 하는 결정적인 주범은 어쩌면 교회일 것입니다. 영광도 모르고 거기에 이르는 방법도 모르는 무지가 어두움과 패망을 낳습니다. 인생의 궁극적인 목적이 하나님을 영화롭게 하고 하나님을 영원토록 향유하는 것이라고 했는데, 영광의 의미와 방법을 뒤틀어 버린다면 그 자체가 가장 어두운 거짓과 패악을 자행하는 셈이 될 것입니다. 이는 교회가 두려워하고 심히 떨어야 할 일입니다. 인생의 진정한 목적에 있어서 세상과 교회가 구별되지 않는다면 그 자체가 교회에는 재앙이요 세상에는 절망일 것입니다.

교회는 독생자의 십자가 영광을 보고 그 영광을 세상에 보여주는 곳입니다. 그 영광을 경험하고 증거하는 곳입니다. 교회가 세상의 빛과 소금이란 말의 의미가 바로 여기에 있습니다. 이를 위해서는 하나님의 허락과 은혜가 가장 중요하고 우선적인 것 같습니다. 예수님께 주신 영광을 우리도 보게 해 주시도록 아버지의 허락과 은혜를 간구할 수밖에 없습니다.

"아버지여, 영광의 일그러진 개념을 반듯하게 펴 주옵소서. 그 영광을 우리도 보고 세상도 볼 수 있도록 십자가의 길을 영광으로 간주하며 기쁨으로 걷게 하옵소서. 모세가 간구했던 것처럼, 우리에게 주의 영광을 보여주옵소서."

2.

성경이란 무엇인가

기독교는 사람이 만들어 낸 종교적 인공물이 아닙니다. 물론 종교를 생산하는 종교성은 모든 인간에게 있습니다. 그런데 그 인간의 종교성은 스스로 산출한 종교에 만족하지 못하고 오직 하나님 안에서만 안식을 얻도록 되어 있습니다. 그래서 물질적인 것으로는 결코 만족하지 못하고 무언가 초월적인 것을 찾습니다. 종교성은 하나님의 형상대로 지음을 받은 인간의 궁극적인 만족이 오직 하나님께 있다는 사실을 계속해서 깨우치고 자극하고 인도하는 것입니다. 그런데 문제는 인간이 종교성의 안식처인 하나님을 찾지 않는다는 것입니다. 대신에 썩어지고 변동되는 땅의 허망한 것들에 끈적끈적한 종교적 군침을 흘리고 있습니다. 이에 대해 바울은 인간이 "스스로 지혜 있다 하나 어리석게 되어 썩어지지 아니하는 하나님의 영광을 썩어질 사람과 새와 짐승과 기어 다니는 동물 모양의 우상으로 바꾸었"(롬 1:22-23)다고 말합니다. 이는 인간의 종교성을 마땅히 향해야 할 대상에게 돌리지 않고 엉뚱한 대상에게 돌린 것입니다.

　우상을 종교성의 출구로 삼은 인간의 우매함은 신적인 것들에 대한 감지력의 부재에서 비롯된 것이 아닙니다. 바울은 하나님이 자신의 영원하신 능력과 신성을 그가 만드신 만물에서 밝히 보이셨고 그렇기 때문에 하나님을 알 만한 것이 인간 안에 있으므로 핑계할 수 없다고 분명히 말합니다(롬 1:20-21). 이는 인간에게 타락 이후에도 소멸되지 않은 신성의 감지력이 있으며 그것을 통해 만물 안에서 보이신 하나님의 흔적을 알 수 있으므로 하나님을 몰라서 믿지 못했다는 것을 핑계로 삼지는 못한다는 것입니다. 인간은 하나님을 알 수 있습니다. 그러나 믿음의 선배들은 하나님에 대한 자연적인 앎의 정도에 대해 결코 구원에 이를 만큼은 아니라고 말합니다. 하나님 지식의 단초들이 만물에 투영되어 있고 그것을 감지할 능력이 인간에게 있지만 구원을 얻기에는 충분하지 않다는 것입니다. 이러한 불충분에 대한 해결책은 하나님 자신이 특별한 계시를 인간에게 주시는 것입니다.

하나님의 특별한 계시, 성경

하나님의 특별한 계시는 말씀과 행위의 방식으로 주어졌고 인간의 고약한 무지와 망각과 조작이 그 계시를 훼손하지 못하도록 성경이라는 기록된 형태로 지금까지 전해지고 있습니다. 기록의 문화가 태초부터 있었던 것은 아니기 때문에 성경이 태초부터 존재한 것은 아닙니다. 아마도 인류의 시초에는 수명이 길어서 기록의 필요성이 없었을 것입니다. 한 사람이 9백 년 이상을 살면서 수십 대의 후세대와 공존했기 때문에 사람의 증언은 지식 전달의 정확성과 지속성 면에서 보더라도 문서의 방식보다 훨씬 더 유효했을 것입니다. 그러나 인간의 타락으로 수명은 줄어들고 환경도 변하면서 개인의 증언보다 기록을 통해 기억을 장기적으로 보존할 필요성은 더욱 커져 갔을 것입니다. 한 연구에 의하면 문자의 발명은 기원전 3천 년경에 이루어져 지금까지 계속해서 발전되어 왔습니다. 과거를 보관하는 방식으로 고안된 문자의 필요성은 수명이 짧을수록 커지는 법입니다. 성경의 발생은 이러한 필요와 무관하지 않습니다.

하지만 이러한 필요 자체가 성경이 기록된 주도적인 원인은 아닙니다. 성경의 기록은 하나님의 명령에 뿌리를 두고 있습니다. 아말렉 전쟁이 끝나고 하나님은 모세에게 "이것을 책에 기록하여 기념하게"(출 17:14) 하라고 명하셨고, 이에 "모세가 여호와의 모든 말씀을 기록"(출 24:4)해야 했습니다. 즉 성경의 기록은 명령과 순종의 결과라는 말입니다. 그리고 기록된 말씀은 여호와의 언약궤 곁에 두도록 했습니다. "모세가 이 율법의 말씀을 다 책에 써서 마친 후에 모세가 여호와의 언약궤를 메는 레위 사람에게 명령하여 이르되 이 율법 책을 가져다가 너희 하나님 여호와의 언약궤 곁에 두어 너희에게 증거가 되게 하라"(신 31:24-26). 이는 성경의 신적인 권위를 암시하고 있습니다. "성경이 바로에게 이르시되"(롬 9:17)와 같은 사도의 인용에서 보이듯이, 성경은 하나님의 말씀으로 간주되고 있습니다. 즉 하나님의 말씀과 성경은 동일한 권위를 가졌으며 동일한 것입니다. 그래서 히브리서 저자는 처음부터 성경에 대해 말하다가 4:12에 이르러서 그것을 "하나님의 말씀"으로 바꾸어 표기하면서 특별한 해명을 덧붙이지 않습니다. 이 대목은 당시의 모든 성도들이 성경을 하나님의 말씀으로 여겼다는 추론을 가능하게 만듭니다. 성경은 하나님의 말씀으로 간주될 때에 가장 정확하게 이해될 수 있습니다.

하나님이 성경의 제1저자이고 그러므로 하나님의 말씀인 성경은 신적인 속성을 가졌다는 사실을 언급하기 전에 먼저, 성경의 실질적인 기록자는 인간이란 점을 먼저 생각해 보고 싶습니다. 성경의 필진으로 참여한 인물들의 면면을 살펴보면 하나님의 깊은 지혜를 확인할 수 있습니다. 40여 명의 인간 기록자는 다양한 신분을 가졌으며 출신 지역도 다양하고 살아온 연대도 다양하고 그 폭도 넓습니다. 기록자들 중에는 목자, 왕, 법률가, 어부, 농부, 교사, 의사, 세리, 심지어 섬으로 유배된 죄수도 있습니다. 그들의 출신 지역으로는 로마를 비롯하여 예루살렘, 바벨론, 페르시아, 그리스, 터키가 있습니다. 이러한 필진 중에는 전문적인 작가로 훈련된 사람이 아무도 없는 것 같습니다. 오늘날의 기준으로 본다면 그들 중 어느 누구도 성경 기록자의 대열에 참여할 자격을 구비하지 않은 것처럼 보입니다. 그럼에도 불구하고 이토록 다양한 배경을 가진 무자격의 사람들이 성경을 기록하는 영광스런 사역에 참여하게 된 것은 하나님의 특별한 의도로 이루어진 일입니다. 이것은 아마도 연약하고 비천하고 무지한 자들을 부르셔서 스스로 지혜롭고 강하고 존귀하다 여기는 자들의 타락과 부패를 부끄럽게 하시려고, 나아가 인간의 생각이 아니라 오직 본질적인 저자이신 하나님의 거룩한 말씀만이 성경에서 읽히도록 인간 기록자를 가리시는 하나님의 절묘한 섭리인 것 같습니다.

그리고 성경이 목적과 관련하여 이러한 신분과 출신의 필진으로 구성된 성경 기록자의 다양성은 성경이 특정한 계층이나 특정한 연령대나 특정한 성별이나 특정한 민족이나 특정한 지역의 사람들이 아니라 모든 지역과 민족과 나라와 계층과 성별과 연령대의 사람들을 독자로 여기고 있음을 잘 보여주고 있습니다. 연대적인 면에서도 다른 책들과는 달리 성경은 모세를 최초의 기록자로 보더라도 기원전 1500년에서 기원후 100년경에 이르도록 1600년의 기간 동안 쓰여진 책입니다. 이 세상의 어떤 작가가 자신의 전 생애를 할애해서 쓴 아무리 탁월한 책이라 할지라도 집필의 기간은 기껏해야 100여 년을 넘지 못합니다. 그런데 성경은 무려 1600여 년에 걸쳐 쓰여진 책입니다. 번역된 언어만도 3000여 개에 가까우며, 지난

50년간 판매된 책들 중에서 단연 최고의 베스트셀러인데 무려 39억 권이 팔렸다는 통계가 있습니다. 성경이 세상의 모든 사람들을 독자로 삼은 최고의 책이라는 사실을 보여주는 통계 지표는 이 외에도 대단히 많을 것입니다. 이렇게 위대하고 고전적인 최고의 책 성경에 관하여 독자들이 필히 숙지해야 할 것들이 있습니다.

성경은 신적이다

성경은 비록 인간으로 말미암아 기록된 것이지만 하나님에 의해 쓰여진 것입니다. 그래서 기독교는 성경의 궁극적인 저자성을 하나님께 돌립니다. 하나님이 성경의 제1저자이시기 때문에 성경은 신적인 속성을 갖습니다. 성경은 사람의 말이 아니라 하나님의 말씀이며, 피조물과 사건들을 드러내는 것만이 아니라 그것들을 통해 결국 창조자요 구속자인 하나님을 계시하고 있으며, 우리로 하여금 하나님을 향하도록 기록된 것입니다. 하나님이 성경의 주어도 되시고 내용도 되시고 목적도 되신다는 점에서 성경은 신적인 책입니다. 성경의 다른 속성들, 즉 자율성과 적응성과 완전성과 충분성과 종결성과 영감성과 무오성과 판명성 개념은 이 신적 속성에서 파생된 것이라 해도 과언이 아닙니다.

성경은 하나님이 자신을 우리에게 스스로 계시하신 책입니다. 성경은 인간의 요청에 의한 수동적인 반응의 결과가 아니라 능동적인 은혜의 선물로 주어진 것입니다. 하나님은 스스로를 계시함이 없이는 인간에게 결코 알려지지 않는 분입니다. 성경의 계시는 계시의 주체이신 하나님이 계시의 내용인 자신을 계시의 대상인 인간에게 전달하되 외부의 어떠한 요청이나 강요나 강제 없이 계시자 자신의 자유로운 의사를 따라 원하는 분량만큼 전하여진 것입니다. 사람의 호기심을 해소하기 위해 주어지지 않았기에 때때로 자기가 원하는 내용이나 구체적인 해답을 찾지 못하여 성경에 실망하고 불평하고 성경을 무시하는 사람들이 있습니다. 그러나 성경은 인간의 궁금증을 풀어 주는 책이 아니라 인간이 알아야 할 하나님 지식을 계시한 책입니다. 같은 맥락에서 성경은 교회의 필요를 따라 만들어진 것이 아니라 하나님의 자비로운 원하심을 따라 교회에 주어진 것입니다. 이런 의미에서 성경은 교회에 의해 신적인 권위를 취득하지 않습니다. 또한 교회의 필요를 채워 주는 수단과 방편이 아니라 교회가 따라야 할 규범이요 원리인 것입니다.

하나님은 인간이 감히 다가갈 수 없는 빛 가운데 거하시는 분입니다. 그런데 그런 하나님이 친히 말씀의 방식으로 우리에게 다가오신 것이 성경입니다. 성경은 하나님이 우리에게 스스로를 적응시킨 것입니다. 비록 인간적인 언어와 어법으로 오셨지만 그렇다고 해서 신적인 속성이 소멸되는 것은 아닙니다. 그래서 우리는 성경을 통해 하나님께 나아갈 수 있습니다. 이는 얼굴을 보고 육성을 듣는 방식이 아닙니다. 성경을 통한 만남은 사람의 은밀한 거짓과 속임수가 작용할 수 없도록 활자화된 언어로 하나님의 마음과 우리의 마음이 교통하는 것입니다. 성경은 마치 지성소와 같습니다. 지성소에 법궤가 있고 그 위에 하나님의 임재가 있었듯이, 하나님은 지금도 성경의 지성소에 임하셔서 우리를 만나시고 마땅히 행할 바를 가르쳐 주십니다(출 25:22). 고대의 지성소는 제한된 사람이 제한된 일자에 제한된 횟수로 출입할 수 있었지만, 성경은 누구나 언제 어디서나 무한대로 출입할 수 있는 휴대용 지성소와 같습니다.

성경은 무오하다

우리가 어떤 지식을 신뢰하게 되는 방식에는 대체로 네 가지가 있습니다. 첫째는 권위에 의한 것입니다. 부모나 스승이나 존경하는 인물의 입술에서 출고된 지식은 굳이 증명의 과정을 거치지 않고서도 상당한 신뢰를 얻습니다. 둘째는 직관에 의한 것입니다. 수학적인 계산이 여기에 속합니다. 예를 들어, 1+1=2라는 등식을 신뢰하는 것에는 실험이나 검증이 필요하지 않습니다. 모든 사람이 직관에 의해 참이라고 여기는 것입니다. 셋째는 경험에 의한 것입니다. 사람들은 반복되는 패턴이나 원인과 결과의 일정한 관계나 광범위한 동의나 자연적인 일관성을 경험했을 때에 어떤 지식에 신뢰를 보냅니다. 넷째는 실험에 의한 것입니다. 실험은 인간의 호기심에 걸린 문제를 파악하고 다양한 증거를 수집하고 검토하고 가설을 수립하고 검증하고 결론을 도출하되 그 결론에 근거한 연역적 추론으로 하나의 보편적인 법칙을 생산하는 일련의 과정을 의미합니다. 이 실험은 많은 사람들이 과학적인 방법으로 여기는 것입니다.

성경의 무오성은 수학적인 직관이나 경험적인 검증이나 과학적인 실험에 의해서가 아니라 권위에 의해서 사람들의 신뢰를 얻습니다. 즉 성경의 무오성은 성경이 하나님의 말씀이기 때문에 오류 가능성이 없으며 성경은 무오하기 때문에 일점일획 수준의 변경이나 가감도 용납하지 않는다는 성경의 증거와 권위에 의존하고 있습니다. 하나님의 말씀인 성경 자체의 권위는 인간의 이성이나 교회의 전통이나 물리적인 실험이나 감각적인 경험의 권위보다 높습니다. 그래서 성경의 진위는 성경 자체보다 더 높은 권위가 없기 때문에 외부의 어떤 기준에 의존하지 않습니다. 다윗은 하나님의 영으로 감동되어 "여호와의 율법은 완전하여 영혼을 소성시키며 여호와의 증거는 확실하여 우둔한 자를 지혜롭게 하며 여호와의 교훈은 정직하여 마음을 기쁘게 하고 여호와의 계명은 순결하여 눈을 밝게 하시도다. 여호와를 경외하는 도는 정결하여 영원까지 이르고 여호와의 법도 진실하여 다 의로우니"(시 19:7-9)라고 말합니다. 성경의 무오성에 대한 신뢰는 사람의 합의나 판단에 의존하지 않고 하나님의 권위에 의존하고 있기 때문에 칼빈은 "성령께서 확신시켜 주시기 전에는 우리에게 성경에 대한 어떠한 확신도 있을 수 없다"고 했습니다.

성경에는 하나님의 영감이 있다

바울은 "모든 성경이 하나님의 감동으로 된 것"(딤후 3:16)이라고 했고, 베드로는 "성경의 모든 예언은 사사로이 풀 것이 아니니 예언은 언제든지 사람의 뜻으로 낸 것이 아니요 오직 성령의 감동을 입은 사람들이 하나님께 받아 말한 것"(벧후 1:20-21)이라고 했습니다. 이러한 성경의 모든 예언은 "모든 선지자의 입을 통하여"(행 3:19) 혹은 "다윗의 입을 통하여"(행 1:16) "성령으로"(행 3:21) "하나님이"(행 4:25) 말씀하신 것입니다. 그러므로 성경은 하나님의 말씀이지 선포자의 말이나 전달자의 말이나 기록자의 말이 아닙니다. 비록 성경은 그러한 기록자를 수단으로 삼아 그들의 붓으로 쓰여지고 그들의 언어에 말씀을 담았지만 여전히 하나님의 말씀으로 남도록 성령의 신적인 감동이 있었다는 것입니다. 이것도 인간의 실험이나 논리로는 해명될 수 없기에 하나님과 성경 자체의 권위에 호소할 수밖에 없습니다.

성경은 명료하다

성경의 명료성은 성경의 모든 부분이 동일하게 명료하고 특정한 구절이 모든 이에게 동일하게 명료하다는 의미가 아닙니다. 구원에 필수적인 것들과 관계된 부분에 있어서는 성경에 어떠한 애매함도 없다는 뜻입니다. 그리고 성경의 명료성은 성경 자체가 성경을 해석하기 때문에 그 의미를 다른 외부의 권위에 양도하지 않는다는 의미도 포함하고 있습니다. 물론 훈련된 해석자의 도움과 교회의 긴 전통 속에서 이루어진 해석의 검증도 성경을 이해함에 있어서 대단히 유익합니다. 그러나 그러한 것들이 없더라도 성경의 명료성이 훼손되지는 않습니다. 성경의 명료성은 사람들이 원하는 명료성의 정도에 따라 평가되지 않습니다. 성경 자체가 가진 명료성의 정도가 있습니다. 우리가 원하는 명료성을 성경에 강요하지 않고 성경 자체의 명료성에 우리가 적응하고 거기에 만족하는 태도가 더 합당하고 좋습니다.

성경은 충분하다

성경은 충분하기 때문에 더하거나 감할 필요가 없습니다. 우리에게 필요한 모든 것이 성경에 들어 있으며 성경에 기록된 것은 모두 우리에게 필요한 것입니다. 그런 의미에서 우리는 성경이 말한 것은 침묵으로 지나치지 말아야 하고 성경이 말하지 않은 것에 대해서는 침묵의 경계선을 범하지 말아야 합니다. 성경은 충분하기에 그 이하를 요구하는 것은 인간의 오만이며, 그 이상을 요구하는 것은 인간의 욕심일 뿐입니다. 성경에는 하나님이 원하시는 계시의 깊이와 높이와 넓이와 길이가 정확하게 담겨 있습니다. 성경은 완전한 하나님과 완전한 인간이신 그리스도 예수를 가리키고 있기 때문에 하나님과 인간에 대한 온전한 지식에 이르고자 할 때에 성경은 부족함이 조금도 없습니다. 하나님을 경외하고 하나님을 영화롭게 하고 하나님을 향유함에 있어서 어떠한 불충분함도 성경에는 없습니다.

성경은 평범하다

성경은 코이네 헬라어 중에서도 전문적인 학자들이 사용하는 말이 아니라 시장에서 서민들이 사용하는 일상적인 방언으로 기록된 책이기에 심각할 정도로 난해하지 않고 누구나 쉽게 이해할 수 있습니다. 성경은 특정한 시대나 특정한 계층이나 특정한 민족만을 위하지 않고 모든 시대와 모든 민족과 모든 계층을 위한 책입니다. 만약 특정한 시대에만 사용된 표현이나 특정한 집단만 사용하는 어법이나 특정한 민족만 사용하는 언어로 기록이 되었다면 다른 시대와 다른 민족과 다른 계층의 사람들은 성경에 접근하지 못했을 것입니다. 그래서 성경은 평범한 어법을 따라 평범한 언어의 평범한 표현들로 채워져 있습니다. 세련되고 난해하고 전문적인 무언가를 기대하고 성경을 펼치는 독자들은 대체로 실망하여 악평을 쏟아 낼 가능성이 높습니다. 여기서 중요한 것은 비록 가장 광범위한 독자층을 확보하기 위해 평범한 어법과 평범한 언어와 평범한 표현을 사용하기는 했으나 의미의 깊이와 높이와 넓이와 길이에 있어서는 지상의 다른 어떤 문헌들도 감히 넘보지 못할 탁월성을 갖고 있다는 것입니다. 평범함은 유치함과 우매함을 의미하지 않습니다. 성경의 평범성은 온 천하의 만민을 향한 하나님의 배려와 은혜와 사랑에서 비롯된 것입니다.

　예수님의 성육신도 온 천하의 만민이 하나님께 나아올 수 있도록 최고의 접근성 제공을 위한 신적인 배려에서 비롯된 것입니다. 성경의 언어처럼 예수님도 "연한 순 같고 마른 땅에서 나온 뿌리 같아서 고운 모양도 없고 풍채도 없어서 우리가 보기에 흠모할 정도로 아름다운 것이 없으셨던"(사 53:2) 분입니다. 초라한 종의 형체를 입으시고 이 땅에 오셨기 때문에 멸시와 버림을 받으셨던 예수님의 경우와 비슷하게, 성경도 심오한 철학도 아니고 무모순의 논리도 아니고 정교한 과학도 아니고 보편적인 윤리도 아닌 것처럼 보여서 결코 신의 말씀일 수 없다는 악평과 냉대를 받아야 했습니다. 이처럼 예수님과 성경은 모든 사람을 위한 하나님의 사랑을 증거하고 있는데도 동일하게 사람들로부터 부당한 대우를 받습니다. 우리는 성경을 읽되 인간의 언어로 적응하기 이전에 신적인 말씀으로 소급하는 태도를 견지해야 할 것입니다.

성경의 특성

지금까지 살펴본 성경의 특성들을 성경 자체가 어떻게 증거하고 있는지를 구체적인 텍스트를 통해 확인해 보는 것이 좋습니다.

성경을 가감하지 말라

"우리나 혹은 하늘에서 온 천사라도 우리가 너희에게 전한 복음 외에 다른 복음을 전하면 저주를 받으리라"(갈 1:8).

하나님을 영화롭게 하고 그분을 영원토록 향유하는 방법은 오직 성경에서만 배울 수 있습니다. 다른 원리를 따라서 아무리 치성을 올리고 접신에 도취된다 할지라도 그것은 하나님을 모독하고 자만에 빠지는 사망과 저주의 길일 수밖에 없습니다. 신약이 비록 사도들에 의해 기록된 것이지만 그들이 자의로 휘갈겨 쓴 글이 아닙니다. 하나님의 감동을 받아 말하고 기록한 것입니다. 복음이 사도들의 붓으로 기록된 것이지만, 만약 하나님의 영감으로 된 이 복음 외에 다른 복음을 전한다면 사도라도 저주를 받습니다. 하늘의 천사가 전하는 메시지라 할지라도 성경의 경계선을 함부로 넘어가면 저주에서 자유롭지 않습니다.

'다른 복음'을 전하는 다양한 양태가 있습니다. 첫째로 성경에 물리적인 가감을 가하는 것입니다. 초대교회 시대에 마르키온Marcion과 같은 인물은 바울 서신 및 누가복음 일부만으로 성경을 구성하고 나머지는 제거하는 불경을 저지른 바 있습니다. 자신의 가치관을 기준으로 성경을 삭감한 것입니다. 이와 반대로 로마 가톨릭처럼 정경이 아닌 소위 외경을 성경에 포함시킨 경우도 있습니다. 그리고 성경의 물리적인 첨삭은 아니지만 거기에 준하는 불경함이 설교하는 강대상 위에서도 일어날 수 있습니다. 즉 설교할 때 특정한 본문을 의도적으로 배제하는 경우가 그렇고 성경이 침묵하는 부분을 과도하게 주장할 때에도 동일한 불경을 범하는 것입니다.

두 번째로 '다른 복음'을 전하는 경우는 해석학적 첨삭을 가하는 것입니다. 이는 성경의 저자이신 하나님이 말하고자 하시는 의도를 가감하는 것입니다. 대표적인 경우로는 성경 해석자가 성경의 제1저자이신 하나님 자신의 뜻까지 소급해 올라가지 않고 인간 기록자의 의도나 문맥에 머무는 해석학적 인간화가 있습니다. 이런 인간화는 인간적인 열심과 충동을 자극하는 데에는 유익할지 모르나, 하나님의 거룩한 신성과 영원한 뜻에까지 이르기를 원하는 성경의 의도와 목적을 심각하게 왜곡하는 것입니다. 성경은 윤리나 처세술의 보고가 아닙니다. 영원한 생명의 불변하는 진리가 담긴 책입니다.

세 번째로 '다른 복음'을 전하는 사례는 순종과 관계된 것입니다. 하나님의 말씀에 물리적인 첨삭과 해석학적 가감을 범하지 않았다 할지라도 만약 우리가 알고도 행하지 않는다면 스스로를 속이는 것이며 하나님을 만홀히 여기는 것입니다. 이는 비록 내용은 올바르고 충실하나 그것이 구현되는 삶의 현장에서 말씀의 실천적인 가감이 발생하여 결국 '다른 복음'을 전하게 되는 경우입니다. 그러므로 성경의 물리적인 보존도 중요하고, 말씀의 의미가 가감되지 않는 적정하고 통합적인 해석도 중요하고, 말씀의 가시적인 표상이라 할 삶의 실천도 중요해 보입니다. 이는 하나를 택하면 다른 것들은 버려도 하는 택일의 문제가 아닌 것 같습니다.

어떤 식으로든 하나님의 말씀을 빼거나 더하면 저주를 받습니다. 하나님께 온전한 영광을 돌리지 못합니다. 하나님을 영원토록 최고의 선으로 즐거워할 수 없습니다. 마땅히 믿어야 할 것들과 마땅히 행해야 할 것들의 규범이요 원리인 하나님의 말씀을 건드리면 사도나 천사들도 예외 없이 저주를 받습니다. 인생의 궁극적인 목적을 추구하는 사람들이 하나님의 말씀에 전무할 수밖에 없는 이유가 여기에 있습니다. 하나님께 영광을 돌린다고 말하면서 성경을 취사선택의 대상으로 대하거나 사사로이 해석하거나 삶이 수반되지 않는다면, 그것은 하나님을 조롱하는 것이며 교회를 기만하는 것이며 세상을 속이는 것입니다.

성경은 가장 확실하다

"모세와 선지자들에게 듣지 아니하면 비록 죽은 자 가운데서 살아나는 자가 있을지라도 권함을 받지 아니하리라"(눅 16:31).

이는 부자와 나사로 이야기의 결론부에 등장하는 말입니다. 음부로 간 부자는 자신의 형제들이 그 고통의 처소로 오지 않도록 나사로를 그들에게 보내 달라는 굉장한 의리를 보입니다. 만약 죽은 자가 살아나서 그들에게 간다면 그들이 하나님께 회개할 것이라고 부자는 믿었던 것입니다. 그러나 아브라함의 입장은 다릅니다. 즉 이미 그들에게 모세와 선지자의 기록된 말씀이 있는데 그 글을 믿지 않는다면, 죽었다가 살아난 자가 그들에게 가더라도 그들은 설득되지 않는다는 것입니다.

예수님의 이 이야기는 "율법과 선지자는 요한의 때까지요 그 후부터는 하나님 나라의 복음이 전파되어 사람마다 그리로 침입하느니라. 그러나 율법의 한 획이 떨어짐보다 천지가 없어짐이 쉬우리라"는 맥락에서 나온 것입니다. 복음과 율법은 복음이 오면 율법이 소멸되는 배타적인 관계가 아닙니다. 모세와 선지자에 의해 기록된 말씀과 부활의 사건은 회개와 돌이킴에 있어서 본질적인 차이가 없습니다. 부활을 목격하는 것과 율법을 묵상하는 것의 기능적인 차이도 없다는 말입니다. 모세를 듣지 않으면, 설령 부활의 기적을 목격한다 할지라도 아무런 의미가 없습니다.

사람들은 자신에게 기적을 보여주면 돌이켜 하나님을 믿겠다고 말합니다. 이미 하나님을 아는 이들 중에서도 어떤 기적을 보여주면 보다 확실히 회개하고 믿음도 강해질 것이라고 말합니다. 그러나 사람의 성정은 그런 기재를 가지고 있지 않습니다. 물론 일시적인 효과 면에서는 기적이 없는 것보다 있는 것이 낫다고 생각할 수 있습니다. 그러나 한번 하늘의 은사를 맛보고 타락한 자들은 다시 새롭게 하여 회개하게 할 수 없다는 역기능도 만만치 않습니다. 없는 것이 있는 것보다 낫고 모르는 게 약인 경우가 있습니다.

꿈과 환상과 다른 예언과 기적에 대한 갈증으로 허덕이지 마십시오. 어떤 요란한 체험이 있어야 하나님을 알 수 있다고 생각하지 마십시오. 기적의 사람 엘리야는 바위를 깨뜨리는 강한 바람이나 땅바닥을 뒤흔드는 지진이나 모든 것을 소멸하는 불이 아니라 하나님의 세미한 음성 혹은 부드러운 침묵 속에서 하나님을 만났습니다. 다윗도 눈부시고 획기적인 기적이 아니라 하나님의 계명을 향유하며 주야로 묵상한 분입니다. 이방인 문둥병자 경우에도 치유가 아니라 예수님과 나눈 대화에서 근원적인 확신을 얻었습니다.

진정한 믿음의 확신은 엄청난 기적이 아니라 들음에서 나오는 것입니다. 죽은 자가 살아나는 죽음과 생명, 무와 존재가 교차하는 기적이 믿음의 회개와 확신을 생산하는 것은 아니라는 말입니다. 사람의 물리적인 몸은 세월이 흐르면 약해지고 죽습니다. 일시적인 건강의 만회에 신앙과 가치관을 내맡기지 마십시오. 사람은 결국 죽습니다. 그렇다고 결국 죽으니까 그냥 죽자는 말은 아닙니다. 다만 생명의 일시적인 연장에 과도한 의미를 부여하게 되면 일평생 죽음에 종노릇할 수도 있음을 경계해야 한다는 뜻입니다.

하나님은 말씀으로 우리와 소통하는 분입니다. 이 방식은 하나님이 정하신 것이며 다른 어떤 방식보다 좋습니다. 하나님을 영화롭게 하고 그분을 영원토록 향유하는 인생의 궁극적인 목적에 이르도록 우리를 안내하는 최고의 방식은 우리에게 말씀을 주시는 것입니다. 이것이 죽어서 천국이나 지옥을 방문하고 돌아온 자가 우리에게 오는 방식보다 더 탁월함을 예수님의 나사로 이야기가 증거하고 있습니다. 성경에 기록된 계시는 우리에게 하나님을 만나고 영화롭게 하고 향유할 최고의 방식으로 주어진 것입니다.

기적이 없다고 주장하는 것이 아닙니다. 죽은 자가 살아나고 질병이 치료되고 불가능한 일들이 성취되는 기적은 얼마든지 일어날 수 있습니다. 기적을 주신다면 큰 은혜로 알고 감사해야 마땅할 것입니다. 그러나 하나님은 우리를 기적 추구자로 부르시지 않았다는 사실과 기적이 어떤 가치를 산출하는 것은 아니라는 사실을 놓쳐서는 안될 것입니다. 주님께서 의도하신 가장 보편적인 생의 원리와 방식을 따르는 게 좋습니다. 그런 것들 중에는 심은 대로 거둔다는 것, 사랑할 때가 있고 미워할 때가 있다는 것, 살아갈 때가 죽을 때가 있다는 것 등이 대표적인 원리일 것입니다.

만약 기적을 과도하게 선망하고 기적을 보여준 사람에게 과도한 존경심을 갖는다면 교회에는 권위의 무질서가 초래될 것이며 본질적인 것이 아니라 그저 가시적인 비본질이 교회의 관심과 에너지와 시간을 잠식하게 될 것입니다. 신비를 동경하는 인간의 충동적인 종교성을 노리는 간사한 이리들의 궤계와 광란은 제어되기 어려울 것입니다. 신앙의 기반은 약해지고 유치한 기적의 키 재기로 인해 비교와 시기와 질투의 관계성은 독버섯과 같이 교회에 급속도로 번질 것입니다. 신앙은 말씀에 의해 제어를 받을 때 가장 건강한 것입니다.

사실 자연의 질서를 초월하는 기적은 추구해야 할 목표로 주어지는 것이 아니라 우리가 존재하고 살고 기동하는 모든 것이 그리스도 안에서 일어나는 기적임을 알리는 신호의 성격을 가지고 있습니다. 자연과 초자연의 어설픈 구분으로 하나님의 역사를 초자연의 영역에 제한하지 않도록 조심해야 합니다. 자연과 초자연은 모두 하나님의 주권과 통치와 개입이 있습니다. 모든 사람들이 확연하게 알아보고 인정하지 않을 수 없는 초자연적 일들보다 우리에게 익숙하여 자연처럼 보이는 일상의 기적이 어쩌면 더 신비로운 일입니다.

게다가 주님은 우리에게 보았기 때문에 믿고 확신하는 것보다 보지 않고서도 믿고 확신하는 것이 더 복되다고 가르치고 계십니다. 기적은 믿음의 본질이 아닙니다. 부수적인 것입니다. 복에 있어서도 '보다 낮은' 비교급 수식어가 따라 붙습니다. 하나님을 영화롭게 하고 그분을 영원토록 향유함에 있어서도 동일한 비교급이 적용될 수 있습니다.

성경이 기준이다

"모든 성경은 하나님의 감동으로 된 것으로 교훈과 책망과 바르게 함과 의로 교육하기에 유익하니 이는 하나님의 사람으로 온전하게 하며 모든 선한 일을 행할 능력을 갖추게 하려 함이라"(딤후 3:16-17).

여기서 바울은 성경의 절대적인 권위와 절대적인 유용성을 동시에 가르치고 있습니다. 절대적인 권위의 근원은 성경이 하나님의 감동으로 되었다는 사실에 있습니다. 다른 어떠한 책이나 행위나 현상도 하나님의 감동으로 되었다는 분명한 객관성을 제공하는 것은 없습니다. 그러나 성경은 다양한 인간 기록자의 사사로운 견해들을 임의로 묶은 편집물이 아니라 하나님이 사람들을 도구로 삼으셔서 당신의 말씀을 기록한 책이라고 명시되어 있습니다. 성경의 기원은 전적으로 하나님께 있으며 인간적인 것이 전혀 혼합되지 않았기에 칼빈은 "우리가 하나님께 돌리는 경의와 동일한 수준의 경의를 성경에도 표해야 한다"고 말합니다.

성경은 유용성에 있어서도 절대적인 성격이 있습니다. 즉 성경만이 하나님의 사람을 하나님의 사람답게 만들고 그들로 하나님의 사람다운 삶을 살아가게 만든다는 것입니다. 뒤집어서 생각하면 성경은 신앙과 삶의 완벽한 규범이기 때문에 성경을 활용하지 않으면 신앙과 삶 전체에 부패와 무질서가 필히 초래될 수밖에 없다는 것입니다. 성경이 없이는 어느 누구도 온전하게 되지 못하며 어떠한 선행도 행하지 못합니다. 인간은 흔히 생각하는 것처럼 그렇게 강하거나 괜찮거나 선하거나 반듯한 존재가 아닙니다. 본성의 부패 때문에 외부에서 규범이 제시되지 않으면 한 발짝도 똑바로 내딛지 못합니다. 소수의 천재성과 다수의 보편성이 보증하는 걸음도 필경은 사망을 향하고 만다는 것입니다.

그러나 성경은 우리에게 교훈과 책망과 교정과 의에 이르는 교육을 제공하고 있습니다. 여기서 우리의 눈길을 끄는 대목은 교훈이 성경의 첫 번째 용도로 가장 먼저 거론되고 있다는 점입니다. 교훈에서 실패하면 나머지 세 가지의 기능은 마비될 수밖에 없다고 생각하는 것은 너무도 합당해 보입니다. 성경은 하나님 자신과 하나님이 행하신 일들과 인간을 비롯한 피조물의 본질과 목적에 대한 가장 정확하고 명료하고 마땅히 알아야 할 최고급 정보를 제공하고 있습니다. 당연히 성경을 의지하지 않는다면 하나님도 모르고 하나님의 행하신 일들도 모르고 내가 누군지도 모르고 다른 피조물도 모르는 무지의 슬픈 향연이 벌어질 수밖에 없습니다. 이러한 무지 속에서는 어떠한 책망과 교정과 훈련도 기대할 수 없을 것입니다.

동시에 우리가 주목해야 할 것은 아무리 온전한 교훈이라 할지라도 지식의 단순한 전달이 전부가 아니라는 것입니다. 즉 책망과 교정과 훈련이 수반되지 않으면 안된다는 것입니다. 우리는 때때로 입술은 황금빛 언어를 내뱉는데 삶에서는 추한 배설물을 슬그머니 분비하며 고약한 악취를 풍기는 이들을 만납니다. 신학교의 교수도 교회의 목사와 장로도 예외가 아닙니다. 이는 교훈에만 심취한 결과인 듯합니다. 성경이 가르치는 투명한 교훈의 빛으로 우리의 신앙과 삶을 점검하지 않는다면 누구도 이러한 결과에서 자유롭지 못할 것입니다. 나아가 한번 비추임을 받고도 교정하지 않으면 오히려 괴이한 면역력이 생겨 다시 비추임을 받았을 때에도 지각이 없는 짐승처럼 반응하지 못하는 부작용이 초래될 수 있습니다. 마지막으로 성경은 바른 교훈과 따끔한 책망과 성실한 교정 이후에 의로운 삶에 이르게 만듭니다.

문제는 이러한 사실을 우리의 원수도 정확히 인지하고 있다는 것입니다. 교회사를 구석구석 살펴보면 성경의 절대적인 권위를 허물려는 원수들의 집요한 공격이 얼마나 다양하고 은밀한 방식으로 꼼꼼하고 꾸준하게 지속되어 왔는지를 확인할 수 있습니다. 성경의 절대적인 유용성을 무용하게 만들려고 얼마나 치밀하고 화려하고 매혹적인 수단들을 동원하고 있는지 모릅니다. 이를 위해 부분적인 진리까지도 교묘하게 인용하고 광명의 천사로 가장하는 일도 서슴지 않습니다. 하나님의 말씀이 변하지 않듯이 성경을 파괴하려는 사탄의 집요한 의도도 변함이 없습니다. 여전히 사람의 눈으로는 도무지 식별할 수 없을 정도로 지극히 은밀하고 합리적인 방식으로 성경의 권위와 유용성을 훼손하고 있습니다.

참으로 두려운 것은 때때로 신학교가 사탄의 그런 음흉한 전략에 앞장서는 경우가 있다는 것입니다. 타락의 수순을 보면 대체로 신학교가 먼저 타락하고, 목회자가 그 다음으로 타락하고, 성도들이 맨 나중에 타락하는 양상을 보입니다. 하나님의 말씀을 빼앗고 허물려는 원수의 표적이 신학자란 사실을 명심할 필요가 있습니다. 이는 원수의 전략적인 표적이 말씀에 전무專務하는 자들이란 사실을 지적한 것이지, 신학자와 목회자와 성도들 사이에 신앙이나 삶이나 가치의 어떤 우열이 있다는 의미가 아닙니다. 우리 모두가 성경은 하나님의 감동으로 되었다는 사실을 확신하고 성경의 우선적인 기능이 올바른 교훈을 전달하는 것임을 명심하고 우리의 인격과 삶에 적용하여 인격과 삶을 교정하고 하나님의 의에 이르러야 할 것입니다.

이 지점에서 우리는 성경이 하나님의 감동으로 되었기 때문에 하나님의 역사와 은혜 없이는 성경의 어떠한 교훈도 책망도 교정도 의로움에 이르는 것도 모두 그림의 떡이라는 사실을 놓치지 말아야 합니다. 성경은 비록 인간의 언어와 붓으로 기록된 것이지만 여전히 하나님이 저자이시며 하나님의 말씀이며 무에서 존재로 부르시는 하나님의 능력이라는 사실을 뒤로 한 채 인간 저자성에 과도히 집착하여 기록자의 사상과 신상을 분석하고 기록자가 처한 역사적인 정황을 조사하고 정보의 문자적인 능력에만 호소해서는 안됩니다. 하나님을 영화롭게 하고 그분을 영원토록 향유하는 삶의 안내자는 성경이며 그 성경은 하나님의 감동으로 되었고 하나님의 은혜로만 깨달음과 훈육과 회복됨과 온전함에 이른다는 사실에 어떠한 의심이나 흔들림도 없어야 할 것입니다. 성경 이외에 다른 것은 아무리 큰 유익을 주디라도 권위와 유용성의 우선순위에 있어서는 어떠한 타협이나 혼동도 없어야 할 것입니다.

3.
하나님은 누구신가

하나님의 속성

이제 성경의 구체적인 내용으로 들어가 보면, 성경은 우리에게 하나님의 존재와 하나님의 사역을 가르치고 있습니다. 먼저, 하나님은 어떤 분인가요? 사람들의 머리로 고안한 개념을 하나님께 투영시켜 이해한 모든 신 개념은 어떤 식으로든 우상을 낳습니다. 성경에 계시된 그대로의 하나님이 아니라 인간에 의해 만들어진 하나님은 참된 하나님일 수 없고 기껏해야 세련된 우상일 뿐입니다. 그래서 이번 장에서는 성경에 기초하고 성경이 증거하는 하나님 지식을 함께 나누기를 원합니다. 이 지식은 하나님 자신의 속성과 존재 방식으로 구분될 수 있습니다. 하나님의 속성에는 다음과 같은 요소들이 있습니다.

영이신 하나님

"하나님은 영이시니 예배하는 자가 영과 진리로 예배할지니라"(요 4:24).

예배에 관하여 이것보다 명료하고 강력한 선언은 없을 것입니다. 예배는 기독교의 꽃이며, 성경의 주제이며, 삶의 정수이며, 인생의 절정이며, 영혼의 잔치이며, 최고의 사건이며, 복 중의 복입니다. 이러한 예배의 본질은 무엇보다 '누구'에게 예배를 드릴 것인가에 달려 있습니다. 진실로 예배의 본질과 내용과 방식은 예배의 대상에 의해 좌우될 수밖에 없습니다. 온 세상에 인간의 종교성이 발휘된 온갖 종류의 예배를 일별해 보십시오. 십계명의 두 번째 계명에 근거하여 우상숭배 가능성 측면에서 본다면, 숭배의 대상이 하늘에 있는 것들과 땅에 있는 것들과 물속에 있는 것들일 수 있겠고 거기에 그것들을 숭배하는 주체의 다양성을 더한다면 예배의 종류는 천문학적 수치에 가까울 것입니다. 일본만 해도 신의 종류가 800만이 넘습니다. 그러나 십계명의 첫 번째 계명은 우리에게 "너는 나 외에는 다른 신들을 네게 두지 말라"(출 20:3)는 엄명으로 예배의 대상을 하나님 한 분만으로 제한하고 있습니다.

우리에게 예배의 대상은 하나님뿐입니다. 하나님을 예배의 대상으로 생각할 때에 반드시 기억해야 할 속성은 하나님이 육체가 아니라 영이시라는 것입니다. 영이신 하나님을 예배하는 자에게 요구되는 예배의 방식이 있는데 그것은 "영과 진리 안에서 예배해야 한다"는 것입니다. 하나님을 아는 지식이 빈곤하면 비록 피조물이 아니라 하나님을 경배한다 할지라도 '알려지지 않은 신'Ἀγνώστῳ θεῷ에게 경배할 수밖에 없고, 당연히 경배의 진정한 개념도 애매해질 테고, 예배의 합당한 방법에도 무지할 수밖에 없을 것입니다. 바울은 이러한 '알려지지 않은 신'('알지 못하는 신')에게 경배하는 아테네 지성들의 빈곤한 신 개념과 재단을 쌓고 사당을 세우는 그들의 인위적인 방식에 엄중한 일침을 가합니다. 그리고 우주와 만물을 지으신 창조주 하나님은 피조물의 손으로 지은 전에 계시지 않으시며, 그분은 무엇이 부족한 것처럼 사람의 손으로 섬김을 받으시는 분이 아니라는 점을 이유로 제시하고 있습니다(행 17:22-25). 다윗의 표현을 빌리자면, 하나님은 너무도 위대하신 분이셔서 땅에 거하실 수 없으시며 하늘과 하늘들의 하늘도 그분을 능히 받아들일 수 없습니다(왕상 8:27).

아테네 이방인의 무지와는 달리 유대인은 아브라함, 이삭, 야곱 같은 산 자의 하나님을 알고 있었지만 그럼에도 불구하고 예배에 대한 오해가 있었는데 그것은 예배의 유일한 처소가 예루살렘 지역에만 있다는 것이었습니다. '백 투 예루살렘' 운동도 이처럼 특정한 지역에 과도한 종교성을 부여한 지역주의 맹신의 희생물이 아닐까 싶습니다. 사마리아 여인도 유대인의 지역주의적 오해를 듣고 예루살렘을 예배의 처소로 알고 있었는데 예수님의 단호한 입장은 그렇지 않다는 것입니다. 하나님은 영이시기 때문에 예배는 "이 산에서도 말고 예루살렘에서도 말고"(요 4:21), 즉 물리적인 장소에 매이지 않는다고 하십니다. 이는 예루살렘 같은 특정한 장소에 특별하고 신비로운 의미를 부여하지 말라는 것입니다. 하나님은 영이시기에 어디에나 계시며 누구와도 만나시며 언제든지 경배를 받으실 수 있는 분입니다. 특정한 장소와 특정한 순서가 구비되지 않으면 예배가 불가능한 것인 양, 어떤 인위적인 조건에 의존하는 분이 아니시라는 말입니다. 하나님은 영이시기 때문에 어디에도 얽매이지 않는 분입니다.

이러한 영이신 하나님께 예배하는 자는 지구상의 특정한 공간이 아니라 "영과 진리 안에서 예배해야 한다"고 예수님은 말씀합니다. 영이신 하나님께 드리는 예배는 물리적인 공간이 아니라 영혼 안에서 일어나는 일이며 진리 안에서만 구현될 수 있습니다. 이처럼 하나님께 드리는 예배는 영적인 예배와 올바른 예배로 구성되어 있습니다. 하나님은 영혼 차원에서 참되게 예배하는 자를 찾고 계십니다. 그런데 영혼은 어떤 식으로도 꾸며지지 않는 곳입니다. 예배의 무늬만 갖추는 가식이나 연출이 불가능한 곳입니다. 우리의 타락과 비참이 벌거벗은 것처럼 드러나는 곳입니다. 그렇다면 하나님 앞에 진정한 예배자로 발견될 수 있는 자는 아마도 거의 없을 것입니다. 영혼의 추한 실상을 생각하면 우리 안에는 도무지 예배자의 자격이 없습니다. 그러나 그렇다고 해서 절망하며 주저앉을 필요는 없습니다.

우리를 하나님의 자녀로 삼으시고 영원토록 우리 안에 거하셔서 인치시는 보혜사가 계시기 때문입니다. 거룩한 영이신 성령의 내주로 인해 우리는 영이신 하나님을 경배할 수 있습니다. 예배할 수 있다는 것이 얼마나 큰 은혜인지 모릅니다. 가슴에서 터져 나오는 감격과 눈물을 쏟지 않으면 견딜 수 없을 정도로 숨 막힐 것 같은 크고 무한한 은혜가 바로 예배인 것입니다. 그러나 거룩한 영 안에서 드리는 예배만 강조하는 이들은 대체로 어떤 신비로운 황홀경을 예배의 지고한 경지로 이해하는 경향이 있습니다. 물론 모든 것이 정지된 고요한 침묵 속에서 하나님을 만났던 엘리야가 보여준 주님과의 신비로운 조우와 연합의 사례가 없지는 않습니다. 그러나 하나님이 영이시라 할지라도 영혼의 신령한 상태만이 예배의 전부가 아님을 예수님은 "진리 안에서"란 문구를 추가하여 우리에게 가르치고 있습니다. 이 진리는 우리의 영혼과만 결부되지 않고 삶을 의미하는 우리의 몸과도 분리될 수 없습니다.

진리는 아버지의 말씀이며 그 말씀은 육체로 오신 예수이시며 성경 전체가 진리이신 예수님을 가리키는 진리이기 때문에 "진리 안에서"라는 예배의 방식은 결코 예사롭지 않습니다. 그 방식은 성경 전체와 연동되어 있습니다. 이는 예배가 영혼에서 일어나는 일인 동시에 성경 전체와 관계된 것이라는 말입니다. 나아가 성경은 그 전체가 우리의 신앙과 인격과 삶의 규범이기 때문에 우리의 전 인격과 전 생애가 예배와 결부되어 있다고 보아도 무방할 것입니다. "너희 몸을 하나님이 기뻐하시는 거룩한 산 제물로 드리라. 이는 너희가 드릴 영적 예배니라"(롬 12:1)라고 한 바울의 권고와 "영과 진리로 예배할지니라"(요 4:24)는 예수님의 가르침을 대비해서 볼 때, 자칫 바울이 예수님의 예배관에 무례한 대립각을 세우는 게 아니냐는 오해가 생길 수 있습니다. 그러나 이것은 몸과 영을 서로 대립적인 쌍극으로 이해한 이원론적 사유의 무의식적 수용이 빚은 선입견일 뿐입니다.

영혼과 몸을 과도하게 분할하지 마십시오. 영과 몸은 대립과 갈등이 아니라 서로 조화하고 상응하여 한 인격체를 구성하고 있습니다. 둘 중에서 어느 하나라도 예배에서 배제될 수 없습니다. 바울은 몸을 하나님께 거룩한 산 제사로 드리는 것이 영으로 드리는 예배와 무관한 다른 예배가 아니라 "영적 예배"라고 분명하게 밝히고 있습니다. "영과 진리 안에서 예배해야 한다"는 예수님의 말씀도 몸의 배제를 의미하지 않습니다. 몸은 삶을 의미하고 바른 삶은 진리와 분리될 수 없습니다. 이는 로마서 1-11장에서 가르치는 복음의 진리가 12-16장에서 밝히는 몸의 산 제사를 가능하게 한다는 사실에서도 지지되는 바입니다. 주님의 말씀처럼(요 6:63) 말씀은 영이지만 우리의 영만이 아니라 우리의 몸에도 관여하고 있습니다.

하나님은 영이시기 때문에 예루살렘 밖에서 살아가는 사람들의 경배에 대해 원천봉쇄 당하시지 않습니다. 영이시기 때문에 예루살렘 안이든 밖이든 관계 없이 모든 사람들의 예배를 받으실 수 있습니다. 하나님은 온 세상에 흩어진 하나님의 모든 백성들이 살아가는 삶의 모든 현장에서 경배를 받으실 수 있는 분입니다. 그러나 영이시기 때문에 하나님은 영과 진리 안에서만 경배를 받습니다. 이는 하나님의 거룩한 영이 거하시지 않거나 진리를 벗어나 있는 사람은 어느 누구도 하나님을 올바르게 예배할 수 없다는 말입니다. 거룩한 영이 거하시는 하나님의 백성만이 예배를 드릴 수 있습니다. 하나님의 말씀을 영으로 믿고 알고 몸으로 순종하는 하나님의 사람만이 진정한 예배를 하나님께 드릴 수 있습니다. 진정한 예배를 드린다는 것은 천상의 특권이며 최고로 복된 삶입니다. 삶이 예배이기 때문에 진정한 예배를 드리지 않는 사람은 살았어도 죽은 것과 다름없는 인생을 살아갈 수밖에 없습니다.

영이신 하나님을 예배하는 자는 영과 진리 안에서 예배해야 한다는 예수님의 가르침과 삶 전체가 거룩하고 영적인 예배라는 바울의 권고를 빌미로 삼아, 모이기를 힘쓰고 주일 성수하고 예배하는 기독교의 장구한 전통을 무시하고 소멸하려 한다면 성경을 무시하는 것이며 교회의 역사를 이끄시는 하나님의 섭리를 무시하는 것입니다. 주일에 교회에 모여 예배하는 것은 성경에 뿌리를 둔 전통입니다. 그리고 주일과 그 밖의 날들에 드려지는 구별된 예배를 통해 우리는 영과 진리 안에서 몸으로 드리는 영적 예배의 본질과 범례를 배우고 익힐 뿐더러 그렇게 함으로써 우리가 삶의 모든 현장에서 드리는 예배가 참된 영적 예배로 드러지고 있는지도 점검할 수 있습니다. 하나를 취하면 다른 것은 버려야 한다는 사고를 아무데나 적용하는 고질적인 병폐는 기독교에 발을 디디지도 못하도록 조속히 근절해야 할 것 같습니다. 모순처럼 보인다고 버리면 기독교의 진리는 남아나는 게 거의 없을 것입니다.

영이신 하나님을 바르게 알지 못하면 하나님을 예배할 수도 없고 성경에 기록된 말씀의 의미도 알 수 없으며 어떠한 삶이 바른 삶인지도 모를 것입니다. 우리는 하나님을 아는 만큼 예배할 수 있고 진리를 깨달을 수 있으며 딱 그만큼만 살아 낼 수 있습니다.

영원하신 하나님

"영원부터 영원까지 주는 하나님이시니이다"(시 90:2).

하나님은 무한하며 영원하며 불변하신 분입니다. 하나님의 속성이 사람의 머리로 능히 파악되지 않기에 인간이 확실히 아는 것들에서 유추하는 속성에 따른 지식이 있을 뿐입니다. 하나님의 무한성은 우리가 경험하는 어떠한 종류의 한계도 없다는 뜻이며, 하나님의 영원성은 피조물의 속성이라 할 시간성이 없다는 뜻이며, 하나님의 불변성은 무시로 변하는 피조물의 가변성이 하나님께는 적용되지 않음을 뜻합니다. 이처럼 우리에게 알려진 유한성과 시간성과 가변성에 근거하여 하나님을 서술할 때에는 하나님은 결코 그러한 속성으로 서술될 수 없는 분이라는 차원에서 부정적인 어법을 사용하는 경우가 많습니다. 긍정적인 '이다'가 아니라 부정적인 '아니다'의 술어를 쓴다는 것입니다.

이러한 부정어법 사용에 두각을 드러냈던 히포의 교부 아우구스티누스는 하나님을 "질적인 속성의 제한이 없으신 선이시며, 분량으로 가늠되지 않으시는 웅대한 분이시며, 결핍이 없으신 창조자이시며, 처소가 없이 거하시는 분이시며, 만물을 조건 없이 보존하는 분이시며, 공간에 제한됨이 없이 도처에 편재하는 분이시며, 시간에 국한되지 않는 영원한 분이시며, 스스로는 변하지 않으시되 변동될 것들을 만드는 분이시며, 외부에서 당하시는 수동성이 없으신 분"이라고 했습니다.

위에 언급된 시편의 말씀은 하나님의 영원성을 노래하고 있습니다. 영원부터 영원까지 주님은 하나님이 되신다고 말합니다. 그분은 시작도 없으시고 끝도 없으시기 때문에 시간의 유한한 길이에 얽매여 살아가는 인생에 의해 파악되실 수도 없고 판단 받으실 수도 없는 분입니다. 비록 자신에 대해 '처음'과 '나중'이란 표현을 쓰셨지만(계 22:13), 그렇다고 시간성이 투사된 '처음'과 '나중' 개념에 근거하여 시간적인 사유의 틀로 영원하신 하나님을 읽으려는 태도는 합당하지 않습니다. 하나님의 속성을 땅으로 끌어내릴 빌미를 언어에서 찾으려는 교묘한 시도는 초대교회 시대부터 있었고 역사 속에서 다양한 형태로 지속되어 왔습니다. 그래서 교회는 때로 언어 사용을 중단하는 것으로 대응하고 때로는 역설적인 언어 사용으로 맞서 왔습니다.

언어의 한계와 빈곤 속에서도 하나님의 계시는 얽매이지 않습니다. 이는 언어를 개선해서 될 문제가 아닙니다. 그처럼 유한하고 빈곤한 언어의 옷을 입었어도 계시는 하나님이 주어로 계시다는 사실로 인해 여전히 매이지 않습니다. 이러한 이유로 우리는 기록된 계시가 역사적인 사건을 계기로 촉발되고 인간의 언어로 기록되고 인간 저자의 붓끝에서 잉태된 것이라 할지라도 인간의 오류와 역사의 우연성과 언어의 빈곤 때문에 계시가 억류되어 있다고 보아서는 안될 것입니다. 물론 인간적인 관점에서 인간적인 기준을 따라 계시를 읽는다면 기록된 계시의 주변적인 요소들 속에 갇히게 될 것이지만 저자이신 하나님의 영으로 조명을 받는다면 결코 매이지 않을 것입니다. 하나님의 영원성도 이런 방식으로 이해할 수 있습니다.

이 시편에서 모세는 주는 영원부터 영원까지 하나님이 되시는데 "주의 목전에는 천 년이 지나간 어제 같으며 밤의 한 순간 같을 뿐"(시 90:4)이라고 말합니다. 강건하면 기껏해야 80세를 살아가는 인생은 짧은 단잠과 같고 아침에 돋아나 저녁에 시드는 풀과 같으며 결국 티끌로 돌아갈 뿐이라고 말합니다. 그렇게 섬광처럼 빠르게 지나가는 인생인데, 게다가 우리의 모든 날이 하나님의 진노 중에 지나가고 평생이 홍수처럼 쓸려가고 만답니다. 이러한 인생을 잘 아는 모세는 "우리에게 우리 날 계수함을 가르치사 지혜로운 마음을 얻게 하소서"(시 90:12)라는 기도를 올립니다. 그리고 영원하신 하나님과 대비되는 시간적인 생의 어떠함을 깨닫는 것이 지혜라고 말합니다. 하나님의 영원성과 인간의 시간성을 바르게 알지 못하면 어리석은 인생을 살아갈 수밖에 없습니다.

영원하신 하나님께 시간적인 인간이 구해야 하는 지혜로운 삶과 관련하여 모세는 (1)하나님의 행하신 일들을 주의 종들에게 보이시고 (2)하나님의 영광을 그들의 자손에게 보이시며 (3)불쌍히 여기사 우리를 기쁘게 해 주시고 (4)하나님의 은총을 베푸사 우리의 손으로 한 일들을 견고하게 해 달라는 기도를 올립니다. 보이지 않으시는 하나님이 보이지 않게 행하시는 일들을 보는 것은 복입니다. 가시광선 차원의 물상만 경험하던 사람의 눈이 하나님의 영화로운 광채를 목격하는 것은 다른 복과는 비교할 수 없을 정도로 감미로운 복입니다. 주님의 기쁨이 우리 안에 있어 우리의 기쁨이 충만하게 되는 것도 놀라운 복입니다. 하나님의 은혜로 행한 모든 일들이 덧없는 인생과 더불어 소멸되지 않고 견고하게 보존되는 것도 세상이 줄 수 없는 천상의 고유한 복입니다.

영원하신 하나님을 안다는 것은 결코 추상적인 지식의 습득이 아닙니다. 그것은 우리의 행복한 인생 전체와 결부되어 있는 실천적인 앎입니다. 인생의 의미와 삶의 동기와 내용과 목적은 영원하신 하나님과 시간적인 인간에 대한 올바른 지식에 의해 비로소 건강하게 확립될 수 있습니다. 땅에서 보내는 유한하고 순식간에 지나가는 우리의 날을 계수하는 기준은 하나님의 영원성에 있으며, 이것을 인식함으로써 우리는 겸손과 지혜를 얻을 수 있습니다. 하나님의 영원성은 시간의 짧은 토막을 살아가는 인생의 주먹만한 전두엽 분석을 통해서는 결코 읽을 수 없습니다. 태초부터 종말까지 이 땅을 스치고 지나간 인생들의 모든 지혜를 다 동원하여 최대의 집단적인 지성으로 살핀다고 할지라도 영원의 한 귀퉁이조차 밝혀내지 못할 것입니다.

인간은 스스로 하나님을 알지 못합니다. 하나님의 자기 계시 없이는 하나님을 알 수 없습니다. 그래서 하나님은 영원과 시간의 경계를 허물고 역사의 한 페이지에 개입하되 육신의 옷을 입으시고 언어의 소통으로 우리에게 스스로를 나타내 보이신 것입니다. 그러나 시간과 육체에 머물러 계시려고 그렇게 자신을 계시하신 것은 아닙니다. 시간의 경계선을 한 발짝도 넘어서지 못하는 우리를 영원의 영역으로 데리고 가시려고 만물보다 심히 부패하고 거짓된 죄인의 바다까지 스스로를 낮추신 것입니다. 낮추어진 상태로 계속해서 머물러 계시는 것이 목적이 아니라 모든 이름 위에 뛰어난 이름으로 높아지신 것처럼 우리도 그렇게 높이 올리실 목적으로 바닥까지 자신을 낮추신 것입니다. 그런 차원에서 내려오신 것만이 아니라 승천까지 하셨으며 죽으신 것만이 아니라 부활까지 하신 것입니다.

살아갈 시간의 날수가 하루하루 줄어들 때마다 우리는 영원으로 들어가는 문에 가까이 다가가는 것입니다. 영원하신 하나님 덕분에 우리는 살면 살수록 설렘이 커지고 깊어질 수밖에 없습니다. 영원하신 하나님과 더불어 영원히 살아갈 날들에 대한 기대로 땅에서의 유한한 삶이 단축되는 비애를 극복하는 것은 지극히 당연한 일입니다. 사실 영원하신 하나님이 우리를 성전으로 삼으시고 영원토록 거하시기에 우리는 땅에서도 영원의 삶을 경험할 수 있고 또한 경험하고 있습니다. 영원의 삶을 맛본 사람은 인생의 가치가 시간의 길이에 있지 않고 영원한 삶, 즉 영생의 소유에 있음을 확신하게 될 것입니다. 하나님의 영원성을 알고도 옛사람의 시간적인 가치관에 머물려는 사람은 없을 것입니다.

영원부터 영원까지 주는 하나님이 되신다는 사실을 인생관에 받아들인 사람은 지혜로운 자입니다. 삶이 무엇인지, 어떻게 살아야 하는지를 아는 사람입니다. 이런 맥락에서 영원하신 하나님을 증거하는 수단은 우리의 삶입니다. 영원하신 하나님을 아는데도 그 지식에 부응하는 삶의 변화가 수반되지 않는다면 그는 영원하신 하나님을 전할 수 없습니다. 증인은 입술에서 정보의 평면적인 파장을 퍼뜨리는 자가 아니라 살아가는 곳곳에서 삶의 입체적인 파장으로 진동을 일으키는 자입니다. 하나님이 영원하신 분이라면 그런 하나님을 아는 우리의 삶은 곧 그런 하나님을 전파하는 증거의 장입니다. "와서 보라"(요 1:46)고 전도하기 위해서는 삶으로 보여주지 않으면 안됩니다. 우리 모두가 땅에서의 시간적인 삶으로 하늘의 영원하신 하나님을 보여주는 증인이기를 원합니다.

불변하시는 하나님

"나 여호와는 변하지 아니하나니 그러므로 야곱의 자손들아, 너희가 소멸되지 아니하느니라"(말 3:6).

하나님이 변하시는 분이라면 하나님의 외부 혹은 내부에 변화의 어떤 원인이 있다는 뜻입니다. 본문에서 하나님은 "나 여호와는 변하지 아니하나니"라며 자신의 불변적인 의지를 분명히 밝히고 있습니다. 이는 하나님의 내부에 변화의 어떠한 원인도 없다는 말입니다. 의지에 있어서도 하나님은 변하실 의사가 없습니다. 외부의 원인에 대해서도 만물의 근원이고 역사의 주체이신 하나님은 자신 이외에 자신을 움직이고 변하게 만드는 상위의 원인을 가지고 있지 않습니다. 이는 해와 달도 무색하게 만들 정도로 절대적인 빛이시며 빛의 근원이신 분에게는 "변함도 없으시고 회전하는 그림자가 없으시니라"(약 1:17)는 말씀에서 쉽게 확인할 수 있습니다. 바깥에 있는 빛에 의해서 변동하는 그림자가 전혀 없으실 정도로 하나님은 불변하는 분입니다.

그렇다면 하나님의 자의나 외부의 원인과는 무관하게 자신의 신적인 본성이 변화의 원인일 수 있을까요? 저의 대답은 원인일 수 없다는 것입니다. 하나님은 완전하신 분입니다. 완전한 분이시기에 하나님의 본성에 더하거나 감하는 변화가 발생할 수 없습니다. 이는 가능성의 상태에 있다가 어느 시점에 이르러서 실현되는 어떤 미완성이 하나님의 본성에는 전혀 없다는 뜻입니다. 이전에 존재하지 않았다가 이후에 존재하게 되는 가능태가 하나님의 본성 혹은 실체에는 없습니다. 그러니까 하나님은 존재에 있어서 시간이 시작된 이후로 종결되는 지점까지 끊임없이 '되어지는' 점진적인 진행형의 존재가 아닙니다.

영광에 있어서도 하나님은 어떠한 가감도 없는 완전하신 분입니다. 우리가 하나님께 영광을 돌리는 것이 인생의 궁극적인 목적이기는 하지만 그렇다고 그것이 하나님의 영광에 유익이 된다거나 보탬이 된다거나 보완이 된다는 뜻은 아닙니다. 하나님은 항상 완전한 영광의 상태에 계신 분입니다. 그러므로 혹시라도 우리가 하나님께 영광을 돌리는 후덕한 인격을 갖췄거나 하나님을 기쁘시게 하는 견고한 믿음을 가졌거나 예수님을 보여주는 희생적인 선행을 행했다고 할지라도 하나님께 생색을 낼 수 없습니다. 그런 것들은 다 인생에게 유익할 뿐입니다. 우리가 하나님을 알고 온 족속으로 제자를 삼아 가르치고 선을 행하는 것은 우리 자신에게 복인 것입니다.

진리에 있어서도 하나님은 완전하신 분입니다. 그분은 더 옳으시고 더 참되실 수 없는, 완전히 옳으시고 완전히 참되신 분입니다. 그에게는 어두움과 애매함과 거짓과 속임수가 조금도 없습니다. 하나님 외에 다른 진리는 없으며, 하나님 위에 더 높은 진리도 없으며, 소급될 수 있는 더 근원적인 진리도 없으며, 도달해야 할 더 궁극적인 진리도 없습니다. 진리의 근원이며 궁극이신 하나님은 완전하기 때문에 가변적인 진리나 점진적인 진리가 그에게는 없습니다. 그에게는 완전한 진리만 있습니다. 그래서 그의 진리는 불변적인 것입니다. 선악의 구별은 완전한 진리에만 의존하는 것입니다. 그러므로 모든 선악의 구별은 완전한 진리이신 하나님께 속한 것입니다.

하나님은 자신의 뜻과 계획에 있어서도 완전하기 때문에 원하시고 정하시면 바뀌지 않습니다. 그분이 작정하신 것은 누구도 변경하지 못하며 그의 펴신 팔은 굽힐 자가 없습니다. 말라기의 본문은 긍휼히 여길 자를 긍휼히 여기시고 은혜 베풀 자에게 은혜 베푸시는 하나님의 불변성 때문에 야곱이 소멸되지 않을 것이라고 말합니다. 하나님은 영원한 생명으로 예정하신 자는 반드시 구원해 내시고야 마는 분입니다. 다른 어떠한 것도 여기에 변경을 가하지 못합니다. 하나님은 시간 속에서 상황에 따라 인간의 설득에 의해 뜻을 바꾸시는 분이 아닙니다. 따라서 영원 속에서 작정하신 모든 것은 시간 속에서 그대로 실행되고 구현될 것입니다.

어떤 이들은 하나님이 후회도 하시고 탄식도 하시고 진노도 하시고 타협도 하시고 변경도 하시기 때문에 변하시는 분이라고 말합니다. 비록 하나님의 의지와 감정과 행위가 인간의 가지可知적인 언어로 묘사되기는 했지만 사람의 통상적인 언어 이해 습관을 따라 하나님을 인간과 같은 변동적인 존재로 여긴다면, 소통의 차원에서 우리에게 스스로를 낮추신 적응의 은택을 왜곡하고 오용하는 것입니다. 영원부터 정하신 하나님의 뜻은 변하지 않습니다. 시간은 변화이기 때문에 시간에 속한 우리에게 대하여 quoad nos 변하는 것처럼 보일 뿐입니다. 영원하신 하나님 편에서는 불변인 것이 시간적인 인간의 눈에는 변화로 지각되는 것일 뿐입니다.

어떤 이들은 기도를 통해 하나님의 보좌도 움직일 수 있고 하나님의 계획도 수정할 수 있다고 말합니다. 물론 성경에는 믿음의 사람들이 기도로 하나님의 진노를 막아서고 하나님의 은총을 돌이키게 하는 내용들이 나옵니다. 그러나 그것을 근거로 하나님의 계획에 수정이나 변경이 일어난 것처럼 신적인 작정의 불변성을 부정할 수는 없습니다. 하나님의 작정이 이 땅에서 실현되는 방식은 인간의 지각이나 이성으로 그 자취를 추적할 수 없도록 은밀합니다. 그런데도 우리와 기도로 소통하면서 당신의 뜻과 계획을 우리와 더불어 조율하시는 것처럼 지각되는 하나님의 섭리는 곧 하나님께서 우리를 사랑하시고 우리에게 가까이 오시는 방식인 것입니다.

사역에 있어서도 하나님은 완전하신 분이어서 사람들이 협조해야 비로소 하나님의 일이 완성되는 것이 아닙니다. 그런데 우리가 하나님께 협조하지 않으면 하나님은 아무것도 못하시는 분이라고 생각하는 경향이 우리에게 있습니다. 그래서 신과 인간은 서로 협력적인 동역자 관계라고 말합니다. 인간에게 신과 동등한 지위를 부여하여 더욱 열심히 섬기라는 동기부여 차원에서 하나님과 인간의 협력 개념까지 고안해 낸 노력과 의도는 가상하지만, 인간이 '동역자'란 이름으로 하나님과 어깨를 겨누는 것은 올바르지 않습니다. 하나님은 왕이시고 우리는 백성이며 하나님은 주인이고 우리는 사환일 뿐입니다.

하나님은 죽은 자도 살리시고 무에서 존재를 만드시고 없는 것을 있는 것처럼 부르시는 분입니다. 능치 못하심이 없습니다. 하나님은 사역의 완성을 위해 인간을 비롯한 다른 어떤 것에도 의존하지 않으시는 분입니다. 우리의 조력을 받아야 비로소 일하실 수 있는 분이 아닙니다. 스스로 모든 것을 행하실 수 있는 분입니다. 그럼에도 불구하고 우리에게 무언가를 명하시고 순종을 원하시고 그렇게 함으로써 하나님의 영광도 드러나고 하나님의 나라도 확장되고 하나님의 공의와 정직도 드러나게 되는 '협력적인 현상'이 있는 것은, 우리를 지극히 사랑하사 우리로 극도로 복되게 하시려고 일하시는 하나님의 방식이며 이로써 그분의 은택을 누리고 그분의 영광에 참예하게 하시려는 것입니다.

본성과 존재와 진리와 계획과 사역에 있어서 하나님은 변하시지 않습니다. 변하는 것은 믿음의 대상이 아닙니다. 변하는 것에는 믿음이 가지 않습니다. 우리가 믿는 하나님은 변함이 없으신 분입니다. 하나님의 불변성은 우리의 복된 삶에 얼마나 중요한 근원인지 모릅니다. 하나님의 사랑은 변함이 없기에 우리에게는 걱정이 없습니다. 그분은 우리가 절망의 음부에 자리를 펼지라도 거기에 계시며, 죽어야 마땅하고 죽을 수밖에 없는 죄인의 운명에 결박되어 있더라도 자신의 생명을 던져 사망의 결박을 푸시고 자유를 명하시며, 그리스도 예수의 사랑에서 끊어질 수 없도록 성령의 불변적인 보증으로 인 치시는 분입니다.

그러나 인간은 시간에 종속되어 있습니다. 끊임없이 변합니다. 한 번도 동일한 자리에 머물러 있지 못합니다. 시간이 정지되지 않는 이상 우리는 어떤 식으로든 변합니다. 인간은 시간이 그 유전인자 속에 제거될 수 없도록 깊숙이 박혀 있기에 존재하는 이상 세월의 변덕에서 자유로울 수 없습니다. 하지만 하나님은 영원한 분이시기에 시간의 가변성에 매이시지 않습니다. 우리의 인격과 믿음과 행실은 지칠 줄 모르고 변덕을 부리지만 그럼에도 불구하고 하나님의 뜻과 계획은 변하지 않기 때문에 두려움이 없는 것입니다. 이러한 이해는 인격의 몰락과 믿음의 역주행과 선행의 부재에 결코 면죄부를 제공하지 않습니다. 오히려 말할 수 없는 감격과 겸손과 감사의 마음으로 하나님을 영화롭게 하는 열정적인 삶을 살아갈 수밖에 없는 이유가 됩니다.

우리는 죄인인데 그럼에도 불구하고 하나님은 그런 우리를 자녀로 대우해 주셨기에 우리는 나태와 방종의 삶이 아니라 성실과 절제의 삶을 살아갈 수밖에 없습니다. 하나님의 '그럼에도 불구하고'의 은총은 상식의 항복과 논리의 붕괴와 인과의 마비처럼 인간의 모든 지성적인 무장을 해제하기 때문에 우리는 더 이상 이 땅의 인과응보 논리에 얽매일 필요가 없습니다. 우리의 삶은 이제 외부의 강요나 강압이나 의무에 떠밀려 억지로 살아가는 삶이 아니라 내부의 감격과 감사와 자발성에 의해 살아가는 삶입니다.

하나님은 변하시지 않고 그분의 자비와 긍휼은 무궁하기 때문에 야곱은 진멸되지 않을 것입니다. 우리의 소망과 만족과 안식과 평강은 바로 이러한 하나님의 불변성에 있습니다.

무한하신 하나님

"하나님이 참으로 땅에 거하시리이까. 하늘과 하늘들의 하늘이라도 주를 용납하지 못하겠거든 하물며 내가 건축한 이 성전이오리이까"(왕상 8:27).

솔로몬은 하나님이 거하실 집을 짓겠다는 아버지 다윗의 성전 건축 숙원을 이룬 왕입니다. 아버지 다윗에게 하신 하나님의 약속을 분명히 기억하고 있었던 그는 드디어 성전을 완공하고 봉헌하는 기도를 드리는 중에 하나님의 무한성을 이렇게 묘사하고 있습니다. 하나님은 무한하신 분이기 때문에 땅에 거하실 수 없다고 말합니다. 하늘과 하늘들의 하늘도 감당할 수 없을 정도로 주님은 위대하신 분입니다. 하늘과 땅도 감당하지 못하는 하나님의 무한성을 어떻게 사람의 손으로 지은 성전이 용납할 수 있겠습니까? 그럴 수 없다는 사실을 솔로몬은 너무도 잘 알고 있습니다. 그래서 건축의 주역이지만 생색조차 내지 않습니다.

하늘과 땅과 성전이 하나님의 무한성을 감당하지 못한다고 해서 그것이 하나님은 그 어디에도 계시지 않는다는 것을 뜻하지는 않습니다. 예레미야 선지자의 기록에 의하면, 하나님은 천지에 충만하기 때문에 가까운 데에 계신 하나님인 동시에 먼 데에도 계신 분이시며 그러한 하나님의 눈을 피하여 자신을 은밀한 곳에 숨길 수 있는 자는 하나도 없다고 합니다(렘 23:24). 무한하신 하나님은 세상의 어떤 것에 의해서도 제한되지 않으면서 그럼에도 불구하고 하늘과 땅에 계시지 않은 곳이 없는 분입니다. 이처럼 성경이 묘사하는 하나님은 어떤 시공간에 제한되지 않으면서 동시에 모든 시공간에 거하시는 분입니다.

인간을 포함한 모든 피조물 중에 무한성을 가진 존재는 하나도 없습니다. 주님께만 돌려야 할 무한성을 이해하지 못하면 유한성에 익숙한 인간에 의한 하나님의 인간화와 유한화가 필히 수반될 것입니다. 하나님은 무한성 때문에 존재가 무한하며, 지혜도 무한하며, 사랑도 무한하며, 선하심도 무한하며, 긍휼도 무한하며, 자비도 무한하며, 거룩도 무한하며, 생각의 규모도 무한하며, 계획의 규모도 무한하며, 능력도 무한하며, 권위도 무한하며, 영광도 무한하며, 공의도 무한하신 분입니다. 시공간에 대해서도 하나님은 시간적인 무한성 때문에 영원하며 공간적인 무한성 때문에 편재하되 시공간에 제한됨이 없습니다.

무한하신 하나님은 우리를 사랑하는 분이신데 피조물의 어떠한 것으로도 측량할 수 없는 독생자의 고귀한 생명까지 주실 정도로 무한한 사랑을 우리에게 주십니다. 우리에게 소망과 기쁨도 주시는데 세상의 그 어떠한 절망과 슬픔에 의해서도 제거될 수 없는 무한한 소망과 기쁨을 주십니다. 우리에게 영광도 주시는데 세상의 그 어떠한 수치와 비참에 의해서도 훼손되지 않고 빼앗아 갈 수도 없는 그리스도 예수의 무한한 영광을 상속받게 하십니다. 무한하신 하나님은 무언가를 주실 때에도 무한한 것을 주고자 하시는데 우리는 땅의 유한한 소욕과 남루한 흥정에 들어가고 어리석은 거래에 계약의 손을 내미는 경우가 많습니다.

무한하신 하나님은 인간의 유한한 지각에 의해서는 다 파악될 수 없는 분입니다. 다 알지도 못하는 분에 대해 불공평과 독재와 잔인과 모순을 운운하는 것은 대단히 무례하고 경박한 일입니다. 전두엽에 꼬인 이성의 어설픈 작업이 생산한 불완전한 지식의 유한한 분량으로 하나님의 무한성을 달아 보겠다는 발상 자체가 발칙한 것입니다. 무한하신 하나님을 판단할 수 있는 자는 세상에 아무도 없습니다. 하나님은 판단하는 분이시지 판단 받으시는 분이 아닙니다. 우리는 다 이해하지 못하지만 성경이 하나님을 선하시고 자비롭고 의로우신 분으로 계시하고 있다면 하나님은 우리의 이해나 승인과는 무관하게 그러하신 분입니다.

계시된 대로 이해된 하나님은 사람의 지각에 의해 측량될 수 없는 무한하신 분입니다. 이러한 하나님의 속성이 경배의 이유도 되지만 동시에 두려움의 이유도 되는 것은, 모든 타인의 시선이 미치지 못하는 완전히 밀폐된 곳에서 죄를 짓더라도 천지에 충만하신 하나님의 눈에는 감추어질 수 없다는 사실 때문입니다. 범죄의 증거를 아무리 인멸하려고 해도 하나님 앞에서는 제거될 수 없습니다. 게다가 죄를 짓는다면 죄의 경중은 죄의 대상에게 의존할 것인데 하나님은 무한하신 분입니다. 그런 분에게 죄를 짓는다면 우리의 죄는 무한할 수밖에 없고 당연히 지불해야 할 대가나 부과되는 형벌도 무한할 것입니다.

그런데 문제는 우리가 유한한 존재이기 때문에 죄의 무한한 무게를 견딜 수도 없고 해결할 수는 더더욱 없다는 사실에 있습니다. 따라서 유일하게 무한하신 성자께서 육체의 몸을 입으시고 십자가에 달려 죽음으로 친히 해결해 주시지 않았다면 죄 문제는 다른 어떤 식으로도 해결될 수 없었을 것입니다. 이처럼 하나님의 무한성은 우리로 하여금 무한한 죄를 지었다는 것과, 무한한 대가를 지불해야 했는데 무한하신 주님께서 당신의 생명을 대속물로 삼아 우리 대신 지불해 주셨다는 사실을 깨닫게 만들고 또한 이렇게 무한한 사랑을 베풀어 주신 하나님께 무한한 감사와 찬양과 영광을 돌리지 않을 수 없도록 만듭니다.

무한하신 하나님 앞에서 우리는 어떠한 공로도 주장할 수 없습니다. 인간의 유한한 믿음과 선행을 무한하신 하나님 앞에 어떤 공로로 여긴다는 것은 상상할 수도 없는 일입니다. 무한하신 하나님께 만족과 기쁨을 드릴 수 있는 피조물은 이 세상에 하나도 없습니다. 믿음이 없이는 기쁘시게 할 수 없다는 말씀 때문에 우리는 마치 믿음이 하나님을 기쁘시게 하는 원인인 것처럼 생각하기 쉽습니다. 그러나 기쁨은 하나님 밖에서 어떤 원인을 갖지 않습니다. 이는 하나님 자신이 기쁨의 원인이란 뜻입니다. 우리의 믿음은 공로와 연결되는 어떤 행위가 아니라 하나님의 선물이며 원인이 아니라 수단임을 잊어서는 안됩니다.

은혜로 말미암아 주어진 우리의 믿음은 하나님을 기쁘시게 할 정도의 가치와 자격이 있어서 하나님의 기쁨이 되는 것이 아닙니다. 하나님이 그냥 기뻐해 주시는 것입니다. 하나님의 기쁨은 수동태가 아니라 능동태입니다. 우리의 초라한 믿음을 하나님이 기뻐해 주신다는 것은 우리에게 설명할 수도 없고 측량할 수도 없는 무한한 은혜와 영광입니다. 하나님의 무한성을 안다면 그렇게 생각할 수밖에 없습니다. 성경을 풀고 역사를 이해하는 일은 성경의 저자이며 역사의 주인이신 하나님의 무한성이 전제되지 않으면 불가능한 일입니다. 솔로몬이 세대에 걸쳐 이룩한 위업 앞에서도 건강한 처신이 가능했던 비결도 하나님의 무한성에 대한 이해에 있습니다.

지혜이신 하나님

"깊도다, 하나님의 지혜와 지식의 풍성함이여. 그의 판단은 헤아리지 못할 것이며 그의 길은 찾지 못할 것이로다"(롬 11:33).

저는 이 구절을 다음과 같이 번역하고 싶습니다. "오 하나님의 지혜와 지식의 부요함의 깊이여! 그의 판단은 헤아릴 수 없고 그의 길은 추적할 수 없을 정도로다!" 하나님은 지혜로운 분입니다. 이러한 본성적인 지혜 때문에 하나님이 행하시는 모든 일에는 신적인 지혜가 오묘하게 배어 있습니다. 그래서 다윗은 창조와 관련하여 하나님을 묘사하되 "지혜로 하늘을 지으신 이"(시 136:5)라고 했으며, 바울은 새로운 창조물인 교회로 말미암아 주님께서 하늘의 통치자들 및 권세들 모두에게 알리고자 원하셨던 것은 바로 "하나님의 각종 지혜"(엡 3:10)라고 했습니다. 나아가 이것은 "영원부터 우리 주 그리스도 예수 안에서 예정하신 뜻대로 하신 것"(엡 3:11)이라고 말합니다. 이로 보건대, 하나님의 지혜는 영원부터 창조의 시대와 그 이후의 재창조의 시대까지 펼쳐져 있음이 분명해 보입니다. 하나님의 지혜가 번뜩이지 않는 피조물은 진실로 하나도 없으며, 하나님의 지혜가 개입하지 않은 역사는 한 순간도 없습니다. 이것은 하나님의 지혜와 지식의 양적인 부요함에 해당되는 것입니다.

지혜와 지식의 부요함은 단순히 분량의 차원만을 의미하지 않습니다. 질적인 차원에 있어서도 하나님의 지혜는 무한히 깊습니다. 하나님의 판단은 사람의 기준으로 헤아릴 수 없고 그의 길은 사람의 머리가 추적할 수 없을 정도로 깊습니다. 하나님의 지혜가 단순히 사물이나 사태나 사건에 뿌리를 내리고 있다면 쉽게 추적되고 헤아려질 것입니다. 그러나 바울은 하나님의 지혜와 지식의 모든 보화가 그리스도 안에 감추어져 있다고 말합니다(골 2:3). 그렇기에 그리스도 예수를 모르면 하나님의 지혜는 어떤 사람에 의해서도 발견되지 못할 것입니다. 사람들은 어떤 이가 인간 문맥 안에서 약간 더 지혜롭고 박식하면 그에게로 가서 지혜와 지식을 구합니다. 그러나 보석 수준의 지혜와 지식은 오직 그리스도 안에만 있습니다. 그리스도 안에 감추어진 하나님의 지혜는 세상의 석학이라 불리는 자들이 제공하는 땅에서의 상대적인 지혜가 아닙니다. 시대와 장소에 따라 변동되는 세상 통치자의 임시적인 지혜도 아닙니다. "오직 은밀한 가운데 있는 하나님의 지혜를 말하는 것으로서 곧 감추어졌던 것인데 하나님이 우리의 영광을 위하여 만세 전에 미리 정하신"(고전 2:7) 그 지혜는 바로 "십자가에 못 박힌 그리스도"라고 바울은 증거하고 있습니다(고전 1:23). 이 지혜는 너무도 심오해서 이 땅에서 "지혜 있는 자들의 지혜를 멸하고 총명한 자들의 총명을 폐"할 것입니다(고전 1:19). 지혜 있는 자가 이 세상에 없음을 입증할 것입니다. 하나님의 지혜에 비하면 이 세상의 지혜는 미련한 것일 뿐입니다.

바울이 증거하고 있는 하나님의 지혜를 보십시오. 로마서는 처음부터 끝까지 하나님의 지혜로 인해 하나님께 영광을 돌리지 않을 수 없다는 사실을 촘촘하게 기술하고 있습니다. 로마서에 의하면, 영원 속에서 이루어진 하나님의 작정에서 창조와 섭리에 이르는 구원의 모든 경륜사는 하나님의 지혜가 펼쳐지는 장입니다. 그분은 아담을 지으시고 보시기에 심히 좋았으나 결국 그가 타락하여 죄악과 저주와 절망의 사슬에 결박되어 있었을 때에 노아를 부르시고, 아브람을 부르시고, 모세를 부르시고, 다윗을 부르시고, 선지자를 부르시고, 그리스도 예수를 보내시고, 사도들을 보내서서 인류의 회복을 이루시되 이스라엘 백성을 택하사 자신의 백성이 택자임을 보이시고, 율법을 주셔서 유대인과 이방인 모두를 죄 아래 가두시고, 인간의 혈통에 따른 편협한 이스라엘 민족의 구원이 아니라 하나님의 영원한 택하심을 따라 보편적인 교회의 구원을 이루셔서 하나님이 공의와 자비와 긍휼과 사랑이 온 천하와 역사와 만민에게 드러나게 하신 분입니다. 그리고 하나님의 범세계적 구원에 있어서 혹시 모를 오해를 예방하기 위해 믿음의 조상을 부르시고 언약을 맺으시되 할례 시가 아니라 무할례 시에 믿음으로 말미암는 의를 이루셔서 혈통에 따른 이스라엘 민족의 하나님이 아니라 믿음으로 말미암아 아브라함의 후손이 된 유대인과 이방인 모두의 하나님이 되셨다고 바울은 정교하게 묘사하고 있습니다. 율법은 비록 인간의 범법함을 인해 더해진 것이지만 믿음이 결코 그것을 폐하지 않을 뿐더러 오히려 그리스도 예수께서 율법의 마침과 완성과 성취가 되셔서 "내가 너희를 사랑한 것 같이 너희도 서로 사랑하라"(요 13:34)는 개념에 모든 율법을 함축시켜 천하가 없어지기 전에는 율법의 단 하나도 헛되이 땅에 떨어지지 않을 것이라고 말합니다.

그런데 유대인과 이방인, 할례와 무할례, 율법과 복음의 조화를 이루시는 하나님의 구원사적 경륜은 단순히 이 땅에서의 인과율에 뿌리를 두고 있지 않고 시간 이전의 영원으로 그 원인이 소급되고 있다는 점을 인지하고 지적하면서 사도는 이 본문에서 입이 다물어질 수 없을 정도의 매머드급 감탄사를 격발했던 것입니다. 한 인간의 구원은 땅에서의 변동적인 원인에 기초하지 않습니다. 소급하고 소급하여 더 이상의 상위 근원으로 소급할 수 없는 구원의 마지막 인자라고 할 하나님의 기뻐하신 뜻에 기초하고 있습니다. 이는 긍휼히 여길 자를 긍휼히 여기시고 강퍅케 할 자를 강퍅케 하시는(롬 9:18) 하나님의 절대적인 주권을 뜻합니다. 여기에는 사람의 됨됨이나 사람의 지식과 행실이 고려되지 않았기에, 바울은 하나님이 구약에서 리브가를 향해 "큰 자가 어린 자를 섬기리라"고 말씀하신 것도 "그 자식들이 아직 나지도 아니하고 무슨 선이나 악을 행하지 아니한 때에 택하심을 따라 되는 하나님의 뜻이 행위로 말미암지 않고 오직 부르시는 이로 말미암아 서게" 하기 위한 것이라는 진단을 내립니다(롬 9:11-12).

이것은 인간의 상식이나 논리나 추론에 의해서는 도무지 도달할 수 없는 진리이기 때문에 대화적인 추론에 의존하는 문답법이 단념의 백기를 들어야 할 절대적인 진리인 것입니다. 그래서 바울은 '그렇다면 하나님은 인간의 잘못을 책잡을 수 없고 잘못을 저질러도 하나님이 뜻하신 것이니 결국 하나님의 뜻을 거역한 자들은 하나도 없게 되는 것 아니냐'는 힐문 투척자에 대해 "이 사람아, 네가 누구이기에 감히 하나님께 반문하느냐……토기장이가 진흙 한 덩이로 하나는 귀히 쓸 그릇을, 하나는 천히 쓸 그릇을 만들 권한이 없느냐"(롬 9:21)고 책망한 뒤 하나님의 절대적인 주권

앞에서 인간의 그 경솔한 입을 닫으라고 말합니다(롬 9:21-33). 진노의 그릇과 긍휼의 그릇을 만드신 토기장이 하나님의 이러한 구원의 섭리는 인간에게 이성의 논리적인 동의를 구걸하기 위함이 아니라 보이지 않으시는 하나님의 영원한 신성과 능력이 창조뿐 아니라 구원에 있어서도 분명히 증거되어 모든 입술이 하나님께 영광의 찬송을 부르도록 만들기 위한 것입니다. 이는 참으로 놀라운 하나님의 지혜가 아닐 수 없습니다. 그래서 바울은 다음과 같은 경외의 탄성을 지른 것입니다. "오 하나님의 지혜와 지식의 부요함의 깊이여!"

전능하신 하나님

"할렐루야, 주 우리 하나님 곧 전능하신 이가 통치하시도다"(계 19:6).

할렐루야! 우리 주 하나님은 전능하신 분입니다. 그의 능력에는 제한이 없습니다. 제한이 없기에 측량할 도구도 없습니다. 기껏해야 한계가 없다는 부정적인 어법으로 셔우 하나님의 권능을 묘사할 뿐입니다. 그러나 한계를 부정하는 방식으로 하나님의 무한한 능력을 더듬어 볼 수도 있겠지만, 긍정적인 표현이 때로는 보다 생동적인 구체성을 제공할 수 있기에 사도 요한은 하나님의 전능과 통치에 대해 하늘에서 나는 이 찬양 소리가 "허다한 무리의 음성과도 같고 많은 물소리와도 같고 큰 우렛소리와도 같"다고 말합니다(계 19:6). 물론 요한이 들은 찬양 소리에 하나님의 전능 개념을 다 담아낼 수는 없을 것입니다. 진실로 하나님의 속성은 이 땅의 어떠한 것으로도 담을 수 없고 온전히 전달할 어떠한 종류의 번역어도 없는 듯합니다.

하나님의 속성에 대한 올바른 이해는 결국 하나님이 자신을 친히 계시하신 성경에 의존하는 수밖에 없습니다. 성경은 하나님의 전능을 인간 편에서는 불가능해 보이는 것도 하나님 편에서는 결코 불가능한 것이 아니라는 사실과 연관시켜 설명하고 있습니다(마 19:26). 전능하신 하나님은 무엇이든 원하기만 하면 하실 수 있습니다. 하나님은 의지하실 수도 있고 volle 의지하지 않으실 수도 있으며 non volle, 하기로 의지하실 수도 있고 volle 안 하기로 의지하실 수도 있습니다 nolle. 하나님은 전능하신 분이시기 때문에 무언가에 대한 의지와 비의지 volitio et nolitio에 제한이 없습니다. 단순히 무언가에 대한 기호나 선택만이 아니라 실제로 그 무언가를 구현할 능력도 가지고 계십니다. 그 '무언가'의 항목에는 인간이 보기에 불가능한 것들이 대단히 많습니다.

사실 인간의 눈에 불가능한 것처럼 보이는 것들에 대한 성경의 기록을 접할 때마다 우리는 인간의 제한적인 능력에 근거하여 "말도 안된다"는 경솔한 판단을 내리기 쉽습니다. 심지어 실제로 일어난 사실이 아니라 그냥 꾸며 낸 교훈적인 우화일 뿐이라고 여깁니다. 홍해가 갈라져 마른 땅이 된 것도, 요단강의 물줄기가 끊어진 것도, 기브온 골짜기의 중천에서 태양이 멈춘 것도, 남자를 모르는 처녀가 잉태한 것도, 죽은 지 사흘이 지난 시체가 부활한 것도 인간이 보기에는 맹랑한 헛소리일 뿐입니다. 그러나 성경은 무한하신 하나님 자신과 전능하신 그분의 행하신 일들을 기록한 책입니다. 인간의 무능력이 아니라 하나님의 전능의 관점에서 이해할 것을 요구하는 책입니다. 그럼에도 불구하고 하나님의 전능을 함부로 생략한 성경해석학은 언제나 인간적인 냄새가 물씬 풍기는, 신적인 말씀의 인간화일 뿐입니다. 신적인 전능의 관점에서 보면 성경의 모든 것은 사실이 아닌 것이 하나도 없습니다. 하나님의 속성에 대한 이해는 성경해석학의 전제이며, 성경 전체는 신적인 속성의 드러냄을 지향하고 있습니다. 이는 하나님의 속성에 대한 고려가 성경해석학의 처음과 나중이 되지 않으면 필히 오석誤釋과 왜곡을 낳는다는 말입니다.

나아가 하나님의 전능은 신비롭고 불가능한 일들의 이해에만 적용되지 않습니다. 지극히 평범하고 일상적인 일들도 하나님의 전능을 떠나서는 결코 이해되지 않습니다. 성경에는 하나님의 무한한 능력 없이도 인간의 유한한 능력으로 얼마든지 이루어질 수 있는 일들이 대단히 많이 기록되어 있습니다. 하나님이 그러한 일들의 주체로 언급되는 경우도 대단히 많습니다. 성경에서 그런 경우를 접할 때 우리는 대체로 그것을 당연한 것으로 여깁니다. 그러나 거기에는 하나님의 전능에 대한 명시적인 기록보다 어쩌면 더 큰 의미가 담겨 있는지도 모릅니다. 예수님이 육신을 입으시고 걷기도 하시고, 자기도 하시고, 먹기도 하시고, 지치기도 하시고, 다치기도 하시고, 울기도 하시고, 노하기도 하신 일들은 모두 인간에게 너무도 평범한 것입니다. 그러나 그 예수님이 전능하신 하나님도 되신다는 점에서 그런 전능자가 그렇게 평범하실 수 있다는 것은 대단히 신비롭고 놀라운 일입니다.

진정한 고수는 막대한 에너지를 마구 쏟아 낼 수 있는 자가 아니라 어떠한 힘도 적절하게 조절할 수 있는 자입니다. 하나님은 마치 그런 고수와도 같습니다. 전능하신 분이 유한하실 수 있다는 사실에서 우리는 하나님의 진정한 전능만이 아니라 무한한 사랑에 대한 깨달음도 얻습니다. 전능하신 하나님은 유한의 행보를 보이실 어떠한 필연성도 없습니다. 스스로 종의 형체를 입으시고 죽기까지 무능의 초라한 자리로 내려오신 것입니다. 저에게 이것은 신적인 전능의 역설적인 모습처럼 보입니다. 이처럼 성경의 평범한 기록들은 신적인 전능의 관점에서 볼 때 맹목적인 에너지의 막대한 크기가 아니라 도저히 측량할 수 없는 신적인 사랑과 결부되어 있습니다. 그러나 만약 하나님의 전능을 생략한 채 그 기록들을 읽는다면 하나님의 무한한 사랑은 결코 읽히지 않을 것입니다.

이 세상의 모든 통치는 하나님의 전능에 의해 유지되고 있습니다. 그 통치에는 인간의 눈으로 보기에는 도무지 불가능한 초자연적 요소들도 있지만 너무도 평범해서 당연해 보이는 자연적인 요소들도 함께 조화를 이루고 있습니다. 사도 요한은 전능하신 하나님의 통치가 하늘에서 찬양의 내용으로 선포되는 소리를 듣고 있습니다. 그리고 전능하신 하나님의 통치 때문에 "할렐루야" 찬양이 합당하고 마땅한 것이라고 말합니다. 이것은 분명 하늘에서 이루어진 일입니다. 그러나 이 땅에서도 비록 전능자의 통치를 다 헤아릴 수는 없겠으나 지식의 충분한 확보와 승인이 없더라도 하늘에서 요한에게 들린 소리처럼 당위적인 찬양이 요청되고 있습니다. 게다가 면밀히 살펴보면 이 땅에서도 하나님의 초자연적 사역과 자연적 조화에서 지각되는 펑계하지 못할 신적인 전능의 충분한 증거들이 얼마든지 있습니다.

무엇이든 의지와 비의지가 모두 가능하신 전능자가 무언가를 하셨다면 그것은 평범하든 기이하든 최상의 판단에서 이루어진 최고의 일일 것입니다. 그러한 최고의 일들이 성경에 기록되어 있고 지금 우리 중에서도 일어나고 있습니다. 전능하신 하나님은 어떠한 상황 속에서도 보다 더 좋은 일을 행하실 수 있는 분입니다. 그런 하나님의 통치와 섭리 아래에서 일어나는 범사가 다 최고의 일임을 저는 믿습니다. 물론 인간의 부패와 죄악이 늘 판단력을 흐리게 만들기도 하지만 그래도 하나님의 전능하심 때문에 이 모든 일에 마땅히 감사할 수밖에 없습니다.

거룩하신 하나님

"만군의 여호와 그를 너희가 거룩하다 하고 그를 너희가 두려워하며 무서워할 자로 삼으라"(사 8:13).

성경은 하나님을 거룩하신 분이라고 말합니다. 하지만 성경 전체가 말하는 '거룩'의 정확한 의미를 파악하는 것은 쉽지 않습니다. 분명한 것은 하나님이 다른 모든 존재와 구별되는 분이라는 것입니다. 독일의 신학자 칼 바르트Karl Barth, 1886-1968는 하나님의 전적인 구별성을 가리키는 말로 '완전히 다른 자' 혹은 '전적인 타자'das ganz Andere라는 표현을 썼습니다. 즉 돼지의 발굽이 뚜렷하게 갈라진 것처럼, 창조자와 피조물 사이에 명확한 존재론적 구분이 있다는 것이 바로 거룩의 뜻입니다. 하나님이 거룩하신 분이라는 말에는 다른 어떠한 존재에 의해서도 대체될 수 없는 신적인 고유성이 하나님께 있다는 의미가 담겨 있습니다.

고대 이스라엘 백성의 모습이나 교회의 긴 역사에서 확인되는 것은 사람들이 하나님을 피조물과 전적으로 구별된 분으로 여기지 않았다는 것입니다. 사람들은 때로는 자연을 신으로, 때로는 벌레나 짐승을 신으로, 때로는 자신을 때로는 어떤 영웅을 신의 고유한 자리에 앉히기를 주저하지 않았습니다. 이러한 존재의 무질서 조장은 참으로 무지하고 어리석고 불경스런 짓입니다. 하나님이 거룩하신 분이라는 사실을 일부러 부정하는 짓입니다. 이런 맥락에서 바울은 "스스로 지혜 있다 하나 어리석게 되어 썩어지지 아니하는 하나님의 영광을 썩어질 사람과 새와 짐승과 기어 다니는 동물 모양의 우상으로 바꾸었느니라……하나님의 진리를 거짓 것으로 바꾸어 피조물을 조물주보다 더 경배하고 섬김이라"(롬 1:22, 23, 25)고 진단하며 이러한 자들은 하나님의 심판대 앞에서 결코 핑계할 수 없다는 진지한 엄포를 놓습니다(롬 1:20).

존재론적 구별을 가리키는 거룩은 '완전한 순결'의 개념도 내포하고 있습니다. 하나님은 순결하고 무흠하신 분입니다. 그에게는 어떠한 흠결도 없습니다. 하나님은 모든 것에서 어떠한 결함도 없고 어떠한 결핍도 없는 완전하신 분입니다. 신적인 속성과 뜻과 계획과 행하심이 완전하신 분입니다. 하나님의 모든 속성은 가감할 수 없으며, 뜻도 가감할 수 없으며, 정하신 계획도 가감할 수 없으며, 행하심도 가감할 수 없습니다. 욥기의 기록처럼 우리가 아무리 지혜롭고 아무리 선해도 하나님께 유익이 되는 것은 하나도 없습니다. 하나님의 뜻에 단 한 조각의 인간적인 의지나 기호도 섞어서는 안됩니다. 하나님의 정하신 계획은 누구도 변경할 수 없으며 반드시 성취될 수밖에 없습니다. 선행은 모든 선의 출처이신 하나님의 전적인 행위이기 때문에 어떠한 공로도 인간에게 돌려서는 안됩니다. 혹시 인간의 생각과 기호와 소원과 수족이 선행과 결부되어 있더라도 그것은 선행에의 은혜로운 초청과 영광스런 동참일 뿐이지 선의 주체성을 인간에게 돌릴 근거가 되지는 않습니다. 인간의 본성과 뜻과 도모와 행실이 선행에 영향력을 행사하면 할수록 선행의 순수성은 거기에 비례해서 부패하고 말 것입니다.

하나님은 거룩하신 분입니다. 이사야는 "만군의 여호와, 그를 너희가 거룩하다" 하라고 명합니다(사 8:13). 이는 하나님의 거룩을 인정하는 것이 피조물의 마땅하고 필연적인 도리이기 때문에 명하여진 것입니다. 이어서 이사야는 하나님의 거룩을 인정하는 우리의 태도로서 두려움과 경외심을 가지라고 말합니다. 그러나 오늘날 교회는 하나님의 거룩에 무지하고 그렇기 때문에 경외해야 할 하나님을 함부로 대하거나 그 이름을 망령되이 일컫는 경향을 보입니다. 물론 하나님은 사랑과 자비와 긍휼이 무궁하신 분입니다. 그러나 동시에 하나님이 두려움과 경외의 신이라는 사실 또한 놓쳐서는 안됩니다. 이는 하나님을 잔인한 원수나 독재적인 신으로 대하라는 말이 아닙니다. 사랑과 공의, 자비와 정직, 평강과 경외심은 하나를 취하면 다른 하나는 버려야 하는 배타적인 대립항이 아닙니다. 오히려 조화와 균형의 관계성을 가지고 있습니다. 이러한 관계성을 무시하고 경외심이 없는 사랑과 긍휼 일변도의 태도로만 하나님을 대한다면, 그렇게 이해된 하나님은 성경에 계시된 그대로의 하나님이 아니라 인간의 기호에 의해 가공된 하나님일 가능성이 높습니다. 성경이 가르치는 하나님은 사랑의 하나님인 동시에 우리가 경외해야 할 거룩하신 분입니다.

하나님은 거룩하신 분이시며 우리는 하나님의 거룩을 인정하고 두려워할 분으로 삼아야 한다는 이사야의 교훈에 교회는 마음의 귀를 기울여야 합니다. 여기서 하나님의 거룩성 때문에 경외심을 가져야 한다는 말은 그저 두려워서 떠는 상태에 있으라는 말이 아닙니다. 성경의 다른 곳에서 확인되는 것처럼, "내가 거룩하니 너희도 거룩할지어다"(레 11:45), 즉 하나님이 거룩하신 것처럼 그의 자녀요 백성인 우리도 거룩해야 한다는 말입니다. 하나님의 거룩성에 대한 지식은 우리도 거룩해야 한다는 당위나 필연과도 같습니다. 존재에 있어서 우리는 그리스도 예수로 말미암아 거룩한 자가 되었습니다. 즉 우리의 생각과 말과 행실과 무관하게 이 세상 사람들과 구별되는 하나님의 자녀라는 존재론적 고유성이 우리에게 있습니다. 그러나 나아가 '완전한 순결'의 전방위적 요구도 있습니다. 이는 우리의 뜻과 생각과 계획과 말과 행실에 세상과는 구별되는 기준과 규범과 질서와 원리와 동기와 목적이 있어야 한다는 말입니다. 예수님의 고백처럼, 우리도 "내 원대로 마시옵고 아버지의 뜻대로 되기를 원하나이다"(눅 22:42)라고 늘 고백해야 합니다. 우리의 생각과 계획도 하나님의 영원한 작정을 존중하고 그것에 맞추어 늘 조율해야 합니다. 우리의 말과 행실도 주님께서 하신 것처럼 말하고 성령을 따라 행해야 합니다.

하나님이 거룩하신 것처럼 우리도 거룩해야 한다는 당위에 있어서 주의해야 할 것이 하나 있습니다. 우리는 스스로 거룩할 수 없다는 점입니다. 우리가 아무리 뜻과 생각과 계획과 말과 행위를 하나님께 맞춘다 하더라도 모든 방면에서 우리의 걸음을 인도하는 일은 우리 자신의 몫이 아닙니다. 하나님의 몫입니다. 바울의 교훈처럼 그리스도 자신이 "우리에게 지혜와 의로움과 거룩함과 구원함이 되셨"기에(고전 1:30) 우리는 주님에 의해서만 거룩할 수 있습니다. 따라서 진정한 거룩은 우리 자신을 하나님께 맞추는 우리 편에서의 노력이나 연출에 의해서가 아니라 하나님의 은혜로 주어지는 것입니다. 뜻과 생각의 거룩은 우리의 뜻과 생각이 부인되고 하나님의 것이 인정되는 만큼 커집니다. 언어와 행실의 거룩도 기록된 말씀과 성령의 이끄심이 우리의 것을 대체하는 만큼 커집니다.

하나님은 거룩하신 분입니다. 하나님의 자녀요 백성인 우리도 거룩해야 하는 근거가 여기에 있습니다. 실질적인 거룩의 가능성도 주님의 거룩성에 있습니다. 그런데 교회는 하나님의 거룩을 경시하고 거룩에의 참여에도 관심을 보이지 않는 듯합니다. 오히려 세상과 같아지려는 경향을 보입니다. 비록 기독교의 종교적인 언어와 행습으로 포장되어 있기는 하지만 그 내용은 슬프게도 세상이 추구하는 이생의 자랑과 육신의 정욕과 안목의 정욕과 구별되지 않습니다. 지금 교회에는 돈 때문에 분란과 분열이 발생하고 목회자에 의한 음행의 문제가 발생하고 많은 성도들이 경건을 이익의 방편으로 삼고 있습니다. 성경을 자의로 해석하고 진리보다 귀에 달콤한 교설을 강단에서 쏟아 내는 교회도 적지 않습니다. 흡사 거룩의 개념이 실종된 시대인 것 같습니다. 마음의 부정함과 생각의 부정함과 입술의 부정함과 수족의 부정함이 도처에서 신적인 거룩함에 냉소적인 도전장을 던지고 있습니다.

거룩하신 하나님의 증인인 교회의 거룩함 회복은 선택이 아니라 당위라는 사실에 우리 각 사람과 온 교회가 경각심을 가질 때입니다.

의로우신 하나님

"그의 모든 길이 정의롭고"(신 32:4).

하나님은 정의로운 분입니다. 정의가 하나님의 속성이기 때문에 하나님의 행하시는 모든 일도 그 속성을 따라 정의로울 수밖에 없습니다. 정의로운 일을 하셨기 때문에 정의로운 하나님이 되신 것이 아닙니다. 정의로운 분이기에 정의로운 일을 하십니다. 정의 자체이신 하나님은 외부의 어떤 기준에 의해서 판단을 받으시지 않습니다. 하나님이 정의로운 분이라는 것은 외부의 판단이 아니라 하나님이 자신의 정의로운 속성을 그렇게 계시하신 것입니다. 만약에 판단을 받는다면 그것은 판단의 기준이 하나님 바깥에 있다는 의미이고 그 기준이 하나님 자신보다 우월한 권위나 권세를 갖는다는 뜻입니다. 이는 하나님이 지극히 높으셔서 그 위에는 아무것도 없다는 보편적인 상식의 기본적인 신관에도 저촉되는 일입니다.

하나님은 의로우신 분입니다. 의로움의 신적인 속성은 인간적인 판단의 대상이 아니라 우리가 경외하고 순복해야 하는 대상입니다. 세상에 아무리 원인이 없는 불의가 발생한다 할지라도 우리는 그 원인을 하나님께 돌려서는 안됩니다. 비록 자연적인 재해로 삶의 터전이 훼파되고 사랑하는 사람과 사별하게 된다 할지라도 하나님의 의로움이 취소되는 것은 아니고 우리가 그의 의로움을 감히 부정하는 판단을 내려서도 안됩니다. 그것은 아마도 인간의 죄 때문에 존재의 질서가 무너졌고 그 무너짐의 끔찍한 결과가 인간에게 되돌아와 인간의 죄를 계속해서 고발하고 정죄하되 여전히 하나님께 돌이킬 것을 촉구하는 은혜의 과격한 수단일 가능성도 배제할 수 없습니다. 재앙의 가까운 원인이 없다고 판단되면 곧장 하나님께 나아가 그분이 죄의 원흉인 양 원망하고 불평하는 것은 하나님의 의로움에 대한 무지와 멸시에서 비롯된 일입니다. 하나님은 세상의 상태나 우리의 판단과는 무관하게 영원토록 의로우신 분입니다.

    온 세상의 만물과 만사는 하나님의 공의로운 섭리 아래에 있습니다. 물론 그것을 바라보고 이해하는 다양한 기준과 관점이 있어서 다양한 판단들을 내립니다. 그러나 사람들의 경험이든 실험이든 지식이든 기억이든 합의이든 상식이든 간에 그 어떤 것도 하나님의 섭리를 판단하는 기준이 되지는 못합니다. 그러므로 그 누구도 하나님을 판단의 대상으로 삼을 수는 없습니다. 그러나 분별이 전적으로 불가능한 것은 아닙니다. 유일한 가능성은 하나님의 깊은 것까지도 완전히 아시는 "성령께서 가르치신 것"에 의존할 때에만 있습니다. 세상의 모든 사물과 사태는 하나님의 섭리 아래에 있다는 사실 때문에 모두 영적인 것입니다. "영적인 일은 영적인 것으로 분별"(고전 2:13)할 수 있습니다. 참으로 성령의 가르침을 받는 "신령한 자는 모든 것을 판단"(고전 2:15)할 수 있습니다. 만물과 만사에는 우리를 향한 하나님의 뜻이 있습니다. 눈의 바라봄과 귀의 들음과 마음의 사유로는 그 뜻을 알지 못합니다. 이 지식은 오직 성령의 가르침에 의해서만 취득할 수 있습니다. 성령의 가르침은 무슨 신령한 계시나 환상이나 육성이나 진동이 아니라 성령의 감동으로 기록된 하나님의 말씀, 즉 성경을 가리키는 것입니다. 만들어진 만물과 일어난 만사는 하나님의 이 말씀에 의해 관절과 골수의 물리적 차원만이 아니라 영과 혼의 비가시적 차원까지 벌거벗은 것처럼 드러날 것입니다.

성경의 눈으로 이 세상의 모든 것과 모든 일을 보십시오. 불의한 자들과 불의한 일들 속에서도 여전히 별처럼 빛나는 하나님의 눈부신 공의가 발견될 것입니다. "그의 모든 길이 정의롭고"(신 32:4). 이어서 모세는 하나님의 모든 길이 공의요 판단이요 심판이요 결정이요 옳음이요 작정이요 질서요 정의라고 말합니다. 이는 하나님이 행하시는 모든 일은 그 자체가 정의라는 것입니다. 같은 맥락에서 시편의 시인도 하나님의 "손이 하는 일은 진실과 성의"인데 이는 하나님의 모든 계명이 영원하며 진리와 정의 가운데서 이루어질 것이기 때문에 그렇다고 말합니다(시 111:7-8). 지혜자도 지혜이신 주님은 "정의로운 길로 행하며 공의로운 길 가운데로 다니나니"라고 했습니다(잠 8:20). 우리가 살아가는 현장에 경제적인 불의가 있고 정치적인 악독이 있고 문화적인 타락이 있더라도 하나님의 정의는 결코 제한되지 않고 소멸되지 않습니다. 하나님의 정의는 없는 곳이 없습니다. 그러므로 우리는 범사에 하나님의 정의를 인정해야 하고, 하나님의 정의를 인정할 때에 의로우신 하나님을 알 수 있습니다. 시인에 의하면 주님은 그가 행하신 정의에 의해 알려지는 분입니다(시 9:16). 정의 없이 하나님이 알려지는 경우는 없습니다. 하나님의 정의가 보이지 않고 그런 하나님이 알려지지 않는다면 그것은 우리의 기준이 월권을 범한 결과일 것입니다. 사람의 판단력을 따라 상황을 해석하면 하나님의 정의는 결코 분별되지 않을 것입니다. 신령한 것은 신령한 것에 의해서만 분별할 수 있습니다.

정의라는 하나님의 속성은 하나님의 어떠하심을 나타내는 것으로 그치지 않습니다. 의로우신 하나님은 '공의'와 '정의'를 사랑하고 기뻐하는 분입니다(시 33:5; 사 61:8; 렘 9:24). 당연히 그의 백성에게 '공의'와 '정의'를 바라고 계십니다(사 5:7). 그래서 "정의를 물 같이, 공의를 마르지 않는 강 같이 흐르게 할지어다"(암 5:24)라고 하십니다. 하나님은 당신의 공의로운 속성이 자신의 백성을 통해 발휘되고 증거되기를 바라고 계십니다. 그러나 이스라엘 백성은 "정의를 쓴 쑥으로 바꾸며 공의를 땅에 던지는 자들"(암 5:7)이었으며, 하나님이 원하셨던 공의와 정의라는 좋은 포도가 아니라 포학과 절규라는 들포도를 맺었다고 아모스와 이사야는 고발하고 있습니다. 이는 마치 오늘날의 세상과 교회를 겨냥하고 있는 듯합니다. 하나님이 거룩하신 분이기에 그의 백성도 거룩해야 하듯이, 하나님이 공의로운 분이라는 사실을 안다면 교회도 하나님의 공의로운 백성이 되어야 할 것입니다. 비록 교회 밖에서는 공의가 질식되고 정의가 조롱 받더라도 교회 안에서는 하나님의 공의가 세력을 얻고 꺼지지 않는 빛으로서 캄캄한 세상을 계속해서 비추게 해야 할 것입니다. 그러나 우리의 교회만 보더라도 좋은 포도가 아니라 너무도 많은 정치적·경제적·도덕적 들포도를 맺고 있습니다. 무슨 낯과 자격으로 하나님의 공의를 세상에 외칠 수 있을까요? 오히려 불의한 교회로 인해 세상에서 하나님의 이름이 모독 당하는 지경까지 갔습니다. 회개하고 자복하며 하나님의 정의가 우리 각 사람과 교회를 주관해 주시도록 은혜를 구할 수밖에 없습니다.

하나님의 존재 방식: 삼위일체

이 단락에서는 주로 칼빈을 중심으로 삼위일체 하나님에 대한 지식을 살펴볼 것입니다.[2] 삼위일체 교리에 대한 무지는 하나님의 존재는 물론이고 성경까지 파괴하는 주범이라 할 수 있습니다. 삼위일체 교리와 관련된 오류의 전형적인 형태는 예수님이 양자로 채택이 되었다는 것^{adoption}, 예수님이 성부와 동일한 분이라는 것^{identity}, 성부가 성자보다 위대한 분이라는 것^{derivation}, 예수님은 성부와 다른 하나님이 되신다는 것^{distinction} 등입니다. 칼빈은 자신의 교의학 모든 판본에서 삼위일체 교리를 사도신경 첫 항에서 다루어진 창조주 하나님에 대한 논의 이전에 다루고 있습니다. 이러한 진술의 순서를 일관되게 고집하는 이유는 아마도 칼빈이 피조물에 대한 외적 사역은 삼위일체 하나님께 공통된 것이라는 교부들의 가르침을 의식했기 때문이 아닌가 싶습니다. 작정과 예정을 비롯하여 창조와 섭리를 다룸에 있어서 특정한 위격이 아니라 삼위일체 하나님의 공통된 사역이라는 칼빈의 신중한 안목을 존중하지 않으면, 그의 교의학과 주석은 오해되기 쉽고 그의 신학적인 작업 전체가 휘청거릴 가능성이 높습니다. 김영규 박사의 주장처럼, 성경의 유한한 문자가 담고 있는 신적인 진리의 의미를 확정함에 있어서 최고의 적정선은 성경 전체가 가르치고 있는 삼위일체 하나님에 대한 지식일 것입니다.

칼빈은 "창조 이래로 하나님의 유일한 실체가 성경에서 증거되고 있으며 그 실체는 자체 안에 위격을 포함하고 있다"는 사실을 삼위일체 교리의 테제로 삼고 있습니다$^{Inst., I.xiii}$. 이는 창조와 모든 섭리에서 하나의 특

---

2 주로 칼빈의 『기독교강요』 최종판 1권 13장에 근거한 논의이다. 출처를 밝히지 않은 인용문은 여기에서 가져왔다.

정한 위격이 아니라 삼위일체 하나님을 고려하지 않으면 안된다는 선언과도 같습니다. 이어서 성경은 "하나님의 무한하고 영적인 실체"를 가르치고 있다고 말하면서 모든 것을 신이라고 주장하는 범신론의 교묘한 술책을 지적하고 있습니다. 하나님의 무한성은 우리에게 경외심을 심어 주어 사람의 우둔한 감각으로 지고하신 하나님의 실체를 함부로 측량할 수 없게 만들고, 하나님의 영적인 본성은 어떠한 육적이고 세속적인 상상도 허락하지 않게 만든다고 말합니다. 마니교의 오류는 악마에게 하나님과 거의 동등한 지위를 부여한 데에 있다고 하면서 이러한 오류는 하나님의 단일성과 무한성을 파괴하는 것이라고 비판을 가합니다. 비록 성경에 하나님에 대한 육체적인 묘사가 빈번히 등장하기는 하지만 그것은 우리의 우둔한 이해력에 자신을 적응시키신 긍휼의 결과일 뿐입니다.

성경의 신관은 이방인이 주로 주장하는 범신론도 아니고 유대인이 주장하는 단일신론 입장과도 다릅니다. 성경은 우리에게 하나님이 한 분이면서 세 위격으로 계시다고 말합니다. 이에 대해 동방 교부들과 서방 교부들 혹은 라틴 교부들과 헬라 교부들의 입장은 비록 용어상의 차이는 있지만 실질적인 내용은 전혀 다르지 않습니다. 우리가 '위'persona라는 용어를 사용하는 것은 비록 인간의 생각에서 나온 말이기는 하지만 성경이 증거하고 성경이 보증하는 내용을 설명하기 위한 것이기에 굳이 반대할 필요가 없어 보입니다. 물론 사람에 의해 고안된 용어가 건덕健德보다 논쟁을 일으키고 불순하고 무익한 결과만 초래하고 경건한 자들의 고막을 상하게 하고 사람들로 하여금 하나님의 순전한 말씀을 떠나게 만든다면 결코 사용하지 말아야 할 것입니다. 칼빈은 "생각하는 것과 말하는 것의 확실한 규범cogitandi et loquendi regula을 성경에서 찾고, 마음과 생각과 입으로 나오는 일체의 말을 여기에 순응시켜" "성경 자체의 진리를 성실하고 정확하게 전달하고 겸손하고 적당하게 사용하면" 아무런 문제가 없다는 입장을 취합니다. 나아가 부패한 교의에 대항하고 오류를 은폐하기 위해 장광설을 구사하는 불경스런 사람들의 사악한 술책을 폭로하고 억제하기 위해서는 성경적 규범에 따른 신학적 용어의 고안이 오히려 유익하고 필수적이라고 말합니다.[3]

칼빈은 결코 신학적인 용어에 집착하지 않습니다. 만일 "모든 사람의 신앙이 성부와 성자와 성령이 한 하나님이 되시고 성자는 성부가 아니며 성령 또한 성자가 아니며 각 위격은 서로가 어떤 특성에 의하여 구별되고 있다는 사실에 동의하고 있다면 이 용어들은 잊혀도 좋다"는 태도를 보입니다.[4] 같은 맥락에서 아우구스티누스의 변론을 언급하면서 그는 중차대한 문제를 제대로 논하지 못하는 언어의 빈곤 때문에 '휘포스타시스'hypostatis라는 신학 용어를 사용하게 되었으나 "이러한 용어로는 하나님의 속성을 다 설명할 수 없고 다만 성부와 성자와 성령의 세 실재가 계시다는 사실을 묵과하지 않기 위한 것"이라고 이유를 밝힙니다.[5] 사악한 논적들에 대해서는 독필을 함부로 휘두르지 못하게 만들고, 변절자의 가면을 벗기고, 성경이 주장하는 바를 명료한 언어로 말하면서 논적들의 공허한 궤변을 억제할 목적으로 신학적 용어를 쓴다고 말합니다.

페르조나persona라는 말은 하나님의 실체 안에 있는 하나의 '실재'subsistantia를 의미하는 것으로서 다른 위격과 관계를 가지면서 "교통할 수 없는 특성"proprietate incommunicabili에 의해 구별되게 하는 것이라고 칼빈은 말합니다.

---

3 John Calvin, *Institutio 1559*, I.xiii.1-4.
4 John Calvin, *Institutio 1559*, I.xiii.5.
5 John Calvin, *Institutio 1559*, I.xiii.5; Augustine, *De Trinitate*, III.iv.7-9(PL 42:939).

즉 '실재'는 '실체'와 밀접하게 결속되어 있어서 실체와 '분리될 수 없지만'individuo 실체와 구별되는 '특별한 표지'specialem notam를 가지고 있습니다. 이 특별한 표지는 각각의 위격에 고유한 것이어서 성부에게 속한 구별의 표지가 성자에게 속하거나 성자에게 옮겨질 수는 없습니다. 이런 맥락에서 칼빈은 바르게만 이해한다면 "하나님 안에는 본질의 단일성에 영향을 주지 않는 일종의 분배 혹은 경륜이 있다는 테르툴리아누스 개념에 어떠한 불쾌함도 느끼지 못한다"고 말합니다.[6]

여기서 하나 주목해야 할 부분은 칼빈이 동방 교부들과 서방 교부들 사이에 있었던 신학 용어상의 혼동을 인지하고 적절한 조화를 도모하고 있다는 것입니다. 동방 교부들은 '우시야'οὐσία를 '실체'로 생각했고 '휘포스타시스'ὑπόστασις를 '위격'으로 여겼으며 다시 '위격'은 라틴어로 '에센티아'essentia 혹은 '숩스탄티아'substantia로 번역했지만, 서방 교부들은 '에센티아'와 '숩스탄티아'를 '실체'로 이해했고 '페르조나'를 '위격'으로 보았기 때문에 동방의 '위격'과 서방의 '실체'를 가리키는 용어가 동일하여 신학적인 대화에 언어적 혼선이 빚어졌던 교부 시대의 문제를 잘 알고 있던 칼빈은 '위격'을 '실재'subsistantia로 번역했던 것입니다. 칼빈은 동방과 서방의 삼위일체 교리를 용어의 사용에 있어서도 대립되지 않도록 노력했고 내용에 있어서도 일체성과 삼위성의 균형을 원만하게 유지하려 했던 것으로 보입니다.

칼빈은 그리스도 예수와 성령의 신성을 성경으로 입증한 후에 하나님의 일체성에 대해 논합니다. 하나님과 믿음과 세례 중 하나에서 다른 하나를 추론하는 바울의 논법을 빌리면서, 믿음이 하나이기 때문에 주도 하나

---

6 John Calvin, *Institutio 1559*, I.xiii.6; Tertullian, *Adversus Praxeam*, ii-iii(PL 2:157-158).

이며 세례가 하나이기 때문에 믿음도 하나라는 사실을 말합니다. 특별히 하나님의 일체성은 성부와 성자와 성령으로 자신을 계시하신 한 하나님의 이름으로 세례를 주신 사실에서 확증되고 있습니다. 또한 믿음은 한 하나님을 바라보고 그 하나님과 연합하고 그 하나님을 전적으로 의존하는 것이기에 믿음이 하나라는 사실에서 하나님의 일체성이 확증될 수 있습니다. 이런 확증과는 달리, 아리우스 분파는 비록 성자의 신성을 고백하긴 했으나 하나님의 실체에서 성자를 배제시킨 것은 우매한 행위였고, 마케도니아 분파는 '영'을 다만 인간에게 부어진 은사로만 여기고 성령의 신성을 부인하는 동일한 우매함을 보였다고 칼빈은 말합니다.[7]

하나님은 오직 한 분이라는 일체성과 유일하신 그 하나님이 아버지와 아들과 성령으로 계시다는 삼위성은 어느 것 하나도 버려서는 안됩니다. 이런 맥락에서 "나는 즉시 삼위의 광채에 휩싸이지 않고서는 단일성을 상상할 수 없으며 곧바로 단일성을 상기하지 않고서는 삼위를 분별할 수도 없다"고 한 어느 교부의 언급이 큰 기쁨을 준다고 칼빈은 말합니다. 삼위성을 상실한 하나님의 단일성 주장도 위험하고 단일성을 무시한 하나님의 삼위성 주장도 동일하게 위험한 것입니다. 하나님의 삼위성에 대해서는 성경이 성부와 말씀은 구별되고 말씀과 성령도 구별되고 있음을 명시하고 있습니다. 만일 말씀이 성부와 다른 분이 아니라고 한다면 하나님과 함께 하신다는 성경의 진술은 잘못된 것이며, 말씀이 성부와 구별되지 않는다고 한다면 성부와 더불어 영광을 함께 나눈다는 성경의 언술도 모순적인 것일 수밖에 없을 것입니다. 그리고 성령께서 성부 및 성자와 구별되지 않는다면 예수님이 성령을 "아버지께로부터 나오시는 진리

---

[7] John Calvin, *Institutio 1559*, I.xiii.16.

의 성령"(요 15:26)이라고 하신 말씀은 말장난에 불과할 것입니다. 이 표현은 성령께서 성부와도 구별되고 성자와도 구별되는 분이라는 사실을 확증하고 있습니다. 여기에서 칼빈은 성부와 성자와 성령의 '구별'distinctio이 '분할'divisio을 의미하는 것은 아니라고 밝힙니다.

삼위일체 하나님에 대해 어떤 비유를 든다는 것이 사악한 자에게는 비방의 기회를, 무지한 자에게는 망상의 계기를 제공할 염려가 있어서 일체의 무분별한 행동이 표출되지 않도록 경계하는 마음으로 칼빈은 성경이 말하는 삼위 하나님의 구분을 다음과 같이 정리하고 있습니다. "성부는 일의 시초가 되시며 만물의 기초와 원천이 되시고, 성자는 지혜요 계획이며 만물을 질서 있게 배열하는 분이시고, 성령은 그와 같은 모든 행동의 능력과 효력이 돌려지는 분이다."[8] 다시 말하지만, 이러한 구별은 하나님의 순일성과 결코 대립되지 않습니다. 성자는 성부와 동일한 영을 소유하고 있기 때문에 두 하나님이 아니며, 성령은 아버지의 영과 성자의 영이기 때문에 성부 및 성자와 다른 존재가 아닌 것입니다. 비록 성자가 성부와의 관계에 있어서는 성자Son라고 불리지만 자신에 대해서는 하나님 자신이며, 성부도 성자와의 관계에 있어서는 성부Father라고 불리지만 자신에 대해서는 하나님 자신이기 때문에 서로 구별되는 성부와 성자는 한 분 하나님이 되십니다.

그러므로 우리가 한 하나님을 믿는다고 고백할 때에 이 하나님의 명칭은 "유일하며 단일하신 실체"로 이해하되 그 안에는 "세 위격 혹은 세 실재"가 계시다고 이해해야 할 것입니다.[9] 성경에서 특별한 수식어나 제

---

[8] John Calvin, *Institutio 1559*, I.xiii.18: "Ea autem est, quod patri principium agendi, rerumque omnium fons et scaturigo attribuitur; filio sapientia, consilium, ipsaque in rebus agendis dispensatio; at spiritui virtus et efficacia assignatur actionis."
[9] John Calvin, *Institutio 1559*, I.xiii.20.

한어 없이 사용된 하나님의 이름은 성부만이 아니라 성자와 성령 모두를 지칭하는 것임을 기억해야 하겠고, 성부와 성자 혹은 성부와 성령이 동시에 언급될 때에는 "하나님"의 명칭이 특별히 성부에게 돌려지는 것은 그렇게 함으로써 "실체의 단일성"을 보존하고 "위격적 순서"를 유지하기 위한 것임을 기억해야 할 것입니다. 그러므로 우리는 삼위일체 하나님에 대해 실체의 단일성과 권위나 영광의 동등성과 사역의 통일성을 견지하는 동시에 위격적 삼위성을 고수해야 할 것입니다. 하나님은 완전한 사랑과 그런 사랑의 원형이 되신다는 사실의 근거는 바로 하나님의 위격적 삼위성과 실체적 단일성에 있습니다. 하나님은 진실로 사랑이십니다. 삼위일체 하나님 외에는 사랑으로 정의되는 다른 어떠한 신 개념도 없습니다.

칼빈의 삼위일체 교리는 성경에 감춰진 신비에 접근하는 그의 신중한 태도와 하나님에 대한 경외라는 전제 없이 이해하면 교리적 언술과 논증의 색상이 다소 평범하고 때로 빈약해 보일 수도 있습니다. 칼빈은 우리의 생각과 언어가 하나님의 말씀이 허락한 경계선을 넘어가지 않도록 신중한 노력을 기울였습니다. 힐라리우스Hilarius of Poitiers, 315-367의 말처럼, 하나님은 자신만이 자신에 대한 충분한 증거이시며 자신을 통하지 않고서는 결코 알려지실 수 없는 분입니다. 이런 의미에서 칼빈은 "하나님의 거룩하신 말씀 외에는 어떠한 곳에서도 하나님을 찾지 않으며, 하나님의 말씀에 부합되는 것 외에는 하나님에 대해 어떠한 것도 생각하지 않으며, 하나님의 말씀에서 나오지 않는 것은 어떠한 것이라도 말하지 않도록 힘써야 한다"고 말합니다.[10]

---

10 John Calvin, *Institutio 1559*, I.xiii.21: "nec in animum inducamus aut Deum usquam investigare nisi in sacro eius verbo, aut de ipso quidquam cogitare nisi praeeunte eius verbo, aut loqui nisi ex eodem verbo sumptum."

칼빈 당시에도 삼위일체와 관련해 이단들이 있었는데 특별히 세르베투스Michael Servetus, 1511-1553는 (1)삼위일체 추종자는 모두 신이 없다고 주장하는 자들이며, (2)하나님의 실체 안에 삼위가 있다고 말한다면 하나님은 셋으로 나누어진 것이기에 하나님의 유일성과 상치되는 주장이며, (3)위격은 하나님의 실체 속에 존재하는 것이 아니고 다만 외적인 관념일 뿐이며, (4)말씀은 하나님의 관념의 반영이고 성령은 신격의 그림자일 뿐이며, (5)신자들의 영혼은 하나님과 동질적인 동시에 영원히 하나님과 공존하는 것이며, (6)인간의 영혼만이 아니라 다른 피조물 모두에게 실질적인 신격을 주셨다고 말합니다. 이에 칼빈은 성부의 단일신론 주장을 간단히 일축하며 성자가 자신의 본질을 성부에게 받았다고 주장하는 사람은 누구든지 성자의 자존성을 부정하는 자라고 말합니다. '전 실체'totam essentiam가 오직 성부에게 있다면 실체가 분할될 수 있다거나 성자에게 옮겨질 수 있다는 이야기가 되는데 결코 그럴 수 없다는 말입니다.

"선한 이는 오직 한 분이시니라"(마 19:17). 칼빈이 보기에 예수님의 이 말은 인성을 따라서 한 말이면서 동시에 유일하신 하나님께 속한 신적인 속성을 지적하고 있습니다. 이로써 예수님은 '선한 자'라는 인간적인 이미지의 거짓된 영광을 거절하고 자신의 선은 신적인 것이라고 경고하신 것이라고 칼빈은 말합니다. 우리는 순서와 지위에 있어서 신성의 근원이 성부에게 있음을 인정해야 하겠으나 마치 성부가 성자의 신격의 원작자이기라도 한 것처럼 실체가 성부에게 고유한 것이라고 생각하는 것은 용납할 수 없습니다. 순서에 있어서 성부는 "전 신성의 처음이며 원천"이 되십니다. "성자의 실체에는 기원이 없지만 위격의 시초는 하나님" 자신입니다. 예수님이 자기를 비웠다고 하지만 성부와 함께 가졌던 영광이 이 세상에 대해 감춰졌을 뿐 그 영광을 전혀 "상실한 것은 아니"라고 말합니다.

삼위일체 하나님의 구조적 이해

삼위일체 교리의 백미는 히포의 교부 아우구스티누스의 것입니다. 그의 삼위일체 교리에 대해 칼빈은 그 구조적인 독특성을 전적으로 수용하고 있는 듯합니다. 그 구조는 다음의 표와 같이 정리할 수 있습니다.

삼위일체 하나님의 구조적 이해

구분	삼위일체 안에서의 질서	피조물 안에서의 사역적 질서
실체를 따라서	하나님의 속성들 단일한 실체 동등성, 통일성, 동일성	존재에 있어서 분리 불가능성 사역에 있어서 분리되지 않음 역사 속에서의 거룩한 이름들
관계를 따라서	성부: 낳으심 성자: 나심 성령: 나오심	성부: 성자 안에서 나타나심 성자: 성부와 자신과 성령에 의해 보내심 성령: 성부와 성자로부터 나오심
피조물을 따라서	성부는 성자 안에서 성령을 통해 성자는 성부로부터 성령을 통해 성령은 성부로부터 성자 안에서	성부: 일의 시초, 만물의 원천 성자: 지혜와 의논 성령: 행위의 힘과 효력

표에 나타난 삼위일체 하나님의 구조적 이해를 간단히 설명하면 이렇습니다. 먼저, '실체를 따라서' 혹은 '그 자체를 따라서'secundum essentiam, ad se ipsa 하나님의 세 위격은 모두 동일하고 동등하며 어떠한 우열이나 분리, 차이가 없습니다. 실체를 따라 해석해야 하는 것들 중에는 하나님의 속성이

있습니다. 선, 거룩, 지혜, 영원, 불변, 무한 같은 하나님의 속성은 특정한 위격을 단독으로 가리키지 않고 삼위일체 하나님 전체를 가리키는 말입니다. 창조주, 구세주, 여호와, 하나님, 주, 전능자 같은 하나님에 대한 이름도 특정한 위격만이 아니라 실체를 따라 모든 위격을 동시에 가리키는 말입니다. 시공간 속에서의 신적인 사역에 있어서는 삼위일체 하나님의 위격이 분리될 수 없이 존재하시는 대로 분리됨이 없이 일을 하십니다. 하나님은 어떠한 일에 있어서도 피조물에 대해서는 분리되지 않습니다.

두 번째 항목으로 '관계를 따라서'secundum relativum는 삼위일체 하나님의 관계적인 구분에 관한 것입니다. 성부나 성자나 성령은 서로의 관계를 따라서 일컫는 고유한 호칭이며 그렇기 때문에 '관계를 따라서' 성부가 성자일 수 없고, 성자는 성령일 수 없고, 성령이 성부일 수 없습니다. 성부는 '낳으심' 혹은 전 신성의 '시초'라는 독특한 표지에 의해 구별되며, 성자는 성부로부터 수동적인 '나심' 혹은 '발생'에 의해 구별되며, 성령은 성부와 성자로부터 능동적·수동적 '나오심' 혹은 '발출'에 의해 구별되는 분입니다. 피조물 안에서의 사역적 질서에 있어서는 성부가 성자 안에서 계시되며, 성자는 성부와 자신과 성령에 의해 보내심을 받으며, 성령은 성부와 성자와 자신에 의해 보냄을 받습니다.

세 번째 항목으로 '우연 혹은 피조물을 따라서'secundum accidens seu creaturam 는 삼위일체 하나님이 피조물과 관계해서 분리됨이 없으심을 고백하나 각 위격에는 구별된 질서와 기능을 부여하고 있습니다. 피조물과 관계해서 삼위일체 하나님의 각 위격은 독특한 질서를 보이는데 성부는 '성자 안에서 성령으로 말미암아' 일하시고, 성자는 '성부로부터 성령으로 말미암아' 일하시고, 성령은 '성부로부터 성자 안에서' 일하십니다. 시공간 속에서의 사역에 있어서 삼위일체 하나님의 각 위격의 기능을 구분하고 있는데 '일의 시초와 모든 만물의 원천'은 성부에게 돌리고, '지혜와 의논'은 성자에게 돌리고, '행위의 힘과 효력'은 성령에게 돌립니다.

요약하면, 기독교의 하나님은 이슬람 및 유대교의 단일신론 사상과 구별되는 삼위성(성부, 성자, 성령)을 가지고 있으며 다신론 사상과 구별되는 일체성을 가지고 있습니다. 그래서 기독교의 하나님을 표현할 때에는 신구약 성경 전체에 기초하여 "성부도 하나님, 성자도 하나님, 성령도 하나님이 되시지만 성부와 성자와 성령은 세 하나님이 아니라 하나의 유일하신 하나님이 되신다"고 말합니다. 여기에서 삼위성과 일체성은 일반인이 보기에 서로 공존할 수 없어 보입니다. 그러나 하나님이 존재하는 방식인 삼위일체 교리는 인간의 수리적인 상식에는 쉽게 담기지 않습니다. 그렇기 때문에 신비라고 불리는 것입니다. 사실, 하나님이 존재하는 이러한 방식을 처음으로 표상해 낸 초기 교부들의 시대 이후로 삼위일체 교리는 산술적인 모순일 뿐이라는 비판을 줄곧 받아 왔습니다. 삼위일체 하나님에 대한 신학적 표기법을 확립한 카르타고 출신의 교부 테르툴리아누스Tertullianus, 160-220는 기존의 산술적인 체계가 하나님이 존재하는 방식을 담아내지 못하기 때문에 '분할이 없는 수'numerum sine divisione라는 새로운 수 개념까지 고안해 냈습니다. 이러한 수 개념에 의존하여 기독교는 이제 하나님을 "위격이 셋이면서 실체가 하나이신 분"으로 표기하고 있습니다.

4.

하나님이 행하신 일은 무엇인가

예수님이 "영생은 곧 유일하신 참 하나님과 그가 보내신 자 예수 그리스도를 아는 것"(요 17:3)이라고 하신 말씀의 의미는 우리의 구원에 필수적인 하나님 지식에는 하나님의 존재만이 아니라 하나님이 행하신 일들에 대한 지식도 있다는 것입니다. 그리스도 예수를 아는 지식에 하나님의 존재와 사역이 모두 포괄되어 있어서 바울은 그리스도 예수를 아는 것이 가장 고상하기 때문에 그리스도 예수와 그가 십자가에 달리신 것 외에는 알지도 않겠고 자랑하지도 않겠다는 결심까지 했습니다(고전 2:2; 빌 3:8; 골 2:3). 여기서도 존재와 사역에 대한 지식은 서로 연동되어 있습니다.

   3장에서 우리는 하나님의 존재에 대한 지식을 논했는데 이번 장에서는 하나님의 행위와 사역을 살펴볼 것입니다. 먼저, 우리는 선진들이 가르친 것처럼 하나님의 행위^{actus}와 하나님의 사역^{opus}을 구분할 필요가 있습니다. 하나님의 행위는 주로 삼위일체 하나님 안에서의 일이고 하나님의 사역은 피조물과 관계된 일입니다. 하나님의 행위에는 성부께서 성자를 낳으시는 행위와 성부 및 성자께서 혹은 성부께서 성자를 통하여 성령을 나오게 하시는 행위가 있습니다. 하나님의 사역은 모두 피조물과 관계된 것으로 특정한 위격의 고유한 일이 아니라 삼위일체 하나님이 모두 관여하는 일로서 크게 내적인 일과 외적인 일로 구분될 수 있습니다. 내적인 일은 창세 전에 삼위일체 하나님 안에서 이루어진 일이고, 외적인 일은 태초부터 시공간 속에서 삼위일체 하나님에 의해 이루어진 일입니다.

하나님의 일

하나님의 내적인 일

하나님의 내적인 일은 모든 만물과 관계된 일반적인 작정과 인간이나 천사와 같은 합리적인 피조물과 관계된 특별한 작정 즉 예정으로 구성되어 있습니다. 하나님은 예기치 않은 어떤 일이 터지면 그것을 수습하기 위해 수동적인 반응의 일환으로 즉흥적인 조치를 취하시는 분이 결코 아닙니다. 만물과 관계된 것이든 합리적인 존재와 관련된 것이든 창조 이전에 정하신 뜻과 계획을 이미 갖고 계신 분입니다.

하나님의 미리 정하심에 대해서는 아마도 많은 사람들이 수용하기 어려울 것입니다. 성경의 모든 내용이 그렇지만, 특별히 하나님의 예정은 우리에게 이해 이전에 신앙과 지적 승복을 요청하고 있습니다. 우리는 영원 속에서 이루어진 하나님의 일을 알 수 없습니다. 이는 무에서의 창조를 이해하지 못하고, 창조된 모든 것을 다스리나 보이지 아니하시는 하나님의 오묘한 섭리를 이해하지 못하는 것과도 같습니다. 이러한 무지는 전제와 접근법의 부실 때문에 발생하는 것입니다. 사람들은 인간의 자리에서 인간의 안목으로 인간의 수준에서 무엇이든 이해하려고 하는 성향을 가지고 있습니다. 왜 그럴까요? 근원적인 이유는 죄 때문입니다. 빛보다 어두움을 더 사랑하는 죄의 일그러진 속성에 이끌리기 때문에 벌어지는 일입니다. 신학은 인간을 합리적인 피조물로 규정하고 있지만, 죄 때문에 합리성에 변질이 생겼다는 사실도 간과하지 않습니다. 그 변질은 돌이킬 수 없을 정도로 치명적인 것입니다. 죄로 인하여 인간은 보아도 보지 못하게 되었고, 들어도 듣지 못하게 되었으며, 마음으로 생각하여 깨달음에 이를 수도 없게 되었습니다. 지각에 있어서 총체적인 난국에 빠져 있는 것입니다.

어떻게 사물과 사태를 올바르게 인식할 수 있을까요? 인식의 가장 심각한 문제는, 아담과 하와의 불순종 때문에 인간이 지각의 독립적인 주체가 되었고 선악의 판단자가 되고 말았다는 것입니다. 어떤 것을 지각할 때 우리는 우리의 언어와 우리의 사유와 우리의 논리와 우리의 상식과 우리의 기준과 우리의 개념과 우리의 어법으로 이해하는 주체가 되었습니다. 이는 불가피한 일입니다. 그래서 난국인 것입니다. 모든 사물과 사건과 사태는 하나님의 섭리와 무관하지 않습니다. 그렇다면 그 실상을 이해하기 위해서는 하나님의 섭리를 고려하지 않으면 안됩니다. 더군다나 예정은 이 땅에서의 신적인 섭리를 고려한다 할지라도 쉽게 이해되는 영역이 아닙니다. 영원의 시점에서 이루어진 일이고 어떠한 피조물도 관계하지 못하는 하나님의 고유한 일이었기 때문에 하나님 자신의 계시적인 설명 외에는 우리가 의존할 수 있는 다른 자료가 하나도 없습니다. 그래서 예정론과 창조는 계시 의존적인 사색이 가장 절박하게 요청되는 교리입니다.

사람들은 대체로 하나님의 주권적인 예정과 창조 이야기에 거부감을 보입니다. 인간의 보편적인 사고에 저촉되기 때문입니다. 여기에는 본성의 저변에 군살처럼 박혀 있는 인식의 여러 고집스런 인자들이 장애물로 작용하고 있습니다. 하나님의 예정을 인정하지 못하게 방해하는 인간의 보편적인 사고 중에는 김영규 박사가 잘 지적하신 것처럼 기계적인 사고, 수학적인 사고, 환원주의 사고, 분석적인 사고, 언어적인 사고, 논리적인 사고, 현상적인 사고 등이 있습니다. 이러한 사고들은 어느 것 하나라도 단독으로 존재하지 않고 인간성 자체에 뿌리를 두고 있으면서 서로 연결되어 있습니다.

어떤 사람들은 세상을 하나의 거대한 기계로 이해합니다. 그들이 보기에 만물은 어떤 질서를 따라 서로 정교하게 맞물려 움직이고 있습니다. 물과 공기와 바람과 불과 흙은 아주 정교한 기계처럼 서로 협력하고 소통하는 듯합니다. 이러한 관찰에 근거하여 자연의 운동과 변화를 정밀한 인과율로 파악할 수 있다고 그들은 믿고 있습니다. 자연에서 일어나는 신비로운 발생과 성장과 퇴행과 소멸의 순환도 어떤 생명체의 유기적인 현상으로 이해하지 않고 다양한 기계적 움직임의 복잡한 조합일 뿐이라고 생각하는 그들의 사고는 유기적인 사고와는 다릅니다. 이러한 사고에 따르면, 자연의 변화는 사물의 본성을 따라 혹은 초자연적 주체의 뜻에 의해 설정된 특정한 목적을 구현하는 과정이 아니기 때문에 목적론적 사고와도 무관합니다. 기계론적 사고를 가진 자의 눈에는 자연의 변화가 원인과 결과라는 필연적인 인과를 따라 어디론가 임의로 흘러가는 무지향성 운동일 뿐입니다. 눈에 보이는 물질과 가시적인 운동을 가지고 자연을 설명하기 때문에 보이지 않는 존재와 움직임은 철저히 배제될 수밖에 없습니다.

이러한 사고가 고대 그리스 철학으로 소급될 수 있겠지만 다듬어진 사고의 유형으로 학계에 등판한 시점은 17세기였습니다. 그때부터 자연의 질서에서 초자연적 속성이나 생명을 가진 유기체의 존재와 활동은 주목을 받지 못합니다. 그 시대에 홉스Thomas Hobbes, 1588-1679, 데카르트René Descartes, 1596-1650, 스피노자Baruch de Spinoza, 1632-1677, 라메트리Julien LaMettrie, 1709-1751, 뉴턴Isaac Newton, 1642-1727 등은 정신과 물질의 이원론적 구분을 시도하고 자연에서 초자연적 속성을 제거하고 자연의 변화를 단순히 물질의 운동으로 해명하려고 했습니다. 그러나 기계적인 사고의 무딘 메스로는 자연의 신비를 다 해부하지 못합니다. 그런 물질적인 인과율의 촉수가 파고들지 못하는 자연의 깊은 신비와 미와 조화와 복잡성은 결국 인위적인 수단의 한계 때문에 그 존재가 제거될 것입니다. 초자연적 차원의 존재가 고려되지 않은 기술과 문명과 의식은 결국 문명의 지반이 내려앉는 비참과 마주치게 될지도 모릅니다. 자연은 하나님이 보시기에 좋았던 상태의 있는 그대로를 인간이 존중할 때에 비로소 인간을 최고의 피조물로 존중하는 법입니다. 그렇다고 기계적인 사고가 제공하는 자연의 변화에 대한 제한적인 설명력을 무조건 거부해야 한다는 극단적인 반감도 자연을 대하는 온당한 태도는 아닐 것입니다. 기계론적 사고는 자연에 대한 이해에 기여하는 그만큼만 존중하면 될 것입니다.

기계론적 사고의 기초를 떠받치고 있는 토대는 바로 수학적인 사고입니다. 피타고라스는 "모든 만물의 원리는 모나드monad(단자: 무엇으로도 나눌 수 없는 궁극적인 실체)이며, 모나드의 산물인 수는 우주를 구성하고 있는 네 가지의 요소, 즉 불과 물과 흙과 공기를 만든다"고 했습니다. 그리고 수에 대한 완전한 이해가 우리로 하여금 사물과 우주에 대한 완벽한 이해에 도달하게 한다는 주장도 했습니다. 이러한 종류의 추론은 고대 이집트의 수학 교과서에서도 발견할 수 있습니다. 수학은 "존재하는 모든 것들의 지식이며, 모든 비밀한 것들의 신비이다." 피타고라스 학파의 영향을 받았으나 이러한 '종교적' 사고를 제거한 플라톤에 따르면, 수와 산술은 모든 기술과 사고와 학문이 사용하는 공통적인 것이며 모든 사람이 배워야 할 공부의 일순위에 해당되는 것입니다. 이러한 수의 본성에 대한 관조는 영혼으로 하여금 진리 자체와 영원토록 존재하는 것들의 순전한 지식에 이르게 만듭니다. 유사한 맥락에서 히포의 주교는 수가 공간이나 시간에 속하지 않은 것이기 때문에 우리의 이성을 초월하는 진리 자체로서 불변적인 상태를 유지하고 있다고 했습니다. 나아가 수의 원리와 진실은 물질적인 감각에 속하지 않기 때문에 이성을 사용하는 모든 이들에게 불변적인 것이며 순전한 것이며 공통적인 것이라고 했습니다. 물질적인 세계와 관련하여, 그는 이 세상의 모든 것은 수를 가지고 있으며 수로 말미암아 사물은 자신의 형상을 얻는다고 했습니다. 게다가 존재하는 모든 변동적인 것들은 불변적인 형상 자체를 통해 존재하고 그 형상의 수로 채워져 있고 기동하기 때문에 형상에서 수를 제거하면 남아나는 것이 전무할 것이라고 했습니다.

이처럼 수학적인 사고는 진리를 인식함에 있어서도 독보적인 지위를 확보하고 있으나 수에 대한 사고는 정교화와 전문화와 세분화의 과정을 거치면서 신비적인 요소 및 초자연적 속성과의 결별을 낳습니다. 특별히 후설Edmund Husserl, 1859-1938은 진리의 확실성을 보증함에 있어서 수학은 한계와 약점을 가진다는 논지를 펼칩니다. 수학의 산술적인 명제들은 무엇이 실질적인 것인지, 사려된 실질적인 것들은 과연 어떤 것인지에 대해 우리에게 말해 주는 것이 전혀 없다는 평가를 내립니다. 물론 후설도 수학을 모든 학문 중에서 가장 향상되고 이상적인 것으로서 "진리를 취득하고 조직적인 방식으로 진리의 영역을 설정하고 해명하는 인간적인 수단들의 총체"라고 했습니다. 그럼에도 불구하고 그는 순수한 수학을 포함한 모든 정교한 자연과학 분야의 체계적인 이론 구축 및 방법론의 중추적인 스타일을 범우주적 방법으로 향상시킬 필요성을 절감했습니다. 우리가 어떠한 편견에도 얽매이지 않고 세상과 인간에 대한 보편적인 지식을 얻어 결국 '최고의 원리이신 하나님'을 지각할 수 있게 되는 범우주적 방법론 말입니다. 철학의 위기가 유럽 학문계와 영적인 삶의 위기임을 간파한 후설은 그런 위기의 근원이 자연 혹은 세계의 갈릴레오식 수학화, 즉 순수한 수학의 범우주적 적용성 시도에 있다는 주장을 펼칩니다. 이는 순수 수학이 관여하는 분야가 물리적인 세계이고 단지 추상화의 방식으로 관여하기 때문에 학문과 삶의 모든 영역에서 우리의 감각직관 속에서의 실질적인 경험 세계 일반과는 관계하지 않는다고 보았기 때문입니다. 결국 그는 순수 수학의 보편화가 삶과 학문의 분리를 초래했고 이런 분리가 유럽의 위기를 낳았다고 본 것입니다. 이에 대해 후설이 제시한 처방은 모든 편견이나 전제에서 자유로운, 본질적 존재에 대한 학문으로 순수한 혹은 초월적인 현상학을 수립하는 것입니다. 그렇게 함으로써 오직 신만이 소유하고 있는 사물의 본질에 대한 절대적 지식에 이르고자 했습니다. 그러나 이런 결론에 다다른 후설도 그러한 학문을 추구하는 주체인 인간이 가진 인간성 자체의 한계가 학문의 객관성을 허무는 마지막 인자로 작용하고 있으며 그것은 어떤 식으로도 제거될 수 없다는 현실을 극복할 수는 없었습니다.

'수'라는 고도로 추상화된 기호를 만물의 근원이요 자연의 질서를 읽어 내는 코드라고 생각하게 된 배후에는 환원주의 사고가 주도적인 역할을 하고 있습니다. 환원주의 사고는 복잡하고 고등한 단계의 사물이나 사상이나 개념을 단순하고 하등한 단계로 분할하되 더 이상 분할할 수 없는 마지막 단위를 추구하고 그것을 알면 모든 것의 비밀이 풀릴 것이라고 믿는 낙관적인 사고입니다. 환원주의 사고로 보면, 물체는 원자들의 집합이고 자연의 질서는 수의 집합이며 사상은 감각 인상들의 조합이고 정보는 다양한 파장의 결합일 뿐입니다. 모든 게 이런 식으로 해체되고 사람들은 그런 식의 정교한 해체에 존경을 표합니다. 사실 이러한 해체를 지향하며 학문과 과학의 발전과 전문화와 세분화와 정밀화를 추구하는 경향은 하나의 문화 현상으로 이해할 수도 있겠지만 어쩌면 해체와 긴밀하게 결부되어 있는 인간의 제한적인 인식론을 고발하는 것인지도 모릅니다.

인간은 무언가를 지각하기 위해 방향을 설정하고 초점을 맞추어야 직성이 풀립니다. 고개의 방향을 돌려서 대상을 정하고 초점을 조절해야 대상에 대한 지각의 극대화를 도모할 수 있습니다. 이것은 단순히 외부에서 관찰되는 가시적 감각의 과정만이 아니라 지각된 정보를 토대로 지식에 도달하는 비가시적 의식의 과정에도 적용될 수 있습니다. 전체를 동시에 이해하는 것은 제한된 인간성과 어울리지 않습니다. 그래서 전체를 부분으로 분할하고, 하나의 부분을 선정하는 방식으로 다른 부분들을 제거하고, 선별된 부분에 눈의 초점을 맞추고, 시각에 걸러진 내용만을 자료로 삼아 이해하는 수밖에 없습니다. 이러한 활동의 배후에는 의식의 분할화가 있다는 게 철학계의 일반적인 판단입니다. 문자의 분할화, 언어의 분할화, 소리의 분할화, 사물의 분할화, 현상의 분할화는 모두 인간성 자체에 해당하는 의식의 분할화가 파생시킨 결과라는 것입니다. 분할화의 대안으로 제시되는 통합, 종합, 융합, 통섭도 전체를 한꺼번에 통찰하는 신적인 직관에는 결단코 이르지 못합니다.

인간의 의식은 무언가를 향하는 속성을 가지고 있습니다. 의식의 이러한 성향은 특정한 대상이 있어서가 아닙니다. 대상의 존재와 무관하게 의식 자체가 방향을 가지고 있습니다. 대상이 없어도 무언가를 찾는 행위가 의식 속에 있다는 것입니다. 대상이 없어도 무언가를 이미 향하도록 방향이 설정되어 있다는 것은 객관성 확보에 치명적인 결함으로 작용할 수밖에 없습니다. 아무리 객관적인 자료를 객관적인 방법으로 본다 할지라도 그 이전에 이미 무언가를 지향하고 있다면 편견이 작용한 것이기 때문에 당연히 온전한 객관성에 도달할 수 없습니다. 분할화의 원흉이 인간의 의식적 지향성에 있다는 사실과, 인간의 그러한 내재적 속성인 지향성 때문에 어떠한 분야의 학문이나 활동이든 그 주장하는 모든 객관성이 상대적일 수밖에 없다는 사실은 우리가 영원 속에서 이루어진 하나님의 사역인 예정을 생각할 때에도 숙고하지 않으면 안될 것입니다. 인간의 관찰과 실험과 언어와 논리와 해체와 조합과 추상화는 객관성을 확보해 주는 근거들이 아닙니다. 외부의 정보를 내부로 수용하고 구성하고 해석하고 변경하고 다시 구성하는 일련의 방식일 뿐입니다. 이러한 방식을 거쳤다고 객관성이 담보되는 것은 아닙니다. 그런 방식으로 정보를 입수했을 뿐입니다. 인간의 본성적인 한계 때문에 정보는 그런 식으로 입수할 수밖에 없습니다. 결국 인간의 지각과 의식과 지식은 그 객관적 원리와 근원을 인간성

자체에서 찾아서는 안되고 외부에 의존할 수밖에 없다는 결론에 이릅니다. 하나님의 신적인 객관성을 지닌 계시의 중요성이 여기에 있습니다. 계시 의존적인 사색을 하더라도 인간적인 방식으로 가공하지 않고 계시 자체를 있는 그대로 보존해야 한다는 점 또한 간과하지 말아야 할 것입니다.

예정론은 신적인 의지의 깊은 영역에서 이루어진 일이기에 탐구의 고삐를 사람의 경박한 호기심에 맡겨서는 안됩니다. 다른 교리도 그렇지만 하나님의 예정은 특히나 성경이 안내하는 방향으로 가고 성경이 이끄는 지점까지 이르고 성경이 가려 둔 영역을 벗기려고 함부로 덤벼서는 안됩니다. 예정의 교리가 가장 농밀하게 담긴 성경 텍스트는 에베소서 1장과 로마서 9장입니다. 에베소서 1장은 신적인 섭리의 거대한 그림을 그려 주고, 로마서 9장은 기독교 진리의 전체적인 틀 속에서 예정론이 갖는 의미를 가르치고 있습니다.

예정은 찬양과 감사의 내용이다

에베소서 1장에서 바울은 먼저 아버지 하나님께 찬양을 드리고 있습니다. 하나님은 "그리스도 안에서 하늘에 속한 모든 신령한 복으로 우리에게 주시"는 분이라고 말입니다(엡 1:3). 복의 내용은 "창세 전에 그리스도 안에서 우리를 택하사 우리로 사랑 안에서 그 앞에 거룩하고 흠이 없게 하시려고 그 기쁘신 뜻대로 우리를 예정하사 예수 그리스도로 말미암아 자기의 아들들이 되게 하셨"다는 것입니다(엡 1:4-5). 여기서 진지하게 따져 봐야 할 부분들이 있습니다.

먼저 하나님의 자녀는 "창세 전에 하나님의 기쁘신 뜻을 따라서" 택함을 받았다는 점입니다. 세상이 창조되기 전에는 어떠한 피조물과 조건도 없었을 것입니다. 그렇다면 우리가 하나님의 자녀로 택함을 받음에 있어서 분명한 것은 어떠한 피조물과 조건의 개입이 없었다는 것입니다. 오직 하나님의 기쁘신 뜻 외에는 어떠한 다른 원인이 없습니다. 선택의 근원을 다른 것에서 찾으려는 사람들은 자신이 찾은 근원을 우상으로 숭배하게 되어 있습니다. 모든 사람에게는 근원으로 회귀하려는 본능이 있습니다. 아메바나 원숭이를 인류의 근원으로 여기는 사람들의 의식은 대체로 단세포나 짐승과의 연관성에 매여 있습니다. 생명의 무수히 다양한 차원들 중에서 정서적으로 끌리는 특정한 차원을 인류의 기원으로 보려는 사람들의 판단력은 그들의 가치관과 삶에도 영향을 끼칩니다. 결국 한 인생의 가치는 기원의 수준을 넘어서지 못합니다.

바울은 로마에서 성도로 부르심을 받은 자들에게 구원의 근원을 정확하게 설명하기 위해 세밀한 논증을 시도합니다. "그런즉 원하는 자로 말미암음도 아니요 달음박질하는 자로 말미암음도 아니요 오직 긍휼히 여기시는 하나님으로 말미암음이니라"(롬 9:16). 이 말씀에 의하면, 인간이 마음에 소원이 있다고 해서 하나님의 자녀가 되는 것이 아닙니다. 손이 발이 되도록 치성을 드리고 땀방울이 핏방울이 되도록 노력하며 지극한 정성을 쏟는다고 해서 거듭나는 것이 아니라는 말입니다. 구원에 있어서는 인간 편에서 제공하는 원인이 하나도 없습니다. 바울은 오직 긍휼히 여기시는 하나님의 기쁘신 뜻에서 선택의 원인을 찾습니다.

선택의 문제는 우리가 죄를 지었느냐 안 지었느냐의 문제도 아닙니다. 즉 선택은 죄나 타락이 있기 이전의 일이라는 것입니다. 이는 신학적인 용어로 '타락 전 선택설'을 의미하는 것으로, 그 근거는 로마서 9:10-13에 있습니다. "이뿐만 아니라, 우리 조상 이삭 한 사람으로 말미암아 잉태하게 된 리브가가, 태어나기 전 무슨 선이나 악을 행하지 아니한 때에, 행위로 말미암지 않고 부르심을 통하여 선택에 관한 하나님의 정하심이 확고히 서도록, 야곱을 사랑하고 에서는 미워했다는 기록대로, 큰 자가 어린 자를 섬기리라는 말씀을 받았다." 이상은 헬라어 성경을 직역한 것입니다.

야곱을 사랑하고 에서를 미워하신 것은 그들의 출생 이전의 일입니다. 무슨 선이나 악을 행하지도 않은 때에 이루어진 일입니다. 이는 하나님의 선택이 인간의 행위로 말미암지 않고 오직 "하고자 하시는 자를 긍휼히 여기시고 하고자 하시는 자를 완악하게 하시"는(롬 9:18) 하나님 자신으로 말미암아 되도록 정하신 것입니다. 다시 말해, 하나님의 선택은 죄를 짓고 안 짓는 인간의 행위에 의해 좌우되지 않는다는 것입니다. 이러한 바울의 선포 내용을 아담에게 소급하여 적용하면, 아담의 경우도 죄에 대한 아무런 고려 없이 하나님의 선택이 이루어졌다는 타락 전 선택설이 입증되는 것입니다.

오히려 인간이 행하는 죄악은 하나님의 섭리에 속하는 것입니다. 하나님은 "내 능력을 보이고 내 이름이 온 땅에 전파되게 하려"(롬 9:17)고 바로를 세웠다고 말합니다. 모세는 "여호와께서 바로의 마음을 완악하게 하셨으므로"(출 11:10) 바로가 이스라엘 백성을 보내지 아니한 것이라고 말합니다. 바로는 하나님이 "그의 진노를 보이시고 그의 능력을 알게 하고자 하사 멸하기로 준비된 진노의 그릇"(롬 9:22)으로 창조된 자입니다. 바로의 생애에서 발생한 바로의 죄와 완악함은 하나님의 뜻과 경륜을 이루시는 수단일 뿐입니다.

그렇다고 해서 하나님께 힐문할 수는 없습니다. "지음을 받은 물건이 지은 자에게 어찌 나를 이같이 만들었느냐"(롬 9:20)고 따져서는 안되는 법입니다. 인간과 구별되는 절대적인 존재로서 하나님은 자신의 기쁘신 뜻을 따라서 진노의 그릇도 지으시고, "그 영광의 풍성함을 알게 하고자"(롬 9:23) 긍휼의 그릇을 만드실 수도 있습니다. 긍휼의 그릇은 "우리"(롬 9:24)라고 바울은 말합니다. 반면 바로와 같은 사람들은 진노의 그릇으로 분류되고 있습니다. 여기서 하나님의 선택은, 하나는 진노의 그릇으로 하나는 긍휼의 그릇으로 나뉩니다. 이것을 신학적인 표현으로 '이중적인 예정'duplex praedestinatio이라고 부릅니다. 신이 일부 사람들을 어떤 잘잘못에 대한 고려도 없이 진노의 그릇으로 만든다는 것을 올바르게 이해하고 정직하게 승인하는 사람들은 아마도 많지 않을 것입니다. 이러한 바울의 가르침을 들으면 대부분의 사람들은 기독교에 대한 호감보다 반감 혹은 혐오감이 앞서고 예정을 비인격적 독재자의 잔혹한 독단으로 여기며 비판과 멸시의 눈길을 보냅니다. 심지어 교회 안에서도 이러한 반응을 보이는 사람들이 적지 않습니다.

　이처럼 기독교의 본질을 알아가는 지식의 여정은 만만치 않습니다. 우리의 이성과 상식을 부인하지 않으면 교회의 본질은 정복되지 않습니다. 상식적인 설명에 익숙한 우리의 이성을 포기하는 것은 죽음보다 어려운 일입니다. 만물의 척도라는 인간을 임의로 처분하는 듯한 성경의 진술은 논쟁할 가치조차 없어 보입니다. 인간도 돌이키면 받아 주는 법인데, 하물며 위대하신 하나님이 받아 주지는 못할망정 버리기로 작정하셨다니요! 차라리 그런 신이 있는 천국보다 지옥의 한 귀퉁이에 처소를 마련하는 편이 좋을 것만 같습니다. 그러나 하나님은 하늘에 계시고 우리는 땅에 있습니다. 하나님의 생각과 우리의 생각 사이에는 하늘이 땅보다 높음 같이 차이가 있습니다. 우리의 기준과 하나님의 기준은 비교가 안됩니다. 우리가 생각하는 선과 정의의 개념은 물질적인 활용에 의존하고 있습니다. 인간은 상대방의 필요를 채워 주면 선하고, 법 앞에서 평등하면 정의라고 보는 경향이 있습니다. 그러나 하나님이 보시는 핵심은 전혀 다른 곳에 있습니다.

하나님은 자신이 선이시기 때문에 그분이 무엇을 말씀하고 행하시든 그 자체가 선입니다. 그리고 하나님의 정의는 수학적인 상등을 의미하지 않습니다. 하나님의 정의는 하나님의 사랑이 하나님의 뜻대로 집행되는 데에 있습니다. "하나님이 세상을 이처럼 사랑하사 독생자를 주셨으니 이는 그를 믿는 자마다 멸망하지 않고 영생을 얻게 하려 하심이라"(요 3:16). 하나님의 사랑은 그가 택하신 백성에게 영생을 주시는 것입니다. 이것을 정확하게 실행하는 것이 정의입니다.

그런데 이 일을 위해 보내심을 받은 예수님은 "인자의 온 것은 잃어버린 자를 찾아 구원하려 함이니라"(눅 19:10)고 말합니다. 또한 "문지기는 그를 위하여 문을 열고 양은 그의 음성을 듣나니 그가 자기 양의 이름을 각각 불러 인도하여"(요 10:3) 낸다고 말합니다. 이로 보건대, 잃어버린 자는 주님의 양이며 주님이 오셔서 하시는 일은 자기 양을 불러서 아버지께로 인도하는 것입니다. 양들은 주인의 "음성을 아는 고로 따라오되"(요 10:4), 다른 양들은 "너희가 내 양이 아니므로 믿지 아니하는"(요 10:26) 것입니다.

여기에 너무도 소중한 비밀이 있습니다. 주님의 말씀을 듣고 믿음에 이르는 일은 인간의 듣는 능력이나 결단에 의존하지 않는다는, 즉 듣지 못하고 믿지도 아니하는 것은 판단력 부족이나 청력 장애 때문이 아니라는 것입니다. 물론 "믿음은 들음에서 나며 들음은 그리스도의 말씀으로 말미암"습니다(롬 10:17). 그러나 성경은 주님의 양인지 아닌지에 원인이 있다고 말합니다. 주님의 양이면 듣고 믿습니다. 그러나 사탄의 자식이면 귀가 있어도 듣지를 못합니다. 깨닫는 마음이 없습니다. 주님의 양이 아니기 때문에 그런 것입니다.

그렇다면 주님은 이 땅에 오실 때에 온 인류의 모든 개별적인 사람들을 위해 오신 것이 아닙니다. 예수님의 증언을 들어 보십시오. "나는 선한 목자라. 나는 내 양을 알고 양도 나를 아는 것이 아버지께서 나를 아시고 내가 아버지를 아는 것 같으니, 나는 양을 위하여 목숨을 버리노라"(요 10:14-15). 주님은 자신의 양을 위해 목숨을 버리신 것입니다. 버리운 자들을 위해서 죽으신 것이 아닙니다. 마태의 기록처럼 "자기 백성을 저희 죄에서 구원하기"(마 1:21) 위해 이 땅에 오시고 죽으신 것입니다. 이를 신학적인 용어로는 '제한적인 속죄'라고 부릅니다. 이는 주님께서 제한된 사람만 속죄하기 위해 오셨다는 뜻입니다. 그래서 믿기로 작정된 자만 믿습니다(행 13:48). 성경은 분명히 주님께서 "미리 정하신 그들을 또한 부르시고 부르신 그들을 또한 의롭다 하시고 의롭다 하신 그들을 또한 영화롭게"(롬 8:30) 하셨다고 말합니다. 주님은 미리 정하신 자기 백성을 부르시고 거룩하게 하시고 영화롭게 하시기 위해 십자가에 오르신 것입니다. 물론 주님만이 자기 백성을 정확히 아십니다.

이상과 같이 타락 전 선택설, 이중 예정, 제한적인 속죄 등의 용어들은 왠지 하나님을 아주 편협하게 만들고 우주와 역사의 부분적인 통치만 조심스레 행하시는 분으로 오해하게 만듭니다. 그러나 이러한 논리로 하나님과 그의 섭리를 오해하고 거부하는 것은 오히려 우리가 얼마나 인간 중심적인 사고에 젖어 있는지를 반증해 줍니다. 하나님의 말씀과 우리의 생각이 충돌하면 대체로 우리는 하나님의 말씀을 포기하고 우리의 생각이 존중되는 방향으로 해결책을 찾습니다. 이는 인간적인 생각의 껍질을 깨고 보다 성숙한 사유의 세계로 들어갈 절호의 기회를 스스로 차 버리는 격입니다. 하나님의 말씀에서 너무도 멀어져 있는 인간이 성경을 읽을 때마다 부딪히고 갈등하고 대립하고 저항을 느끼는 것은 너무도 당연한 일입니다. 문제는 그때마다 하나님의 말씀을 부인하지 않고 자신의 옹졸한 생각을 부인하고 깨뜨려야 한다는 것입니다.

우리에게 있는 오랜 전통과 두터운 문명과 익숙한 문화는 인간적인 사고로 물들어 있습니다. 이러한 사고의 영향으로 인해 잘못된 것에 대해서도 정당하고 옳다는 오판을 내리는 경우가 대단히 많습니다. 그렇지 않다고 말하면, 전통과 문명과 문화를 거역할 때 오는 징계의 과중한 무게를 외롭게 감수해야 하는데 누구도 그런 역류를 선택하려 하지 않습니다.

그러나 하나님의 영원한 예정에 대해 우리는 칼빈의 고백처럼 "이 교리 이외에는 우리에게 올바른 겸손을 가르치는 것이 없으며, 하나님의 은혜가 얼마나 큰지를 진지하게 느끼게 하는 것이 없다"는 사실을 수긍할 수밖에 없습니다. 우리에게는 잘난 구석이 하나도 없습니다. 구원에 보탬이 되는 어떠한 것도 우리 안에서는 찾아볼 수 없습니다. 오로지 하나님이 우리를 긍휼히 여기사 택하신 결과로서 구원에 이르는 것입니다. 구원에 대해 그 누구도 생색을 낼 수 없습니다. 감사만 있을 뿐입니다. 자랑이 있을 수가 없습니다.

하나님은 택함을 받은 우리와 온 세상을 겸손하게 만들기를 원하고 계십니다. 그래서 그분은 "세상의 천한 것들과 멸시 받는 것들과 없는 것들을 택하사 있는 것들을 폐하려 하시나니 이는 아무 육체도 하나님 앞에서 자랑하지 못하게 하려"(고전 1:28-29) 하신 것입니다. 선택을 구원에만 제한하지 않고 나의 모든 것에 적용하면, 어떤 것에 대해서도 자랑할 수 없다는 결론이 나옵니다. "네게 있는 것 중에 받지 아니한 것이 무엇이냐?"(고전 4:7) 우리에게 있는 모든 것은 하나님에 의해 은혜로운 선물로 주어진 것입니다. 이처럼 하나님의 영원한 예정은, 모든 선하고 아름답고 소중하고 필요한 것이 다 하나님의 지극히 큰 은혜로 주어진 것임을 말해 주고 있습니다.

모세는 이렇게 말합니다. "감추어진 일은 우리 하나님 여호와께 속하였거니와 나타난 일은 영원히 우리와 우리 자손에게 속하였나니"(신 29:29). 이에 칼빈은 우리를 겸손하게 만들고, 하나님의 지극히 크신 은혜를 알게 하는 것 말고는 "주께서 비밀로 그대로 두신 것은 탐색하지 말아야 하는 동시에 공개하신 것은 버리지 말아야 한다"고 했습니다. 교회의 근원을 설명하는 예정론에 대해서도 성경에 소개된 만큼은 말해야 한다는 것입니다. 침묵하면 안됩니다. "성경은 성령의 학교이며, 여기서는 필요하고 유익한 지식은 하나도 빠뜨리지 않는 동시에, 유익한 지식이 아니면 아무것도 가르치지 않는다."

인간적인 판단으로 성경의 어떤 부분은 강조하고 어떤 부분에 대해서는 침묵하면 우리는 성경을 멋대로 편집했던 마르키온과 같아지는 것입니다. 하나님의 말씀을 있는 그대로 가르치기란 참으로 어려운 일입니다. 많은 교회의 강단에서 성경의 편집과 첨삭을 마치 세련되고 멋있고 창의적인 활동인 양 여기고 있습니다. 어떠한 이념을 따라 경향성을 띠는 경우가 대단히 많습니다. 현대는 마르키온의 압도적인 승리가 대대적인 환영을 받고 있는 시대입니다. 하나님의 말씀은 영원하기 때문에 인간의 편협한 판단이 아니라 "성령이 말하게 하심을 따라"(행 2:4) 말씀을 선포하지 않으면 안됩니다. 즉 성령의 감동을 따라 선지자들 및 사도들이 말한 것을 따라 말하는 것이 가장 안전하고 합당하고 좋습니다.

또한 예정론은 교회 안에서 누구도 인간을 오용할 수 없게 만듭니다. 하나님의 신적인 기준과 판단을 따라 부름 받은 사람인데, 인간의 시각에서 함부로 그의 인격과 신앙을 유린할 수는 없습니다. "너는 구원받지 못했다, 너는 가라지가 분명해, 양의 옷을 입은 사탄이 틀림없어!" 단순히 그 사람의 외모만 보고 이러한 표현들을 내뱉으며 적대적인 태도를 취해서는 안됩니다. 그의 겉모습이 비록 가짜처럼 보여도, 그의 영적인 신분을 임의로 규정할 권리는 우리에게 없습니다.

어떤 신학자는, 하나님만 알고 계신 예정은 믿지 않는 일반 시민에 대해서도 진정한 인간 존중의 기틀이 된다고 말합니다. 비록 당장은 믿음이 없고 교회 밖에 있지만 그가 하나님의 택하신 사람인지 아닌지는 아무도 알 수 없습니다. 바울은 "주께서 자기 백성을 아신다"(딤후 2:19)고 했습니다. 예정은 주님께만 감추어진 비밀이기 때문에 그 누구도 어떤 사람을 진노의 그릇으로 단정할 수는 없습니다. 구원과 영생은 하나님께 속한 것입니다.

바울과 스데반을 보십시오. 한 사람은 핍박하는 자로, 다른 한 사람은 순교하는 자로 동시에 역사의 한 페이지에 등장합니다. 하나님의 교회에 무관심한 정도가 아니라, 순교자적 자세로 교회를 핍박하는 사람을 누가 하나님의 사람으로 생각할 수 있습니까? 아무도 없습니다. 그를 죄인 중에 괴수로 보지 않는 사람이 없었을 것입니다. 그런데 주님은 하나님의 긴 경륜을 따라 바울을 "내 이름을 이방인과 임금들과 이스라엘 자손들에게 전하기 위하여 택한 나의 그릇"(행 9:15)이라 평가하고 계십니다.

교회의 뿌리를 흔들던 바울의 자비로운 예정은 인간의 모든 상식과 객관성을 완전히 뒤흔드는 일이 아닐 수 없습니다. 시간의 한 시점을 살아가는 인간의 눈과 '영원한 지금'을 사시는 하나님의 눈 사이에는 무한한 판단의 격차가 있습니다. 하나님은 "어제나 오늘이나 영원토록 동일"(히 13:8)하신 분입니다. 이는 하나님이 영원한 시간, 아니 시간성마저 넘어선 차원을 마치 현재처럼 사시는 분임을 증거합니다. 그런 분이 판단하여 정하신 것을 "밤의 한 순간"(시 90:4)보다 짧은 시간대를 살아가는 인간이 가타부타 하는 것은 주제넘은 짓입니다.

엄밀한 의미에서 우리에게는 하나님이 예정하신 사람이 누구인지 식별해 낼 능력이 없습니다. 하나님은 그러한 식별력을 부패한 본성을 가진 인간에게 맡기시지 않습니다. 그런 능력이 인간에게 주어지는 것은 우리가 "마음이 계획하는 바가 어려서부터 악"(창 8:21)할 뿐만 아니라 아예 "죄악 중에 출생"(시 51:5)한 존재임을 생각하면 결코 복이 아닙니다. 그런 것을 몰라도 구원을 팔아서 속여먹는 세상에, 안다면 얼마나 심각한 타락이 초래되겠습니까? 안됩니다. 택자와 유기자의 식별 능력은 인간에게 주어지지 않는 것이 좋습니다.

또한 예정론은 복음의 순교자와 개척하는 사역자와 해외에서 외롭게 선교하는 이들에게 커다란 위로를 제공합니다. 오랜 시간 동안 복음의 열매가 맺히지 않으면, 대부분의 사역자는 낙담할 수밖에 있습니다. 그러나 예정의 관점에서 본다면, 생명을 걸고 복음을 진실하게 전해도 구원의 기미가 보이지 않는다면 그것은 하나님의 작정하신 뜻이 없거나 그 지역에 있어서는 추수의 때가 아닌 것입니다. 만약 하나님의 양이 있다면 언젠가는 반드시 주인의 음성을 듣고 나아올 것이며, 양이 없다면 아무도 응답하지 않는 것이 당연한 일입니다. 개척된 교회가 성장하지 않아도, 복음의 황무지에 아무런 생명의 싹이 움트지 않아도 낙망하지 않습니다. 하나님의 명령을 따라 순종했을 뿐입니다. 우리는 복음과 구원과 생명의 주인이 아닙니다. 이를 위해 하나님의 집에서 섬기도록 부름을 받은 종일 뿐입니다.

다만 한 가지 주의할 것이 있는데, 예정론을 결정론과 혼동하면 심각한 나태와 무기력에 빠진다는 것입니다. '이미 하나님이 다 작정하신 일이니 나는 아무것도 안 해도 되지, 뭐!' 이러한 생각은 옳지 않습니다. 하나님의 뜻이 아닙니다. 하나님은 우리에게 목숨과 마음과 뜻과 힘을 다해 살라고 하십니다. 하나님의 예정은 우리의 열심과 성실을 앗아 가지 않습니다. 예정의 올바른 의미를 안다면, 오히려 가장 자유롭고 자발적인 열심과 성실의 근거로 작용할 것입니다. 하나님의 정하심이 있기에 두려움과 걱정과 염려 속에서의 조건부 열심이나 의심스런 성실에서 벗어나 소망만을 가지고 무조건적 열심과 성실을 지속할 수 있습니다. 교회는 존재든 선교든 구제든 봉사든 모든 측면에서 하나님의 예정에 뿌리를 두고 있습니다.

구원의 서정[주1]**도 하나님의 영원한 예정에 포함되어 있다**

다음에 살펴볼 주제는 선택된 자들이 구원받은 이후에 거룩하고 영화롭게 되는 일련의 과정에 대한 것입니다. 이를 신학 용어로 '구원의 서정' ordo salutis이라 부릅니다. 바울은 구원의 서정에 있어서도 독특한 입장을 취합니다. 이것도 우리의 상식과 논리적인 사고를 심하게 진동시킵니다. 하나님은 당신의 백성이 구원만 받으면 더 이상 개입하지 않으시는 분이 아닙니다. 창세 전에 이루어진 하나님의 예정에는 구원 이후의 성화도 포함되어 있습니다.

성경에는 "창세 전에 그리스도 안에서 우리를 택하사 우리로 사랑 안에서 그 앞에 거룩하고 흠이 없게 하시려고 그 기쁘신 뜻대로 우리를 예정하사"(엡 1:5-5)라고 기록되어 있습니다. 즉 택하신 우리를 거룩하고 흠 없게 만드시는 것도 하나님의 영원한 예정 속에 들어 있었던 것입니다. 많은 사람들이 구원 이후에는 대가를 지불해야 복을 받는다고 말합니다. 홍해를 건너는 것은 전적으로 은혜가 앞서지만, 요단강을 건넌 이후에는 밟는 땅마다 우리의 소유가 된다는 말씀을 근거로 성화에 있어서는 공로의 목소리를 높입니다. 이는 하나님과 인간이 협동해야 신자답게 살 수 있다는 생각에서 비롯된 것입니다. 그러나 이러한 견해는 옳지 않습니다.

물론 하나님이 "모세에게 말씀하신 대로 그 온 땅을 점령하여 이스라엘 지파의 구분에 따라 기업으로"(수 11:23) 준 것은 맞습니다. 밟는 곳마다 이스라엘 백성의 땅이 되었습니다. 이 땅은 실제로 이스라엘 백성이 전쟁의 칼을 뽑아 적군을 무찔러서 정복한 곳입니다. 그러나 가나안 거민들과 전쟁하여 승리하고 가나안을 정복한 것은 전적인 하나님의 은혜로 이루어진 일입니다. "그들의 마음이 완악하여 이스라엘을 대적하여 싸우러 온 것은 여호와께서 그리하게 하신 것"(수 11:20)이라고 성경은 기록하고 있습니다. 태양이 기브온 위에 머물고 달이 아얄론 골짜기에 정지한 것은 여호수아와 이스라엘 군인들의 노력에 대한 보상으로 주신 기적이 아닙니다. 그러한 기적은 오히려 "사람의 목소리를 들으신 이 같은 날은 전에도 없었고 후에도 없었나니 이는 여호와께서 이스라엘을 위하여 싸우셨음"(수 10:14)을 입증하는 것입니다.

무엇을 행함에 있어서 인간은 행위의 주체로서 자신의 의지를 가지고 행합니다. 그러나 바울은 행위의 주체로서 어떠한 강제도 느끼지 않았지만 자신의 의지를 행사하는 배후에는 하나님의 은혜로운 역사가 있다고 말합니다. "너희 안에서 행하시는 이는 하나님이시니 자기의 기쁘신 뜻을 위하여 너희에게 소원을 두고 행하게 하시나니"(빌 2:13). 우리의 행위는 단순하지 않습니다. 인간이 자랑할 수 있는 행위가 하나도 없습니다. 인간은 스스로 행동하는 존재가 아닙니다. 내 안에서 행하는 두 존재가 있습니다. 인간은 언제나 두 존재의 수동적인 종일 수밖에 없습니다. 그 두 존재는 바로 하나님과 죄입니다. 생각과 행위에 있어서 우리는 하나님의 종이든 죄의 종이든, 둘 중에 하나라는 말입니다. 바울은 "전에 너희가 너희 지체를 부정과 불법에 내주어 불법에 이른 것 같이 이제는 너희 지체를 의에게 종으로 내주어 거룩함에 이르라"(롬 6:19)고 권합니다. 이처럼 바울은 성화되는 것을 의에게 자신을 종으로 내주는 것과 연결하고 있습니다.

하나님이 내 안에서 행하고 계시다는 것은 좋은데, 죄가 내 안에서 행한다는 것에 우리는 선뜻 동의하지 못합니다. 그러나 바울은 "만일 내가 원하지 아니하는 그것을 하면 이를 행하는 자는 내가 아니요 내 속에 거하는 죄"(롬 7:20)라고 분명하게 말합니다. 우리가 죄를 행하면 저가 그것을 행하는 것이고 우리는 죄의 종으로서 동일한 죄를 행하는 것입니다. 우리가 선을 행하면 하나님이 그것을 행하는 것이고 우리는 하나님의 종으로서 동일한 선을 행하는 것입니다. 우리 안에서 하나님이 행하시면 우리는 의의 병기가 되고, 죄가 행하면 불의의 병기가 되는 것입니다. 그래서 바울은 "너희 지체를 불의의 무기로 죄에게 내주지 말고 오직 너희 자신을 죽은 자 가운데서 다시 살아난 자 같이 하나님께 드리며 너희 지체를 의의 무기로 하나님께 드리라"(롬 6:13)고 권합니다. 바울의 권고에도 불구하고 궁극적인 의미에서 보면 우리는 하나님과 죄를 임의로 택할 수 없습니다. 주님께서 우리를 당신의 종으로 먼저 부르셔야 우리는 하나님을 선택할 수 있습니다. 인간은 스스로 생각하고 판단하고 행동하지 않고 늘 종의 자리에서, 그러나 마치 주체처럼 그렇게 살아가는 것입니다. 하나님의 종이 되십시오. 하나님의 종이 되었다면 하나님을 선택한 것의 공로를 자신에게 돌리지 말고 그것을 은혜인 줄 알고 감사하는 것이 마땅한 일입니다.

성화에 있어서 인간의 공로는 없습니다. 우리의 이마에 자신의 땀방울이 흘러도 모두 다 하나님이 행하신 일입니다. 우리는 일말의 공로도 취할 수가 없습니다. 그래서 모든 것에 대해 하나님께 영광을 돌릴 수밖에 없습니다. 바울은 자신의 거듭난 영적 신분과 사도적 활동성의 근거를 다음과 같이 일축하고 있습니다. "내가 나 된 것은 하나님의 은혜로 된 것이니 내게 주신 그의 은혜가 헛되지 아니하여 내가 모든 사도보다 더 많이 수고하였으나 내가 한 것이 아니요 오직 나와 함께 하신 하나님의 은혜로라"(고전 15:10). 지금 바울은 구원의 은혜를 고백하지 않고 구원 이후에 사도로 부르심을 받아 사도다운 사도가 되기까지 그 원인을 돌아볼 때 오직 하나님의 은혜만이 나의 나 됨을 가능하게 했다고 고백하는 것입니다.

하나님의 은혜를 제대로 아는 사람은 하나님의 영광을 함부로 빼돌리지 않습니다. "나는 여호와니 이는 내 이름이라. 나는 내 영광을 다른 자에게, 내 찬송을 우상에게 주지 아니하리라"(사 42:8)고 하나님은 말씀하고 계십니다. 이는 창조자의 고집스런 집착이나 이기적인 욕심이 아닙니다. 영광은 오로지 하나님께 돌리는 것이 우리에게 복이기 때문에 그러시는 것입니다. 하나님은 모든 영광을 독점하고 한 조각도 공유하지 않는 영적인 구두쇠가 아닙니다. 하나님을 인간의 성정에 빗대어서 땅으로 끌어내리는 유추나 공상은 대단히 무례한 일입니다. 하나님은 모든 것을 주시는 분입니다. 모든 영광이 하나님께 속했다는 소유권의 천명은 그것이 우리에게 참된 유익이기 때문에 설령 인간적인 상식에 반하는 것처럼 들린다 할지라도 아주 단호하게 말씀하신 것입니다.

구원 이후에 거룩하고 흠이 없어지는 것은 우리의 공로나 노력의 결과 때문이 아닙니다. 그것은 아버지 하나님이 만세 전에 정하신 일이며, 하나님은 그 모든 일을 친히 수행하는 분입니다. 우리가 거룩하게 된다는 것은 청소기로 우리 내면의 더러움을 깨끗하게 제거하는 식이 아닙니다. 성화는 그런 식으로 수행되지 않고, 하나님 자신이 우리에게 어떠한 존재가 되느냐에 달려 있는 것입니다.

하나님은 교회의 거룩함을 원하고 계십니다. 그러나 그 거룩은 교회 자체의 언어와 행실 혹은 재정적인 건강과 조직적인 내구성 혹은 건물의 깨끗한 상태를 의미하지 않습니다. 세상에는 교회보다 탄탄한 조직을 갖추고 세련되고 매력적인 건물을 구비한 곳이 훨씬 더 많습니다. 그러나 하나님은 그런 세상을 거룩하다고 보시지 않습니다. 하나님이 의미하는 거룩은 하나님의 거룩함을 드러내는 도구성을 의미합니다. "내가 거룩하니 너희도 거룩할지어다"라고 하신 이유는 다 같이 거룩하게 되자는 의미도 있지만 꼭 그것만을 의미하는 것은 아닙니다. 거룩이란 하나님의 거룩을 나타내고 있느냐 없느냐에 의해 확인되는 것입니다. 하나님의 거룩을 드러내지 않으면 사람들의 눈에 눈이 부시도록 깨끗해도 거룩이 아닐 가능성이 높습니다. 그러나 아무리 무지하고 연약하고 지저분한 모습을 가졌어도 하나님의 거룩함을 드러내고 있다면 그는 분명 거룩한 자입니다. 거룩은 사람의 기준이 아니라 하나님의 눈앞에서 확인되는 성도의 인격적인 질입니다.

의로움의 경우도 다르지 않습니다. 우리에게 의로움이 필요한 이유는 의로우신 하나님과 소통하기 위함이고 동시에 하나님의 의로움을 드러내기 위함입니다. 어두움에 있던 자를 빛 가운데로 불러내신 이유는 하나님의 아름다운 덕을 선전하기 위함입니다(벧전 2:9). 그분은 거룩하고 의롭고 자비로운 분입니다. 그러한 분을 선전하는 것은, 명품 슬로건을 작성하고 화려한 영상을 제작하는 세상의 방식과는 차원이 다릅니다. 그것은 하나님의 형상대로 지음 받은 인간을 통해서만 가능한 일입니다. 그러나 죄로 인하여 불의하게 된 인간을 통해서는 하나님의 영광과 덕을 가리고 심지어는 왜곡하는 부작용만 생깁니다.

그래서 하나님은 그리스도 예수 안에서 의롭고 거룩하고 흠이 없게 하시려고 만세 전에 우리를 택정하신 것입니다. 그 거룩함과 정결함은 우리의 노력과 수고로 성취되는 것이 아닙니다. 하나님은 인간을 잘 아십니다. 어릴 때부터 마음에 도모하는 모든 생각이 악하여 빛보다 어두움을 더 사랑하는 그런 인간에게 성화를 맡기신 적이 없습니다. 인간에게 맡긴다면 그것은 저주와 같습니다. 그래서 하나님은 그리스도 예수 안에서 우리를 거룩하게 하시는 것입니다. "예수는 하나님으로부터 나와서 우리에게 지혜와 의로움과 거룩함과 구원함이 되셨"(고전 1:30)다고 바울은 말합니다.

성화는 우리 자신이 거룩하게 변화되는 것이 아닙니다. 성화라는 것은 죄가 없어서 너무도 거룩하신 그리스도 예수께서 "우리에게 지혜와 의로움과 거룩함과 구원함"이 되셔야만 비로소 성취되는 것입니다. 다른 방법으로 아무리 유사한 거룩의 겉모양을 갖추어도, 하나님 앞에서는 숨길 수가 없습니다. 하나님은 거룩한 교회인지 더러운 사탄의 모임인지의 여부를 정확하게 분별하실 수 있습니다. 하나님의 거룩함과 의로움과 자비가 드러나면 건강하고 거룩한 교회이지만, 교회 자체의 화려함과 자랑만 있다면 가짜인 것입니다. 이는 교회의 진정한 거룩이 하나님의 거룩을 드러내고 있느냐에 달려 있기 때문에 그런 것입니다.

성화에 대한 마지막 교훈이 있습니다. 성화가 삼위일체 하나님의 동시적인 일이라는 점입니다. 앞에서 살펴본 바와 같이 성화는 만세 전에 작정하신 아버지 하나님의 뜻입니다. 그것은 예수님의 거룩함을 통해서 수행되는 것입니다. 그래서 바울은 예수께서 우리에게 거룩함이 되셨다고 말하는 것입니다(고전 1:30). 그리고 예수님이 우리의 거룩함이 되시도록 역사하는 것은 성령의 일입니다. 다시 말해, 하나님의 뜻은 "너희의 거룩함"(살전 4:3)이고, 이는 아버지 하나님이 만세 전에 우리를 택하신 목적이며, 예수님은 "거룩하게 하시는 이"(히 2:11)이고, 우리는 "성령 안에서 씻음과 거룩함과 의롭다 하심을 받"(고전 6:11)는다면, 성화는 거룩한 영이신 성령만의 단독적인 사역이 아닌 것입니다. 성화는 성부와 성자와 성령, 즉 삼위일체 하나님의 동시적인simul 사역인 것입니다.

이처럼 성화만 보더라도 삼위일체 하나님의 동시저인 사역을 확인할 수 있습니다. 과거나 지금이나 앞으로도 하나님의 자녀로 거듭나는 중생의 사건이 있을 것입니다. 그들이 거룩하게 변화되는 성화의 과정 또한 계속해서 있을 것입니다. 아버지와 아들과 성령의 역사는 어느 하나도 멈추지 않을 것입니다. 그렇다면 지금을 성령의 시대라고 말할 수는 없을 것입니다. 그런 식의 특별한 시대 구분은 의미가 없습니다. 성령의 시대라 말함으로써 아버지 하나님과 아들 하나님을 과거의 시대에 가두는 것은 삼위일체 하나님을 올바르게 섬기는 것이 아닙니다.

구원의 수단도 하나님의 영원한 예정에 포함되어 있다

바울은 하나님이 당신의 백성을 만세 전에 택했으며, 구원 이후의 성화라는 목적도 예정에 포함된 것으로 설명하고 있습니다. 나아가 그는 "그리스도 안에서" 그리고 "예수 그리스도로 말미암아" 같은 표현으로 구원의 수단도 예정에 포함된 것이라 주장하고 있습니다(엡 1:4-5). 아버지의 뜻이 세워진 이후에 성부와 성자와 성령 사이에 '의논'(엡 1:11, '계획')이 있었다고 말합니다. 인간을 구원하는 일이 너무도 소중하기 때문에 아마도 '의논'이란 단어가 쓰였던 것 같습니다. 하나님은 한 분이 삼위로 계시기 때문에 의견의 차이가 없으신 분입니다. 의견의 차이가 없으셨기 때문에 그것을 조정할 필요도 없었을 것입니다. 그렇기 때문에 은혜와 사랑의 깊이를 더하는 차원에서 '의논'이란 말을 이해하면 좋을 것입니다.

그 의논 속에서, 인간 편에서는 전혀 구분되지 않는 그런 역할 분담이 이루어진 것 같습니다. 그때 아버지의 뜻이 그리스도 예수 안에서 성령으로 말미암아 성취되는 그런 구조에 대해 완벽한 합의에 도달했을 것입니다. 믿음의 선배들은 구원의 원인을 철학적 방법론에 빗대어 네 가지로 구분하는 전통을 가지고 있습니다. 즉 하나님 아버지의 긍휼과 사랑은 구원의 유효적 원인이며, 예수님은 질료적 원인이며, 우리의 믿음은 형식적 혹은 기구적 원인이며, 하나님의 영광은 목적적 원인으로 구분해 왔습니다.

우리는 아버지 하나님의 긍휼과 사랑 때문에 구원 받은 것입니다. 그리스도 예수의 십자가로 말미암아 구원 받은 것입니다. 주님께서 선물로 주신 믿음으로 말미암아 구원 받은 것입니다. 아버지의 영광을 드러내야 하는 목적을 위해 구원 받은 것입니다. 이렇게 생각하면 구원의 4가지 원인은 모두가 다 알고 동의하는 것입니다. 이러한 구원의 원인들은 에베소서 1:3-14에 가장 확실하게 증거되어 있습니다. 여기서 믿음의 거인들은 구원의 이러한 원인들 중에 그리스도 역시 하나님의 영원한 예정에 포함되어 있었다고 말합니다. 예수 그리스도의 생애는 갑작스런 문제들을 수습하기 위해 마련된 임기응변 식의 충동적인 해결책이 아닙니다. 성육신과 수난과 죽음과 부활과 승천은 모두 만세 전부터 예정된 일입니다. 하나님은 당신이 계획하신 모든 것을 실패함이 없이 그리스도 예수를 통해 온전히 이루신 것입니다. 그래서 예수님은 아버지의 뜻을 온전히 이루는 것이 생의 목적이라 하셨으며, 이것은 태초부터 암시되어 왔으며, 바울은 예수께서 온전히 성취하신 아버지의 뜻이 만세 전부터 예정된 것이라고 밝힌 것입니다. 이처럼 구원과 구원의 서정과 구원의 도구를 예정하는 것은 영원 안에서 이루어진 하나님의 내적인 일입니다.

하나님의 외적인 일: 창조와 섭리

하나님의 외적인 사역에는 창조와 실질적인 섭리가 있습니다. '창소' creatio 는 모든 만물의 존재와 관계된 일이며, '실질적인 섭리' providentia actualis 는 만물의 창조 이후와 관계된 일입니다. 그러나 창조와 섭리는 너무도 신비로운 일이고 관찰과 추론의 방식으로 이해되지 않기에 강한 거부감이 듭니다. 이 세상은 인간이 태어나기 전부터 존재했기 때문에 만들어진 것이 아니라 늘 존재했던 것으로 여겨집니다. 일반 사람들의 눈에 세상은 마치 영원 전부터 존재해서 영원까지 존재할 것처럼 보입니다. 이는 세상이 시작도 없고 끝도 없다는 것입니다. 진화론은 이러한 이해에 기초하고 있습니다. 짧은 인생의 길이 속에서는 관찰할 수도 없고 검증할 수도 없는 느리고 점진적인 진화가 가능하려면 영원에 가까운 시간의 길이가 필요한데, 세상의 영원성 주장은 바로 이러한 진화에 시공간적 정당성을 제공해 주는 것입니다. 이제 학자들은 진화를 설명함에 있어서 수백만 년, 수억 년 단위의 시간을 거론하는 데에 어떠한 거리낌도 없습니다. 오랜 시간 동안 일어난 점진적인 진화 가능성이 늙은 지구론에 의해 상당한 탄력을 받고 있습니다. 상당수의 학자들은 이제 진화론을 검증이 필요한 가설이 아니라 검증된 정설로 전제하고 학문적인 작업을 수행하고 있습니다. 그래서 다양한 학문 분야 안에서 이루어진 연구의 결과가 서로 일치하는 듯한 양상까지 보입니다. 학자들은 또 다시 이러한 결과의 전제된 일관성을 근거로 진화론 옹호에 떳떳한 열정을 쏟습니다. 마치 열렬한 종교인의 모습을 보는 듯합니다.

우주와 만물의 기원에 대해 기독교는 다른 견해를 가지고 있습니다. 먼저 세상의 시간과 공간은 오랜 세월의 점진적인 진화가 일어날 정도로 영원하지 않습니다. 태초에 하나님이 천지를 지으셨고 그 가운데 있는 만물도 하나님에 의해 창조된 것이라고 성경은 말합니다. 창조의 방식은 세 가지, 즉 무에서의 창조, 유에서의 창조, 그리고 무와 유에서의 창조로 구분할 수 있습니다. 무에서의 창조는 주로 천지와 빛과 물과 하늘의 광명체와 어두움과 관계된 것입니다. 이러한 종류의 창조는 "빛이 있으라"(창 1:3)와 같은 명령의 방식으로 무에서 유를 창조하는 것을 뜻합니다. 유에서의 창조는 "땅은 풀과 씨 맺는 채소와 각기 종류대로 씨 가진 열매 맺는 나무를 내라"(창 1:11)와 같은 명령의 방식으로 유에서 유를 창조하는 것을 뜻합니다. 무와 유에서의 창조는 인간과 관계된 것입니다. 인간은 흙이라는 유와 생기라는 무에서 지음 받았기에 유에서의 창조와 무에서의 창조가 절묘하게 조화를 이룬 창조의 절정이요 최고의 작품이라 할 수 있습니다.

하나님의 6일 창조

	기반의 창조		내용의 창조
1일	시공간/땅/물/빛	4일	태양과 달과 별들
2일	바다와 하늘	5일	바다와 하늘의 각종 생물들
3일	육지와 식물	6일	육지의 각종 짐승과 인간

　세상의 창조는 6일 동안 이루어진 일입니다. 여기서 하루의 길이는 최첨단 과학의 눈치를 보지 않아도 될 것 같습니다. 24시간을 하루로 이해한 모세의 시대에도 "여호와가 엿새 동안에 천지를 창조하고 일곱째 날에는 일을 마치고 쉬었음이라"(출 31:17)고 하고 있으니, 24시간을 하루의 길이로 보아도 무방할 것 같습니다. 창조의 내용을 보면, 첫 번째 날에는 시간과 공간과 땅과 물과 빛이 지어지고 빛과 어두움이 나뉘었고, 두 번째 날에는 바다와 하늘이 나뉘었고, 세 번째 날에는 육지와 식물이 창조되고, 네 번째 날에는 첫 번째 날의 창조와 대응되는 태양과 달과 별들과 같은 광명체가 창조되었고, 다섯 번째 날에는 두 번째 날의 창조와 대응되는 바다의 각종 생물과 하늘의 각종 생물이 창조되었고, 여섯 번째 날에는 세 번째 날의 창조와 대응되는 땅의 각종 짐승과 인간이 지음을 받았습니다.

　특별히 인간의 창조는 다른 피조물의 창조와는 다릅니다. 인간은 단세포 아메바 출신도 아니고 원숭이 출신도 아닌 하나님의 신적인 형상을 따라 창조된 존재라고 성경은 말합니다. 모든 문명국의 모범적인 헌법은 모든 인간이 생존과 자유와 행복을 추구할 권리를 갖는다는 인간의 동등한 존엄성과 가치를 표방하고 있습니다. 그러나 인간의 존엄성과 가치는 무엇을 판단의 근거로 삼느냐에 따라 사람마다 동등하지 않을 수도 있습니다. 그 근거가 만약 돈이라면 부자와 빈자 사이에는 존엄성과 가치의 차별이 불가피할 것입니다. 그 근거가 만약 혈통에 있다면 명문가와 그렇지 않은 가문 사이에 불평등이 존재할 수밖에 없습니다. 만약 권력이 근거라면 권력자와 피권력자 사이에도 존엄성과 가치의 불평등이 나타날 것입니다. 이 세상의 모든 사람은 모든 면에서 다 다릅니다. 그렇다면 인간의 동등한 존엄성과 가치의 근거가 이 세상 속에서는 결코 발견되지 않을 것입니다. 성경은 모든 사람에게 평등하고 동등한 존엄성과 가치의 근거가 오직 하나님의 형상에 있다고 말합니다. 모든 사람의 동등하고 평등한 공통점은 모두가 하나님의 형상대로 지음 받았다는 것입니다. 이것은 민족과 언어와 지역과 가문과 성취와 외모와 성별과 연령과 직업과 신분에 의해 좌우되지 않습니다. 땅에 있는 변동되는 어떤 것에 근거하지 않았기에 인간의 존엄성과 가치는 어떠한 것에 의해서도 변하거나 소멸되지 않습니다.

    인간의 존엄성과 가치는 그가 지향하는 목표와 비례하는 법입니다. 인간은 결코 돈의 축적을 위해 존재하지 않습니다. 높은 권력을 얻고 광범위한 명예를 취득하고 두툼한 업적을 쌓고 기업을 태산처럼 키우기 위해 살아가는 존재도 아닙니다. 성경은 인간이 하나님의 영광을 찬미하기 위해 지음 받았다고 말합니다. 인간이 존재하고 살아가는 목적은 썩어서 없어지는 땅의 것들을 얻기 위함이 아닙니다. 인간은 원래 땅의 유한하고 변화하고 일시적인 것으로는 만족하지 못합니다. 천하보다 귀하기에 천하로는 만족하지 못합니다. 파스칼Blaise Pascal, 1623-1662의 말처럼 인간은 "어떠한 것으로도 만족하지 못하는 욕망의 주머니"를 가지고 있습니다. 이 주머니는 땅에 속한 것에 의해서는 채워지지 않습니다. 오직 영원하고 불변하고 무한하신 하나님에 의해서만 채워질 수 있습니다. 이는 인간이 하나님의 형상대로 지음 받아서 하나님의 형상 이하의 것들로는 만족할 수 없는 본성과 체질을 가졌기에 당연한 것입니다. 인간은 하나님에 의해서만 만족할 수 있습니다. 그래서 인간의 본성적인 목적은 하나님께 있습니다. 그러므로 인간의 존엄성과 가치는 가정, 교회, 학교, 직장에서 어떤 기능을 충실히 감당해야 비로소 취득되고 보존되는 것이 아닙니다. 지금의 기능주의 사회는 인간의 가치를 기능성에 근거하여 평가하는 경향이 있습니다. 신체적인 장애나 지적인 장애나 심리적인 장애나 가정적인 장애나 사회적인 장애가 있으면 인간을 인간으로 취급하지 않는 고약한 정서가 있습니다.

    이러한 기능주의 사고의 뿌리는 아마도 정신병에 걸린 자와 천성적으로 부패한 자는 죽여야 하며 우수한 자질의 소유자는 왕성한 번식으로 사회의 대부분을 구성해야 한다며 그렇게 될 때에야 비로소 이상적인 공동체의 출현을 기대할 수 있다고 한 플라톤의 주장에 있는지도 모릅니다. 히틀러Adolf Hitler, 1889-1945는 이러한 플라톤 사상과 다윈의 적자생존 개념과 결을 같이하여 장애인 말살의 근거로 우생학의 유용성을 외쳤습니다. "육체적인 퇴화를 보이는 자나 정신병에 걸린 자로부터 생식할 능력과 생식의 가능성을 저지하는 것은 측량할 수 없는 건강의 회복에 공헌할 것이다. 이처럼 민족 중에 가장 건장한 자의 출산력 제고를 위해 의식적인 계획을 세워서 이룬다면 결국 우리의 육체적·정신적 퇴락의 싹을 온전히 제거한 인종의 출현이 가능할 것이다."[11] 같은 맥락에서 히틀러는 병자나 기형아를 제거하는 것은 병든 인간을 보호하는 미친 짓거리에 비하면 몇 배나 자

---

11 Adolf Hitler, *Mein Kampf* (München, 1933), 448.

비로운 일이라고 했습니다. 실제로 히틀러는 유전적인 질환을 가진 여성들로 하여금 강제로 불임 수술을 받게 했으며 병원에서 집단적인 살인을 저질렀던 사례도 있습니다.

이렇게 희생된 이들은 기능의 유무에 근거하여 존엄성과 가치를 부당하게 평가받은 것입니다. 그러나 성경에 의하면 인간이 창조된 궁극적인 목적은 어떤 기능에 있지 않습니다. 인간은 적합한 기능을 수행하지 못하면 제거되어도 괜찮은 존재가 아닙니다. 회사의 이익에 공헌하지 못하면 존엄성을 무시하고, 가문의 영광을 드높이지 못하면 족보에서 파내고, 학교의 경쟁률과 취업률을 높이지 못하면 강제 퇴학해도 되는 그런 존재가 아닙니다. 인간의 목적은 하나님께 있습니다. 인간의 존엄성은 하나님께 영광을 돌리는 신적인 목적만큼 고귀하고 높습니다. 그것은 이 땅에서의 기능에 의해 변동되지 않습니다. 선택된 자든 유기된 자든 인간이 존재하는 궁극적인 목적은 하나님의 속성을 드러내어 그분께 영광을 돌리는 것입니다. 그러므로 우리는 어떤 사람을 대할 때에 아무리 연약하고 무지하고 비천하고 가난하고 어리석고 적대적인 사람이라 할지라도 인간의 본래적인 존엄성은 존중해야 할 것입니다.

하나님께서 인간을 지으시고 "심히 선하다"(창 1:31, "심히 좋았더라")는 평가를 내리셨기 때문에 만약 우리가 어떤 사람을 향해 "심히 선하다"는 평가 외에 다른 평가를 내린다면, 이는 하나님의 신적인 판단에 불경한 맞짱을 뜨는 것입니다. 인간에 대해 내리신 하나님의 평가는 그 무엇에 의해서도 소멸될 수 없습니다. 인간의 평가는 언제나 유한한 정보와 부분적인 경험과 변동적인 기준에 기초하고 있으나, 하나님의 평가는 완전한 정보와 전체적인 안목과 불변하는 기준에 기초한 것입니다. 그러므로 하나님의 절대적인 평가를 대체할 보다 우수한 인간적인 평가는 없습니다. 인간을 단세포와 동등하게 여기거나 원숭이 같은 동물과 동등하게 여긴다면 하나님의 신적인 평가를 부정하는 것입니다. 우리가 취해야 할 가장 올바른 태도는 하나님의 평가를 기준으로 사람을 대하는 것입니다. 가정에서든 학교에서든 직장에서든 교회에서든, 타인에 대한 우리의 이러한 태도는 변함이 없어야 할 것입니다.

하나님은 인간을 사랑하고 지키시는 분입니다. 사랑은 사랑의 대상을 자신과 동일하게 여기는 것입니다. 나는 죽어도 상대방은 내 안에 사는 희생과 연합의 상태가 바로 사랑입니다. 이처럼 사랑은 사랑하는 주체와 대상을 하나가 되게 만듭니다. 또한 성경은 하나님이 우리를 눈동자 같이 지키시는 분이라고 말합니다(신 32:10). 사랑의 대상인 하나님의 백성을 건드리면 하나님의 눈동자를 촉범하는 것과 같습니다. 같은 맥락에서 예수님은 교회를 핍박하는 사울에게 "어찌하여 나를 박해하느냐"(행 9:4)고 말씀하며 사랑하는 교회와 자신을 동일시한 적도 있습니다. 인간의 진정한 존엄성과 가치는 바로 여기에 있습니다. 따라서 우리는 우리 자신이 하나님과 연동되어 있을 뿐 아니라 다른 사람들도 하나님과 연동된 존재로 여기며 그들의 존엄성과 가치를 존중해야 합니다. 하나님은 인간을 자신의 형상대로 지으셨고 심히 선하다고 하셨으며 인간을 사랑하되 자신의 눈동자 같이 사랑할 만큼 존귀한 존재로 보십니다. 이것보다 더 확고하고 정확하고 실질적인 인간 존엄성과 가치의 근거는 없을 것입니다.

높은 존엄성과 가치는 언제나 그에 버금가는 책임도 수반하는 법입니다. 인간이 다른 피조물에 대해 갖는 관계와 책임은 하나님의 명령으로 규정되어 있습니다. 하나님은 자연을 지으시고 인간을 창조하신 이후에 두

가지의 명령을 인간에게 주십니다. 하나는 긍정적인 것이고 다른 하나는 부정적인 것인데, 다음과 같습니다. 긍정적인 명령, "생육하고 번성하여 땅에 충만하라, 땅을 정복하라, 바다의 물고기와 하늘의 새와 땅에 움직이는 모든 생물을 다스리라"(창 1:28). 부정적인 명령, "선악을 알게 하는 나무의 열매는 먹지 말라"(창 2:17). 특별히 긍정적인 명령은 인간과 자연의 특별한 관계를 규정하고 있습니다. 인간은 자연에 대해 정복하고 다스리는 관계성을 갖습니다. 여기서 주의해야 할 부분은 정복과 다스림이 지배하고 통제하고 억압하고 착취하고 독재하는 것을 의미하지 않는다는 것입니다. 기독교의 정복과 다스림은 돌보고 관리하고 보호하여 자연을 최상의 상태로 유지하는 책임과 관계된 것입니다.

정복과 다스림은 대개 왕이나 재상이나 대통령 같은 고위직을 차지한 사람들의 전유물로 여겨지기 쉽습니다. 세상은 이러한 이해를 대체로 승인하고 있습니다. 이것은 사무엘상 8장에도 잘 묘사되어 있습니다. "너희를 다스릴 왕의 제도는 이러하니 그가 너희 아들들을 데려다가 그의 병거와 말을 어거하게 하리니 그들이 그 병거 앞에서 달릴 것이며, 그가 또 너희의 아들들을 천부장과 오십부장으로 삼을 것이며 자기의 밭을 갈게 하고 자기 추수를 하게 할 것이며 자기 무기와 병거의 장비도 만들게 할 것이며, 그가 또 너희의 딸들을 데려다가 향료 만드는 자와 요리하는 자와 떡 굽는 자로 삼을 것이며, 그가 또 너희의 밭과 포도원과 감람원에서 제일 좋은 것을 가져다가 자기의 신하들에게 줄 것이며, 그가 또 너희의 곡식과 포도원소산의 십일조를 거두어 자기의 관리와 신하에게 줄 것이며, 그가 또 너희의 노비와 가장 아름다운 소년과 나귀들을 끌어다가 자기 일을 시킬 것이며 너희의 양떼의 십분의 일을 거두어 가리니 너희가 그의 종이 될 것이라"(삼상 8:11-17).

세상에서 통용되는 정복과 다스림의 일반적인 개념이 그렇습니다. 성경에서 '왕'이라는 지위는 상당히 부정적인 이미지를 가진 말입니다. 그러나 '왕'의 성경적인 개념은 세상의 개념과는 다릅니다. 하나님의 아들이요 만왕의 왕이요 만주의 주이신 그리스도 예수께서 이 땅에 오신 이유는 다음과 같습니다. "인자가 온 것은 섬김을 받으려 함이 아니라 도리어 섬기려 하고 자기 목숨을 많은 사람의 대속물로 주려 함이니라"(마 20:28). 섬김과 희생은 종의 일로 여기기 쉽습니다. 그러나 하늘과 땅에서 최고의 지위를 가지신 예수님은 사람에게 섬김이나 영광을 취하려고 오신 것이 아니라 오히려 사람을 섬기고 그들을 위해 희생하기 위해 이 땅에 왔다고 하십니다. 그리고 "누구든지 으뜸이 되고자 하는 자는 모든 사람의 종이 되어야 하리라"(막 10:44)는 역설적인 교훈도 주십니다. 세상에서 희생과 섬김은 비록 종의 일이지만 예수님은 그것을 최고의 지위에 있는 자들의 몫이라고 말합니다. 시장은 자신의 권역에 있는 모든 시민을 섬기고 그들이 최상의 상태에서 살도록 그들을 위해 희생하는 종의 직분을 가진 자입니다. 대통령은 자국의 국적을 가진 모든 국민을 섬기고 그들을 위해 희생하는 종의 직분을 가진 자입니다. 목회자는 주님의 양을 섬기고 그들을 위해 희생하는 주님의 종입니다. 직위가 높아지면 마음대로 휘두르는 권세의 크기가 커지는 게 아니라 섬김과 희생의 범위가 넓어지는 것입니다.

창조된 모든 것보다 뛰어난 만물의 영장인 인간은 하나님께 영광을 돌릴 더 큰 책임을 가졌고 자연에 대해서는 다른 어떤 존재보다 더 큰 섬김의 책임을 가진 존재입니다. 자연을 정복하고 다스리는 직분을 받은 인간의 책임은 자연을 돌보고 관리하고 보호하여 최고의 상태가 유지되도록 하는 것입니다. 이는 훼손하고 유린하고 파괴하는 무소불위의 권력과는 전혀 다른 것입니다. 그런데도 자연은 인간의 다양한 명분으로 인해 훼손되고 있습니다. 때로는 과학의 이름으로, 때로는 치료의 이름으로, 때로는 생존의 이름으로, 때로는 보호의 이름으로 저질러진 인간화의 아픔으로 인해 자연은 소리 없는 신음을 토하고 있습니다. 인간의 손길이 닿는 자연의 곳곳에서 관리와 보호와 개선이 아니라 파괴와 거절과 멸시와 유린이 벌어지고 있습니다. 이러한 자연의 인간화는 과일과 곡식과 가축과 채소를 포함한 식료품을 비롯하여 강과 산과 바다와 심지어 우주까지 그 영역을 확장하고 있습니다. 아마도 자연은 언젠가 인간에게 예상하지 못한 종류의 치명적인 반격을 가할 것입니다. 지금도 그 징후가 곳곳에서 나타나고 있습니다. 이제라도 늦지 않았다는 생각으로 자연을 보호하고 관리하고 최상의 상태를 유지하는 일에 만전을 기해야 할 것입니다.

인간이 자연을 정복하고 다스리는 것은 비록 가깝게는 사람을 위한 자연의 유익과 자연에 대한 인간의 책임을 의미하는 것이지만 멀게는 하나님과 인간 사이의 관계성을 보여주고 있습니다. 자연은 인간에게 삶의 기반이며 인간은 자연을 떠나서는 한 순간도 살아갈 수 없습니다. 또한 이것은 인간이 살아가는 자연의 모든 영역이 하나님이 주신 정복과 다스림의 명령과 관계되어 있기 때문에 인간은 하나님의 명령을 떠나서는 살아갈 수 없다는 의미도 담겨 있습니다. 자연을 대하든 인간을 대하든, 우리의 모든 태도와 행위는 그 신적인 명령의 제어를 받습니다.

하나님과 인간 사이의 즉명적인 관계성은 두 번째로 주어진 선악과 금지령에서 더욱 선명하게 나타납니다. 이 금지령은 선악과에 독극물이 들어 있어서 먹으면 죽기 때문에 내려진 명령이 아닙니다. 하나님의 말씀을 버리거나 거역하지 말라는 의미가 담겨 있는 것입니다. 하나님의 말씀은 그 자체가 생명이기 때문에 순응하면 생명을 얻고 거부하면 생명을 버리는 것입니다. 그래서 선악과를 따 먹으면 정녕 죽습니다. 단순히 선악과만 그런 게 아니라 넓게는 모든 피조물이 하나님의 명령과 연결되어 있어서 선악과의 기능을 가지고 있습니다. 지어진 모든 것에서 하나님의 보이지 아니하는 영원하신 능력과 신성이 분명히 보여 알려지고 있다는 바울의 말(롬 1:20)도 그 맥락이 같습니다.

하나님과 인간 사이에는 명령이 있습니다. 이 명령은 우리가 자연을 대하든 인간을 대하든 언제나 규범과 원리로 관여하고 있습니다. 살아가는 모든 영역에서 하나님의 말씀과 무관한 것은 하나도 없습니다. 그래서 바울은 "너희가 먹든지 마시든지 무엇을 하든지 다 하나님의 영광을 위하여 하라"(고전 10:31)고 했으며 일하는 자들에게 "눈가림만 하여 사람을 기쁘게 하는 자처럼 하지 말고 그리스도의 종들처럼 마음으로 하나님의 뜻을 행하고 기쁜 마음으로 섬기기를 주께 하듯 하고 사람들에게 하듯 하지 말라"(엡 6:6-7)고 했습니다. 먹는 문제든 마시는 문제든 관계성의 문제든, 삶의 모든 영역에서 하나님은 명하시고 우리는 순종하는 관계성을 갖습니다. 성경은 처음부터 끝까지 하나님은 명하시는 왕으로 묘사하고 우리는 순종하는 백성으로 묘사하고 있습니다. 하나님은 우리의 왕이시고 우리는 하나님의 백성인데 그런 관계성의 뿌리에 명령이 있습니다. 하나님의 명령은 우리의 정체성을 규정하는 동시에 우리가 살아가는 질서와 방향과 틀이 됩니다. 우리의 존재와 삶이 모두 그 명령에 의지해 있습니다.

만물이 창조된 이후에 이루어진 하나님의 모든 일을 섭리라고 부릅니다. 즉 만물의 보존과 존속은 하나님이 행하시는 일입니다. 히브리서 기자는 하나님을 "그의 능력의 말씀으로 만물을 붙드시"(히 1:3)는 분이라고 말합니다. 이 세상에는 존재든 사태든 사건이든, 스스로 존속하고 발생하는 것은 하나도 없습니다. 모두 하나님의 통치 안에서 벌어지는 일입니다. 그래서 하나님은 이사야의 입술을 통해 "나는 빛도 짓고 어둠도 창조하며 나는 평안도 짓고 환난도 창조하나니 나는 여호와라. 이 모든 일들을 행하는 자"(사 45:7)라고 하십니다. 여기서 우리는 하나님을 '빛'과 '평안'의 창조자로 묘사하는 것은 좋아하지만 '어둠'과 '환난'의 주관자로 묘사하는 것에 대해서는 약간의 불편함을 느낄 수 있습니다. 하나님을 감히 어둠이나 환난의 생산자로 생각하는 것 자체가 불경인 듯한 거부감을 갖습니다. 사실, 이사야의 기록에서 우리는 마치 하나님을 죄의 저자와 도모자로 몰아가는 듯한 인상을 받습니다. 그러나 인상일 뿐입니다. 이사야서 45장 전체의 문맥에서 본다면, 하나님이 죄를 도모하고 저지르는 분이라는 이해의 어떠한 근거도 발견할 수 없습니다. 오히려 이 구절의 의미는 어떠한 것도 하나님의 주권적인 통치를 벗어나지 못하며, 어둠과 환난이 주어지는 것조차도 거기에는 하나님의 어떤 신적인 의도가 감추어져 있다는 것입니다. 그래서 우리는 어둠과 환난을 경험할 때마다 불평과 원망을 쏟아내며 그 원인을 제거하는 데에만 몰입하지 말고 그것이 허락되고 주어진 하나님의 깊은 의도를 찾으려는 태도를 취하는 게 좋습니다.

사람들의 눈에 복으로 보이든 재앙으로 보이든, 하나님의 섭리와 통치를 벗어나는 것은 없습니다. 원래 인간은 하나님을 떠나서는 아무것도 하지 못합니다. 바울은 아테네에 우상이 가득한 것을 보고서 마음이 격분하여 에피쿠로스 학파와 스토아 학파 사람들과 쟁론할 때에 하나님은 "우리가 그를 힘입어 살며 기동하며 존재하"는 분이라고 했습니다(행 17:28).

이는 우리의 존재와 삶과 활동이 모두 하나님께 의존하고 있다는 뜻입니다. 스스로 존재하고 스스로 살고 스스로 기동하는 존재는 이 세상에 하나도 없습니다. 사람의 일반적인 눈에는 독립적인 존재들이 있는 것처럼 보여도 바울의 신앙적인 눈에는 모든 것이 하나님께 의존하고 있습니다. 보다 구체적인 바울의 표현을 빌리자면, 하나님은 "만민에게 생명과 호흡과 만물을 친히 주시는 이"(행 17:25)입니다. 그러나 하루하루 살아가는 우리는 우리가 어떤 이에게서 생명을 공급받지 않으며, 호흡도 타인이나 인공호흡기에 의존하지 않고 자기의 코와 허파로 호흡하며, 주변의 온도와 기압과 밀도와 중력과 시공간과 다양한 차원의 세계도 주어진 것이 아니라 늘 있었던 그대로 있는 것이라고 생각하기 쉽습니다. 그런데 바울은 그런 우리와는 다르게 관찰하고 있습니다. 결코 주어진 것이라고 여겨지지 않는 우리의 생명과 호흡과 만물이 하나님에 의해 주어진 것이라고 주장하고 있는 것입니다. 이것은 하나님의 감동으로 이루어진 주장이기 때문에 비록 우리의 주장이 아무리 광범위한 공감대를 형성하고 있더라도 실상은 바울의 주장이 옳습니다. 다만 하나님에 의해 생명과 호흡과 만물이 우리에게 주어지되 너무도 은밀한 방식으로 주어지기 때문에, 하나님의 계시로 알려지지 않으면 우리 스스로는 도무지 그것을 알 수 없을 뿐입니다. 지금 이 순간에도 생명과 호흡과 만물은 하나님에 의해서 우리에게 주어지고 있지만 우리는 여전히 알지 못합니다. 그러나 우리의 무지가 사실을 바꾸지는 못합니다.

많은 사람들은 자신에게 지각되지 않는다는 이유로 이 세상의 존재와 사태와 사건에 대한 하나님의 신적인 개입을 인정하지 않습니다. 어떤 사람들은 하나님의 존재마저 부정하는 무신론을 주장하고 또 어떤 사람들은 비록 하나님의 존재와 창조는 인정하나 창조 이후에는 이 세상에 개입하지 않는다는 이신론을 주장합니다. 그러나 기독교는 하나님의 존재도 인정하고 하나님에 의한 자연의 창조도 인정하고 창조 이후에도 여전히 하나님의 통치가 미치지 않는 곳은 없다는 지속적인 섭리도 확실하게 믿습니다. 비록 하나님의 섭리가 하나님의 창조만큼 설명할 수도 없고 증명할 수는 더더욱 없는 신비로운 것이지만 기독교는 이 사실에 대한 성경의 표명보다 우리의 지식이나 무지를 앞세우는 경우가 결단코 없습니다. 오히려 성경의 증거에 우리의 판단을 쳐서 복종하게 만듭니다. 기독교는 예수님의 증거를 판단의 근거로 삼습니다. "내 아버지께서 이제까지 일하시니 나도 일한다"(요 5:17). 하나님이 일하시는 모습이나 하나님의 이마에 흐르는 수고의 땀방울을 목격한 이는 없습니다. 하나님을 본 사람이 아무도 없지만 아버지를 유일하게 아시는 예수님은 하나님 아버지를 지금까지 한 번도 쉬지 않으시고 일하시는 분이라고 하십니다. 아버지 하나님도 "이는 내 사랑하는 아들이니 너희는 그의 말을 들으라"(막 9:7)고 하셨기에 기독교는 그리스도 예수의 말을 그대로 믿습니다. 바울은 아마도 이러한 예수님의 증거에 근거하여 이방인을 향해 인간은 그분을 힘입어 존재하며 기동하며 산다고 증거했을 것입니다.

하나님의 섭리에는 일반적인 섭리와 특별한 섭리가 있습니다. 일반적인 섭리는 자연과 관계된 것으로서 자연의 보존과 파괴와 통치를 말합니다. 보존은 자연의 존재가 지속되게 하는 섭리이고, 파괴는 자연의 생명이 시들고 죽고 다시 새싹이 돋아 순환되게 하는 섭리이고, 통치는 자연의 모든 존재와 상태가 어떤 특정한 목적을 향하도록 하는 섭리를 뜻합니다. 인간이 태어나고 숨 쉬고 움직이고 생각하고 말하고 움직이고 살다가 아프고 죽는 모든 일도 하나님의 섭리 안에 있습니다. 사람의 눈에는 비록 원인이 발견되지 않아 우연한 것처럼 보인다 할지라도 하나님은 분명 관여하고 계십니다. 하나님이 계시지 않다면, 그의 권능의 말씀이 붙들지 않는다면, 온 우주는 부분이든 전체이든 지금의 질서대로 존속할 수 없습니다. 이는 욥에게 주어진 하나님의 허다한 질문에 잘 나타나 있습니다.

내가 땅의 기초를 놓을 때에 네가 어디 있었느냐?……누가 그것의 도량법을 정하였는지, 누가 그 줄을 그것의 위에 띄웠는지 네가 아느냐? 그것의 주추는 무엇 위에 세웠으며 그 모퉁잇돌을 누가 놓았느냐?……바다가 그 모태에서 터져 나올 때에 문으로 그것을 가둔 자가 누구냐? 그때에 내가 구름으로 그 옷을 만들고 흑암으로 그 강보를 만들고 한계를 정하여 문빗장을 지르고 이르기를 네가 여기까지 오고 더 넘어가지 못하리니 네 높은 파도가 여기서 그칠지니라 하였노라. 네가 너의 날에 아침에게 명령하였느냐? 새벽에게 그 자리를 일러 주었느냐? 그것으로 땅 끝을 붙잡고 악한 자들을 그 땅에서 떨쳐 버린 일이 있었느냐?……네가 바다의 샘에 들어갔었느냐? 깊은 물 밑으로 걸어 다녀 보았느냐? 사망의 문이 네게 나타났느냐? 사망의 그늘진 문을 네가 보았느냐? 땅의 너비를 네가 측량할 수 있느냐? 네가 그 모든 것들을 다 알거든 말할지니라. 어느 것이 광명이 있는 곳으로 가는 길이냐? 어느 것이 흑암이 있는 곳으로 가는 길이냐? 너는 그의 지경으로 그를 데려갈 수 있느냐? 그의 집으로 가는 길을 알고 있느냐?……네가 눈 곳간에 들어갔었느냐? 우박 창고를 보았느냐? 내가 환난 때와 교전과 전쟁의 날을 위하여 이것을 남겨 두었노라. 광명이 어느 길로 뻗치며 동풍이 어느 길로 땅에 흩어지느냐? 누가 홍수를 위하여 물길을 터 주었으며 우레와 번개 길을 내어 주었느냐? 누가 사람 없는 땅에, 사람 없는 광야에 비를 내리며 황무하고 황폐한 토지를 흡족하게 하여 연한 풀이 돋아나게 하였느냐? 비에게 아비가 있느냐? 이슬방울은 누가 낳았느냐? 얼음은 누구의 태에서 났느냐? 공중의 서리는 누가 낳았느냐?…… 가슴 속의 지혜는 누가 준 것이냐? 수탉에게 슬기를 준 자가 누구냐? 누가 지혜로 구름의 수를 세겠느냐? 누가 하늘의 물주머니를 기울이겠느냐? 티끌이 덩어리를 이루며 흙덩이가 서로 붙게 하겠느냐? 네가 사자를 위하여 먹이를 사냥하겠느냐? 젊은 사자의 식욕을 채우겠느냐?……까마귀 새끼가 하나님을 향하여 부르짖으며 먹을 것이 없어서 허우적거릴 때에 그것을 위하여 먹이를 마련하는 이가 누구냐? (욥 38:4)

욥에게 주어진 질문에서 우리가 주목해야 할 대목은 이 모든 일을 행하신 주체가 "누구냐?"에 있습니다. 이는 자연에서 마치 무인격적 자연법을 따라 벌어지는 것처럼 보이는 이 모든 일이 실제로는 하나님이 행하시는 일이라는 말입니다. 하나님 없이 이루어진 일이 하나도 없다는 것입니다. 그러나 인간은 눈에 보이지 않는다는 이유로, 즉 인간의 인지적인 한계와 무지 때문에 자연과 역사에 대한 하나님의 존재와 개입을 부정합니다. 인간은 결코 만물의 척도가 아닙니다. 인간이 시각과 촉각과 후각과 미각과 청각을 모두 동원해서 아무리 꼼꼼하게 관찰하고 정밀하게 분석한다 할지라도 만물을 판단할 수준의 절대적인 기준에는 도달하지 못합니다. 인간은 그런 종류의 판단자가 아닙니다. 인간은 본질상 하나님의 명령을 받아 수행하는 체질과 성정과 분별력과 판단력을 가지고 있습니다. 본성에 부합하지 않은 행동에는 언제나 부작용과 역기능이 따릅니다. 입법과 심판은 하나님의 몫입니다. 하나님에 의해 제정된 법의 준행만이 인간의 몫입니다. 사물과 사건과 사태와 상태는 모두 최고의 절대적인 규범인 하나님의 말씀으로 평가되는 것이 옳습니다.

욥은 이미 하나님과 변론할 때에 "천 마디에 한 마디도 대답하지 못하리라"(욥 9:3)는 인간의 무지한 실존을 고백한 바 있습니다. 고난을 경험한 후에 욥은 보다 성숙해져 자신은 "무지한 말로 이치를 가리는 자"이며 "깨닫지도 못할 일을 말하였고 스스로 알 수도 없고 헤아리기도 어려운 일을 말"(욥 42:2-3)한 사람임을 알고 그저 "주여, 내게 알게 하옵소서"(욥 42:4)라는 경청자와 순종자의 자리에 있을 뿐이라는 고백을 했습니다. 이처럼 경건과 학식에 있어서 동방의 으뜸인 욥이 하나님께 승복한 것은 결코 패배자의 모습이 아닙니다. "내 생각이 너희의 생각과 다르며 내 길은 너희의 길과 다름이니라. 이는 하늘이 땅보다 높음 같이 내 길은 너희의 길보다 높으며 내 생각은 너희의 생각보다 높음이니라"(사 55:8-9)고 하신 하나님의 말씀에 부합하는 것입니다. 오히려 인간이 하나님과 감히 겨루려는 것 자체가 어리석은 패배자의 전형적인 모습일 것입니다. 우리는 안다고 생각할 때에 마땅히 알아야 할 것을 모른다는 바울의 교훈을 기억하며 인간의 초라한 지식에 따른 성급한 판단력 행사를 자제해야 할 것입니다.

5.
인간은 누구이며
그리스도 예수는 누구신가

하나님의 섭리 안에는 인간의 죄와 타락 및 그리스도 예수의 성육신과 죽음과 부활과 승천까지 포함되어 있습니다. 인간은 하나님의 형상을 따라 천하보다 귀한 존재로 지음을 받아 본성의 최상급 탁월성을 가졌지만 첫 번째 아담의 죄로 인하여 만물보다 심히 부패하고 거짓된 존재로 추락하고 말았습니다. 그러나 하나님의 택한 백성은 그리스도 안에서 새로운 피조물이 되었기에 우리 자신을 첫 번째 아담과 두 번째 아담 그리스도 예수를 통해 동시에 이해하지 않으면 안됩니다. 비록 작정과 창조와 섭리의 주체이신 하나님에 대해 안다 할지라도 그리스도 예수 안에서 구속주 하나님에 대한 지식이 더해지지 않으면 온전한 하나님 지식에 도달하지 못합니다. 두 번째 아담이신 그리스도 예수를 아는 지식은 그가 완전한 하나님과 완전한 인간이 되시기에 하나님을 아는 지식과 인간을 아는 지식의 중심이며 본질이며 종합이라 할 수 있습니다. 성경 전체가 바로 그리스도 예수를 가리켜 기록된 책입니다. 그래서 그리스도 예수 자신을 연구하는 '기독론'은 성경 전체와 연관되어 있고 당연히 신학 전체와 결부되어 있습니다.[12]

---

12 이 주제에 대해서는 칼빈의 『기독교강요』 2권의 정리 및 재구성의 방식으로 논지를 전개하되 각주는 꼭 필요한 경우 외에는 생략한다.

"주는 그리스도시요 살아 계신 하나님의 아들이시니이다"

'성경 전체가 그리스도 예수를 가리키고 있다'는 간명한 해석은 예수님 자신의 입술에서 나온 것입니다. 바울이 그리스도 예수와 그가 달리신 십자가 외에는 어떠한 지식도 알지 않기로 작정하고 어떠한 것도 자랑하지 않기로 결심한 것은 기독교 진리의 교리 한 조각에만 편협한 전문성을 갖겠다는 의도가 아닙니다. 성경에 대한 예수님의 해석에 비추어 본다면 성경 전체를 하나도 가감하지 않고 성경의 본질적인 의미에 집중하고 다른 주변적인 것들에 치우치지 않겠다는 적정과 절도의 범례라고 이해하는 것이 합당할 것입니다. 바울에게 그리스도 예수는 기독교 진리의 전체이며 중심이 아니었나 싶습니다.

성경 전체의 핵심이신 예수님은 다시 제자들을 향해 "너희는 나를 누구라 하느냐"(마 16:15)는 질문을 던집니다. 이에 베드로가 "주는 그리스도시요 살아 계신 하나님의 아들이시니이다"(마 16:16)라는 답변을 했고 다른 모든 사도들도 이 답변에 수긍했습니다. 예수님의 정체성이 그리스도 및 살아 계신 하나님의 아들로 규정된 것의 합법성은, 사도들의 합의도 있었지만 이러한 규정의 출처가 베드로 같은 사람의 머리가 아니라 아버지 하나님의 계시라는 점과 그리고 이런 규정을 승인하신 분이 예수님 자신이란 사실에서 확보될 수 있습니다. 이처럼 예수님의 정체성은 성경 전체의 설명이며 아버지 하나님의 계시이며 예수님 자신의 보증과 해명 그리고 사도들의 수용으로 확립된 것입니다.

예수님이 그리스도 및 살아 계신 하나님의 아들임을 아는 데에 있어서 주의할 점은 그 지식의 원천이 성경이며, 그 성경은 선지자들 및 사도들이 하나님의 감동으로 계시를 받아 기록한 것이며, 그 인식은 아버지 하나님의 알게 하시는 조명에 의존하고 있다는 것입니다. 성경 전체가 고려되지 않은 예수님 지식은 부실할 수밖에 없으며 어쩌면 심각한 왜곡이 부득불 초래될 수도 있습니다. 사사로운 견해의 정당성을 확보할 요량으로 성경의 특정 구절에 과도한 의미를 부여하여 성경의 전체적인 문맥의 빛에 비추어진 의미의 균형과 조화와 부요함을 파괴하는 일이 교회의 역사 전반에 걸쳐 반복되어 왔음을 기억할 때에 기록론 이해의 원천이 성경 전체임을 놓쳐서는 결코 안될 것입니다.

　　베드로의 고백에 요약된 예수님의 정체성은 두 가지로 구분되어 있습니다. 하나는 예수님의 사역과 관련된 것이고 다른 하나는 그 사역의 주체이신 예수님의 존재와 관련된 것입니다. 사역은 "그리스도"라는 호칭으로 표현되어 있고 존재는 "살아 계신 하나님의 아들"로 묘사되어 있습니다. 사역이 선행하고 존재가 후행하고 있다는 사실에서 우리는 성경의 귀납적인 어법을 확인할 수 있으며, 베드로의 고백이 "그리스도" 그리고 "살아 계신 하나님의 아들" 순으로 묘사되고 있어서 예수님과 그분의 사역으로 말미암지 않고서는 누구도 아버지 하나님께 나아갈 수 없다는 말씀과의 연계성도 이 고백에 암시되어 있음을 확인할 수 있습니다. 나아가 이는 이루어진 사역에 대한 지식에만 안주하지 않고 사역의 주체이신 분에게로 소급하여 삼위일체 하나님을 아는 지식에까지 이르러야 한다는 암시로 보아도 무방할 듯합니다.

　　베드로의 고백이 비록 예수님의 사역과 신성을 언급하고 있기는 하지만 인성을 가리키는 "주는 사람이요" 같은 구절이 삽입되어 있지 않았다고 해서 예수님의 인성을 배제한 것이라고 읽어서는 안됩니다. 베드로를 비롯한 사도들은 "너희는 나를 누구라 하느냐"는 예수님의 질문에 예수님이 인간이신 것은 너무나도 당연하고 상식적인 것이기에 답변에 포함시킬 필요성을 느끼지 못했을 것입니다. 그런데도 초대교회 시대에 적잖은 사람들이 예수님의 신성을 부인하기도 했지만 성자가 인간일 수 없다며 예수님의 인성, 즉 성자가 육신을 입으신 것을 부인한 사람들 또한 적지 않았습니다. 지금도 곳곳에서 동일한 주장이 목소리를 내고 있습니다. 이러한 오해를 불식하기 위해 교부들은 범교회적 회의를 열었고, 결국 예수님은 "완전한 하나님"인 동시에 "완전한 인간"이 되신다는 진리를 교회의 역사에 심을 수 있었고, 그 진리의 도도한 숨결은 오늘날의 교회에까지 이어지고 있습니다.

예수님을 아는 지식인 기독론은 예수님이 '신인'Deus-homo이기 때문에 신론과 인간론이 입 맞추고 있는데 신론은 속성과 삼위일체 교리를 포괄하고 있고 인간론은 죄론과 구원론을 포함하고 있습니다. 예수님은 완전한 하나님이 되시기에 삼위일체 하나님의 분리될 수 없는 모든 사역인 작정과 예정과 창조와 섭리와 심판과 무관하지 않으며 따라서 당연히 작정론과 예정론과 창조론과 섭리론과 종말론도 예수님과 분리하여 해석될 수 없습니다. 또한 언약에 있어서도 예수님은 완전한 하나님인 동시에 완전한 인간이기 때문에 하나님의 영원한 의논과 하나님과 인간 사이의 언약 이해와도 긴밀하게 연결되어 있습니다. 이런 맥락에서 바빙크Herman Bavinck, 1854-1921가 그리스도 예수에 대한 지식을 신학의 심장으로, 전 교의학의 출발이 아니라 중심에 위치하며 모든 각론의 핵심이며 어떤 각론들은 이 지식을 향하고 어떤 각론들은 이 지식의 샘에서 흘러 나온다고 주장한 것은 결코 과장이 아닌 듯합니다.

이 장에서 저는 칼빈의 주장을 중심으로 하나님과 인간에 대한 지식의 총화인 그리스도 예수에 관한 지식을 살펴볼 것입니다. 이 지식의 중요성은 칼빈의 신학적 구조에도 어느 정도 반영되어 있습니다. 칼빈은 우리의 모든 참되고 건전한 지혜가 "하나님과 우리를 아는 지식"cognitio Dei et nostri으로 구성되어 있음을 자신의 교의학 서두에서 밝힙니다. 부정적인 방식이든 비교의 방식이든 탁월성의 방식이든, 하나님과 인간을 아는 지식이 서로 상보적인 동반자란 사실은 반박의 여지가 없어 보입니다. 완전한 하나님과 완전한 인간이신 예수님 안에서는 이런 두 종류의 지식이 가장 완전한 형태로 집약되어 있습니다. 인간은 그리스도 예수를 떠나서는 아무것도 할 수 없습니다. 존재나 행위나 인식은 모두 그리스도 안에서만 가능한 것입니다. 그리스도 밖에서도 가능한 것이 있다면 그것은 죄악과 거짓뿐일 것입니다. 이러한 인간과 그리스도 사이의 분리 불가능성 때문에 실제로 칼빈은 인간의 실상인 아담의 타락과 부패와 저주와 비참을 그리스도 안에서 구속주 하나님을 아는 지식에서 다루고 있습니다. 당연히 삼위일체 하나님도 그리스도 예수로 말미암지 않고서는 도무지 알 수 없다는 입장을 취합니다.

우리는 베드로의 고백이 아버지 하나님의 계시이며 성경 전체의 요약이며 신구약 전체를 포괄하는 최초의 신앙고백이며 그리스도 예수께서 친히 제자들을 향해 자신이 누구인지에 대한 규정으로 승인하신 것임을 믿기에 예수에 대한 지식은 "그리스도" 그리고 "살아 계신 하나님의 아들"이란 귀납적인 순서대로 논구하는 것이 합당해 보입니다. 이는 기독론 전체를 두 부분으로 나눈다는 의미에서 이런 수순을 따라 논하자는 것이 아니라, 기독론의 모든 이슈에서 "그리스도" 및 "살아 계신 하나님의 아들"

을 순서대로 풀겠다는 것입니다.

칼빈이 자신의 교의학 안에서 교리를 다루는 순서를 살펴보는 것이 우리의 기독론 이해에 유익할 것 같습니다. 칼빈은 하나님을 아는 지식과 인간을 아는 지식이 서로 연관되어 었어서 우리가 그 안에서 "살고 기동하고 존재하게 하시는 하나님께 지각의 눈을 돌리지 않는다면 자신을 정확하게 이해할 수 없고" 동시에 "우리 자신의 무지와 공허와 빈곤과 허약과 이러한 것들보다 더 심각한 타락과 부패를 자각할 때에 지혜의 참된 광채와 건전한 미덕과 충만한 선하심과 의의 순결함이 오직 주 안에만 있다"는 것을 알기에 인간을 아는 지식으로 인해 하나님에 관한 지식을 다소나마 더 얻게 된다고 말합니다. 그러나 비록 하나님에 대한 지식과 우리에 대한 지식이 서로 선후를 가릴 수 없을 정도로 맞물려 있지만 "먼저 전자에 대해 논의하고 그 다음에 후자를 논하는 것이 교수법의 정당한 순서"ordo recte docendi라고 칼빈은 말합니다.[13] 이러한 판단을 따라 칼빈은 교리적인 논의의 순서에 있어서 창조사 하나님에 대한 지식을 먼저 다룹니다. "사람이 먼저 하나님의 얼굴을 관조하고 그런 응시에서 자신에 대한 고찰로 내려오지 않으면 자신에 대한 순수한 지식에 결단코 도달하지 못한다"고 믿은 것처럼, 칼빈은 인간에 대한 지식을 하나님에 대한 지식 이후에 다룹니다.

그러나 주목할 것은 앞서 언급한 것처럼 '인간에 대한 지식'을 '창조주 하나님에 대한 지식' 항목에서 취급하고 있기는 하지만, 인간의 실질적인 상태는 제2권 '그리스도 안에서의 구속주 하나님을 아는 지식'에서 다룬다는 점입니다. 김영규 박사가 잘 지적한 것처럼, 칼빈은 자아 자체가 아니라 자아의 상태, 즉 하나님 앞에서의 비참한 자아를 중요하게 논합니다.

---

13 John Calvin, *Institutio 1559*, I.i.2.

"너 자신을 알라"cognitio sui ipsius라는 오래된 격언이 항상 지성들의 붓에 환대를 받았던 것은 결코 우연이 아니라고 칼빈은 말하면서, 그들이 자아에 대한 지식을 중요하게 논하되 인간의 '위엄과 탁월성'에 관심의 초점을 두고 헛된 자만과 교만으로 충동되는 것만을 숙고하는 것은 안타까운 행태라고 꼬집고 있습니다. "너 자신을 알라"는 격언에 대한 기독교적 반응은 (1)창조 시에 우리에게 부여된 '본성의 탁월함'naturae excellentia이 손상되지 않았다면 얼마나 위대했을 것인지에 대한 지식과 (2)아담이 타락한 이후 우리의 '비참한 상태'misera conditio에 대한 지식에 이르러야 한다고 말합니다. 비록 인간에 대한 지식이 두 부분으로 구성되어 있기는 하지만 칼빈은 하나님을 아는 지식에서 비추어진 인간의 비참한 자아에 대한 논증에 보다 넓은 지면을 할애하고 있습니다.[14]

칼빈이 이렇게 기독론에 대한 본격적인 논의 이전에 인간의 비참에 대한 지식을 논구하는 것은 이사야서 주석에서 밝힌 것처럼 "우리가 자신의 비참상과 빈곤을 파악하지 못한다면 우리는 그리스도 예수께서 우리를 위해 가져온 해법의 가치를 결단코 인지하지 못할 것이며 그에게 온전한 사랑으로 다가서지 못할 텐데, 우리는 자신이 망하게 되었음을 깨닫고 자신의 비참함을 의식하게 되어야 비로소 열심히 달려가 그 해법을 우리에게 적용하며 그렇지 않고서는 그것을 조금도 생각하지 않는다"는 그의 이해에 기초하고 있습니다.[15] "우리의 본성은 모든 부분에서"omnibus naturae nostrae partibus 철저하게 부패하고 타락하여 스스로는 도무지 해결할 수 없기

---

14 John Calvin, *Institutio 1559*, II.i.1-3.
15 John Calvin, *Commentarius in Isaiam*, CO 37:260: "Nisi enim perspecta nobis fuerit miseria et necessitas nostra, nunquam intelligemus quam expetendum sit remedium quod Christus attulit: nec ardenti affectu ad ipsum ut par est accedemus. Simul vero ac intelligimus nos fuisse perditos, miseriae nostrae conscii cupide ad amplectendum remedium accurrimus, quod alioqui nullo in pretio esset."

에 "타락한 인간은 그리스도 안에서만 구속을 추구해야 한다"는 중보자의 절대적인 필요성이 여기에 있다고 말합니다.[16]

중보자는 단순히 새 언약에만 유효하신 분이 아니라 옛 언약에 대해서도 이 중보자를 떠나서는 은혜의 하나님을 믿을 수 없다는 이해 속에서 칼빈은 구약과 신약을 다룹니다. 언약이 그리스도 안에서 취급되고 있다는 사실과 옛 언약의 그릇이라 할 율법도 기독론 안에서 비로소 최고의 해석을 얻는다는 칼빈의 통찰이 탁월해 보입니다. 그리고 나서 칼빈은 신약과 구약의 통일성을 형성하는 하나의 중보자 그리스도 예수의 인격과 사역에 대해 논합니다. 칼빈이 보여준 이러한 교리적 논의의 순서는 이후에 개혁파 정통주의 인물들에게 범례가 되었고 교의학의 구조에 뿌리를 내립니다. 그래서 기독론 안에서는 인간의 비참한 자아와 중보자의 옛 언약과 새 언약 및 십계명을 다루고 나서 그리스도 예수의 인격과 직분과 사역을 순서대로 다룹니다.

하나님 앞에서 인간의 비참한 자아에 대하여

첫 부분에서 밝힌 것처럼 우리 자신에 대한 지식은 창조 시에 우리가 받은 본성의 탁월함과 타락 이후에 전개된 우리의 비참한 처지에 대한 지식으로 구성되어 있습니다. 칼빈의 교의학적 구조에 따르면, 인간의 탁월성은 창조자 하나님을 아는 지식에서 논하지만 인간의 비참은 기독론 서두에서 다룹니다. 칼빈은 타락 이후 인간의 상태를 전적인 타락으로 규정하고 있습니다. 본성과 의지와 지성과 언어와 행위 중 어느 것도 인간의 죄와 타

---
16 John Calvin, *Institutio 1559*, II.i.1-3.

락에서 자유롭지 않습니다. 인류의 대표성을 가진 아담과 하와의 타락으로 모든 인간은 원죄를 가지고 태어나며 살면서 행하는 것마다 죄에서 자유로운 것이 하나도 없고 일평생 죄와 무관한 때가 한순간도 없습니다.

"우리가 죄인이기 때문에 죄를 짓는다"는 것을 이해하기 위해서는 본성에 따른 자유의 구분을 확인하는 게 좋습니다. 교부 시대 이후로 본성에 따른 인간의 자유는 네 가지로 구분될 수 있는데 (1)죄를 지을 수도 있고 짓지 않을 수도 있는 타락하기 이전 '아담의 자유'libertas Adami, (2)죄를 짓지 아니할 수 없는 타락한 이후 '죄인의 자유'libertas peccatorum, (3)죄를 짓지 않을 수 있는 중생한 이후 '신자의 자유'libertas fidelium, 그리고 (4)죄를 지을 수 없는 영화롭게 된 '의인의 자유'libertas gloriae입니다. 아담과 하와 이후로 태어난 모든 인간은 죄의 본성에 따라 죄를 짓지 아니할 수 없는 자유를 갖습니다. 모든 것을 자유롭게 행하나 선을 행하지는 못한다는 것입니다.

인간이 스스로 헤어 나올 수 없는 본성적인 결박인 죄는 도대체 어떤 것입니까? 선악과의 금지령은 아담이 하나님의 주권적인 명령 아래에 있음을 인정하는 "순종의 시험"이기 때문에, "탐식에 의한 무절제"가 아니라 하나님의 주권을 거절하고 명령을 무시하고 하나님과 맞서려고 한 "불순종"이 아담과 하와의 죄였으며 그것이 인류 "멸망의 시초"가 되었다고 칼빈은 말합니다.[17] 그리고 하나님의 권위에 대한 그들의 반역은 사탄의 유인에 빠졌기 때문만이 아니라 "진리에 대한 경멸"과 "거짓에의 편향성"이 맞물린 결과라고 칼빈은 진단하고 있습니다.[18] 하나님의 말씀을 멸시하면 "그에 대한 모든 경외심"을 버릴 수밖에 없습니다. 이러한 종류의 "불신"

---

17 John Calvin, *Institutio 1559*, II.i.4.
18 John Calvin, *Institutio 1559*, II.i.4.

이 바로 "변절의 뿌리"radix defectionis인 것입니다. 나아가 아담의 불순종은 단순한 변절이 아니라 하나님께 대한 사탄의 비루한 힐문과 결부되어 있습니다. 즉 그의 불순종은 하나님께 허위와 시기와 악의가 있다는 사탄의 중상에 찬동한 것입니다. 이는 아담이 주님께서 창조 시에 "하나님의 유사성을 따라"ad similitudinem Dei 지음을 받았다는, 하나님의 위대하고 풍성한 영광에 만족하지 않았다는 사실과도 무관하지 않습니다. 하나님을 경외하는 마음이 상실된 사람은 비록 하나님이 보시기에 심히 좋도록 지음 받았더라도 야망과 정욕이 이끄는 대로, 주어지지 않은 영광을 취하려고 광란을 부리는 법입니다. 하나님의 계명을 지켜 행해야 억제되는 정욕의 고삐가 불신앙에 의해 풀어진 아담과 하와는 "악마의 모독적인 언사에 휩쓸려" 하나님과 비기려고 했다가 급기야 "하나님의 모든 영광을 소멸시킨" 죄인들이 된 것입니다.[19]

칼빈의 죄론에서 우리가 주목해야 하는 것은 죄의 근원이 "진리에 대한 멸시", 즉 하나님의 말씀에 대한 아담과 하와의 멸시라는 점입니다. 다시 말해, 여호와에 대한 경외의 상실, 하나님과 같아지려고 한 교만, 사탄의 도발적인 언사에의 찬동, 명령의 실질적인 불순종이 모두 말씀을 버린 데에서 비롯된 결과라는 것입니다. 하나님의 말씀을 버린 죄는 아담과 하와에게서 그치지 않고 온 인류로 번졌으며 모든 피조물이 죄의 영향권 아래에서 탄식하며 허무한 데 굴복할 수밖에 없게 되었습니다. 그러나 펠라기우스 사상을 두둔하는 무수한 인물들은 이러한 사실을 왜곡하여 아담의 죄는 그 자신의 파멸만을 가져왔고 그 후손은 어떠한 피해도 물려받지 않았으며 죄의 전달은 "모방에 의한 것이지 번식에 의한 것은 아니라"per

---

19 John Calvin, *Institutio 1559*, II.i.4.

imitationem, non propaginem는 '합리적인' 궤변으로 죄의 심각성을 은폐하여 죄 문제에 대한 의식을 제거하고 해결할 기회조차 주어지지 않도록 만들려고 했습니다.[20] 그러나 이 문제에 대해 다윗은 "내가 죄악 중에 출생하였음이여. 어머니가 죄 중에서 나를 잉태하였나이다"(시 51:5)라는 고백으로, 욥은 "누가 깨끗한 것을 더러운 것 가운데에서 낼 수 있으리이까. 하나도 없나이다"(욥 14:4)라는 고백으로 답변을 대신했고, 바울은 우리가 "본질상 φύσει 진노의 자녀"(엡 2:3)였기 때문에 우리의 죄는 모방에 의해서가 아니라 아담의 타락 이후의 부패한 본성과 관계된 것임을 가르치고 있습니다. 신자든 불신자든 사람은 "사악한 본성에서" ex vitiosa natura 자녀를 낳기 때문에 무죄한 자녀가 아니라 유죄한 자녀를 낳습니다. 심지어 거듭난 사람도 육체를 따라 거듭난 자녀를 낳지 않습니다.[21]

이러한 이해 속에서 칼빈은 원죄가 "우리 본성의 유전적 타락과 부패"이며, "영혼의 모든 부분"에 만연되어 있고, 우리로 하여금 "하나님의 진노를 받아야 할 죄인"roes irae Dei 으로 만들고, "육체의 일들"을 행하게 만든다고 말합니다.[22] 나아가 칼빈은 "이해에서 의지까지, 영혼에서 육체까지 인간에게 있는 모든 것이 모두 육욕 concupiscentia 으로 더럽혀져 있으며 전 인간이 육욕 이외에는 아무것도 아니며" "영혼의 전 영역이 죄에 의해서 결박을 당했다"고 말합니다.[23] 지성의 보루는 사악한 불신앙에 의해 장악되었고, 마음은 저변까지 오만으로 물들었고, 영혼의 일부분이 아니라 영혼의

---

20 John Calvin, *Institutio 1559*, II.i.5.
21 John Calvin, *Institutio 1559*, II.i.7; Augustine, *De peccato originali*, PL44:407: "Regeneratus quippe non regenerat filios carnis, sed generat; ac per hoc in eos non quod regeneratus, sed quod generatus est, trajicit. Sic igitur, sive reus infidelis, sive absolutus fidelis, non generat absolutos uterque, sed reos."
22 John Calvin, *Institutio 1559*, II.i.8.
23 John Calvin, *Institutio 1559*, II.i.8-9: "quidquid in homine est, ab intellectu ad voluntatem, ab anima adcarnem usque, hac concupiscentia inquinatum refertumque esse; aut, ut breviu sabsolvatur, totum hominem non aliud exc se ipso esse quam concupiscentiam ... Quamobrem dixi cunctas animae partes a peccato fuisse possessas."

본성 전체가 썩었다고 말합니다.[24] 그러나 주의할 것은 본성의 타락과 부패가 본성 자체에서 흘러나온 것은 아니라는 것입니다. 죄나 타락은 인간의 본성 안에 원래부터 내재해 있었던 '본질적인 특성'substantialem proprietatem이 아니라 외부에서 첨가된 '우연적인 특질'adventitiam qualitatem일 뿐입니다.[25]

"본성의 전적인 타락" 주장과는 달리, 인간의 이성은 부패하지 않았으며 그런 이성에 순종하는 의지가 감각의 선동만 받지 않는다면 올바른 행위를 자유롭게 할 수 있다는 입장을 펼치는 사람들이 있습니다. 교부들은 비록 인간의 무력함을 부정하지 않지만 크리소스토무스Johannes Chrisostomus, 349-407의 경우 "하나님은 선악을 우리의 능력 안에 두셨고 우리에게 선택의 자유로운 결정electionis liberum arbitrium을 주셨으며……악한 사람도 원하기만 하면 선한 사람으로 변하는 일이 많으며 선한 사람도 나태해서 넘어지고 악하게 되는 경우"도 있다고 했고,[26] 히에로니무스Eusebius Hieronymus, 347-420는 "우리는 힘써 드리고 우리가 할 수 없는 것은 하나님이 공급해 주신다"는 말로 인간의 덕에 대해 과도한 열의를 표현한 바 있습니다. 심지어 칼빈이 다른 교부들과 늘 구별했던 스승 아우구스티누스도 "하나님을 이해하고 인지할 수 있다는 점에서는 인간이 살았으나 죄에 의해 억압되고 짓눌려 있다는 점에서는 죽었기에 인간은 절반만 살았다"semivivus고 묘사한

---

24 John Calvin, *Institutio 1559*, II.i.9: "Neque enim appetitus tantum inferior eum illexit, sed arcem ipsam mentis occupavit nefanda impietas, et ad cor intimum penetravit superbia." 영혼의 일부분이 부패했을 뿐이라고 주장한 자라고 칼빈이 비판한 인물은 페트루스 롬바르두스(Petrus Lombardus)이다. *P. Lombardi magistri Sententiarum*, PL 192:727: "Si vero remanet illa foeditas usque ad procreationem filiorum, quae fit concupiscentia carnis, videtur natura carnis magis ac magis corrumpi; et magis corrupta videtur caro prolis quam parentis, quia carne pollutionem quam habuit a conceptu retinente, trahitur polluta, et in concupiscentia concipitur, unde et polluitur; et ita ex duplici causa contaminatur."
25 John Calvin, *Institutio 1559*, II.i.11.
26 John Calvin, *Institutio 1559*, II.ii.4: "quoniam bona et mala in nostra Deus potestate posuit, electionis liberum donavit arbitrium, et in vitos non retinet, sed volentes amplectitur. Item: saepe qui malus est, si voluerit, in bonum mutatur, et qui bonus, per ignaviam excidit et fit malus; quia liberi arbitrii esse nostram naturam fecit Dominus"; Chrysostom, *De proditione Judaeorum*, PG 49:377; idem, *Homiliaein Genesin*, PG 53:158.

적이 있습니다.[27] 이러한 교부들의 발언에 경도된 중세의 인물들은 인간의 본성을 구분하여 "지각적인 부분은 부패했고, 이성은 전혀 손상되지 않았고, 의지는 대부분 손상이 없다"[28]는 식의 어정쩡한 죄론에 안착하게 되었다고 칼빈은 분석하고 있습니다. 이것을 칼빈은 몇몇 교부들이 사람들의 상식으로 볼 때 어리석게 생각되는 것을 피하려고 성경의 교훈과 철학적 신념을 반반씩 섞어서 조화하려 한 노력의 일환으로 해석하고 있습니다.

칼빈은, 비록 많은 사람들이 이해하지 못하는 말이지만, "인간 안에 자연적인 은사는 부패했고 초자연적 은사는 진실로 제거되었다"는 말로 인간의 부패성을 가르치겠다는 결의를 밝힙니다.[29] 그러나 칼빈은 본성의 부패성 자체를 가르치는 것보다는 그렇게 전적으로 부패한 본성을 가지고 인간이 도대체 무엇을 할 수 있는지를 숙려하는 것이 더 중요하다고 말합니다. 그럼에도 불구하고 주님의 제자라고 하는 사람들이 자유로운 선택의 문제를 철학적 사유와 적당히 섞어서 풀려고 한다는 아쉬움을 표합니다. 그러므로 '자유로운 선택'의 의미를 명확히 할 필요가 있습니다.

오리게네스 Origenes, 185-254는 '자유로운 선택' liberum arbitrium을 "선악을 구별하는 이성의 능력이며 선악을 선택하는 의지의 능력"이라 했고, 이와 유사하게 아우구스티누스는 그것을 "은혜의 도움으로 선을 선택하고 은혜의 중단으로 악을 선택하는 이성과 의지의 능력"이라 했습니다. 중세의 인물들은 아우구스티누스의 견해를 선호하되 선악을 구별하는 것은 이성의 일이기에 '선택' arbitrium이라는 명사는 이성에 돌리고자 했고 '자유로

---

27 Augustine, *Quaestiones in Evangelium secundum Lucam*, PL 35:1340: "quia ex parte qua potest intelligere et cognoscere Deum, vivus est homo; ex parte qua peccatis contabescit et premitur, mortuus est, et ideo semivivus dicitur."
28 John Calvin, *Institutio 1559*, II.ii.4; Duns Scotus, *Quaestiones in librum secundum sententiarum*, in *Operaomnia*, Vol.13 (Paris, 1891), 268-269.
29 John Calvin, *Institutio 1559*, II.ii.4: "naturalia dona in homine corrupta esse, supernaturalia vero ablata."

운'liberum이라는 형용사는 의지에 돌리고자 했습니다. 아퀴나스의 경우에는 원래 '자유'는 의지와 어울리는 말이고, 만일 '자유로운 선택'이 '선택하는 힘'viselectiva이라고 한다면 이 능력은 지성과 욕구의 혼합이며 그럼에도 불구하고 욕구로 기울어져 있다고 했습니다.

문제는 선택하는 힘을 지성과 욕구에 각각 얼마만큼 분배할 것인지가 중요하다고 칼빈은 말합니다. 중세의 학자들은 먼저 자유를 (1)필연성에서의 자유, (2)죄에서의 자유, (3)불행에서의 자유로 구분하고 있습니다. 여기서 첫 번째 종류의 자유는 사람의 본성에 내재되어 있기 때문에 결코 잃어버릴 수 없으나, 나머지 두 종류의 자유는 죄로 인해 잃어버린 것입니다. 여기서 제기되는 문제는 선행의 힘을 인간이 완전히 잃었는지 아니면 선행의 부분적인 힘이 있어서 자체로는 아무것도 못하지만 하나님의 은총이 있으면 자신의 몫을 수행할 수 있는지 하는 것입니다. 『명제집』의 저자 롬바르두스Petrus Lombardus, 1095-1160는 우리가 선을 행하기 위해서는 이중적인 은총duplicem gratiam이 필요한데, 우리로 하여금 선행을 유효하게 의시할 수 있도록 만드는 '사역적인 은총'gratiam operantem과 선한 의지를 보조하기 위해 뒤따르는 '협력적인 은총'gratiam cooperantem이 있다고 말합니다. 이러한 설명이 비록 선에 대한 유효적인 욕구를 하나님께 돌리기는 하지만 인간을 유인하여 어떤 식으로든 자신의 본성을 따라 선을 추구하는 것처럼 암시하는 셈이어서, 선한 의지가 하나님의 일이지만 인간이 고유한 움직임에 의해 선한 의지를 추구할 수 있다는 것을 인정하는 정도까지 갔다며 칼빈은 중세의 성자 베르나르두스Bernardus of Clairvaux, 1090-1153에 대해 아쉬움을 드러냅니다. 하나님의 보조적인 은총과 우리가 협력하는 듯한 진술에 대해서도 칼빈은 분명한 거절의 의사를 표합니다. 나아가 "이성의 판단을 사용하는 사람들은 은총을 버릴 자유가 있기에 버리지 않았다는 것이 바로 공로의 행위가 된다"는 해괴한 프로스퍼Prosper Aquitanus, 390-455의 글귀와 다르지가 않다는 비판도 가합니다.

칼빈은 아우구스티누스의 자유론을 소개하면서 히포의 교부는 "선택이 자유로운 것liberum은 사실이나 자유롭게 된 것liberatum은 아니며 의에 대해서는 자유롭게 되었고 죄에 대해서는 노예가 되었을 뿐이라liberum iustitiae, servum peccati"고 했으며 나아가 "사람은 의지의 선택을 통하지 않고서는 의로부터 자유롭게 되지 않을 것이며 구주의 은총에 의하지 않고서는 죄로부터 자유롭게 되지 못한다"는 주장을 했다고 말합니다. "나를 떠나서는 너희가 아무것도 할 수 없음이라"는 요한의 기록처럼, 하나님을 떠난 인간은 의에 대해서 아무것도 할 수 없고 행하는 것마다 불의한 것밖에 없습니다. 특히 키프리아누스Caecilius Cyprianus, 190-258의 글귀에 감동을 받은 히포의 주교는 "우리의 것은 하나도 없기에 우리는 어떠한 것도 자랑할 수 없다"고 말합니다. 이에 칼빈은 인간에게는 선한 것이 하나도 없고 머리에서 발끝까지 전적으로 악하다면 어떠한 선에 대해선들 어찌 하나님과 인간이 공로를 나누어 가질 수 있느냐는 반문을 던집니다. 자유와 죄와 노예와 관련하여 칼빈은 베르나르두스의 글귀를 적극적인 동의 속에서 인용하고 있습니다.

영혼은 어떤 이상하고 악한 방법으로 일종의 자발적인, 그러나 그릇되게 자유로운 필연성에 의해 지배되며, 노예이며 자유롭다. 필연성 때문에 노예이며 의지 때문에 자유롭다. 그리고 더욱 놀랍고도 더욱 비참한 것은 자유롭기 때문에 영혼은 유죄이고 유죄이기 때문에 노예가 되었으며 결국 자유롭기 때문에 노예가 되었다는 것이다.

인간은 진실로 자유로운 상태라고 생각하는 중에도 죄에 사로잡혀 있습니다. 인간의 본성에는 지극히 합당하고 자연스런 일일지라도 하나님 앞에서는 악으로 발견될 수 있습니다. 인간의 이성에는 지극히 자연스러운 말일지라도 하나님의 귀에는 거짓말일 수 있습니다. 인간은 본성이 만물보다 심히 거짓되고 부패한 상태에 있기 때문에 지극히 부패하고 거짓된 것일수록 인간에게 너무도 당연하고 지극히 자연스런 것처럼 여겨질 수 있습니다. 욥은 자타가 공인한 당대 최고의 신학자였지만 그가 내뱉은 말과 그의 삶은 스스로 깨달을 수 없는 것이었고 자신은 하나님의 거룩한 진리와 이치를 가리는 원흉임을 시인하며 하나님 앞에서 회개의 재를 뒤집어썼습니다. 우리는 자신의 상식과 합리와 본성을 지나치게 신뢰하지 말아야 하겠습니다. 아무리 많은 사람들이 보증하고 오랫동안 신뢰해 온 가치의 기준과 틀과 체계라 할지라도 하나님의 말씀에 의해 상대화할 필요가 있습니다. 우리의 부패한 본성에 가까운 것일수록 보다 은밀한 거짓과 부패일 수 있다는 사실을 한시라도 망각하지 말아야 할 것입니다. 겸손의 마음과 인격과 자세와 삶은 여기에서 나옵니다. 지극히 작은 조각이라 할지라도 자신에게 미덕이 있다고 생각하는 순간, 그는 겸손과는 결별하고 자랑과 교만의 족쇄에 곧장 결박되고 맙니다. 히포의 주교가 두렵고 떨림으로 터놓은 고백처럼, 사람은 겸손 이외에는 교만과 자랑의 공격에서 벗어날 다른 피난처가 없습니다. 예수님의 베드로 책망에서 보듯이, 나에게서 나오는 것은 사탄이며 나에게 있고 나의 것이라고 주장할 수 있는 것은 죄밖에 없습니다.

칼빈은 비록 인간의 전적인 타락을 집요하고 엄밀하게 규정하긴 했지만 그렇다고 지성의 능력이 아예 없다고 주장한 것은 아닙니다. 정치와 경제와 기술과 문예에 있어서 인간의 지성은 사회적인 합의나 법 원칙을 얼마든지 이해하고 존중할 수 있습니다. 인간의 지성은 학문과 예술에 있어서 탁월한 능력을 발휘하고 새로운 것을 고안하며 인간의 삶을 개선하는 경우가 많음을 우리는 부인하지 않습니다. 인간은 비록 아담과 하와의 타락으로 인해 인간성의 진정한 선을 빼앗기기는 했으나 그럼에도 불구하고 하나님은 인간에게 많은 선물을 남겨 두셨습니다. 성막을 만들기 위해 브살렐과 오홀리압 같은 이들에게 특별한 총명과 지식이 주어진 것은 하나님의 영에 의해서 이루어진 일입니다(출 36:1). 이는 "성령으로 아니하고는 누구든지 예수를 주시라 할 수 없느니라"(고전 12:3)고 한 바울의 확언과 "만일 하늘에서 주신 바 아니면 사람이 아무것도 받을 수 없느니라"(요 3:27)는 요한의 외침에서 쉽게 확인할 수 있습니다. 우리의 일상적인 삶에 필요한 것들이 자연과학, 논리학, 수학, 음악, 법학 같은 다양한 방식으로 주어지는 게 하나님의 뜻이라면, 거부할 것이 아니라 오히려 적법하게 이용해야 할 것입니다. 그러므로 모든 선하고 좋고 올바른 것은 복과 선과 진리의 유일한 원천이신 하나님의 영에서 나온 것이기에 어디서 발견되든 우리는 그것을 결코 멸하거나 거부하지 말고 경탄하며 하나님께 감사와 영광을 돌려야 합니다. 만약 우리가 멸시와 거부의 뻣뻣한 태도를 취한다면 진리의 영이신 성령을 멸시하고 거부하고 모독하는 셈이 될 것입니다. 그러나 비록 이러한 인간의 지성을 존중한다 할지라도, 하나님의 진리를 이해함에 있어서는 그리고 하나님의 눈에는 여전히 세상의 초등학문 수준에 불과한 것임을 잊어서는 안될 것입니다. 하나님을 알고 우리의 구원을 알고 진리의 규범을 따라 삶의 원리를 구성함에 있어서는 가장 위대한 천재라 할지라도 두더지의 안력보다 못하다$^{talpis\ caeciores}$고 칼빈은 말합니다. 이러한 의미에서 인간 존재의 가벼움은, 허무와 사람을 저울질해 보면 사람이 허무에 의해서도 들릴 정도라고 한 시인의 언술이 잘 묘사해 줍니다(시 62:9). 신령한 것에 대해서는 이것이 인간의 실존인 것입니다.

왜 인간은 하늘의 신령한 것을 이해하지 못할까요? 이는 우리의 나태와 무지와 건망증 때문이 아닙니다. 나태와 무지와 건망증 같은 인간 편에서의 결함이 제거된다 할지라도 본성의 타락이 회복되지 않는 한 신령한 것을 결코 이해할 수 없습니다. 신령한 방법에 의하지 않고서는 아무도 신령한 것을 알지 못한다고 바울은 말합니다. 물론 고전을 비롯한 세상의 다양한 양서들 안에는 하나님에 대한 지혜롭고 적절한 발언들이 있다는 사실을 모르지는 않습니다. 그러나 그렇게 괜찮은 발언이라 할지라도 언제나 "일종의 어지러운 망상"vertiginosam quandam imaginationem이 그 안에 조용한 똬리를 틀고 있습니다. 이와 관련하여 칼빈은 세상의 학자들이 자연법을 알고 하나님의 신성을 조금 맛보는 것은 그들로 하여금 "무지를 구실로 자신들의 불경건을 은닉할 수 없게 만드는" 섭리의 장치일 뿐이라고 말합니다. 진리의 영이신 성령의 빛 없이는 아무도 캄캄한 암흑에서 스스로 벗어나지 못합니다. 신령한 것들 중 어느 것도 이해할 수 없습니다. 인간의 지성은 율법의 첫 번째 돌판에 관해서는 전적인 무지를 보입니다. 비록 두 번째 돌판에 대해서는 약간의 이해력을 보이지만, 그럼에도 불구하고 인간의 지성이 가진 자연의 빛naturae lumen은 두 번째 돌판을 하나님의 계명으로 인정하고 순종함에 있어서는 그런 심연에 발을 내딛기도 전에 꺼져 버립니다. 또한 인간의 지성은 외적으로 드러나는 마음의 무절제한 격동을 과실로 여기고 일시적인 수정 조치를 취하지만 마음을 조용히 건드리는 악한 욕망은 감지하지 못하기에 문제의 본질도 깨닫지 못할 뿐 아니라 넘어져도 그 이유를 이해하지 못합니다.

모세는 인간이 "마음으로 생각하는 모든 계획이 항상 악할 뿐"(창 6:5)이라고 했습니다. 여기에다 칼빈은 "우리의 본성이 생각하고 선동하고 자신하고 시도하는 모든 것이 항상 악하다"는 해설을 덧붙입니다. 우리의 이성은 어디를 향하든 허무와 무기력에 빠질 수밖에 없다는 것입니다. 사람들은 선과 선의 가능성을 혼동하는 본성적인 경향이 있지만 비록 선을 따른다고 생각하는 순간에도 성령으로 말미암지 않는다면 어느 누구도 선을 식별할 수 없고 선을 선택할 수도 없고 선을 따를 수는 더욱 없습니다. 혹여 선을 식별하고 선택하고 따른다면 그것은 하나님의 은혜로 인한 것입니다. 그러므로 선에 관해서는 단 한 조각의 공로도 인간에게 돌릴 수 없습니다. 이런 맥락에서 아우구스티누스는 "선은 어떠한 것이든 그에게서 나온 것이며 악은 어떠한 것이든지 너에게서 나온 것이다. 죄 이외에는 우리의 것이 하나도 없다"고 고백해야 한다고 말합니다. 이 모든 인간의 타락은 하나님의 말씀을 버린 데에서 비롯된 결과입니다.

죄의 다양한 속성들

사람들은 자신을 죄인으로 간주하고 싶어 하지 않습니다. 인정하지 않고 동의하지 않습니다. 그러기에 자신을 죄인으로 취급하면 분노하며 불쾌한 마음을 보입니다. 그러나 하나님의 말씀에 순종하지 않는 방식으로 하나님을 버린 인간의 죄는 인간의 의식이나 동의와는 무관하게 엄연한 실체라고 성경은 말합니다. 인간의 죄악된 본성을 고발하는 몇 가지의 사회적인 징후들이 있습니다. 존 스토트 John Stott, 1921-2011가 밝힌 것처럼, 우리는 약속을 하지만 그것으로 부족하여 계약서를 쓰고 거기에 서명이나 도장을 남깁니다. 안전을 위해 문을 만들지만 그것으로 부족하여 겹겹의 자물쇠를 달고 거기에 감시 카메라까지 설치해야 마음이 놓입니다. 사람들은 스스로 질서를 유지하지 못하기 때문에 법을 제정하고, 그것으로 부족하여 법의 공정한 집행을 위해 법조인을 두고, 그것으로도 안심이 안되어 경찰까지 있습니다. 투표로 지도자를 뽑지만 개표로는 부족하여 검표를 하고 때로는 재검표까지 해야 의심의 일부가 겨우 풀립니다. 계약서와 법과 선거는 문명의 발달과 사회의 공정성을 보여주는 지표로 여겨지는 것들인데 다른 각도에서 보면 인간의 죄성을 조용히 고발하고 있습니다. 즉 이러한 사회적인 장치들은 인간에게 어떤 문제가 있음을 보여주는 반증일 수 있습니다.

죄의 존재와 실체는 사회적인 합의에 의해 좌우되는 것이 아닙니다. 죄를 규정하는 일반적인 기준은 '행위의 여부'와 '행위의 다소'로 나눌 수 있는데 전자는 다시 행하지 않아서 죄가 되는 부작위 omission의 죄와 행해서 죄가 되는 작위 commission의 죄로 구성되고, 후자는 부족해서 죄가 되는 결함 defect과 과도해서 죄가 되는 과잉 excess으로 이루어져 있습니다. 성경에 비추어 본다면, 하나님과 이웃을 사랑하지 않으면 부작위의 죄이고, 속이고 죽이고 탈취하고 미워하면 작위의 죄이며, 목숨과 마음과 뜻과 힘을 다해서 하나님과 이웃을 사랑하지 않으면 결함의 죄이고, 상대방을 중심으로 사랑하지 않고 자신의 기호를 따라 과도하게 집착하면 과잉의 죄입니다. 성경은 우리에게 행해야 할 것과 행하지 말아야 할 것을 가르치고 어느 정도로 하나님과 이웃을 사랑해야 하는지를 교훈하고 있습니다. 죄의 본질은 하나님과 이웃에 대한 참사랑의 '과녁을 벗어나는 것', 즉 하나님의 말씀에 명시된 기준을 벗어나는 것입니다.

그리고 죄에는 적극성, 지속성, 반복성, 중독성, 파괴성, 전염성, 보편성, 지배성, 은닉성 같은 다양한 속성이 있습니다. 먼저, 적극성은 죄가 잠잠하지 않고 계속해서 활동하는 실체임을 말합니다. 죄는 건드리지 않더라도 왕성하게 활동하며 각양의 고질적인 문제를 만들어 냅니다. 죄는 마치 지칠 줄 모르고 끊임없이 문제를 양산하는 문제 공작소 같습니다. 지구촌에 수효를 헤아릴 수 없도록 많은 문제의 근원은 바로 죄입니다. 지구촌을 뒤덮고 있는 사망의 어둡고 서글픈 기운의 원흉도 바로 죄입니다. 죄의 이러한 활동의 왕성함에 참으로 놀라움을 금할 수 없습니다.

죄의 지속성은 죄가 일회적인 행위가 아니라 지속적인 상태임을 말합니다. 죄를 단회적인 행위로만 본다면 특정한 행위에 대해서만 죄의식을 가질 것입니다. 실제로 대부분의 사람들이 몸으로 표상된 비정상적 행위만을 죄로 여기고 책임을 묻습니다. 그래서 가시화된 행위로 죄가 확인되지 않으면 범죄의 비가시적 원흉에 대한 죄의식이 전혀 없습니다. 그러나 죄는 내적인 본성의 비가시적 죄와 외적인 행위의 가시적 죄로 구성되어 있습니다. 외적인 행위의 죄는 내적인 본성의 죄가 밀어낸 것입니다. 본성의 죄가 몸으로 표출된 것이 행위의 죄입니다. 행위의 관점에서 본다면 죄는 단회적인 것이지만, 본성의 관점에서 본다면 한 번도 본성의 존재와 기능이 중단되지 않았기에 죄는 단회적인 것이 아니라 지속적인 상태일 수밖에 없습니다.

죄의 반복성은 동일한 죄가 계속 반복됨을 뜻합니다. 사람들은 한 번 죄를 범하면 그것이 죄인 줄 알면서도 동일한 죄를 또 짓습니다. 이것은 죄가 이성과 의지의 작용 이전의 본성에 뿌리를 두고 있어서 그런 것입니다. 이성이 이것은 아니라고 고개를 가로젓고 의지로 힘써 저항해 본들, 본성의 죄악된 고집을 꺾지는 못합니다. 동일한 죄의 반복은 대체로 본성의 방향을 따라 결국은 이성과 의지가 협조하기 때문에 발생됩니다. 다윗은 '고범죄'를 짓지 말게 해 달라고 하나님께 기도를 올립니다(시 19:13). 고의로 범하는 죄에 대해서까지 하나님께 도움을 요청하는 것은 죄가 자신의 의지와 힘으로는 해결할 수 없다는 사실을 겸허히 인정하는 것입니다.

죄의 중독성은 반복성과 유사한 것으로서, 일단 죄에 빠지면 스스로 나오지 못함을 뜻합니다. 죄를 지으면 다시 반복하게 되고 반복의 횟수가 많아지면 서서히 중독의 상태에 빠집니다. 이는 내가 나를 주장하지 못하고 죄가 나를 주장하여 본성만이 아니라 행위로도 죄가 내게 머무르는 상태입니다. 술의 경우에도, 처음에는 사람이 술을 마시지만 나중에는 술이 술을 부르고 급기야 술이 나를 마시고 삼키는 단계에까지 이릅니다. 술만이 아니라 노름, 마약, 도둑질, 살인과 같이 중독성이 강한 모든 것의 패턴도 이와 다르지가 않습니다. 죄의 이러한 상태를 경험했던 다윗은 하나님께 "죄가 나를 수상하지 못하게 하소서"(시 19:13)라는 기도까지 드립니다.

죄의 파괴성은 죄의 폭력적인 성향을 가리키는 말입니다. 죄는 인간의 영혼도 파괴하고 관계성도 파괴하고 존엄성과 가치와 위엄도 파괴하고 심지어 신체까지도 파괴하는 무서운 결과를 낳습니다. 죄의 궁극적인 결과인 죽음은 바로 인생에서 경험하는 마지막 단계의 파괴로서 존재의 파괴라고 할 수 있습니다. 죄는 하나님과 인간의 관계를 파괴하여 영적인 죽음을 가져오고, 자신과 자신의 관계를 파괴하여 심리적인 죽음을 가져오며, 타인과 자신의 관계를 파괴하여 사회적인 죽음을 가져오고, 자연과 자신의 관계를 파괴하여 물리적인 죽음을 가져왔습니다. 자아의 파괴와 가정의 파탄과 사회의 붕괴와 국가의 파국과 세계의 몰락을 모두 가져온 흉물이 바로 죄입니다.

죄의 전염성은 죄가 한 사람만 잠식하지 않고 그 주변으로 급속히 번진다는 것입니다. 죄는 자신을 두둔해 줄 사람들을 찾습니다. 죄가 아니라고 말하거나 그 정도의 죄는 괜찮다고 말해 줄 자기 편을 찾습니다. 그렇게 함으로써 공범자를 만들고 결국 죄를 중심으로 사람들은 끈끈한 연대를 이룹니다. 이 연대에 참여하지 않으면 적으로 여깁니다. 참여자가 많아지면 죄는 합법으로 둔갑하고 본래의 공법은 쓴 쑥으로 바뀝니다(암 5:7). 게다가 이러한 상황의 전개는 누구도 감히 묵살하지 못하는 다수결의 든든한 호위까지 받습니다. 죄의 전염성은 이처럼 아주 치밀해서 '합법적인 장치'에 의해 죄가 마치 사회의 진정한 가치와 질서인 양 옹호되게 만듭니다.

죄의 보편성은 모든 사람이 죄를 범하는 죄인이며 죄가 출입하지 못하는 성역은 어디에도 없다는 뜻입니다. 전자는 죄의 주체를 가리키고 후자는 죄의 영역을 뜻합니다. 주체에 대해서는, 모든 사람들이 죄를 범했기 때문에 죄는 모든 시대와 모든 민족과 모든 성별과 모든 연령과 모든 계층에 보편적인 것입니다. 이러한 죄의 보편성은 죄의 전방위적 전염을 가능하게 만듭니다. 죄가 선이라는 주장이 많은 사람들의 지지를 받는 이유는 바로 죄의 보편성에 있습니다. 모두가 죄를 범한다면 그것은 이상한 게 아니라 정상적인 것으로 간주될 수밖에 없을 것입니다. 영역에 대해서는, 죄가 발생하지 않는 영역은 없습니다. 이는 태초에 아담과 하와의 가정에서 두 자녀가 하나님께 예배를 드리는 가장 경건한 상황에서도 죄가 파고 들어 급기야 타인의 생명을 끊고 존재를 지우는 살인 사건이 발생한 사실로도 쉽게 확인할 수 있습니다. 신적인 선택의 은총을 받은 이스라엘 중에 시므온과 레위는 선택의 표지였던 거룩한 할례를 보복의 수단으로 삼아 이방의 한 족속을 몰살하는 비열하고 거짓된 행실을 보였습니다. 성경을 읽고 기도를 드리고 예배를 드리고 구제를 하고 타인을 섬기고 전도를 하고 귀신을 쫓아내고 진리를 선포하는 중에라도 죄가 작용할 수 있다는 것은 참으로 두렵고 떨리는 일입니다. 그러나 다른 각도로 이해하면, 최고의 경건을 연습하는 그런 때에라도 겸손해야 한다는 신앙적인 교훈의 역설적인 장치로 여길 수도 있을 것입니다.

죄의 지배성은 죄에게 다스리는 권세가 있다는 말입니다. 죄인은 죄의 지배를 받습니다. 죄에게 순종하는 자마다 죄의 종입니다. 죄가 주인처럼 죄인을 임의로 부립니다. 죄의 종은 자신이 죄가 없다고 아무리 해명하고 입증하고 호소해도 죄의 지배에서 벗어나지 못합니다. 바울은 "내가 행하는 것을 내가 알지 못하노니 곧 내가 원하는 것은 행하지 아니하고 도리어 미워하는 것을 행함이라"(롬 7:15)고 말합니다. 자신의 의지로 아무리 죄를 거부해도 결국 죄를 행한다는 것입니다. 나아가 바울은 "내 지체 속에서 한 다른 법이 내 마음의 법과 싸워 내 지체 속에 있는 죄의 법으로 나를 사로잡는 것을 보는도다"(롬 7:23)고 말합니다. 이는 죄에 법적인 구속력과 지배력이 있다는 뜻입니다. 죄가 나를 주관하는 것은 어쩌면 합법적인 것이라는 의미도 내포되어 있습니다. 아무리 선한 일을 행하고자 해도 결국에는 죄를 짓습니다. 참으로 절망적인 일이지만, 해법이 없지는 않습니다. 죄와 다른 법의 구속력에 들어가면 됩니다. 바울은 "그리스도 예수 안에 있는 생명의 성령의 법이 죄와 사망의 법에서" 자신을 해방시켜 주었다고 말합니다(롬 8:2). 이는 생명의 성령의 법으로 지배를 받아야만 죄와 사망의 법에서 벗어날 수 있다는 뜻입니다.

죄의 **은닉성**은 죄가 스스로를 숨기고 감추려 한다는 뜻입니다. 죄를 죄로 이해하고 인정하기란 대단히 어려운 일입니다. 다윗은 "자기 허물을 능히 깨달을 자 누구리요? 나를 숨은 허물에서 벗어나게 하소서"(시 19:12)라는 기도를 하나님께 올립니다. 이러한 다윗의 기도문이 우리에게 주는 교훈은 누구도 자신의 죄를 능히 이해하지 못한다는 것이고, 이해하지 못하는 것을 해결하는 능력과 가능성은 우리에게 전혀 없기에 하나님께 해결책을 간구해야 한다는 것입니다. 죄는 교묘하게 자신을 숨깁니다. 그러나 문제는 우리가 죄의 교묘한 은닉을 파악하지 못한다는 것입니다. 우리도 어느 정도는 죄에 대한 지각을 가지고 있습니다. 그러나 안다고 생각하는 순간 반드시 알아야 할 것을 알지 못하게 되는 함정에 쉽게 빠집니다. 우리의 의식과 지각에 걸러진 죄는 어쩌면 거대한 빙산의 조그마한 일각에 불과한 것입니다. 수면 아래에 있는 빙산의 막대한 하부는 빙산의 드러난 일각만을 죄로 인식하게 하면서 조용히 숨습니다. 내가 발견하고 파악한 죄만을 죄로 여긴다면 죄에게 제대로 속는 것입니다. 마땅히 알아야 할 죄의 본질과 본체는 필히 놓치게 될 것입니다. 이와 관련된 예레미야 선지자의 진술을 들어 보십시오. "만물보다 거짓되고 심히 부패한 것은 마음이라"(렘 17:9). 선지자는 어떠한 만물도 거짓과 부패에 있어서는 결코 인간의 마음을 능가할 수 없다고 말합니다. 인간의 거짓과 부패의 심각성은 여기에서 그치지 않습니다. 선지자는 "누가 능히 이를 알 수 있느냐"는 절망적인 언사를 던집니다. 이는 마음의 거짓됨과 부패성을 능히 이해하는 자가 아무도 없다는 말입니다. 마태는 주님의 이름으로 선지자 노릇도 하고 주의 이름으로 귀신도 쫓아내고 주의 이름으로 놀라운 권능도 무수히 행한 자의 종말을 기록하고 있습니다(마 7:22). 교회에서 경건의 모델로 추앙될 만한 이 사람의 종말은 소름이 돋을 정도의 반전을 맞습니다. "내가 너희를 도무지 알지 못하니 불법을 행하는 자들아, 내게서 떠나가라"(마 7:23). 주님의 이러한 판결은 주의 이름으로 살아온 당사자는 물론이고 그의 경건을 목격했던 주변 사람들이 전혀 예상하지 못했던 것입니다. 죄의 은닉성은 이토록 무서운 것입니다. 이것을 극복하기 위해서는 우리도 다윗처럼 만물보다 심히 거짓되고 부패한 마음의 감추어진 죄와 허물을 깨닫게 해 주시고 거기에서 벗어나게 해 달라고 하나님께 기도의 무릎을 꿇는 수밖에 없습니다.

죄의 이러한 속성들, 즉 적극성, 지속성, 반복성, 중독성, 파괴성, 전염성, 보편성, 지배성, 은닉성 때문에 인간의 모든 생각과 행실은 죄와 무관하지 않습니다. 마음의 도모가 어릴 때부터 악한 인간은 무엇을 하든지 죄를 범하며 죄인으로 정죄될 수밖에 없습니다. 이는 선과 의로움과 지혜와 지식과 진리와 생명과 소망과 권능의 말씀을 버린 인간의 필연적인 결과입니다. 이렇게 비참한 결과에서 회복될 방법은 말씀이신 그리스도 예수께로 돌아가는 길밖에 없습니다.

하나님의 역사와 인간의 자유의지

말씀을 버렸기 때문에 말씀이신 그리스도 예수께서 오시지 않는 한 어떠한 해결책도 없다는 사실에 더하여, 인간의 부패한 본성에서 나오는 것은 오직 하나님의 영원한 심판과 정죄를 가져오는 죄밖에 없다는 사실을 상기할 필요가 있습니다. 부패한 본성에서 나오는 모든 것은 죄입니다. 죄 외에는 다른 것이 나올 수 없습니다. 전적으로 부패한 인간의 본성은 새 마음과 새 영으로 완전히 교체되는 전인격적 변화가 없다면 죄 외에 어떠한 것도 내놓지 않습니다. 죄 외에 다른 것이 있다면 그것은 당연히 부패한 본성의 산물이 아니라 외부에서 주어진 것입니다. 인간의 약한 의지를 하나님의 도움으로 강화시켜 선을 식별하고 선택하고 취하도록 노력하게 만든다는 주장은 인간의 가증한 관념일 뿐입니다. 인간에게 일말의 공로를 돌리는 여지를 그런 식으로 마련하는 것은 조잡한 일입니다. 인간의 약함과 하나님의 강함이라는 주장에 대해, 칼빈은 차라리 돌이 조금은 부드러워 휘게 만들 방법이 있다고 믿는 게 나을 것이라고 말합니다.

부패한 본성을 따라 움직이는 의지가 전적인 은혜로 말미암아 선행을 위해 준비된 이후에는 독자적인 구실을 한다고 주장하는 이들이 많습니다. 그러나 칼빈이 잘 지적한 것처럼, 전적인 은혜로 말미암아 변화된 의지는 하나님이 행하신 일이기 때문에 "수종자에 불과한 의지가 앞서가는 은총에 복종하는 것을 사람의 공로로 돌리는 것은 잘못된 일"입니다. 예레미야 선지자는 "내가 그들에게 한 마음과 한 도를 주어……항상 나를 경외하게 하리라"(렘 32:40)는 하나님의 말씀을 기록하고 있으며, 에스겔 선지자도 "내가 그들에게 한 마음을 주고 그 속에 새 영을 주며 그 몸에서 돌 같은 마음을 제거하고 살처럼 부드러운 마음을 주어"(겔 11:19)라는 하나님의 말씀을 증거하고 있습니다. 다윗은 "내 마음을 주의 증거들에게 향하게 하시고"(시 119:36)라는 기도를 올립니다. 만약 다윗이 스스로 자신의 마음을 하나님의 말씀으로 향할 수 있었다면 이러한 기도를 드리지 않았을 것입니다. 그리고 예수님도 "나를 떠나서는 너희가 아무것도 할 수 없음이라"(요 15:5)고 하시면서 그리스도 의존적인 의지의 활동을 강변하고 계십니다. 이는 선행의 착상이든 그 선행을 몸 밖으로 밀어내는 노력이든 모두 하나님을 근원으로 삼고 있다는 말입니다.

바울은 "모든 것을 모든 사람 가운데서 이루시는 하나님은 같"(고전 12:6)다고 고백했습니다. 그러면 하나님이 사람 가운데서 일하시는 방식은 어떤 것일까요? 이에 대해 칼빈은 '강제와 필연'coactionem et necessitatem을 구분하며 사람이 죄를 짓는 것은 필연적인 것이지만necessario 강제되는 것이 아니라 자진하여voluntarie 짓는 것이라고 말합니다. 모든 죄는 하나님의 섭리 속에 있으며 사탄과 사람이 동시에 주체로 개입되어 있습니다. 그렇다면 사탄과 사람이 각각 담당하는 죄의 몫은 어떠하며 죄의 책임을 하나님께 일부라도 돌리는 게 과연 정당한 것인지를 규명할 필요가 있습니다.

칼빈은 기수의 명령을 기다리는 말과 사람의 의지를 대응시킨 아우구스티누스의 비유에 만족을 표하면서 그럼에도 불구하고 "죄악의 원인을 사람의 의지 밖에서 찾아서는 안되는데" 이는 악의 뿌리가 인간의 의지에서 자라나기 때문이라 했습니다. 하나님의 개입에 대해서는 욥이 갈대아 사람들에 의해 약탈당한 일을 대표적인 사례로 꼽습니다(욥 1:17). 거기에는 하나님과 사탄과 갈대아 사람들과 욥이 주체로 등장합니다. 그러나 각 주체들을 동역자로 보기는 어려울 것입니다. 이 문제를 풀기 위해서 칼빈은 행동의 '목적'을 생각한 이후에 행동하는 '방식'에 대해 사려하면 쉽게 해명될 수 있다고 말합니다. 먼저 목적에 있어서 하나님의 목적은 재난을 통하여 욥의 인내심을 단련하는 것이었고, 사탄의 목적은 욥을 절망의 상태로 내모는 것이었고, 갈대아 사람들은 법과 공의를 어기면서 타인의 재물을 빼앗아 이득을 취하는 것이었다는 구분이 가능할 것입니다. 이러한 각자의 목적을 성취하기 위한 행동의 방식에 있어서, 하나님은 사탄이 욥을 괴롭히는 것을 허락하고 심부름꾼 역할로서 갈대아 사람들을 택하여 사탄의 지배에 들어가게 하셨으며, 사탄은 영적 독침으로 갈대아 사람들의 악한 마음에 광기를 일으켜서 탈취를 실행하게 했습니다. 욥은 여기서 탈취를 당하는 피해자로 있습니다. 이렇게 목적과 방법을 구분해서 생각하면 욥의 동일한 탈취 사건에서 하나님의 의는 무흠하고 광채를 발하지만 사탄과 갈대아 사람들의 추악한 행동은 그들의 사악함을 드러내고 있음을 확인할 수 있습니다.

히포의 교부는 죄가 하나님의 허락과 참으심에 의해서 발생하는 것이며 이전에 지은 죄의 형벌로서 하나님의 권능에 의해 발생하는 것임을 『율리아누스에 대한 반박문』*Contra Julianum* 5권에서 길게 논합니다. 그러나 칼빈은 '허용'이 가진 개념이나 뉘앙스가 하나님의 일하심을 표현하는 용어로는 약하다는 아쉬움과 더불어, '허용'과 같은 빈약한 개념으로 도피하면 하나님의 주권적인 역사는 충분히 해명되지 않고 오히려 왜곡의 소지가 있다는 우려를 표합니다. 왜냐하면 성경은 하나님이 유기자를 어둡고 강퍅하게 만드시고 그들의 마음을 바꾸시고 기울게 하시고 이끌어 가신다고 표현하고 있기 때문입니다. 이에 칼빈은 하나님의 역사를 설명하는 두 가지의 성경적인 방법을 권하는데, (1)하나님의 광명이 제거되면 암흑과 맹목의 상태만 남는다는 것, 하나님의 영이 제거되면 우리의 마음은 돌처럼 굳어질 수밖에 없다는 것, 하나님의 인도가 없으면 우리의 마음은 비틀리고 구부러질 수밖에 없다는 것처럼 설명할 수 있고, (2)성경의 표현에 좀 더 가까운 것으로서 하나님은 자신의 진노 집행자인 사탄을 시켜 사람의 목적을 정하며 의지를 격발하며 노력을 강화하게 만드시는 분이라고 설명하는 것입니다. 구체적인 사례로는, 주께서 바로의 "마음을 완강하게"(출 10:1) 하는 것, "애굽 사람들의 마음을 완악하게" 하는 것(출 14:17), "그 대적들의 마음이 변하여 하여 그의 백성을 미워하게"(시 105:25) 하시는 것,

앗수르와 바벨론을 불러 이스라엘 백성을 징벌하는 올무와 부수는 방망이(겔 12:13; 렘 50:23)로 쓰셨다는 것 등이 있습니다. 바울은 오류와 유혹이 역사하는 것도 하나님이 진리에 복종하지 않는 자들로 하여금 거짓을 믿도록 보내셨기 때문이라는 표현을 사용하고 있습니다(살후 2:10-11).

그러나 이러한 주장들이 인간의 자유를 파괴하고 인간으로 하여금 책임을 회피하게 만들고 나태와 게으름을 조장할 수 있다는 반박을 하는 사람들이 많이 있습니다. 그들의 첫 번째 주장은 "만일 죄가 필연적인 것이라면 죄는 더 이상 죄일 수 없으며, 자발적인 것이라면 피할 수 있으니 필연적인 것일 수 없다"는 것입니다. 이에 대하여 칼빈은 죄는 필연적인 것이면서 자발적인 것이기에 피할 수도 없으며 죄로 간주될 수밖에 없다고 말합니다. 두 번째로 그들은 덕행과 죄악이 모두 의지의 자유로운 선택으로 생기는 것이 아니라면 사람에게 벌이나 상을 주는 것 자체가 모순일 뿐이라고 말합니다. 이러한 논법은 비록 일부 교부들이 언급하기는 했으나 특별히 히에로니무스는 "만일 우리 안에서 역사하는 것이 하나님의 은총이라 한다면, 상급은 수고하지 않은 우리가 아니라 은총에 돌려져야 한다"는 말까지 덧붙이고 있음을 칼빈은 지적합니다. 즉 "하나님은 우리의 공로merita nostra에 상을 주시는 게 아니라 자기의 은사sua dona에 상을 주시는 것입니다"(PL 44:891). 같은 맥락에서 아우구스티누스는 "만일 여러분의 선한 공로가 하나님의 선물이라 한다면 하나님은 여러분의 공로를 여러분의 공로로서 치하하신 것이 아니라 자신의 은사로서 치하하신 것"이라고 했습니다. 다른 곳에서 히포의 주교는 "하나님은 자신의 은사로 모든 공로보다 앞서시며 그렇게 함으로써 자신의 공로를 도출해 내시며 은혜로 말미암아 그 공로를 전적으로 주시는데, 이는 모든 공로보다 먼저 은사를 주시고 그 은사에서 자신의 공로를 산출하려 하시며 사람들을 구원하실 이유가 발견되지 않기 때문에 은사를 완전히 거저 주신다"고 말합니다.

또한 어떤 사람들은 "만일 하나님의 은총이 우리를 변하기 쉬운 상태에 버려두지 않았다면 아무도 믿음에서 떨어지지 않았을 것"이라고 말합니다. 이에 칼빈은 모든 사람이 부패하고 악으로 넘어갔으나 모든 사람이 그 악 가운데 머물러 있지 않음은 하나님의 자비 때문이며 끝까지 견인하는 것도 하나님의 은혜라고 말합니다. 어떤 사람들은 "만일 복종하는 능력이 죄인에게 없다면 충고는 헛되며 경고는 아무 의미가 없으며 책망은 어리석을 것"이라고 말합니다. 이에 칼빈은 사도들의 기록을 인용하며 사도들은 구원이나 순종이 원하는 자로 말미암지 않고 달음박질하는 자로도 말미암지 않고 오직 궁휼히 여기시는 하나님에 의해서만 가능한 것이라고 말하면서 여전히 경고하고 권고하고 책망했다고 말합니다. 그렇게 경고, 권고, 책망을 하면서도 "심는 이나 물 주는 이는 아무것도 아니로되 오직 자라게 하시는 이는 하나님뿐"(고전 3:7)이라고 고백하며 인간의 교훈과 충고와 책망이 인간의 마음을 움직임에 있어 얼마나 미약한지를 인정하고 있습니다. 비록 인간의 충고나 경고나 책망이 미약하지만 중단하지 않는 이유는 "주께서는 신자들 안에서 성령으로 모든 일을 하시지만 도구로서 말씀을 경시하지 않으시고 신자를 위해 유효하게 쓰신다"는 사실에 있습니다. 그러므로 우리는 하나님의 말씀으로 경고하고 교훈하고 책망하는 일을 중단하지 말아야 할 것입니다.

칼빈은 율법이 삶의 규범$^{vitae\ regulam}$이며 우리가 그 규범대로 노력해야 한다는 점에 이의가 없습니다. 그럼에도 불구하고 율법에 순종하는 힘$^{virtutem\ obediendi}$은 하나님의 선하심 혹은 약속에서 나온다고 말합니다. 하나님은 우리에게 율법을 주시되 스스로의 힘으로 성취할 것을 기대하신 것이 아니라 하나님의 선물로 주어진 믿음으로 성취될 것을 기대하고 주신 것입니다. 하나님은 우리가 스스로 할 수 없는 명령을 주셨는데 이는 우리로 하여금 하나님께 간구할 수밖에 없음을 깨닫게 하시려는 것이라고 아우구스티누스는 말합니다. 하나님은 우리에게 요구하는 것을 먼저 주심이 없이는 요구하지 않으시는 분입니다. 이처럼 율법과 믿음은 전자가 명하고 후자가 성취하는 관계성을 갖습니다. 그리고 하나님이 약속하신 것은 우리가 우리의 선택이나 본성으로 말미암아 수행하는 것이 아니라 하나님이 친히 은혜로 행하시는 것입니다. 사실, 성경에 보면 하나님과 인간이 각자의 역할을 수행하며 협력하는 듯한 인상을 주는 구절이 없지 않습니다. 예를 들어, 스가랴서 1장에 "너희는 내게로 돌아오라"는 명령이 주어진 후에 "그리하면 내가 너희에게로 돌아가리라"는 순종의 결과가 나란히 언급되고 있어서 하나님께 돌아가는 것은 우리의 책임이고 하나님이 우리에게 오시는 것은 하나님의 책임으로 돌리며 두 주체의 협력으로 명령이 성취될 것이라고 이해할 가능성이 높습니다. 그러나 우리는 우리에게 명령을 주신 하나님이 친히 우리의 마음을 복종하게 만드시지 않는다면 언약이 견고하게 성립될 수 없다는 예레미야 선지자의 기록에서 해석의 실마리를 찾아야 할 것입니다. 말씀이 다른 말씀에 의해 그 해석이 억류되지 않는다면 사람의 생각에 의한 해석학적 가감은 불가피할 것입니다.

    이러한 해명에 만족하지 못하는 사람들은 즉시 우리의 의지를 우리가 지배하지 못하고 자신의 사랑이 자신의 의지에 의해 조절되지 않는다면 계명을 주시는 하나님은 우리를 잔인하게 속이신 셈이라고 불평을 토합니다. 그러나 우리의 의지에 의해서는 수행할 수 없는 일을 명하셔서 이루기를 원하시는 하나님의 명령과 약속에서 도대체 하나님은 우리로 하여금 어떠한 가치의 차원까지 이르기를 원하시고 참여하고 누리기를 원하시는 것인지를 생각하면 오히려 측량할 수 없는 주님의 은혜와 섭리의 웅장한 규모에 감격하지 않을 수 없을 것입니다.

어떤 이들은 인간의 자유로운 의지가 발동할 여지조차 없도록 하나님이 친히 다 행하시고 세상이 그런 신적인 작정의 필연으로 가득 차 있다면 성경의 무수히 많은 책망과 훈계는 아무런 의미가 없을 것이라고 말합니다. 예레미야 선지자도 "네가 그들에게 이 모든 말을 할지라도 그들이 너에게 순종하지 아니할 것이요 네가 그들을 불러도 그들이 네게 대답하지 아니하리니"(렘 7:27)라는 하나님의 예언을 기록하고 있습니다. 이처럼 난해한 모순어법의 구절을 접할 때마다 우리는 칼빈의 신학적 등뼈라고 할 수 있는 하나님과 우리를 아는 지식의 선순환적 관계에 호소할 수밖에 없습니다.

하나님을 아는 지식과 인간을 아는 지식은 상호 보완적인 해석학적 어울림의 관계를 이루고 있습니다. 우리는 하나님의 말씀을 읽다가 우리의 사유가 마비될 정도로 모순적으로 보이는 어법을 이따금씩 만납니다. 그때마다 우리는 하나님이 왜 이것을 명하셨고, 왜 선지자의 입술로 그렇게 말하셨고, 왜 그런 방식으로 계시하신 것일까 하는 의문에 사로잡힐 수밖에 없습니다. 그러나 우리 자신에게로 눈을 돌리면, 성경의 모순적인 어법이 얼마나 깊은 진리와 실재에 기초한 것인지를 알고 탄복하며 무릎을 꿇을 수밖에 없을 것입니다.

인간의 실존과 하나님의 속성을 동시에 알아야 말씀이 조화롭게 풀립니다. 하나님의 의지에는 감추어진 의지도 있고 교훈적인 의지도 있습니다. 성경에는 수많은 명령이 나옵니다. 이는 인간으로 하여금 다 준수할 수 있기를 기대하며 주신 계명이 아닙니다. 인간은 스스로의 힘으로 어떠한 것도 수행할 수 없다는 사실을 깨닫게 하고 죄인임을 인정하게 하며 동시에 그리스도 예수 안에서는 모든 계명이 "예"만 되고 실제로 성취될 수 있다는 약속을 거기에서 발견하게 하여 결국 이 모든 율법의 성취이고 완성이고 마침이신 그리스도 앞에 자발적인 감사와 영광을 돌리며 무릎 꿇도록 이끄는 것이 바로 하나님의 명령인 것입니다. 그런데 "명하라"는 말씀을 하신 동일하신 분께서 사람들이 "너에게 순종하지 아니할 것이요"라고 하십니다(렘 7:27). 이는 웬만한 사람들의 이성을 마비시킬 만한 모순어법이라 할 수 있습니다. 제가 보기에는, 사람들이 청종하지 않을 것이라는 필연에 "명하라"는 순종의 여지를 곁들이는 것은 세상이 아무리 하나님의 정하신 뜻에 따라 돌아간다 할지라도 불순종과 죄악의 원인은 명령에 대한 자신들의 거역에서 비롯된 것이기에 하나님께 어떠한 책임도 전가할 수 없음을 교훈하기 위함인 듯합니다.

다른 예로서, 바울은 "두렵고 떨림으로 너희 구원을 이루라"(빌 2:12)고 말하면서 마치 우리의 자유로운 선택과 열심을 촉구하는 듯합니다. 이에 우리도 자칫 우리가 이루어야 할 구원의 몫이 있다는 위험한 해석을 합니다. 그러나 바울은 "구원을 이루라"며 우리에게 어떤 처신을 요구하는 듯하다가 곧장 "너희 안에서 행하시는 이는 하나님이시니…… 너희에게 소원을 두고 행하게 하시나니"(빌 2:13)라는 문구를 집어넣습니다. 바울의 권면은 우리가 구원을 이루려고 노력하면 구원에 보탬이 되는 존재가 될 것이라는 기대 속에서 주어진 것이 아니라 하나님이 행하시는 일에 게으름과 태만으로 방해하지 말아야 한다는 차원에서 주어진 것입니다. "성령을 소멸하지 말"라는(살전 5:19) 것도 성령을 소멸하지 않으면 우리가 얼마든지 성령을 마음대로 조정할 수 있고 활용할 수 있다는 것이 아니라 성령이 행하시는 일에 거짓과 악독으로 걸림돌이 되지 말라는 의미가 강합니다. 우리는 우리의 본성과 실력을 과장하여 우리에게 어떤 명령이 주어지면 마치 순종과 불순종이 우리에게 맡겨진 것처럼 생각하기 쉽습니다. 그러나 우리에게는 하나님의 명령을 순종해 낼 만한 지혜와 능력이 없습니다. 우리에게 요구되는 것은 은혜로 말미암아 우리 안에서 행하시는 성령을 훼방하지 않는 것입니다. 즉 우리 스스로는 행하는 것마다 죄일 수밖에 없는 존재임을 알고 우리의 무분별한 죄악으로 성령의 은혜로운 역사를 소멸하지 말아야 한다는 것입니다.

그러면 우리가 하나님의 은혜로 성령의 역사를 따라 행하는 선행은 어떤 것일까요? 그것은 하나님의 것일까요, 아니면 우리의 것일까요? 칼빈은 선행이 비록 하나님의 것이지만 우리에게 은혜의 선물로 주셨기에 "우리의 것"이라는 소유격 사용이 정당하다고 말합니다. 그러므로 은총에서 발생하는 우리의 모든 선행은 모두 전적으로 성령의 것이면서 동시에 우리 안에서 행하시는 것이기에 우리의 것입니다. 여기에서 분명히 구분해야 할 것은 공로는 선행의 감동을 일으키신 하나님께 돌림이 마땅하고, 우리의 행위로 말미암은 선은 우리의 공로가 아니라 우리의 누림이요 향유라는 것입니다. 이는 선을 식별할 수도 없고 실행할 수도 없고 죄밖에 모르고 죄만 행하는 우리가 선을 행했다면 그것은 당연히 하나님의 은혜요 그 은혜의 누림이지 결코 우리의 공로가 될 수는 없다는 것입니다.

은혜가 제거되면 인간은 부패하고 오염된 것들로 가득하며 거기에서 온갖 악취와 독소를 내뿜습니다. 인간의 지성은 하나님의 의에서 완전히 소외되었기에 생각하고 원하고 행하는 모든 것이 불경하고 패악할 뿐 아니라 썩은 내를 풍기고 불순하며 부끄러운 결과만을 낳습니다. 사람들의 마음에는 죄의 치명적인 독소가 곳곳에 배어 있어서 그 호흡에서 나오는 것은 악취밖에 없습니다. 때때로 선한 외관을 보이지만 속은 여전히 위선과 가식으로 가득하고 심정은 내면적 패악에 결박되어 있습니다. 인간 자체만 보면 어떠한 소망도, 어떠한 가능성도, 어떠한 선행도, 어떠한 의도, 어떠한 거룩도 기대할 수 없습니다. 타락한 인간에게 필요한 것은 그리스도 예수뿐이며 구원은 그리스도 안에서만 추구해야 하는데, 그 이유는 그리스도 안에 지혜와 지식의 모든 보화가 감추어져 있으며(골 2:3) 그리스도 자신이 우리에게 거룩함과 의로움과 지혜와 선하심이 되시기 때문입니다(고전 1:30).

율법의 기능과 십계명 해설

인간은 본성 차원의 전적인 부패와 타락으로 인해 누구도 자신을 스스로의 힘으로 구원할 수 없습니다. 하나님을 아는 것도 불가능한 일이지만 안다고 할지라도 그리스도 예수라는 중보자가 없다면 구원에 이를 만큼의 하나님 지식은 더욱 가질 수 없습니다. 하나님을 떠나 저주 받고 진노의 자녀라고 정죄된 어떠한 사람들 중에 어느 누구도 그리스도 예수로 말미암은 화해 없이는 하나님을 기쁘시게 하지도 못하고 구원에 이르지도 못합니다. 특히 칼빈은 "너희는 알지 못하는 것을 예배하고 우리는 아는 것을 예배하노니 이는 구원이 유대인에게서 남이라"(요 4:22)는 말씀에서, 이는 그리스도 예수께서 모든 이방 종교들을 그릇된 것이라고 단죄했음을 의미하며 그 이유는 율법을 통하여 구속자가 "오직 택한 백성에게"soli electo populo 약속된 것이기 때문임을 밝히신 것이라고 말합니다. 그리고 구약의 사람들을 통해 하나님은 중보자를 떠난 어떠한 은혜를 베푸신 일도 없고 은혜를 받을 것이라는 어떠한 희망도 주시지 않았다고 말합니다. 비록 하나님은 모든 아브라함의 후손을 언약의 대상으로 언급하고 계시지만 (창 17:4) 바울은 모든 민족을 복되게 할 후손은 바로 그리스도뿐이라는 지혜로운 해석을 가합니다(갈 3:14). 역사서와 시가서와 선지서도 모두 중보자 없이는 하나님과 인류가 화해될 수 없다는 사실 때문에 구약의 시대에도 거룩한 조상들이 믿어야 할 대상으로 그리스도가 그들에게 언제나 먼저 제시되지 않은 적이 없다고 말합니다(삼상 2:10; 왕상 15:4; 시 80:17; 사 55:3-4; 렘 23:5-6). 성경 전체가 그리스도 자신을 가리키고 있다는 예수님의 말씀은 한 치의 오차도 없고 과장도 아닙니다. 성경 전체의 관심사가 중보자의 출현에 쏠려 있습니다.

우리의 중보자 그리스도 예수는 친히 "하나님을 믿으니 또 나를 믿으라"(요 14:11)고 말씀했습니다. 이에 대해 칼빈은 자신의 주석에서 "믿음은 아버지께 이르는 것이지만, 완전하고 견고한 믿음을 가지신 분이 중보자로 사이에 계시지 않다면 우리의 믿음은 점차 사라지며, 중보가 없다면 하나님은 너무도 숭엄하고 높으시기 때문에 땅에서 기는 구더기와 같은 죽을 인생은 도저히 하나님께 도달할 수 없다"는 취지에서 하신 말씀이라고 했습니다. 같은 맥락에서, 하나님은 비록 무한하신 분이지만 인간의 마음이 측량할 수 없는 영광의 분량에 압도되지 않도록 "아들 안에서 유한하게 되시고"infilio finitum "우리의 작은 척도"ad modum nostrum에 자신을 맞추어 주시는 분이라고 이레나이우스Irenaeus of Lyons, 140-203는 말합니다. 이러한 교부의 말은 "아들을 부인하는 자에게는 또한 아버지도 없으되"(요일 2:23)라는 사도의 언급을 충실히 따른 것입니다. 중보자인 그리스도 없이는 비록 하나님을 안다고 할지라도 "덧없는 것"evanida이며 결국에는 추악하고 유아적인 미신에 빠질 수밖에 없습니다. 율법도 그리스도 없이는 그 본질과 목적을 이해할 수 없습니다. 그래서 칼빈은 기독론 안에서 율법을 다루고 있습니다.

율법의 목적

칼빈이 생각하는 율법lex은 '경건하고 의롭게 사는 삶의 규범'pie iusteque vivendi regulam만이 아니라 모세를 통해 전해진 '숭앙의 형태'formam religionis라는 개념도 포함하고 있습니다. 이는 율법이 삶의 길이면서 하나님을 경외하는 하나의 형태라는 말입니다. 그리고 율법이 주어진 것은 그리스도 예수에 대한 갈망의 증대를 위한 것이지 믿음의 조상에게 약속하신 복의 말소를 위한 것이 아니라고 칼빈은 말합니다. 율법에 나타난 예배의 형식은 진리가 드러나는 '그림자와 모형'umbras et figuras이며, 스데반(행 7:44)과 히브리서 기자의 해석처럼 "하늘에 있는 것"(히 8:5)입니다. 하나님이 모세에게 제사를 명령하신 목적은 지상의 일로 경배자를 분주하게 만들려는 것이 아니라 그들의 마음을 하늘까지 높이려는 것입니다. 하나님께서 자신의 백성을 택하신 이유는 하나님이 그들을 제사장 나라로 만들려는 데에 있다고 모세는 말합니다(출 19:6). 베드로는 표현을 바꾸어서 하나님의 택한 백성은 "택하신 족속이요 왕 같은 제사장들이요 거룩한 나라"(벧전 2:9)라고 말합니다. 그리스도 예수께서 이 땅에 오시기 전까지는 이스라엘 백성이 마치 어린아이 같아서 자신의 연약함 때문에 "천상적인 것들의 온전한 지식"plenam rerum coelestium scientiam을 감당할 수 없었고, 히브리서 4장에서 11장까지를 면밀히 살펴보면 그리스도의 시대가 오기 전까지는 의식들이 "허무하고 무가치한 것"nihili et inanes임을 확인하게 된다고 칼빈은 말합니다. 그러면서 십계명에 대해서는 "그리스도는 모든 믿는 자에게 의를 이루기 위하여 율법의 마침이 되시니라"(롬 10:4)는 바울의 말을 인용하여 "율법의 마침"finem legis이신 그리스도 예수는 "치명적인 문자"를 자신으로 말미암아 "살리는 영"이시기 때문에 그가 의의 값없는 전가와 중생의 영을 베푸시기 전까지는 계명의 의는 헛되이 가르쳐질 수밖에 없을 것이라고 말합니다.

율법에는 지키면 영생을 얻는다는 약속이 있지만 율법의 요구는 인간의 능력을 훨씬 초월하는 것이어서, 율법을 응시하면 할수록—비록 율법에 담긴 약속은 좋지만 취할 수 없으므로—오히려 인간의 비참과 저주는 더욱 극명하게 대비되며 구원의 소망은 사라지고 더 이상 살아갈 수 없다는 죽음의 절망은 고조될 수밖에 없습니다. 이에 우리는 낙심하고 당황하고 절망할 수밖에 없고 율법에서 얻는 것이라곤 정죄와 저주뿐인 것입니다. 이 세상에는 "마음을 다하고 목숨을 다하고 뜻을 다하고 힘을 다하여"(막 12:30) 하나님을 사랑할 정도로 율법이 요구하는 사랑의 온전한 경지까지 도달한 사람은 하나도 없다고 칼빈은 말합니다. 실제로 "죄를 범하지 아니하는 의인은 세상에 없기 때문"입니다(전 7:20). "주의 눈앞에는 의로운 인생이 하나도 없나이다"(시 143:2). "누구든지 율법 책에 기록된 대로 온갖 일을 항상 행하지 아니하는 자는 저주 아래 있는 자"(갈 3:10)라고 한다면, 누가 이 저주와 무관한 자라고 말할 수 있을까요? 아무도 없습니다. 그렇다면 율법은 우리에게 왜 주어진 것일까요?

율법의 기능

율법이 주어진 이유에 대해 칼빈은 도덕법의 세 가지 기능officium legis moralem 에 대해 논하면서 다음과 같이 말합니다. 첫 번째 기능은 하나님의 의를 밝히면서 인간의 불의를 경고하고 알리고 책망하고 정죄하는 것으로서 이 기능은 아직 중생하지 않은 죄인들이 경험하는 것입니다. 율법은 거울처럼 인간으로 하여금 자신의 무력함과 불결함과 허무함과 불경함을 자각하게 만들고 거기에서 비롯되는 저주에 직면하게 만듭니다. 바울이 진술한 것처럼 율법 자체는 죄를 고발하는 정죄의 기능이 있기 때문에 아우구스티누스의 표현처럼 "은총의 영이 없으면 율법은 우리를 고발하고 죽이기 위해 존재할 뿐입니다." 다시 바울의 기록처럼 율법은 "죄로 심히 죄 되게 하려"는 것이며 "죄가 죄로 드러나기 위하여 선한 그것으로 말미암아 나를 죽게 만"드는 것입니다(롬 7:13). 그러나 율법은 우리가 한 마디의 항변도 내뱉을 수 없도록 인간의 "모든 입을 막고 온 세상으로 하나님의 심판 아래에 있게"(롬 3:19) 합니다. 하지만 이렇게 "하나님이 모든 사람을 순종하지 아니하는 가운데 가두어 두심은" 온 인류의 멸망이 아니라 오히려 "모든 사람에게 긍휼을 베풀려 하심"(롬 11:32)입니다. 이에 대해 히포의 교부는 "율법을 주신 것은 우리를 책망하며, 책망을 받은 우리가 두려움을 느끼고, 두렵기 때문에 용서를 빌며, 우리 자신의 힘을 신뢰하고 방자히 행하지 않게 하시려는 뜻"이 있다고 말합니다. "우리가 수행할 수 없는 일을 하나님이 명하시는 것은 우리가 하나님께 구해야 할 것을 알게 하시려는 것입니다." "율법을 주신 목적은 위대한 척하는 우리를 작게 만들고, 우리 자신에게는 의를 취득할 힘이 없음을 증명하며, 무력하고 빈궁하고 무가치한 우리로 하여금 은총으로 피난처를 삼게 하려는 것"입니다.

두 번째 기능은 순종하지 않으면 벌을 받을 것이라는 공포심을 일으켜 사람들의 죄를 억제하는 것입니다. 이는 율법의 무서운 위협을 듣고 압박을 느껴서 가만히 두면 날뛰었을 정욕의 공공연한 발산을 제어하는 기능을 말합니다. 이러한 죄의 제어는 사회가 유지되기 위해 필수적입니다. 이런 면에서 율법은 사회의 보존을 위한 하나님의 일반 은총적인 성격을 갖습니다. 이것은 유기자와 택자 모두에 대해 하나님의 영이 임하기 전에 어리석은 육체의 소욕을 따라 벌어지는 육의 난동을 제어하는 기능을 갖습니다. 이와 관련하여 바울은 "율법은 옳은 사람을 위하여 세운 것이 아니요 오직 불법한 자와 복종하지 아니하는 자와 경건하지 아니한 자와 죄인과 거룩하지 아니한 자와 명령된 자와 아버지를 죽이는 자와 어머니를 죽이는 자와 살인하는 자며 음행하는 자와 남색하는 자와 인신매매를 하는 자와 거짓말하는 자와 거짓 맹세하는 자와 기타 바른 교훈을 거스리는 자를 위함"(딤전 1:9-10)이라 했습니다. 율법은 이러한 자들에게 '육체의 정욕을 제어하는 고삐'carnis libidinibus retinaculum입니다.

세 번째 기능은 가장 중요하고 율법의 중심적인 목적에 더욱 가까운 것으로, 율법은 신자들이 앙망하는 하나님의 뜻이 어떤 것인지를 배우고 거기에 이르기를 열망하며 우리의 지성이 거기에 견고한 뿌리를 내리도록 하기 위한 '최상의 도구'optimum organum라는 것입니다. 칼빈은 율법에 대한 묵상의 빈번함이 우리에게 순종의 열성을 제공하고, 복종의 힘을 주입하며, 범법의 우를 범하지 않도록 우리를 돕는다고 말합니다. 그리고 율법에 대한 시인의 생각을 인용하며 "여호와의 율법은 완전하여 영혼을 소성시키며…… 여호와의 교훈은 정직하여 마음을 기쁘게 하고 여호와의 계명은 순결하여 눈을 밝게 하도다"(시 19:7-8)라고 말합니다. 이로 보건대, 율법은

"의롭고 올바르게 사는 삶의 규범"이요 "영원하고 불변적인 삶의 규범"이기 때문에 "율법에 대한 지속적인 묵상"은 "의인의 삶"이며(시 1:2) 이러한 다윗의 발언은 모든 시대의 세상 끝까지 적용되고 지속될 것입니다. 율법이 우리에게 제시하는 삶의 완전성은 우리가 일평생 그 율법에 합치될 때까지 이르러야 할 목표이기 때문에, 율법은 믿는 우리에게 저주로 우리의 양심을 억류하는 힘이 아니라 태만한 우리를 분기하게 만들고 영의 나른한 잠에서 우리를 일깨우는 '훈계의 힘'vim exhortationis입니다.

율법에 대해 한 가지 더 생각할 것이 있습니다. 율법이 주어진 본래의 목적은 우리의 복입니다. 창세기 1:28은 하나님의 명령이 처음으로 인간에게 주어졌을 때에 "하나님이 그들에게 복을 주신다"는 명령의 맥락을 언급하고 있습니다. 이러한 맥락은 인류가 타락한 이후에도 여전히 유지되어, 모세는 후일에 자손들이 하나님의 "증거와 규례와 법도가 무슨 뜻이냐 하거든" "우리가 우리 하나님 여호와를 경외하여 항상 복을 누리게 하기 위하심"이라는 말로 답하라고 말합니다(신 6:20, 24). 비록 우리가 죄로 말미암아 율법을 지키지는 못하지만 율법 자체와 율법이 주어진 목적은 여전히 우리의 복과 무관하지 않습니다. 율법의 성취이고 마침이고 완성이신 그리스도 안에서 우리는 처음부터 의도된 율법의 본래적인 복을 누릴 수 있습니다.

율법의 폐기?

적잖은 사람들은 예수께서 율법의 마침이 되신다는 이유로 율법이 폐기되었다고 말합니다. 그러나 율법 중에는 폐기된 것도 있지만 아직 유효한 것도 있습니다. 율법의 폐기를 암시하는 성경 구절은 율법 자체의 폐기를 의도하지 않고 율법이 더 이상 우리를 정죄할 수 없다는 정죄력의 상실을 가리키고 있습니다. "무릇 율법 행위에 속한 자들은 저주 아래에 있"지만(갈 3:10) 우리는 이제 은혜 아래에 있기에 은혜의 사람들에 대해서는 율법의 정죄와 저주 기능이 폐기된 것입니다. 그렇다고 해서 율법의 권위가 소멸되는 것은 아닙니다. 오히려 우리는 "항상 동일한 경외심과 복종심을 가지고"eadem semper veneratione obedientiaque 율법을 수용해야 할 것입니다.

의식법에 대해서는 두 가지로 구분해서 이해해야 하는데, 칼빈은 "의식이 폐지된 것은 효과가 아니라 사용에 있어서일 뿐non effectu sed usu"이라고 말합니다. 즉 의식은 그림자일 뿐이고 그 본체는 그리스도 안에 있기 때문에, 의식의 표본이라 할 휘장을 찢고 본체가 오셨기 때문에 의식의 유용성은 폐기될 수밖에 없다는 말입니다. 특별히 칼빈은 바울이 기록한 "또 범죄와 육체의 무할례로 죽었던 너희를 하나님이 그와 함께 살리시고 우리에게 모든 죄를 사하시고 우리를 거스르고 불리하게 하는 법조문으로 쓴 증서를 지우시고 제하여 버리사 십자가에 못 박으시고"(골 2:13-14)라는 구절을 해석함에 있어서는 난색을 표합니다. 먼저 "우리를 거스르고 불리하게 하는 법조문으로 쓴 증서"의 의미가 "율법의 철폐를 확대해서 율법의 규정이 이제 우리와 아무런 관계도 없다는 정도까지 가는" 것은 아니라고 말합니다. "법조문으로 된 계명의 율법을 폐하셨으니"(엡 2:15)라는 바울의 다른 언급도 도덕법과 관계된 것이 아니라 유대인과 이방인 사이의 벽에 해당되는 '의식법'을 뜻하는 것이라고 합니다.

유대인의 의식은 대속의 의미보다 죄의 확인과 고백에 강조점이 있다는 아우구스티누스의 해석을 칼빈은 수용하고 있습니다. 즉 제사의 경우 짐승을 잡아서 피의 희생을 드림으로써 얻는 소득은 자신이 죽어야 할 정도로 심각한 죄를 지었다는 사실을 확인하고 고백하는 것이며, 정결례의 경우도 자신이 거룩하신 하나님 앞에 얼마나 불결한 자인지를 확인하고 고백하는 것이기에, 이처럼 의식은 자신의 불법과 불결을 고발하고 정죄하고 "불리하게 하는 법조문으로 쓴 증서"의 역할을 한다는 것입니다. 예수님이 이 땅에 오셔서 십자가에서 죽으심으로써 불리하게 하는 법조문으로 쓴 증서를 지우시고 제하여 버리신 것은 죄를 자극적인 제사로 확인시켜 주지만 죄를 말소하는 데에는 어떠한 위력도 발휘하지 못하는 의식법을 철폐하신 것이라고 이해하는 것이 옳다고 칼빈은 말합니다.

칼빈은 "율법을 통해 유대인은 경건의 진정한 성격을 배웠을 뿐만 아니라 자신에게 율법을 준수할 능력이 없음을 알았기 때문에 심판의 두려움에 빠졌으며 비록 원하지 않았다 할지라도 중보자에 대한 마음의 갈망을 가질 수밖에 없었다"고 말합니다. 율법은 하나님을 아는 지식과 그 지식에 비추어진 인간의 실존을 아는 지식을 동시에 제공하고 있습니다. 이러한 맥락에서 칼빈은 주님께서 율법을 통해 두 가지 일을 하신다고 말합니다. 첫째, 율법은 하나님이 자신에게 합법적인 명령권이 있음을 선포하고, 자신의 신성을 경외할 것을 우리에게 요구하며, 그 경외의 다양한 방법을 제공합니다. 둘째, 율법은 하나님의 의의 표준을 공표하는 동시에 그런 표준에 이르지 못하는 인간의 무력함과 불의함을 드러내고 책망합니다. 우리의 사악하고 어그러진 본성은 언제나 하나님의 의와 정반대로 질주하고, 선을 행하기에는 너무도 미약한 우리의 능력은 하나님의 완전성에 결코 도달할 수 없고 멀어져만 간다는 사실을 우리는 율법을 통해 확인할 수 있습니다.

칼빈은 바울의 가르침을 따라 성문화된 율법이 없는 이방인의 경우에는 양심이 율법의 기능을 한다고 말합니다. 양심은 인간의 불의와 불결과 태만과 무감각을 책망하고 하나님에 대한 우리의 도리를 일깨우고 경고하고 상기시켜 주는 기능을 가지고 있습니다. 그러나 문제는 그 양심이 끔찍한 부패와 캄캄한 오류로 어두워져 하나님이 기뻐하고 원하시는 경배와 경배의 방식이 어떤 것인지를 모른다는 점입니다. 그러한 양심의 한계과 부패로는 자신의 비참함과 죄성을 올바르게 지각할 수 없기에 인간적인 오류로 얼룩지지 않은 성문법의 수여는 타락한 인류의 모든 어두움을 밝히는 빛입니다. 하나님의 말씀은 좌우에 날 선 어떠한 검보다도 예리하여 영과 혼 사이에 낀 부패의 미세한 찌끼까지 포착하고 제거할 수 있는 능력이 있습니다(히 4:12). 즉 율법은 양심도 파악하지 못하고 해결할 수 없는 인간의 근원적인 문제를 가장 선명한 광선으로 조명하고 가장 예리한 검으로 도려내어 완전히 해결할 수 있습니다.

율법과 그리스도

하나님의 명령형 율법은 단순히 우리의 가시적인 행위를 규제하고 독촉하는 도구가 아닙니다. 물론 신명기 29:29의 "감추어진 일은 우리 하나님 여호와께 속하였거니와 나타난 일은 영원히 우리와 우리 자손에게 속하였나니 이는 우리에게 이 율법의 모든 말씀을 행하게 하심이니라"는 말씀처럼, 행위적인 순종이 율법의 의도인 것처럼 해석될 수 있는 여지가 없지는 않습니다. 이 본문에서는 "감추어진 일"과 "나타난 일"을 구별하고 있으며, 우리와 우리 후손에게 영원히 속한 율법은 우리에게 나타나신 것인데 그 목적은 이 율법의 모든 말씀을 행하도록 하려는 데에 있다고 분명히 밝힙니다. 나아가 "이 명령은 네게 어려운 것도 아니요 먼 것도 아니"(신 30:11)

며 오히려 "그 말씀이 네게 매우 가까워서 네 입에 있으며 네 마음에 있은 즉 네가 이를 행할 수 있느니라"(신 30:14)고 말합니다. 하늘로 올라갈 필요도 없고 바다를 건널 필요도 없습니다. 계시되고 가깝고 쉬운 계명이기에 당연히 해석의 초점이 우리가 준행할 수 있다는 쪽으로 맞추어질 가능성이 다분합니다. 이런 문맥에서 우리는 율법이 마치 우리의 행위와 직결된 것이라고 생각하기 쉽습니다. 나아가 이스라엘 백성의 실패는 율법의 비준수이며, 따라서 당연히 율법 준수의 방식으로 그들의 문제가 해결될 수 있다고 생각할 것입니다. 그러나 율법은 하나님의 율법이기에 단순히 행위적 순종만이 아니라 영혼과 마음과 의지의 복종까지 요구하는 것이어서 인간의 표면적인 행위로는 만족되지 않는 신적 속성이 있습니다. 율법의 의미와 목적은 언어적 표상의 범위를 넘어 하나님의 신성에 대한 경배에 있다고 칼빈은 말합니다.

바울도 그리스도 예수를 만나기 전에는 그와 같은 행위적인 율법론에 섯어 있었으나 예수님을 만난 이후에는 율법의 이해에 대한 해석학적 전환기를 맞습니다. 로마서 10:5에는 "율법으로 말미암는 의를 행하는 사람은 그 의로 살리라"는 말씀이 있습니다. 그런 다음 바울은 "율법으로 말미암는 의"와 "믿음으로 말미암는 의"를 대립시킨 후 우리의 선택은 믿음의 의라고 말합니다. 우리는 하늘에 올라갈 수도 없고 무저갱에 내려갈 수도 없는 무능력 상태에 있음을 지적하면서 신명기에 기록된 "말씀이 네게 가까워 네 입에 있으며 네 마음에 있다"는 것은 행위의 율법이 아닌 곧 "우리가 전파하는 믿음의 말씀"(롬 10:8)이라 해석하고 있습니다. 이스라엘 백성의 실패를 진단할 때에도 그들은 "하나님께 열심이 있으나 올바른 지식을 따른 것이 아니라" 보았고 "하나님의 의를 모르고 자기의 의를 세우려고 힘써 하나님의 의에 복종하지 아니하였"(롬 10:2-3)다고 말합니다. 이는 이스라엘 백성이 정립한 율법에의 행위적인 순종과 불순종 개념이 하나님의 의와는 무관하게 역방향으로 질주한 것이라는 말입니다.

바울의 이어지는 설명에 따르면, 믿음의 말씀과 의라는 것은 곧 "네 입으로 예수를 주로 시인하며 또 하나님께서 그를 죽은 자 가운데서 살리신 것을 네 마음에 믿으면 구원을 받으리라"(롬 10:9)는 뜻입니다. 그리스도 예수께서 이 땅으로 친히 오셨기 때문에 우리가 하늘로 올라갈 필요가 없어졌습니다. 그리스도 예수께서 우리를 대신해 죽으셨기 때문에 우리가 무저갱에 내려갈 필요도 없어졌습니다. 바울은 "말씀이 네게 가까워 네 입에 있으며 네 마음에 있다"는 모세의 기록이 "우리가 전파하는 믿음의 말씀"을 뜻한다고 말합니다(롬 10:8). 즉 예수를 주로 시인하고 그를 죽은 자 가운데서 살리신 것을 믿는 것이 바로 모세가 말하고자 했던 본래의 의도라는 말입니다. 계명의 말씀이 우리에게 가깝고 입과 마음에 있어서 '우리가' 주체로서 행하는 것이 아니라, 율법을 모세에게 주신 수여자요, 완벽하게 해석하신 율법의 해석자요, 온전히 이루신 율법의 완성자요, 율법의 요구를 종결시킨 율법의 마침이신 그리스도 예수께서 우리에게 오셨고 우리 안에 머무시기 때문에 말씀이 참으로 가깝고 쉽고 실행할 수 있게 되었다는 뜻입니다.

시간 속에서 그리스도 예수의 오심이 있었다면, 시간 이전에 하나님이 친히 내려오시려는 계획이 이미 있었다고 생각하는 것은 전혀 이상하지 않습니다. 이는 "창세 전에 그리스도 안에서 우리를 택하"셨다는 바울의 글(엡 1:4)에서도 확인되는 바입니다. 결국 이스라엘 백성이라 할지라도 다 하나님의 백성이 아니고 이방인도 하나님의 백성일 수 있다는 선지자의 글을 인용하면서 바울이 말하고자 한 것은, 바로 율법의 완성과 맞물린 우리의 구원이 하나님의 영원한 예정에 뿌리를 두고 있다는 것입니다. 이렇게 함으로써 바울은 그리스도 예수의 오심을 넘어 하나님의 사역 첫 순간까지 소급하는 율법 해석학을 제시하고 있습니다.

율법 해석학의 접근법에 있어서는 그리스도 안에서 이루어진 일들을 기준으로 구약의 율법을 해석하는 것이 좋을 것 같습니다. 신명기도 바울의 이러한 관점으로 읽어 내지 않으면 성경 전체의 조화로운 의미와 해석의 정점에 이를 수 없습니다. 이런 방식으로 이해하면 율법과 그리스도 사이에 분리될 수 없는 연관성이 있음을 확신하게 될 것입니다. 그리스도 안에서 율법을 이해해야 율법에서 하나님의 공의와 인간의 무능력을 읽어낼 수 있습니다.

율법은 우리에게 하나님의 온전한 의와 거룩과 선하심을 보이지만, 정작 우리는 그러한 하나님의 뜻을 준행하는 경지에 도무지 오를 수 없는 자신의 무지와 무력과 불결과 불의를 깨닫고 절망의 바다에 주저앉을 수밖에 없습니다. 이것은 유대인의 율법에 의해서든 이방인의 양심에 의해서든 인간의 행위로 해결되는 문제가 아님을 천명하고 있습니다. 율법과 양심이 동일하게 우리를 죄인으로 규정하고 고발하고 있습니다. "사람이 이를 행하면 그로 말미암아 살리라"(레 18:5)는 약속과 "범죄하는 그 영혼은 죽으리라"(겔 18:4)는 위협은 사후의 영원한 생명과 죽음에 대한 것으로서 율법의 양면이라 할 수 있습니다. 율법의 약속이 성취되는 것은 인간의 행위에 있는 것이 아니라 그리스도 예수의 완전한 행하심에 있으며, 율법의 위협이 제거되는 것은 그리스도 예수의 죽음으로 말미암는 것입니다. 우리는 우리의 행위를 통해서가 아니라 오직 그리스도 안에서만 율법의 약속을 누리고 율법의 위협에서 벗어날 수 있습니다.

율법과 인간

나아가 율법은 인간의 삶 전체만이 아니라 존재 및 본성과도 연관되어 있습니다. 진실로 하나님의 명령은 하나님을 경외하는 삶과 신앙의 규범이며, 인간을 포함한 모든 피조물의 존재도 하나님의 명령과 무관하지 않고 모든 만물이 존재론적 차원까지 이 하나님의 명령과 결부되어 있습니다. 이 모든 관계성을 가장 잘 보여주는 성경 본문은 아마도 전도서일 것입니다. "하나님을 경외하고 그의 명령들을 지킬지어다. 이것이 모든 사람의 본분이니라"(전 12:13).

본문의 정확한 번역은 다음과 같습니다. "여호와를 경외하는 것과 그 명령을 지키는 것이 전全 인간이다(인간의 전부이다)." '본분'은 우리말로 번역할 때에 첨가된 말입니다. 즉 이 말씀은 여호와를 경외하는 것과 그의 계명을 지키는 것 자체가 인간의 실체이며 인생 자체라는 뜻으로 이해할 수 있습니다. 여기서 우리는 인간의 정체성에 대해 생물학적·심리학적·사회학적 관점이나 차원과는 다른 새로운 개념과 만납니다. 스스로 존재하지 않고 하나님 의존적인 인간은 그 정체성을 이해함에 있어서도 하나님에 대한 의존성을 고려하지 않으면 안됩니다. 인간의 존재와 여호와를 경외하고 그 명령을 지키는 것은 너무도 긴밀하게 연동되어 있어서 결코 분할할 수 없습니다.

전도서에 의하면, 여호와를 경외하는 것은 참으로 '인간다운' 것입니다. 여호와를 경외하지 않는 것은 인간이기를 포기하는 것이며 인간의 본래적인 정체성을 내던지는 일입니다. 여호와를 경외하는 인간됨을 이탈하면 짐승과 같아질 수밖에 없습니다. 짐승과 같아진 자는 반드시 썩어지지 아니하는 하나님의 영광을 썩어질 짐승과 버러지 형상으로 바꿉니다(롬 1:23). 하나님의 명령을 거역하게 만들어 여호와 경외함을 마음에서 빼앗은 사탄이 뱀이라는 짐승을 이용했다는 창세기의 이야기를 기억할 필요가 있습니다. 그리고 마지막 심판의 날에 영원한 사망의 정죄를 당하게 될 자들은 그 이마에 짐승의 숫자가 쓰여진 자라는 사실도 인간의 정체성 이탈과 무관하지 않습니다.

인간의 정체성이 여호와를 경외하는 데에 있다면 여호와를 버리고 그를 경외하지 않는다는 것은 인간에게 가장 근원적인 고통이요 자신의 근본 정체성을 부정하는 일이 될 것입니다. 그래서 예레미야 선지자는 하나님과 특별한 관계를 가지고 열방과 만민에게 복의 근원으로 부름 받은 이스라엘 백성의 실패를 묘사할 때 다음과 같은 압축적인 표현을 썼습니다. "네 악이 너를 징계하겠고 네 반역이 너를 책망할 것이라. 그러즉 네 하나님 여호와를 버림과 네 속에 나를 경외함이 없는 것이 악이요 고통인 줄 알라. 주 만군의 여호와의 말이니라"(렘 2:19). 인간의 근원적인 악과 고통은 사람들 사이의 합의나 사회적인 규범을 이탈할 때 부과되는 형벌의 결과가 아닙니다. 선지자의 말처럼, 악과 고통은 하나님을 가까이하지 않고 하나님을 버리는 것, 그분을 경외하지 않는 것에 그 뿌리를 두고 있습니다. 이사야는 이렇게 말합니다. "소는 그 임자를 알고 나귀는 주인의 구유를 알건마는 이스라엘은 알지 못하고 나의 백성은 깨닫지 못하는도다"(사 1:3). 하나님을 알지 못하는 것, 하나님의 하나님 되심에 대해 무지한 것이 인간의 근원적인 죄라는 것입니다. 이사야와 예레미야 선지자의 표현은 비록 다르지만 그 의미는 다르지 않습니다. 그래서 성경은 여호와 경외하는 것을 "생명의 샘"(잠 14:27)이라고 하였고, "지혜의 근본"(잠 9:10)이며 "지식의 근본"(잠 1:7)이라 했습니다.

　　죄는 아담과 하와가 선악과를 따 먹은 사건에서 처음으로 소개된 것이지만, 그 구체적인 내용에 있어서는 아직 심각한 현상까지 이르지는 못했던 것 같습니다. 우리는 아담과 하와의 첫 소생인 가인과 아벨이 드린 제사가 인간의 구체적인 죄성이 극명하게 드러나는 현장이 되고 있음을 주목할 필요가 있습니다. 가인과 아벨의 제사가 보여주는 것은 예배 가운데 죄가 있다는 것입니다. 하나님을 경외하는 형태로서 예배가 있더라도, 그 예배의 행위가 하나님 경외를 담보하는 것은 아닙니다. 예배도 불경함을 가리는 광명의 천사 같은 종교적 치장품 용도로 얼마든지 전락할 수 있습니다. 가인과 아벨의 제사는 '경외'라고 하는 하나님과 인간의 본질적인 관계 안에 죄의 근원적인 성격이 있음을 잘 드러내고 있습니다. 하나님의 형상대로 지음을 받은 인간은 창조 자체에서 하나님을 경외하는 본성을 가졌으며, 그 본성이 삶의 전 영역에서 표출될 때 인간은 하나님의 속성까지 발휘할 것을 요구받습니다. 제사는 인간의 본성과 삶 전체가 담긴 고백적인 형태인데, 아벨의 제사는 하나님이 받으셨고 가인의 제사는 하나님께 차가운 거절을 당합니다. 여기서 우리는 인간의 정체성이 드러나는 예배가 임의적인 것이 아니라 하나님에 의해 규정된 질서가 있음을 확인하게 됩니다.

　　나아가 전도자의 말은 여호와를 경외하는 것이 막연한 관념이 아니라는 사실을 암시하고 있습니다. 앞에서도 언급한 것처럼, 인간의 죄악된 본성은 여호와 경외의 진정한 의미와 방법을 잘 모릅니다. 무엇이 하나님을 경외하는 것이고 무엇이 하나님 앞에서 범죄하는 것인지를 모르는 인간에게 '여호와 경외'의 올바른 개념을 기대하는 것 자체가 허황된 일일 수 있습니다. 경외의 개념은 오직 하나님의 말씀에 의존할 수밖에 없습니다. 성막도 하나님의 설계를 따라 지어졌던 것처럼 하나님을 경외하는 것도 하나님이 친히 계시하신 규정을 따르는 게 좋습니다. 전도자는 "하나님을 경외"하는 것과 "그의 명령들을 지킬" 것을 나란히 언급하고 있습니다. 이는 전whole 인간의 정체성은 여호와를 경외하는 것이며 동시에 그 명령을 지키는 것과 무관하지 않다는 말입니다. 여호와를 경외하되 그의 명령을 준행하는 방식으로 여호와를 경외하지 않는다면 가인의 제사를 드리게 될 것이며 그 제사는 죄악으로 정죄되어 하나님께 거절당할 것입니다.

하나님의 명령을 지키는 것은 창조의 원리와도 무관하지 않습니다. 태초에 하나님이 무에서 천지를 창조하실 때에 "빛이 있으라"는 명령의 방식으로 만물을 지으셨기 때문에 시인은 창조를 일컬어 "그가 명령하시므로 지음을 받았음이로다"(시 148:5)라고 말하며 명령과 창조를 원인과 결과라는 인과의 끈으로 묶어 표현하고 있습니다. 인간의 존재 근원을 사유에 두는 철학이나, 극미시 세계의 입자에서 인간 존재의 근원적인 단위를 찾으려는 과학의 시도와는 달리, 성경은 인간의 존재가 보다 근원적인 '하나님의 명령'에 의존하고 있음을 분명히 밝히고 있습니다. 하나님의 명령으로 존재를 얻은 인간이 자신의 정체성을 그분의 명령을 지키는 데에서 찾는 것, 인간의 정체성이 하나님의 명령을 지키는 데에 의존하고 있다는 것은 지극히 당연합니다. 우리는 스스로 존재하지 않습니다. 권능의 말씀이 인간을 포함한 만물을 붙들고 있습니다. 어떠한 것이든 존재와 존속은 전적으로 하나님의 말씀에 의존하고 있습니다.

우리는 앞에서 여호와를 경외하는 것이 창조의 원리이며 인간의 본질이며 인생의 전부라 했고, 하나님을 경외하는 것은 그의 명령을 지키는 것과 다르지 않다고 했습니다. 예배는 하나님을 경외하는 고백의 형식이며, 하나님을 경외하는 삶은 바로 전 생애를 통해 하나님의 명령을 준행하는 삶입니다. 하나님을 경외하는 것은 가인처럼 자신이 원하는 방식대로 제사를 드리는 것이 아닙니다. 하나님이 말씀으로 정하시고 계시하신 방법대로 해야 하나님을 올바르게 경외하는 것입니다. 성경이 정한 방식을 무시할 때에, 하나님 경외는 아무리 정직하고 진실한 마음으로 이루어진다 할지라도 우상을 숭배하는 죄악으로 전락할 수밖에 없습니다. 정직하고 진실한 마음으로 치성을 드리며 무언가를 경외하는 이들은 대단히 많습니다. 돌부처나 조상이나 어떤 형상 앞에 나아가 엎드려 절하는 것만이 우상숭배가 아닙니다. 하나님의 명령을 하나라도 거역하면 그것은 곧 우상을 숭배하는 것과 다르지 않다고 성경은 가르치고 있습니다.

사무엘상 15:22-23을 보십시오. "사무엘이 이르되 여호와께서 번제와 다른 제사를 그의 목소리를 청종하는 것을 좋아하심 같이 좋아하시겠나이까? 순종이 제사보다 낫고 듣는 것이 숫양의 기름보다 나으니, 이는 거역하는 것은 점치는 죄와 같고 완고한 것은 사신 우상에게 절하는 죄와 같음이니라." 하나님의 말씀을 버리는 것이 무엇을 의미하는지를 잘 보여주는 말씀입니다. 이는 단순히 순종이 제사보다 좋다는 기호나 가치의 우열만 드러내는 것이 아닙니다. 하나님의 말씀에 순종하지 않는 것은 하나님의 말씀을 버리는 것이며 이는 점을 치는 것과 같고 우상을 숭배하는 것과 다르지 않다는 말입니다.

우리는 우상숭배 조항이 십계명의 제2계명에만 해당되는 것이라고 생각하기 쉽습니다. 그래서 점쟁이를 찾아가지 않으면 사술의 죄에서 자유한 것처럼 안심하는 경향이 있습니다. 그러나 사무엘은 하나님의 모든 말씀에 거역하는 불순종 자체를 점치는 것과 우상숭배 행하는 것으로 규정하고 있습니다. 즉 계명의 지극히 작은 것 하나라도 거역하면 우상을 숭배하는 죄악으로 정죄를 받을 수 있다는 것입니다. 우상을 숭배하지 않고 하나님을 경외하는 유일한 길은 하나님의 모든 명령을 지켜 순종하는 것이라는 말입니다. 하나님을 경외한다 말하면서 그의 명령을 준행하지 않는 사람들은 입술로는 그를 존경하나 마음은 그에게서 먼 자라는 예수님의 책망이 합당할 것입니다(마 15:8). 아마도 사울이 그 대표적인 사례일 것입니다.

인간의 실체와 인생의 전부라고 할 수 있는 하나님 경외가 그 명령에 순종하는 것이라고 하였는데, 이제는 '어떻게' 순종할 것이냐를 생각하고 싶습니다. 사람들은 하나님의 명령 지키는 것을 인간 문맥 안에서 발생하는 책임과 의무로 이해하는 경향이 있습니다. 즉 그들은 하나님의 명령을 인간 사회에서 요구되는 도덕적인 규범으로 이해하고 그런 차원에서 그 명령을 행동으로 옮기는 것을 순종으로 여깁니다. 그러나 하나님의 명령을 지킨다는 것은 그런 도덕적인 행위만을 의미하지 않습니다. 사실 불교나 유교나 다른 고등 종교들의 경전을 살펴보면, 성경에서 '행하라'고 하신 하나님의 명령과 유사한 교훈들, 심지어 자구까지 동일한 교훈들, 때로는 성경보다 더 섬세하고 고상해 보이는 교훈들도 있습니다. 부모를 공경하는 것, 더불어 평화롭게 사는 것, 약한 자들을 돕는 것, 악한 자들을 징계하는 것, 정직하게 살라는 것, 도둑질하지 말라는 것 등은 거의 모든 종교에서 발견되는 일반적인 교훈일 것입니다. 예수님을 공자와 맹자와 석가와 더불어 4대 성인으로 분류하는 이들의 의식 저변에는 그의 가르침이 대부분의 고등 종교의 가르침과 별로 다르지 않다는 생각이 자리 잡고 있습니다.

그러나 성경에 계시된 하나님의 명령은 단순히 다른 종교에서 발견되는 인간의 도덕적 교훈과는 다릅니다. 내용도 다르지만 무엇보다 계명의 차원에 있어서 무한한 격차가 있습니다. 기독교가 다른 종교와 구별되는 유일한 차이점은 명령하고 교훈하는 주체가 누구냐에 있습니다. 기독교의 고유성과 차별성과 탁월성은 하나님이 바로 모든 명령과 교훈의 주체가 되신다는 사실에 있습니다. 세상에 도둑질하라는 종교는 없습니다. 그러나 성경의 "도둑질하지 말라"는 계명은 세상의 윤리적 교훈과는 전혀 다른 종교적 의미를 가지고 있습니다.

성경은 하나님이 자신을 스스로 계시하신 책입니다. 이런 맥락에서 성경에 기록된 모든 명령은 명령하신 분에게 나아갈 것을 요청하는 초대장과 같습니다. 명령하신 주체를 아는 지식이 없이는 성경에 기록된 어떠한 계명도, 아무리 사소하게 보이는 명령이라 할지라도, 도무지 이해할 수 없고 이행할 수도 없습니다. 여호와를 경외하는 것과 그의 명령을 준행하는 것은 분리될 수 없습니다. 이는 여호와를 경외하지 않고서도 그의 명령을 준행할 수 있는 가능성은 없다는 뜻입니다. 여호와를 경외하는 것이 선행되지 않으면 하나님의 명령을 단 하나도 깨달을 수 없고 순종할 수도 없습니다. 명령하신 주체를 모르고도 그의 명령을 이해할 수 있다고 생각하는 사람은 그 주체가 명령에 담은 본질적인 의미를 존중하지 않고 해석자 스스로 부여한 의미로 하나님의 명령을 왜곡하는 자입니다. 예수님이 가장 혹독하게 책망했던 바리새인과 서기관들의 문제도 하나님을 아는 지식과 명령하신 분의 본뜻을 배제한 채 그의 명령을 마치 인간의 도덕적인 교훈처럼 이해하고 믿음이 아니라 행위로만 해석했던 데에 있습니다. 그들은 이사야의 예언과 같은 엄중한 책망을 받습니다. "이 백성이 입술로는 나를 공경하되 마음은 내게서 멀도다. 사람의 계명으로 교훈을 삼아 가르치니 나를 헛되이 경배하는도다"(마 15:8-9). 그들은 비록 율법을 통째로 암송하고 율법이 삶의 전부라고 여겨 지키고 또 지켰지만, 율법의 속뜻인 의와 인과 신은 송두리째 버리고 그저 행위로만 번역하려 했습니다. 이처럼 명령의 주체를 모르면 명령의 의미도 알 수 없고 준행할 수도 없습니다.

십계명을 자세히 보십시오. 전반부에 하나님 자신과 직접 관련된 조항들이 선행하고 그 다음에 사회적인 조항들이 뒤따르고 있습니다. 그러나 두 부류의 조항들은 분리된 것이 아닙니다. 오히려 하나님의 명령을 준행하는 것이 여호와를 경외하는 것과 무관하지 않음을 잘 암시하고 있습니다. 하나님 사랑이 이웃 사랑보다 선행하는 것도 같은 맥락에서 이해할 수 있습니다. 같은 관점에서, 하나님을 바르게 알지 못하면 인간을 아는 지식도 온전할 수 없습니다. 이처럼 질서가 있습니다. 이런 질서가 존중되지 않을 때 왜곡과 조작이 발생하고, 그러면 우리도 율법의 바리새적 실패를 답습할 수 있습니다.

십계명 중에는 "거짓말하지 말라"는 계명이 있습니다. 이 계명은 우리에게 정직을 권하는 것으로서, 거짓에 물들어 살아가는 우리의 실상을 먼저 인정하고 회개할 것을 촉구하는 형태를 취하고 있습니다. 이것은 다른 종교나 교육 기관에서 가르치는 도덕적인 교훈과 비록 비슷하게 보이지만 그 의미는 판이하게 다릅니다. 하나님이 명령하신 주체이기 때문에 먼저 '거짓'의 의미는 사람 앞에서의 거짓이 아니라 하나님 앞에서의 거짓을 뜻합니다. 이와 관련하여 "지으신 것이 하나도 그 앞에 나타나지 않음이 없고 우리의 결산을 받으실 이의 눈앞에 만물이 벌거벗은 것 같이 드러나느니라"(히 4:13)는 바울의 기록에 주목할 필요가 있습니다. 무에서 존재를 부르신 하나님이 사물에 대해 아시는 지식에서 더하거나 감한 모든 인간의 지식은 아무리 양심에 저촉되지 않고 순수한 마음으로 얻은 지식이라 할지라도 거짓에서 자유롭지 않을 것입니다.

타락의 첫 번째 결과로 눈이 밝아져 스스로 보고 듣고 생각하고 판단하는 주체가 되어 자신의 관점으로 만물을 바라보고 사실을 수집하고 정보로 저장하게 된 인간의 지식 생산 방식은 그 근원에서부터 이미 하나님의 관점에서 멀어져 있습니다. 어떠한 것이든 진리이신 하나님과 멀어지면 멀어진 만큼 거짓일 수밖에 없습니다. 인간 자체가 하나님을 떠난다면 거짓과의 결탁은 불가피한 일입니다. 실제로 하나님을 떠난 인간이 선악을 판단하는 주체로 있는 이상 거짓의 늪에서 한 발짝도 벗어나지 못합니다. 이처럼 거짓은 주체의 문제로 소급될 수 있습니다. 인간이 무언가를 지각하고 판단하는 주체로 있다는 것 자체가 거짓의 원흉인 셈입니다. "거짓말 하지 말라"는 계명은 하나님의 관점을 떠나 그의 판단을 버리고 스스로가 지각과 판단의 주체임을 자처하는 인간의 근본적인 문제를 지적할 뿐 아니라 그 결과 삶의 내면과 외면에 거짓이 창궐하게 되었음을 고발하는 동시에, 정직의 유일한 길은 자신을 철저히 부인하되 내가 옳다고 생각하는 가치관까지 완전히 내려놓고 오직 하나님의 기준과 관점과 판단만을 의지하는 것임을 알리는 계명이라 할 수 있습니다.

거짓의 반대는 진리인데, 거짓이 되지 않으려면 진리여야 하고 진리와 분리되지 말아야 하고 진리와 다르지 않아야만 합니다. 그런데 그리스도 예수는 스스로 자신을 진리라고 규정하고 있습니다. 하나님 한 분만이 진리인데, 그리스도 예수는 하나님의 본체의 형상이기 때문에 곧 하나님과 다르지 않기 때문에 진리이며, 하나님과 분리되어 있지 않기 때문에 진리이며, 친히 하나님이 되시기에 진리인 것입니다. 그리스도 외에 이러한 존재는 세상에 없습니다. 하나님이 아니며 하나님과 다르고 하나님을 떠나 있는 인간은 당연히 거짓에서 자유로울 수 없습니다. 우리 자신이 진리일 수는 없지만 진리에 참여할 유일한 방법이 있다면, 우리가 그리스도 안에 거하고 그리스도 예수의 영이 우리 안에 거하시는 것입니다. 우리는 날마다 죽고 진리이신 그리스도 예수만이 우리 안에서 사시는 것입니다.

거짓은 너무도 쉽습니다. 그러나 정직은 얼마나 어려운지 모릅니다. 성경은 하나님의 관점에서 조명된 만물과 역사의 의미와 지식이 담겨 있고 그 모든 지식을 통해 하나님 자신을 계시하는 책입니다. 그러한 성경을 있는 그대로 알지 못하면 우리는 자연스레 정직과 멀어질 수밖에 없습니다. 잠언에서 지혜자는 "너는 그의 말씀에 더하지 말라. 그가 너를 책망하시겠고 너는 거짓말하는 자가 될까 두려우니라"(잠 30:6)고 말합니다. 이 말씀은 하나님의 말씀을 가감하는 것이 거짓의 본질이란 사실을 잘 지적하고 있습니다. 우리는 정직과 거짓의 개념을 인간 편에서 생각하기 쉽습니다. 그러나 성경에 의하면 거짓과 정직은 하나님의 말씀을 기준으로 가늠되고 있습니다. '오직 성경'의 정신이 구현될 때 비로소 정직이 가능할 것입니다. 그러나 성경에 기록된 말씀을 그대로 옮긴다고 해서 정직이 보장되는 것은 아닙니다. 성경의 모든 계명을 하나라도 빼거나 더하지 않는 '전 성경'tota Scriptura과 '오직 성경'sola Scriptura의 정신을 넘어 각각의 계명에 대해 성경이 의도한 의미의 차원까지 이르렀을 때에 비로소 정직을 운운할 수 있을 것입니다.

앞에서 언급한 것처럼, 성경에 분명히 기록되어 있는 말씀에 머물렀다 할지라도 해석의 차원에서 성경이 가감되는 경우가 있기 때문에 정직은 성경의 내용을 익히는 차원을 넘어 바르게 해석하는 단계까지 이를 것을 요청합니다. 뿐만 아니라 올바르게 해석된 말씀을 알고도 행하지 않으면 하나님을 만홀히 여기고 스스로를 속이는 거짓의 종노릇을 할 수밖에 없기 때문에 성경이 명하는 정직의 개념은 성경의 명백한 기록에 머무는 것과 바른 해석과 순종까지 포괄하고 있습니다. 결국 "거짓말하지 말라"는 계명은 성경 전체가 가리키고 있고 성경의 가장 탁월한 해석 자체이자 올바른 해석의 실현이신 그리스도 예수와 결부되어 있습니다. 이처럼 하나님의 계명은 인간의 일반적인 도덕적 행위를 요구하는 윤리가 아니라 하나님 자신과 관계되어 있고 윤리 너머의 종교적인 차원의 의미와 결부되어 있음을 확인할 수 있습니다.

구약과 신약의 통일성과 차이점

율법이 그리스도 예수를 가리키고 있으면서 그리스도 예수의 오심을 기다리고 있다는 사실은 "공의로운 해가 떠올라서"(말 4:2)라는 말라기 선지자의 언사에서 확인됩니다. 복음은 율법의 완성과 마침이신 그리스도 예수를 선명하게 계시하고 있습니다. 여기서 칼빈이 말하는 '복음'은 "넓은 의미에서 취해진" 개념이 아니라 "탁월성에 따른"per excellentiam 개념, 즉 "그리스도 안에서 계시된 은혜의 선포"를 뜻하는 말입니다. 이에 대한 성경적 근거로서 칼빈은 "예수 그리스도의 복음의 시작"(막 1:1)과 그가 오셔서 "복음으로써 생명과 썩지 아니할 것[불멸]을 드러내신지라"(딤후 1:10)는 구절을 인용하고 있습니다. 두 번째의 인용문은 "하나님의 아들이 육신을 취하시기 전까지는 구약의 족장들이 죽음의 그림자에 휩싸여 있었다"는 뜻이 아니라 "복음에는 특권적인 영예"가 있다는 뜻입니다. 신구약의 연관성을 강조하는 차원에서 칼빈은 야곱이 목격한 사다리도 그리스도 예수와 관련시켜 해석하되, 성자의 강림으로 하늘의 문이 열려 우리에게 천국의 입구가 되셨다는 놀라운 사실을 예표하는 것이라고 말합니다.

그러나 칼빈은 율법과 복음의 잘못된 비교와 대립을 경계해야 한다고 말합니다. 물론 바울은 '율법의 의'와 '복음의 의'를 대립된 것으로 여기기도 했지만, 그것은 율법과 복음의 대립이 아니라 율법을 인간이 완성하고 그 요구를 종료시킬 수 있다는 "율법의 거만한 의"와 우리는 하나님의 약속된 보상을 받을 정도로 율법에 순종할 수 없기에 오직 은혜로 하나님을 기쁘시게 하며 하나님의 용서와 속죄로서 의로운 자라 칭함을 받게 만드는 "믿음의 값없는 의"를 대립시킨 것입니다. 복음은 율법을 폐지하지 않았고 오히려 율법이 약속한 것을 실현하고 그림자에 실체를 제공하고 있습니다. 바울은 복음이 "모든 믿는 자에게 구원을 주시는 하나님의 능력"(롬 1:16)이라 말하면서 곧장 그 복음은 "율법과 선지자들에게 증거를 받은 것"(롬 3:21)이라는 첨언을 붙입니다. 즉 그리스도 예수는 만세 전부터 감춰였던 것이지만 그러나 동시에 "선지자들의 글로 말미암아"(롬 16:26) 알려지신 분이시기에 율법과 복음은 내용도 동일하고 계시도 동일하나 "오직 계시의 명료성에 있어서" 다를 뿐이라고 칼빈은 말합니다. 심지어 율법과 선지자의 마지막 주자인 요한이 베푼 세례는 그리스도 이후에 사도들의 무리에게 위탁된 세례와 동일하기 때문에 요한을 "복음 전파자들 중에" 하나로 여겨야 한다는 말까지 했습니다.

중보자 그리스도 예수

구약과 신약은 일관되게 그리스도 예수를 계시하고 있습니다. 이 계시에 따르면, 하나님인 동시에 인간이신 그리스도 예수는 하나님과 인간 사이의 가장 완전한 중보자가 되십니다. 죄로 말미암은 하나님과 인간의 무한한 격리를 이어 줄 완전한 중보자는 땅에서 찾을 수 없고 하늘의 천사들 중에서도 찾을 수 없습니다. 하나님이 친히 마련하지 않으시면 어떠한 해결책도 있을 수 없습니다. 칼빈이 잘 표현한 것처럼, "우리의 불결과 하나님의 완전한 순결 사이에는 측량을 불허하는 부조화 혹은 분리"가 있기 때문에 어떠한 해법이 있을 것이라고는 상상조차 할 수 없습니다. 인간은 "치명적인 타락으로 죽음과 음부에 빠졌으며, 무수한 오점과 부패로 인해 불결하게 되었으며, 결국 모든 저주로 휘감겨 있습니다." 하나님이 얼마나 위대한 분이시고 인간이 얼마나 심각한 상태에 있는지를 모른다면, 누가 우리의 중보자가 될 수 있는지에 대해 우리가 알 수 있는 것은 무엇일까요? 하나님이 친히 최고의 중보자를 아시고 완전한 하나님과 완전한 인간이신 중보자를 우리에게 보내신 것은 그 자체가 하나님의 측량할 수 없는 지혜이며 능력이기 때문에 우리는 감사와 찬송을 하나님께 돌릴 수밖에 없습니다. 우리에게 그런 중보자가 되시는 그리스도 예수는 하나님과 인간에 대한 가장 완벽한 지식을 확인시켜 주시고 동시에 상상치도 못한 최고의 해법을 우리에게 제공해 주십니다.

바울은 "하나님과 사람 사이에 중보자도 한 분이시니 곧 사람이신 그리스도 예수라"(딤전 2:5)는 표현을 썼습니다. "사람"이기 때문에 그 중보자는 "우리의 연약함을 동정하지 못하실 이가 아니요 모든 일에 우리와 똑

같이 시험을 받으신 이로되 죄는 없으"신(히 4:15) 분입니다. 중보자를 신의 모양이 아니라 "우리 중의 하나처럼"tanquam unum ex nobis 육신으로 보내진 "사람"으로 표현한 것은 하나님의 지극히 큰 배려인 것입니다. 진실로 하나님은 "우리와 하나가 되시려고 우리의 몸에서 자신의 몸을 만드시고 우리의 살로 자신의 살을 만드시고 우리의 뼈로 자기의 뼈를 만드신 것입니다." 자신에게 고유하게 속한 것을 우리에게 주시려고 우리에게 고유한 것을 취하신 것입니다. 우리에게 다가오신 접근 자체가 목적이 아니라, 주님께서 오셔서 우리에게 주고자 하시는 것이 있는데 그것은 바로 주님 "자신에게 고유하게 속한 것"이라는 말입니다.

칼빈은 우리의 구속자가 온전한 하나님인 동시에 온전한 사람이기 때문에 큰 유익이 있다고 말합니다. 우리가 하나님과 화목하기 위해서는 필연적인 조건이 있는데 첫 번째는 죽음과 죄를 제거하지 않으면 안된다는 것입니다. 구속자는 죽음을 삼켜야 하는데 생명vita 외에 누가 그 일에 적합할 수 있을까요? 구속자는 죄를 정복해야 하는데 의 자체ipsa iustitia가 아니면 누가 그 일에 합당할 수 있을까요? 세상과 공중의 권세보다 강한 힘이 아니라면 어떻게 죽음과 죄로부터 우리를 해방시킬 수 있을까요? 생명과 의와 최고의 주권과 권위가 하나님 외에 누구에게 있을 수 있을까요? 그리스도 예수만이 중보자일 수밖에 없는 이유가 바로 여기에 있습니다. 하나님과 화목하기 위해 우리에게 필요한 두 번째 조건은 온전한 순종에 대한 우리의 실패를 해결해야 한다는 것입니다. 이를 위해서는 우리의 불복종을 복종으로 상쇄해야 하며, 하나님의 공의로운 심판을 존중해야 하며, 죄에 상응하는 형벌을 받지 않으면 안됩니다. 이에 그리스도 예수는 인류의 조상인 아담을 대신하여 아버지 하나님께 온전한 복종을 보이셨고, 하나님의 의로운 심판대에 자신의 목숨을 바쳐 신적인 공의를 이루셨고, 그렇게 함으로써 우리가 받을 형벌을 대신 짊어지신 것입니다.

만약 그리스도 예수께서 그저 성자였을 뿐이라면 죽음을 느낄 수 없었을 것이며, 다만 사람이었을 뿐이라면 죽음을 정복할 수 없었을 것입니다. 그래서 인성과 신성이 결합하여 죄를 대속하기 위해 인성을 죽음에 내어주고, 다른 본성의 권능으로 우리를 대신하여 죽음과 싸우시고 승리하신 것입니다. 이러한 이유로 인성이나 신성은 어느 하나라도 부정될 수 없습니다.

여기서 잠시 주목할 부분은 칼빈이 그리스도 예수의 죽음을 이해하되 그 죽음이 우리의 죄를 말소하기 위한 '대속'expiatio이며 '아버지의 의로운 진노'를 진정시킨 것으로 이해하고 있다는 점입니다. 예수님의 죽음은 아버지 하나님의 말씀을 거역하는 것이 얼마나 끔찍한 결과를 초래할 수 있는지를 보여주는 겁박용 표본이 아니라는 것입니다. 그리스도 예수의 완전한 순종도 하나님의 말씀에 우리가 어떻게 순종해야 하며 어떻게 의에 이르러야 하는지의 모델을 보여주는 것이 일차적인 목적은 아닙니다. 예수님의 완전한 순종과 죽음은 우리의 의를 위한 것이며, 사망과 죄에서의 해방을 위한 것이며, 하나님의 의로운 진노를 우리 대신에 짊어지신 것이라는 말입니다.

칼빈은 경박하고 신기한 것을 추구하는 자들의 사변 몇 가지를 언급하며 우리의 면밀한 주의를 요청하고 있습니다. 첫째, 오시안더Andreas Osiander, 1498-1552 및 세르베투스Michael Servetus, 1511-1553 같은 인물들은 만약 인류가 죄를 짓지 않고 사망에 이르지 않아 구속할 필요가 없었어도 성자는 사람이 되셨을 것이라고 말합니다. 이에 대해 칼빈은 성경의 기록에 의존하여 모든 성경이 그리스도 예수께서 우리의 구속자가 되시려고 육체로 오셨다고 분명히 선포하고 있기 때문에 "다른 이유나 목적을 상상하는 것은 지극히 과도한 만용"이라 했습니다. 태초에 아담과 하와가 타락하자 짐승을 잡아 가죽옷을 입히신 것은 이미 속죄의 역사가 시작된 것이기 때문에, 아직 타락하지 않은 태초의 상태에서도 주님은 천사와 사람에게 머리로 계셨으며 타락한 직후부터 역사가 종결되는 시점까지 그리스도 예수는 구속자가 아니신 때가 없었다고 말합니다. 율법이 아직 공포되지 않은 때이든 율법의 시대이든 율법 이후의 시대이든 불문하고 어느 시대에나 피 없이는 중보가 약속된 일이 없었기에 성경 전체가 중보적인 성자의 성육신을 암시하고 있다는 것입니다. 우리의 대제사장 되신 주님은 자신을 희생의 제물로 바치셨고, 그가 채찍에 맞음으로 우리가 나음을 얻었으며, 우리는 모두 그릇 행하여 뿔뿔이 흩어졌으나 하나님은 그에게 우리 모두의 죄악을 담당시켜 십자가를 지게 하심으로 죄인들의 죄과를 없애시고 하나님과 화목하게 하셨다고 말씀하고 있기에(사 56장), 이러한 성경의 명확한 기록을 넘어서는 자는 자신의 '어리석은 호기심'을 성경보다 더 추종하는 자라고 말합니다. 더군다나 예수님 자신도 이 땅에 오신 이유를 설명하실 때에 하나님의 진노를 짊어지고 자기 백성을 저희 죄에서 사함 받게 하사 죽음에서 생명으로 옮기려는 것이라고 했습니다(마 1:21). 하나님이 독생자를 주신 이유는 세상을 사랑하사 저를 믿는 자마다 멸망치 않고 영생을 얻게 하시려는 것입니다(요 3:16). 인자가 온 이유는 잃어버린 자의 구원에 있습니다(눅 19:10). 주님께서 속죄와 화해를 위해 오시지 않았다면 그분의 영예로운 제사장직, 하나님과 인간 사이의 중재자직, 죄를 해결해 주시는 구속자직 및 성경에서 그에게 부여된 모든 영광의 칭호들은 내용이 없는 언어의 쭉정이일 뿐입니다.

칼빈은 그리스도 예수가 우리의 "구속자"redemptor와 "우리의 본성의 분담자"eiusdem naturae particeps가 되신 것은 "하나님의 영원한 작정에 의한"aeterno Dei decreto 것이라고 말합니다. 이러한 해석 이상의 내용에 대해서 성경은 침묵하고 있습니다. 그래서 이 대목에서 질문이 많이 생길 것입니다. 그러나 하나님의 변할 수 없는 계시에 만족하지 않고 다른 무언가를 더 알고자 한다면, 그것은 우리가 구속을 얻는 대가로 우리에게 주신 이 그리스도 예수로는 만족하지 못함을 완곡하게 드러내는 것입니다. 칼빈은 그리스도 예수에 대해 하나님이 비밀한 결정으로 정하신 일 이상의 것까지도 캐묻고 알려고 하는 것은 "불경스런 뻔뻔함"impia audacia을 가지고 "새로운 그리스도"novum Christum를 만들려는 것과 다르지 않다고 말합니다. 오컴William of Ockham, 1285-1349의 경우에는 "하나님의 아들이 나귀의 본성도 취하실 수 있었을까" 같은 어리석은 변론을 촉발하는 괴문을 던지기도 했습니다. 오시안더의 경우에는 이러한 질문과 예상되는 답을 반박하는 구절이 성경에 없다며 이러한 공상의 정당성에 동조하는 듯한 태도를 취했습니다. 이에 칼빈은 "예수 그리스도와 그가 십자가에 못 박히신 것 외에는"(고전 2:2) 다른 어떠한 것도 알 가치가 없다던 바울의 태도로 응수했습니다.

하지만 오시안더의 호기심은 여기서 그치지 않습니다. 하나님은 인간을 "장차 오실 그리스도의 본"exemplar futuri Christi을 따라 하나님의 형상대로 지으셔서 하나님이 육신을 입히기로 이미 결정하신 분과 사람이 같게 되기를 원했다는 또 다른 공상을 펼칩니다. 당연히 아담이 태초의 무흠한 상태에서 타락하지 않았다고 할지라도 성자의 성육신은 포기되지 않았을 것이라는 자족적인 추론을 잇습니다. 나아가 몸이 없는 천사들은 그리스도의 형상이 없기 때문에 사람보다 지위가 낮다고 말합니다. 이에 대해 칼빈은 답하기를, 천사들은 "지존자의 아들들"(시 82:6)이라 불릴 정도로 사람에게 부여된 존엄성을 가졌으며, 하나님의 형상으로 새롭게 된다는 것은 우리가 하나의 머리 아래에서 장차 천사들과 연합하게 됨을 가리키며(골 2:10), 우리가 하늘로 영접될 때에 "천사들과 같"아질 텐데(마 22:30) 그것은 우리의 궁극적인 복이라고 합니다.

오시안더의 궤변은 자구를 살짝 바꾸고 시간성을 고려하여 "인간 그리스도가 하나님의 마음에 미리 알려졌기 때문에 인간은 그 모형을 따라 지음을 받았다"는 식으로 변합니다. 이에 칼빈은 바울이 아담을 첫 번째 아담이라 부르고 그리스도를 두 번째 아담으로 부른다는 사실을 근거로 "하나님의 아들이 사람이 되시려고 나셨다"는 결론을 내립니다. 만일 아담이 원래의 순전한 상태로 머물러 있었다면 그는 그리스도의 형상이 아니라 자신의 형상 exemplar sui ipsius 으로 그대로 남았을 것이라는 오시안더의 교설에 대해, 칼빈은 "하나님의 아들이 인간의 육신을 취하시지 않았다고 할지라도 하나님의 형상이 그의 몸과 영혼에서 빛났을 것"이라고 말합니다. 오시안더는 "그리스도가 사람이 되지 않았다면 천사들에 대한 그의 수위권이 없었을 것이고 천사들도 그를 머리로서 향유하지 못했을 것"이라고 말합니다. 같은 맥락에서 주께서 육신으로 오시지 않았다면 교회에는 머리가 없었을 것이라고 말합니다. 그러나 바울은 주님이 영원한 하나님의 말씀이고 당연히 다른 모든 피조물보다 먼저 나신 분이기에(골 1:15) 피조물의 하나인 천사들도 주님의 다스림을 받는다고 말합니다.

주께서 육신으로 오시지 않았다면 사람들은 그를 왕으로 모실 수 없었을 것이라는 오시안더의 억견에 대해서는, 비록 인간의 육신으로 오시지 않았다 할지라도 하나님의 영원한 아들이 어떻게 천사들과 인간들을 모아 자신의 영광과 생명을 나누실 수 없으며 어떻게 만물에 대한 수위권을 스스로 행사하실 수 없느냐며 격정적인 반문을 던집니다. 또 하나의 궤설은, 아담이 자신의 아내를 보며 "내 뼈 중의 뼈요 살 중의 살이라"(창 2:23)고 했던 말은 바울이 교회에 대해 동일하게 이 말을 했다는 점에 근거하여 아담과 하와의 뼈와 살이 그리스도 자신의 뼈와 살이라고 한 바울의 생각을 미리 말한 '아담의 예언'prophetiam Adae일 뿐이라는 것입니다. 그러나 오시안더의 생각과는 달리 바울이 기록한 그 구절(엡 5:30-31)은 뼈와 살의 재질이 동일함을 말하고자 함이 아니라 교회와 그리스도 사이의 신비로운 연합을 가리키고 있습니다. 이처럼 그리스도 예수에 대한 궁금증이 성경의 경계를 넘어가면 궤변과 억측이 난무할 수밖에 없습니다.

그리스도 예수의 삼중적 직분

'삼중적 직분'은 예수님이 이 땅에서 수행하신 세 가지 일과 관련된 직분을 가리키는 말입니다. 어떤 이들은 동방의 박사들이 성육신의 때에 예수님께 경의를 표하기 위해 보배합에 담아 온 황금과 유향과 몰약이 각각 그리스도 예수의 삼중직, 즉 왕직, 선지자직, 제사장직을 예표하는 것이라고 혹은 그의 왕국, 제사장직, 장사를 예표하는 것이라는 말합니다. 이에 대해 칼빈은 철학화된 해석일 뿐이라며 단호한 거절의 입장을 표합니다. 동방박사들의 선물을 그리스도 직분론과 연관시켜 해석하지 않더라도 그리스도 예수의 삼중직은 구약에 분명히 예표되어 있습니다. 먼저 '그리스도'Χριστός라는 단어는 히브리어 '메시아'מָשִׁיחַ의 헬라식 번역어인데 '기름 부음을 받은 자'라는 의미를 가지고 있습니다.

구약에서 '기름 부음을 받은 자들'은 선지자와 제사장과 왕입니다. 각각의 대표적인 인물로는 모세, 멜기세덱, 다윗이 있습니다. 먼저 선지자직 문제에 관하여는 사도행전 3:22에서 신명기 18:15의 모세의 언급을 인용하고 있는데, 모세는 "주 하나님이 너희를 위하여 너희 형제 가운데서 나 같은 선지자 하나를 세울 것이니"라고 했습니다. 제사장직 문제, 즉 멜기세덱 대제사장 이슈는 히브리서 6장과 7장에 나옵니다. 거기에서 히브리서 저자는 "그리로 앞서 가신 예수께서 멜기세덱의 반차를 따라 영원히 대제사장이 되어 우리를 위하여 들어가셨느니라"(히 6:20)며 예수님과 멜기세덱 사이의 관계를 묘사하고 있습니다. 왕직에 대해서는 "내 종 다윗이 영원히 그들의 왕이 되리라"(겔 37:25)는 에스겔서의 기록과, "다윗의 왕좌와 그의 나라에 군림하여 그 나라를 굳게 세우고 지금 이후로 영원히 정의와 공의로 그것을 보존하실 것이라"(사 9:7)는 이사야서의 기록, 예수는 "큰 자가 되고 지극히 높으신 이의 아들이라 일컬어질 것이요 주 하나님께서 그 조상 다윗의 왕위를 그에게 주시리니"(눅 1:32)라고 한 누가의 기록에서 다윗이 그리스도 예수의 왕직을 예표하고 있음을 확인할 수 있습니다.

신구약을 막론하고 동시에 선지자, 제사장, 왕이었던 인물은 아무도 없었는데 오직 그리스도 예수만이 그러한 세 직분munus triplex 모두에 대해 기름 부음을 받으신 분입니다. 예수의 이 삼중직은 "믿음이 구원의 확고한 근거를 그리스도 안에서 얻고 따라서 그에게서 안식을 얻기 위해 우리가 정해야 할 원칙"이 된다고 칼빈은 말합니다. 그러나 선지자직, 제사장직, 왕직의 이름들nomina만 알고 목적과 유용성에 대한 지식이 없다면 무의미한 일일 것입니다. 그러므로 각 직분의 목적과 효용을 일별해 볼 필요가 있습니다.

먼저 그리스도 예수는 선지자가 되십니다. '선지자의 사명'은 하나님의 대언자로 하나님의 언약을 상기시켜 주고, 약속을 재확인해 주며, 백성의 도리를 가르치고 전달하는 데에 있습니다. 나아가 그렇게 함으로써 진정한 중보자가 오실 때까지 약속에 대한 기대를 접지 않도록 하는 것입니다. 성육신 이전에 하나님은 자기 백성에게 많은 예언자를 보내셔서 구원에 이르는 충분하고 유용한 교리를 알려 주셨지만 메시아가 오기 전까지는 믿음의 사람들이 완전히 설득되지 않은 마음의 갈증을 가지고 있었습니다. 메시아의 도래는 심지어 진정한 경건을 갖고 있지 않았던 사마리아 사람들마저 고대했던 바입니다. 이런 맥락에서 수가성의 여인도 "그가 오시면 모든 것을 우리에게 알려 주시리이다"(요 4:25)라고 말했던 것입니다. 이사야의 증언에 따르면 예수는 하나님이 "만민에게 증인으로 세웠고 만민의 인도자와 명령자"(사 55:4)로 삼으신 분입니다. 다른 곳에서 이사야는 메시아를 "기묘자[지혜가 출중한 사자]" 혹은 "모사[해석자]"로 부릅니다(사 9:6; 28:29). 히브리서 저자에 의하면, 그리스도 예수는 "옛적에 선지자들을 통하여 여러 부분과 여러 모양으로 우리 조상들에게 말씀하신 하나님"(히 1:1)에 의해 "모든 계시의 최고 완성자요 종결자"로 보내심을 받은 분입니다.

그리스도 예수 자신과 그의 완전한 가르침을 통해 모든 예언이 종결된 것에 만족하지 않고 그리스도 "밖에서 다른 무언가를 가지고 복음을 조작하는 사람들"은 그리스도 예수의 최종적인 계시적 권위에 오만한 도전장을 내미는 자들이라 할 수 있습니다. 하늘에서 들려 온 "이는 내 사랑하는 아들이요……너희는 그의 말을 들으라"(마 17:5)는 성부의 음성에서 확인되는 것처럼, "모든 다른 사람들을 능가하는 각별한 특권에 의해" 주님은 절대적인 권위를 갖고 계십니다. 사실 그리스도 안에는 "지혜와 지식의 모든 보화가 감추어져 있"기(골 2:3) 때문에 그리스도 외에 알아야 할 가치 있는 것은 없으며 그리스도 예수가 어떤 분인지를 믿음으로 분명히 깨달은 사람은 "천상적인 선의 무한한 전체"를 깨달은 것과 같다고 칼빈은 말합니다. 나아가 그는 주께서 우리에게 가르치신 모든 말씀이 우리가 알아야 할 "완전한 지혜의 모든 범주"를 포함하고 있다고 말합니다. 이로 보건대 "예수 그리스도와 그가 십자가에 못 박히신 것 외에는 아무것도 알지 아니하기로 작정"한(고전 2:2) 바울의 다짐은 결코 맹목적인 광신도의 무모한 결심이 아닙니다. 진실로 바울은 진리의 본질을 꿰뚫고 거기에 올인하는 가장 지혜로운 처신을 한 것입니다. 이는 마치 값비싼 진주를 발견하고 자신의 모든 재산을 팔아 그것을 구매한 상인의 지혜와도 같습니다.

두 번째로 칼빈은 그리스도 '예수의 왕직'을 다룹니다. 여기에서 핵심은 그리스도 예수의 왕권이 육적인 것이 아니라 영적인 성격을 가졌다는 점입니다. 칼빈은 영적인 왕권의 독특성을 놓치면 다른 모든 이해에 왜곡이 초래될 수밖에 없다는 우려를 표합니다. 그리스도 안에서 우리가 받는 약속은 외면적인 이익에서 비롯되는 행복이 아니기에 "즐겁고 평화로운 생활, 많은 재산, 아무런 해도 받지 않는 안전한 상태, 육신이 보통 동경하는 풍부한 오락"에서 우리의 행복을 찾아서는 안될 것입니다. 칼빈은 이 세상에서 한 국민의 번영과 평안이 모든 재물의 풍부와 국가의 평온과 외적에 대한 방위의 확보에 있듯이, 그리스도 예수는 "영혼의 영원한 구원을 위해 필요한 모든 것을 자기 백성에게 풍부하게 주시며, 영적 원수들의 모든 공격에도 결코 굴복하지 않는 용기로 백성의 방위력을 강화"해 주신다는 사실에서 우리의 행복을 찾습니다. 그리고 우리의 본성에는 없는 것으로서 성령의 은사는 "하나님이 보시기에 우리에게 유익한 것"으로 판단될 때에 주어지는 것이라고 말합니다.

예수님이 왕이라는 것은 이 땅의 모든 왕들이 세상을 주관하지 않고 세상의 운명과 운영이 예수님의 손 안에 있다는 뜻입니다. 이것을 이해하기 위해 바울의 글을 주목해 보십시오. 바울은 로마서 13장에서 세상에는 주님께로부터 나오지 않은 권세가 하나도 없다고 말합니다. 이는 모든 권세는 하나님이 주신 것이니 권력자의 생각과 판단과 행실이 옳고 따라서 무조건 복종해야 한다는 뜻이 아닙니다. 오히려 세상의 질서를 주관하는 모든 권력은 하나님의 절대적인 주권에서 벗어날 수 없다는 뜻이 더 강합니다. 하나님은 평화의 시대에 선한 권력을 세우기도 하시고 악한 날에 악한 것도 적당히 지으셔서 모든 것을 조화롭고 아름답게 만드시는 분입니다. 다시 말하면, 주님만이 온 세상의 진정한 왕이라는 말입니다. 특정한 대상과 특정한 기간과 특정한 지역과 특정한 상황 속에서만 왕이 아니라 모든 것을 주관하고 다스리는 왕입니다. 주님께서 열왕들의 마음을 마치 보의 물처럼 임의로 주관하고 계시다는 말씀도 주님의 이러한 왕직을 잘 설명하고 있습니다. 주님의 왕직은 하나님의 나라를 완성하는 것과 직결되어 있습니다. 즉 택자들의 구원이 성취되는 시간 속에서 모든 일이 주님의 통치 아래 있기 때문에 주님은 어떠한 실패도 없이 그들의 온전한 구원을 반드시 이루실 것입니다. 이러한 주님의 왕직 때문에 우리는 가시적인 왕들의 통치가 전부가 아니고 하늘과 땅의 모든 역사를 주님께서 주관하고 계시다는 사실에 한 치의 흔들림도 없어야 할 것입니다.

세 번째로 칼빈은 그리스도 예수는 '제사장'이 되신다고 말합니다. 이는 그리스도 자신이 우리의 구원을 위한 희생양이 되시는 동시에 스스로를 제물로 삼아 하나님께 제사를 드린 제사장도 되신다는 뜻입니다. 구약의 제사장은 인간이기 때문에 흠결이 있어서 스스로를 정결케 할 희생양이 따로 있어야만 했으나 그리스도 자신은 어떠한 흠도 없으시기 때문에 자신을 위해 따로 정결케 할 희생양이 필요하지 않았다는 차이가 있습니다. 여기서 우리는 이스라엘 백성의 레위 지파가 제사장직을 수행한 것은 임시적인 것이며 그리스도 예수가 우리의 궁극적인 제사장이 되신다는 사실의 예표일 뿐이라는 사실을 확인할 수 있습니다.

이러한 그리스도 예수의 삼중적인 직분은 '교회의 직분론'과 긴밀하게 연결되어 있습니다. 바빙크가 잘 정리한 것처럼, 선지자의 직분은 가르치는 권세potestas docens를 가진 목사의 직분을, 왕의 직분은 다스리는 권세potestas gubernans를 가진 장로의 직분을, 제사장의 직분은 자비의 권세 혹은 자비의 사역potestas seu ministerium misericordiae을 가진 집사의 직분을 가리키는 것입니다. 하나님의 교회를 섬기도록 특별한 은사를 주시고 그 은사에 따라 직분을 맡기신 하나님의 뜻은 그리스도 예수의 남은 고난을 채우는 것과 연관되어 있습니다. 이는 권력을 휘두르고 이윤을 챙기고 지식을 자랑하는 것과는 무관한 것입니다. 이런 맥락에서 우리는 그리스도 예수의 삼중직에 기초하지 않고 이생의 자랑과 육신의 정욕과 안목의 정욕을 따라 다소 왜곡되게 정립된 교회의 직분론을 기독론적 삼중직 개념으로 재검토할 필요가 있습니다.

먼저 그리스도 예수의 선지자직 이해에 있어서 빠뜨리지 말아야 할 것은 예수님이 수행하신 선지자의 직분은 단순한 정보 전달직이 아니라는 점입니다. 그 직분은 입술에서 하나님의 뜻을 언어로 내뱉는 직분이 아니라 그리스도 예수의 인격과 삶 전체가 하나님의 뜻이면서 동시에 그 뜻이 전달되는 출구가 되었음을 의미합니다. 예수님의 선지자 직분은 하나님과 동등됨의 영광도 마다하고 죄인의 형체를 입으시고 채찍에 맞으시고 침 뱉음을 당하시고 무시와 조롱을 당하시고 고난을 당하시고 죽음을 당하시는 것도 마다하지 않는 직분을 수행하신 것입니다. 하나님의 뜻이 예수님의 마음과 몸과 생명과 삶 전체를 관통하는 방식으로 우리에게 전달되는 그의 선지자직 수행은 하나님의 말씀을 맡은 목회자가 교회에서 어떻게 선지자적 직무를 수행해야 하는지를 보여주는 가장 탁월한 본입니다. 책장을 넘기고 텍스트와 씨름하고 다른 문헌들을 비교하고 정교하게 분석하고 정갈하게 표현하는 인문학적 활동은 선지자직 수행의 핵심이 아닙니다. 전두엽과 입술의 활동만이 아니라 가슴과 몸과 힘과 뜻과 삶까지 모두 동원되지 않으면 안됩니다.

실제로 구약의 여러 선지자들을 보십시오. 호세아 선지자는 하나님의 말씀을 증거하기 위해 부정한 창녀와 결혼해야 했고, 예레미야 선지자는 동족의 모함으로 캄캄하고 질퍽한 조롱의 구덩이에 빠지기도 했으며, 이사야 선지자는 벌거벗은 몸의 수치를 3년이나 방치해야 했습니다. 히브리서 저자에 의하면, 선지자들 중에는 조롱과 채찍질뿐 아니라 결박과 옥에 갇히는 시련도 받고 돌로 치는 것과 톱으로 켜는 것과 시험과 칼로 죽임을 당하고 양과 염소의 가죽을 입고 유리하여 궁핍과 환난과 학대를 받고 때때로 광야와 산과 동굴과 토굴에 유리한 이들도 있었다고 합니다(히 11:36-38). 사도들, 그들의 제자들인 속사도들, 그들의 제자인 교부들, 그들을 올바르게 계승한 중세의 경건한 인물들, 그 뒤를 이어 간 종교개혁 인물들, 그리고 그 이후의 계승자들 대부분이 생명과 삶의 전 인격적 입술로 하나님의 진리를 부르짖은 선지자직 수행에 본을 보였다는 사실은 역사가 잘 증거하는 바입니다.

　오늘날 목회자의 선지자직 수행은 교회의 강단에서 펼쳐지는 화려하고 고상하고 매력적인 언어 현상 정도로 간주되는 경향을 보입니다. 거기에 능숙하면 마치 선지자의 직분에 이미 충실한 것인 양, 부도덕한 삶을 살아도 자만과 교만의 고개를 뻣뻣하게 세우는 목회자의 뻔뻔한 '꼬라지'가 이따금씩 눈에 밟힙니다. 오늘날 교회의 가장 심각한 문제들 중의 으뜸은 예수님과 선지자들 및 사도들이 보여준 목숨을 건 선지자직 수행이 목회자 진영에서 거의 종적을 감추고 말았다는 점입니다. 선지자의 직분이 충실하게 수행되지 않으면 비전이 없는 백성의 방자함이 편만해질 수밖에 없습니다. 예수님의 방식에 따른 선지자직 수행의 부재는 필히 생각할 바도 모르고 말할 바도 모르고 행할 바도 모르고 갈 바도 모르는 교회의 암담한 현실로 이어질 것입니다. 이처럼 갈 바를 잃은 교회는 필히 인간의 부패한 생각과 미끄러운 언술과 가증한 행실과 세속적인 목적으로 채워질 것입니다. 책임은 실종되고 권리만 남발하는 선지자직 오용은 하나님의 사람들을 불행으로 내몰 것이고 세상 사람들까지도 이맛살을 찌푸리게 만들 것입니다. 그렇게 되면 하나님의 사람들로 인해 하나님 자신이 이방인들 중에서 모독을 당하시는 영적 부조리가 곳곳에서 연출되고 목격될 것입니다. 믿는 것과 아는 것과 선포하는 것과 사는 것이 목회자 안에서 하나가 되지 않으면 이러한 비극은 중단되지 않을 것입니다. 보다 근본적으로는, 하나님의 은혜가 없다면 이러한 하나됨은 이루어질 수 없을 것입니다.

　두 번째로 그리스도 예수의 왕직을 보십시오. 그분의 왕직은 지시하고 군림하고 정복하고 지배하고 조종하고 약탈하고 유린하는 독재자의 모습이 아닙니다. 그분은 왕으로 오셨지만 왕에 걸맞은 수준의 섬김과 대우를 백성에게 받으려고 이 땅에 오셨던 것이 아닙니다. 오히려 반대로 자기 백성을 섬기기 위해서 오셨고 자신의 생명을 많은 사람들의 대속물로 주시기 위해 오셨던 것입니다. 일례로 예수님은 수건을 허리에 두르시고 제자들의 더러워진 발을 손으로 잡고 종의 몫이라고 여겨지는 세족을 친히 행하시며 자신이 언급하신 것처럼 모든 사람에게 종이 되는 방식으로 으뜸이 되시는 왕직 수행의 본을 보이시려 했습니다. 예수님은 진실로 자신에게 맡겨진 자들을 왕으로서 다스리되, 마땅히 생각하고 말하고 행하며 살아야 하는 백성의 본분을 권력으로 주장하는 자세가 아니라 그 모든 도리의 궁극적인 본을 스스로 보이시는 방식을 취하셨고 죄와 사망에 대해서는 백성의 죄와 그 삯인 사망을 제거하기 위해 자신의 생명까지 대속물로 주시면서 결국 마귀의 일인 죄와 사망을 멸하시고 승리하는 위대한 왕직을 수행하신 분입니다. 예수님이 보이신 왕직의 모본은 결코 판결의 봉을 경박하게 휘두르는 권징이 아닙니다. 물론 교회에 권징이 없어서는 안 됩니다. 그러나 다스리는 권세로서 왕직의 수행을 맡은 장로는 성경에 입각하여 지혜롭고 적법하게 권징을 시행하되, 무엇보다 예수님이 본을 보이신 것처럼 다스리는 자리에 있지만 그럼에도 불구하고 하나님의 모든 사람을 섬기는 종의 자리에서 그들을 위하는 왕직 개념이 치리 장로 활동의 저변을 떠받치고 있어야 할 것입니다.

　이제 그리스도 예수의 제사장직 수행을 보십시오. 제사장의 직분은 하나님의 백성으로 하여금 죄 사함을 받고 하나님께 나아갈 수 있도록 안내하는 일입니다. 구약 시대에는 짐승의 피를 흘려서 백성의 죄를 사했고 일 년에 딱 한 번 유일한 출입자인 대제사장이 지성소에 들어가 하나님의 말씀을 듣는 정도의 나아감이 있었을 뿐입니다. 그런데 예수님은 그런 제사장의 직분을 수행하되 자기 자신의 거룩한 피를 흘려서 백성의 죄를 사하셨고, 스스로가 길이 되셔서 백성들로 하여금 하나님께 나아가게 하셨으며, 대제사장 한 사람만이 아닌 하나님의 백성 개개인이 일 년에 한 차례가 아니라 막힌 휘장을 영구히 찢으셔서 무시로 하나님께 나아갈 수 있게 하셨습니다. 여기서 주목해야 할 부분은 (1)주님께서 백성의 죄를 자신의 죄처럼 짊어지고 백성 대신 자신이 죽으시는 방식으로 죄 사함을 주셨다는 것과, (2)백성을 하나님께 안내하되 자신이 친히 완전한 순종의 본을 보이심으로 백성에게 친히 하나님께 나아갈 길이 되셨다는 것입니다. 제사장의 직무는 집사에게 국한된 기능이 아닙니다. 목회자를 비롯한 교회의 모든 리더들이 수행해야 할 일입니다. 교회의 지도자는 공동체의 각 개인들을 살피되 그들의 죄를 자신의 죄인 것처럼 여기며 하나님 앞에 엎드려 통회하고 자복하는 자입니다. 하나님의 사람들이 하나님께 돌아갈 수 있도록 신앙과 삶의 본을 보이는 일종의 범례로 부르심을 입은 자입니다.

에스라의 모습을 보십시오. 이스라엘 백성이 하나님 앞에서 이방인의 가증한 일들을 행했을 때에 그는 비록 경건이 남다른 자였으나 "말하기를 나의 하나님, 내가 부끄럽고 낯이 뜨거워서 감히 나의 하나님을 향하여 얼굴을 들지 못하오니 이는 우리 죄악이 많아 정수리를 넘치고 우리 허물이 커서 하늘에 미침이니이다"(스 9:6)라고 했습니다. "그들"이란 표현으로 자신과 이스라엘 백성 사이의 차별화를 시도했을 법도 한데 이와는 정반대로 "우리"라는 말로 백성의 죄를 자신의 죄로 여기고 있습니다. 느헤미야 경우에도 페르시아에서 유대 백성의 환난 소식을 접하고는 수일 동안 슬

품에 젖어 금식하고 기도하며 "우리 이스라엘 자손이 주께 범죄한 죄들을 자복"하는 무릎부터 꿇습니다(느 1:6). 바울은 말합니다. "만일 한 지체가 고통을 받으면 모든 지체가 함께 고통을 받고 한 지체가 영광을 얻으면 모든 지체가 함께 즐거워하느니라. 너희는 그리스도의 몸이요 지체의 각 부분이라"(고전 12:26-27). 진실로 하나님은 상한 심령과 통회하는 마음을 받으시는 분입니다. 애통하는 자는 위로를 받고 천국을 소유하게 될 것입니다. 지도자는 하나님의 백성이 가진 죄를 자신의 죄로 여깁니다. 그들의 재앙을 자신에게 임한 재앙으로 여깁니다. 그들의 영광을 자신의 영광으로 여깁니다. 그래서 백성에게 죄든 환난이든 영광이든 일이 발생하면 곧장 하나님 앞으로 달려가 회개하고 간구하고 찬양하는 자입니다. 백성의 영적인 윤택을 위해 혼신을 쏟습니다. 또한 제사장 직무에 충실한 지도자는 하나님에 대해 예수님이 보이신 온전한 순종의 본을 본받아 사는 자입니다. 하나님의 백성에게 문제가 생길 때마다 황급히 문헌을 뒤지고 분석하여 답안지를 급하게 작성하고 제공하는 방식이 아니라 그냥 삶을 보여주고 연단된 인격을 있는 그대로 보여주는 방식으로 대답하는 자입니다. 보고 따라오면 그 자체가 하나님께 다가가게 되는 그런 모델로서 기능하는 자가 제사장의 직무를 올바르게 수행하는 자입니다.

목회자의 권위가 무너지고 복음의 본질이 빈약하고 진리의 규모가 허술하고 진실함과 행함보다 입술이 요란한 지도자로 인한 오늘날 교회의 위기는 예수님이 보이신 선지자직, 제사장직, 왕직의 모본을 회복하는 데에서 비로소 그 극복의 실마리를 찾을 수 있을 것입니다. 결국 교회의 진정한 회복과 부흥은 그리스도 예수의 삼중직 회복에 있습니다. 말씀이신 그분의 성경적인 삼중직이 교회에서 진정한 의미의 권세를 얻고 흥왕케

되는 데에 있습니다. 그리스도 밖에서는 어떠한 해답이나 열쇠가 없습니다. 에스라가 "하나님의 성전 앞에 엎드려 울며 기도하여 죄를 자복할 때에" 백성의 반응을 보십시오. "많은 백성이 심히 통곡하매 이스라엘 중에서 백성의 남녀와 어린 아이의 큰 무리가 그 앞에 모"였다고 했습니다(스 10:1). 교회의 회복과 부흥은 이런 것입니다. 지금은 교회에 이러한 기독론적 부흥과 회복이 시급한 때입니다.

그리스도 예수의 두 본성: 완전한 하나님과 완전한 인간

예수님은 유대인의 혈통을 따라 베들레헴에서 태어나 나사렛 마을에서 성장하신 분입니다. 당시 제국인 로마에서 모두가 흠모하는 시민권을 가진 로마인으로 태어난 것이 아니라, 주권을 상실하여 국가로 분류조차 되지 않는 예속된 식민지의 피정복민 유대인 혈통에서, 더군다나 초라한 도시에서 태어났습니다. 모두가 '선한 것이 나오지 않는 곳'이라고 여겼던 나사렛 촌구석에서 성장하신 것은 이사야의 예언처럼 "고운 모양도 없고 풍채도 없은즉 우리가 보기에 흠모할 만한 아름다운 것이 없"어서(사 53:2) 사람에게 멸시와 버림의 대상이 될 정도로 낮아지신 그분의 겸손을 출생의 측면에서 잘 증거하고 있습니다. 그러나 영적인 측면에서 베들레헴 지역은 다윗의 고향이며 '떡의 집'이라는 의미를 가지고 있습니다. 떡집에서 태초부터 계신 말씀, 하나님과 함께 하셨던 말씀, 하나님 자신이신 말씀, 하나님 입에서 나온 말씀, 즉 생명의 떡이 태어나신 것입니다. 그리스도 예수는 "자기 백성을 그들의 죄에서 구원"(마 1:21)하기 위해 이 땅에 오시되, 죄의 형체를 취하시고 죽는 것까지도 마다하지 않으신 떡입니다. 하나님의 모든 백성은 이 떡을 먹습니다. 이로써 예수님은 주먹이나 칼이나 권세나 명예나 혈통이나 민족이나 국가 등의 배경에 전혀 의존하지 않으시고 지금도 수십억의 인구를 정복하고 계십니다. 알렉산드로스, 나폴레옹, 히틀러 같은 이들은 무력으로 사람들과 땅을 정복하고 취했지만, 그리스도 예수는 그저 사랑의 방식으로, 게다가 땅의 영웅들이 정복한 영역보다 훨씬 더 넓은 땅을 정복하신 분입니다. 세상의 군왕들은 자신이 영웅으로, 승리자로, 정복자로 추앙되는 정복을 원하지만, 예수님은 자신의 생명을 수단으로 삼아 많은 이들에게 생명을 내줌으로써 생명으로 죽음을 정복하는 일을 하셨고 지금도 그 일을 수행하고 계십니다. 참으로 하나님의 생각과 인간의 생각은 마치 "하늘이 땅보다 높음 같이"(사 55:9) 다른 것 같습니다. 하나님이 이 세상에 육신으로 오셔서 죽으시고 부활하심으로써 죽음의 권세가 삼키운 바 되는 기적의 역사는 사람의 머리와 손에서 나올 수 없는 일입니다.

예수님의 탄생, 즉 이 세상에서 하나님의 아들(성자)이 인간이 되신 것보다 더 신비로운 일은 없을 것입니다. 성경에 기록된 무수히 많은 신비들 중에 성자의 성육신 사건보다 더 이해하기 어려운 것은 없습니다. 창조자가 피조물이 되었다는 것, 하나님이 인간이 되었다는 이 사실은 사람의 머리에 담아질 수도 없는 일이기에 가장 먼저 그리고 가장 오랜 기간 동안 기독교의 역사에서 논의의 중심적인 자리를 차지해 왔습니다. 최초로 교회들의 국제적인 회의가 이루어진 니케아 공의회(주후 325년)는 그리스도 예수가 아버지 하나님과 다르다는 아리우스의 주장을 정죄하며 예수의 완전한 신성을 확정했고, 콘스탄티노플 공의회(주후 381년)는 예수가 인간과 다르다는 아폴리나리우스의 주장을 정죄하며 예수의 완전한 인성을 확정

했으며, 칼케돈 공의회(주후 451년)는 예수의 완전한 신성과 완전한 인성이 혼합이나 변질이나 분할이나 분리 없이 하나의 인격 안에 있다는 사실을 확정하면서 논란에 종지부를 찍었습니다. 여기서 우리는 기독교의 진리를 체계화한 교부들의 주된 신학적 관심사가 예수님의 두 본성에 있다는 사실을 확인할 수 있습니다.

그러나 예수님이 완전한 하나님이자 완전한 인간이 되신다는 신학적인 주제는 교부들의 전유물이 아닙니다. 예수님의 두 본성에 대한 중세의 관심사는 다음과 같은 물음에 잘 반영되어 있습니다. "왜 신인인가?"Cur Deus homo? 사실 이 물음은 중세의 탁월한 신학자인 캔터베리의 주교 안셀무스Anselm of Canterbury, 1033-1109가 저술한 책 제목입니다. 이 책의 서문에는 중세의 지배적인 신학적 관심사가 잘 투영되어 있습니다. 거기에서 안셀무스는 신자와 비신자, 식자와 무식자 모두 하나님께서 왜 인간이 되셔야만 했느냐는 질문을 던지며 그 해답에 목말라 있는 당시의 상황을 묘사하고 있습니다. 인간의 논리와 합리를 초월하는 예수님의 신비로운 성육신 문제는 억지로 풀지 않고 성경에 의존하여 이해하는 것이 가장 좋습니다. 성경에는 성육신의 이유에 대해 성육신 당사자의 명료한 진술이 나옵니다. "인자가 온 것은 섬김을 받으려 함이 아니라 도리어 섬기려 하고 자기 목숨을 많은 사람의 대속물로 주려 함이니라"(마 20:28). 즉 성육신의 이유는 '섬김'이며 그 구체적인 내용은 "자기 목숨을 많은 사람의 대속물로 주는 것"입니다. 왜 자신의 목숨까지 주어야 하는지에 대해서는 '예수'라는 이름이 잘 설명하고 있습니다. "아들을 낳으리니 이름을 예수라 하라. 이는 그가 자기 백성을 그들의 죄에서 구원할 자이심이라 하니라"(마 1:21). 즉 하나님의 백성을 그들의 죄에서 구원하기 위해 하나님이 인간이 되셨으며 그 때문에 죽기까지 하셨다는 것입니다.

　아담과 하와의 죄는 하나님께 지은 죄입니다. 죄의 무게는 죄의 주체가 아니라 죄의 대상에 의존합니다. 벽이나 코끼리를 주먹으로 치는 것과 대통령의 얼굴을 주먹으로 가격하는 것은 비록 주체와 행위는 같아도 대상의 차이 때문에 죄의 질과 경중이 전혀 달라집니다. 길거리 판매원의 말을 무시하는 것과 경찰관의 경고를 무시하는 것은 비록 동일인의 동일한 행위라고 할지라도 전혀 다른 결과를 낳습니다. 이러한 관점에서 보면, 과연 하나님께 저지른 아담과 하와의 죄는 어떤 것일까요? 죄의 본질과 심각성은 저지른 인간에게 있지 않고 죄의 대상인 하나님께 있습니다. 죄의 본질에 대한 이해는 하나님의 속성에 의존할 수밖에 없습니다. 즉 하나님은 영원하고 무한하고 불변적인 분이시기 때문에 죄도 영원하고 무한하고 불변적인 것입니다. 이러한 죄를 해결하기 위해서는 이러한 죄에 상응하는 형벌을 받아야 할 것입니다. 죄의 형벌은 사망이기 때문에 누군가가 죽지 않으면 죄 문제는 해결되지 않습니다. 그렇다면 영원하고 무한하고 불변적인 죄가 어떻게 해결될 수 있을까요? 해결책은 죄의 주체가 인간이기 때문에 인간만이 형벌을 받아야 한다는 조건과 영원하고 무한하고 불변적인 죄의 형벌을 감당할 수 있어야 한다는 조건을 충족해야 할 것입니다. 완전한 인간과 완전한 하나님이 되시는 그리스도 예수만이 이러한 조건을 충족시킬 수 있습니다. 예수는 인간을 대신해서 인간으로 죽었고 하나님의 속성을 가졌기 때문에 영원하고 무한하고 불변적인 형벌을 당하신 것입니다. 이처럼 온전한 신이자 온전한 인간이신 예수님께서 인간의 죄 문제를 해결한 것입니다.

그리스도 예수의 구속: 비하, 수난, 죽음

주님께서 육신으로 우리에게 오셨다는 것은 우리의 단회적인 구원만을 위한 것이 아닙니다. 그에게 주어진 구속자의 직책은, 우리가 '구원의 종점'ultimam salutis에 이를 때까지 계속해서 인도해 주시지 않는다면 우리는 불구적인mutila 구속에 머물 수밖에 없는 영속적인 직입니다. 이에 대하여 칼빈은 베르나르두스의 글귀를 인용합니다.

> 예수의 이름은 광명일 뿐 아니라 양식이다. 그것은 또한 기름이다. 이 기름이 없으면 영혼의 모든 양식은 마른다. 그것은 소금이다. 이 소금으로 맛을 내지 않으면 우리 앞에 놓인 음식은 맛이 싹 사라진다. 끝으로 예수의 이름은 입에 꿀이요 귀에 음악이며 마음에 기쁨이요 동시에 약이다. 예수의 이름을 말하지 않는 설교에는 향기가 없다.

칼빈은 주께서 우리의 구원을 성취하신 방식의 중요성에도 주의해야 한다고 말합니다. 이는 믿음의 견고하고 충분한 토대를 확보하기 위한 것이며 다른 방향으로 이탈하는 것을 방지하기 위한 것입니다. 칼빈은 스스로 자신을 돌아볼 것을 권합니다. 칼빈의 권고대로 내면의 가장 깊은 곳을 정직하게 살핀다면 우리의 실상을 깨닫게 되고 이에 대한 하나님의 불가피한 진노와 의분을 느낄 것입니다. 죄인은 사면되기 전까지는 하나님의 진노와 저주에서 벗어날 수 없기에 하나님의 진노에 상응하는 처벌을 해결할 '방식과 수단'modus ac ratio이 필요한데 우리 안에서는 이것이 도무지 발견되지 않음 또한 깨닫게 될 것입니다. 이러한 깨달음 이후에 우리가 인정할 수밖에 없는 사실은 그리스도 예수만이 해결책이 되신다는 것입니다.

 그리스도 예수로 말미암은 하나님의 은혜를 생각하기 전에 자신이 얼마나 심각한 하나님의 원수인지를 알지 못한다면 성경이 요청하는 신앙의 자리에는 결단코 도달할 수 없을 것입니다. 그래서 칼빈은 그리스도 예수께서 "우리를 향한 하나님의 사랑의 특별한 담보"singulare amoris sui pignus nobis 로서 죽으신 것을 이해하기 이전에, 우리가 "죄로 인하여 하나님과 멀어진 자이며, 진노를 받을 자이며, 영원한 죽음의 저주를 면치 못할 자이며, 사탄의 종이며, 죄의 멍에를 멘 포로이며, 결국 무서운 멸망을 당할 운명이며, 이미 멸망한 자들 중에 있는 자"임을 깨달아야 한다고 말합니다. 우리가 가진 이러한 신분의 치명적인 심각성은 우리의 기준이나 짐작으로 쉽게 가늠되지 않습니다. 무흠하신 하나님의 독생하신 아들 그리스도 예수께서 십자가에 달려 죽으실 정도의 담보를 요구하고 있다는 사실로 인해 우리는 죄와 사망과 저주의 심각성을 비로소 깨달을 수 있습니다. 이에 칼빈은 하나님의 사랑과 자비를 그리스도 안에서만 찾으라고 권합니다. 그리스도 밖에서는 하나님의 사랑과 자비가 과장이나 축소 내지는 왜곡으로 일그러질 수 있습니다.

 다음으로 칼빈이 주목하는 부분은 그리스도 예수의 속죄와 하나님의 사랑 사이에 순서가 있는가 하는 것입니다. 사실 요한복음 3:16은 하나님이 독생자를 죽음에 내어주심으로 우리에게 대한 자신의 사랑을 드러내셨다고 말하고, 로마서 5:10은 하나님이 그리스도 예수의 죽음으로 우리에게 호의를 베푸시기 전에는 우리가 하나님께 원수로 있었다고 말합니다. 여기에는 일종의 충돌이 일어나는 듯하지만 칼빈은 오히려 훌륭한 조화가 있다면서 아우구스티누스의 글귀를 인용합니다.

하나님의 사랑은 헤아릴 수 없으며 변함도 없습니다. 우리가 성자의 피를 통해 화해를 얻은 후에 비로소 하나님이 우리를 사랑하기 시작하신 것이 아닙니다. 오히려 세상의 창조 이전에 우리를 독생자와 함께 아들들이 되도록 사랑하신 것입니다. 이것은 우리가 아직 무엇이 되기도 전의 일입니다. 우리가 그리스도 예수의 죽음에 의해 화해를 얻었다는 사실에 대해 마치 아들이 우리를 하나님과 화해하게 하심으로 하나님이 미워하셨던 자들을 비로소 사랑하기 시작하게 하신 것처럼 해석하면 안됩니다. 오히려 우리는 죄로 인해 하나님의 원수로 있었지만 그분이 우리를 사랑했기 때문에 우리는 이미 그와 화해한 것입니다. 이러한 나의 말이 옳은지에 대해서는 사도가 증언하고 있습니다. "우리가 아직 죄인 되었을 때에 그리스도께서 우리를 위하여 죽으심으로 하나님께서 우리에 대한 자기의 사랑을 확증하셨느니라"(롬 5:8). 그러므로 우리가 하나님을 미워하고 악을 행했을 때에라도 그분은 우리를 사랑하신 것입니다. 이처럼 그분은 우리를 미워하신 때에도 놀랍고 거룩한 방법으로 우리를 사랑하신 것입니다. 그분은 그가 창조하지 않은 우리의 [타락한] 상태 때문에 우리를 미워하기는 하셨지만 우리 각 사람에게 있는 우리가 만든 것을 미워하는 동시에 그가 만드신 것을 사랑하실 수 있으셨던 것입니다.

그리고 칼빈은 그리스도 예수께서 어떻게 죄를 없애시며, 우리와 하나님 사이의 무한한 간격을 메우시고, 의를 득하여서 하나님이 우리에 대해 호의와 자비를 품으시도록 했느냐는 물음을 던집니다. 이 물음에 대한 답변으로 칼빈은 먼저 "한 사람의 순종하지 아니함으로 많은 사람이 죄인 된 것 같이 한 사람이 순종하심으로 많은 사람이 의인이 되니라"(롬 5:19)는 것과 "때가 차매 하나님이 그 아들을 보내사 여자에게서 나게 하시고 율법 아래에 나게 하신 것은 율법 아래 있는 자들을 속량하시"기(갈 4:4-5)

위함이란 바울의 증언을 언급하며 예수님이 이 땅에서 종의 형체를 취하신 것 자체가 이미 구속과 화해와 연합을 시작하신 것이라는 진단을 내립니다. 예수님의 죽음은 구속과 화해와 연합의 마침일 것입니다.

예수님은 자신의 죽음을 해석하되 "자기 목숨을 많은 사람의 대속물로 주려 함"(마 20:28)이라고 말합니다. 바울은 예수님의 죽음이 복종과 관계된 것이라는 의미에서 예수님을 "죽기까지 복종"(빌 2:8)하신 분이라고 말합니다. 이에 대해 칼빈은 "기꺼이 바쳐지지sponte oblatum 않았다면 어떠한 희생도 의에 이르도록 드려질 수 없었을 것"이라는 해석을 가합니다. 이처럼 칼빈은 예수님의 자발적인 죽음을 긍정하고 있습니다. 진실로 그리스도 예수의 자발적인 순종에 대해서는 "나는 양을 위하여 목숨을 버리노라"(요 10:15)는 말씀과 목숨을 "내게서 빼앗는 자가 있는 것이 아니라 내가 스스로 버리노라"(요 10:18)는 말씀이 분명히 증언하고 있습니다. 생명 자체이신 주님은 자신의 생명을 "버릴 권세도 있고 다시 얻을 권세도"(요 10:18) 가지고 계십니다. 칼빈은 예수님이 자신의 발걸음을 옮겨 군대 앞으로 나아가신 것(요 18:4)과 빌라도의 법정에서 자신을 변호하지 않고 순순히 재판에 임하신 것(마 27:12, 14)도 자발적 순종 개념에 무게를 싣는 증거라고 말합니다.

진정한 사랑은 자발성에 근거합니다. 어떤 외부의 필연과 타율에 떠밀려 이루어진 불가피한 순종은 사랑의 행위라고 하지 않습니다. 그리스도 예수의 순종은 자발적인 것이었습니다. 그러나 그럼에도 불구하고 주님의 죽으심에 수동적인 성격이 없지 않습니다. 실제로 예수님은 할 수만 있다면 죽음의 무거운 잔을 피하게 해 달라고 간구했습니다. 그러나 최종적인 결정권을 자신이 아니라 아버지의 뜻에 양도하고 결국 자신의 생명을 내어 놓습니다. 주님도 히브리서 저자의 입술을 빌려 이렇게 말합니다. "하나님이여, 보시옵소서. 두루마리 책에 나를 가리켜 기록된 것과 같이 하나님의 뜻을 행하러 왔나이다"(히 10:7).

여기서 살펴볼 것은 주님께서 자발적인 것이든 수동적인 것이든 죽기까지 순종하되 죽음의 종류를 임의로 택하지 않고 아버지의 뜻에 따른 죽음의 길을 가셨다는 사실입니다. 만약 예수님이 도둑의 칼에 맞아 죽거나 폭도들의 반란의 희생물이 되셨다면 그의 죽음은 우리의 죄를 해결하는 속죄와는 무관했을 것입니다. 그리고 만약 그가 어떤 죄를 저질러서 자기의 죄에 상응하는 처벌로서 죽음을 맞았다면 그것도 대속과는 무관한 죽음이었을 것입니다. 그러나 빌라도의 법정에서 예수님께 죄가 없기에 "나는 그에게서 아무 죄도 찾지 못하였노라"(요 18:38)는 무죄의 선언이 수차례 있었다는 사실과, 그럼에도 불구하고 무죄를 선언한 자에 의해 사형이 언도되어 결국 십자가에 달리셔야 했다는 사실에서 우리는 예수님의 죽음이 일반적인 죽음과는 종류가 다르다는 것을 확인하게 됩니다. 그리고 주님께서 두 강도 사이에서 십자가에 달려 죽으신 것은 "불법자의 동류로 여김을 받았다"(눅 22:37)고 한 예언이 실현된 것이라고 칼빈은 말하면서, 이 죽음은 의인이나 무죄한 자의 억울한 죽음이 아니라 "죄인을 대신해서 죽으시려 한 것"임을 입증하는 것이라는 논지를 펼칩니다. 그러므로 그리스도 예수의 죽음은 의인의 무고한 죽음도 아니고 죄인의 죽음도 아니고 강도나 폭도에 의한 죽음도 아니라, 스스로 죽으시되 하나님의 뜻을 이루시고 자신을 위한 것이 아니라 죄인을 위해 대신 죽으신 "대속적인 죽음"이란 고유한 종류의 것입니다.

칼빈은 주님께서 십자가에 달려 죽으신 '죽음의 양상'mortis species에 있어서도 '인상적인 신비'insigni mysterio가 없지 않다고 말합니다. 십자가가 저주를 상징하는 도구라는 사실은 사람들의 상식과 하나님의 율법도 동의하는 바입니다. 예수님의 시대에 십자가는 죄를 지어서 저주를 받는다는 의미로 받아들여졌습니다. 그리고 율법에서는 죄를 속하기 위하여 바치는 희생과 속죄의 제물을 '아샴'אשׁם이라 했습니다. 이에 이사야는 죄를 위한 대속의 제물로 드려지신 그리스도 예수를 '아샴'으로 묘사하고 있습니다 (사 53:10). 사도들도 주님은 우리를 위해 저주를 받았고 율법의 저주에서 우리를 속량해 주시되 "나무에 달린 자마다 저주 아래 있는 자라"(갈 3:14)는 말씀대로 "친히 나무에 달려 그 몸으로 우리 죄를 담당하셨"다고(벧전 2:24) 증언하고 있습니다. 그러니 우리는 예수님이 우리의 저주에 짓눌리신 것처럼 이해해서는 안됩니다. 왜냐하면 그분은 자신의 힘으로 그 저주를 꺾으셨기 때문입니다. 이는 주께서 "우리를 거스리고 불리하게 하는 법조문으로 쓴 증서를……십자가에 못 박으시고……권세들을 무력화하여 드러내어 구경거리로 삼으시고"(골 2:14-15)라는 바울의 진술에 잘 설명되어 있습니다. 예수님의 대속을 설명할 때에 항상 '피'가 언급되는 것은 주님의 대속적인 피가 죄의 배상만이 아니라 우리의 부패를 씻어 내셨다는 의미까지 함축하기 때문입니다.

사도신경에는 예수님이 죽으셨을 뿐만 아니라 장사되어 묻혔다는 언급도 나옵니다. 그 이유는 우리를 구속하기 위한 모든 값을 치르시기 위해 모든 면에서 우리를 대신하셨음을 나타내기 위함입니다. 죽음의 무덤이 자기를 삼키도록 허락하신 것은 죽음의 심연에 빠져 계시려는 의도가 아니며 죽음의 세력에 압도되셨다는 의미도 아닙니다. 오히려 우리가 죽음에 삼키운 바 되어야 할 그 삼키움을 대신 받으신 것이며 나아가 오히려 그 죽음을 삼키시기 위해 묻히신 것입니다. 즉 예수님이 사망에 삼키운 바 되신 목적은 "죽음을 통하여 죽음의 세력을 잡은 자, 곧 마귀를 멸하시며 또 죽기를 무서워하므로 한평생 매여 종노릇 하는 모든 자들을 놓아 주려 하심"(히 2:14-15)입니다. 또한 우리로 하여금 죽음에 참여하지 않게 하고, 옛 사람의 어둡고 음산한 부패성이 고개를 내밀지 못하게 하며, 사망의 열매가 결실하지 못하게 만들려는 것입니다. 이처럼 그리스도 예수의 죽음과 장사는 죽음에서 우리를 해방하고 우리의 육적인 욕망도 죽인다는 이중적인 효과가 있다고 칼빈은 말합니다.

예수님의 죽음과 장사는 불명예나 슬픔이나 절망이나 실패의 관문이 아닙니다. 오히려 죄와 사망과 마귀의 권세를 멸하시고 놀라운 영광을 취하는 역설적인 길입니다. 죽음의 시기가 가까웠을 때 예수님은 오히려 "인자가 영광을 얻을 때가 왔도다"(요 12:23)라고 하셨습니다. 이는 죽음이 쉽다거나 괴롭지 않다는 말이 아닙니다. 비록 자신은 하나님의 버림을 받는 극도의 고통과 슬픔과 두려움을 감수해야 하지만 자신의 죽음으로 많은 사람이 하나님의 자녀로 거듭나고 자신의 백성으로 영원한 생명과 복을 누리기에 그것을 영광으로 여기신다는 말입니다. 죽음을 영광으로 여기는 예수님의 자세와 삶은 우리가 하나님의 뜻을 이루고 그 나라를 세우기 위해 우리의 생명이 수단으로 동원되는 것을 영광으로 이해하게 만드는 최상의 모델이 됩니다.

예수님이 지옥으로 내려가셨다descensum ad inferos는 어구도 간과하지 말아야 할 주제라고 칼빈은 말합니다. 이 어구는 고대 문헌에서 생략되는 경우도 있고 언급되는 경우도 있는 것으로 보아 후대에 삽입되었을 가능성이 높습니다. 그러나 칼빈은 이 어구가 "모든 경건한 자들의 공통된 신념을 반영하고 있다"고 확신합니다. 비록 해석의 다양성은 있었으나 모든 교부들이 언급했던 어구라고 칼빈은 이해하고 있습니다.

"주님께서 지옥으로 내려가셨다"는 말은 비록 우리말 사도신경 역본에는 없으나 영역본에는 포함되어 있으며 미국의 교회 대부분은 예배 시에 그것을 고백하고 있습니다. "주님께서 지옥으로 내려가셨다"는 것은 대체로 교부들의 보편적인 용어였던 것 같습니다. 최초의 언급은 2세기 초 이그나티우스 서신에 나타납니다. '지옥'Hell의 개념에는 하데스Hades, 인페르나Inferna, 저승Netherworld, 무덤Grave, 고통과 죽음Suffering and Death 등 다양한 의미가 있습니다. '하데스'는 신약에서 주로 망자의 영역을 가리키고 있습니다. 망자의 영역이라 할지라도, 택자와 유기자를 모두 가리키는 것인지, 택자만 가리키는 것인지, 아니면 유기자만 가리키는 것인지에 대해서는 입장이 분분한 것 같습니다. 대부분의 교부들은 예수님이 하데스로 내려가실 때에 그곳에는 구약의 의인들이 머물러 있었다고 말합니다.

하데스를 의인과 불의한 사람이 함께 거하는 곳으로 이해한 바리새파 사람들의 견해와는 달리, 요세푸스Flavius Josephus, 37-100의 경우에는 하데스가 악인이 가는 곳이며 의인은 천국으로 곧장 간다는 입장을 펼칩니다. 필론Philon, BC 20-AD 50은 다소 헬라화된 변경을 가하지만 대체로 요세푸스의 입장에 찬성표를 던집니다. 랍비들의 문헌에는 위의 두 입장이 공존하고 있습니다. 어떤 경우에는 하데스를 '게헨나'Gehenna와 예리하게 구분하여, 하데스는 죽은 망자들을 받았다가 생명과 심판의 부활 이후에는 게헨나로 바뀐다고 말합니다. 성경 안에도 하데스를 모든 영혼이 모이는 곳이라는 언급들(눅 16:23, 26; 행 2:27, 31; 시 16:8-11)과 거기는 불의한 영혼만이 가는 곳이며 의인들의 경우에는 다르게 표현된 구절들(계 20:13f; 눅 16:9; 23:43;

고후 5:8; 빌 1:23; 히 12:22)이 공존하고 있습니다.

이런 이해들과 맞물려 주님께서 지옥으로 내려가 복음을 증거하신 것과 관련하여 이것이 누구를 위한 것이며 어떤 유익을 위한 것인지에 대한 견해로는 (1)주님의 구속적인 행위가 구약의 족장들과 선지자들 등에게 제한된다는 입장과, (2)홍수 이전의 의로운 유대인과 이방인이 구원을 받는다는 주장과, (3)대단히 악한 자 외에는 모든 자를 구원하실 것이라는 입장 등 교부들 사이에도 견해가 갈리는 듯합니다. 알렉산드리아의 키릴로스Cyril of Alexandria, 376-444는 그리스도 예수께서 지옥에 내려가 성도를 삼키는 모든 하데스를 멸하셨고 죽음의 만족할 줄 모르는 심연을 비웠다는 입장을 취합니다. 그렇게 함으로써 사탄으로 절망에 처하게 하셨다는 이야기입니다. 루터주의의 입장은 키릴로스의 재판인 셈입니다.

중세에는 이 문제가 천국, 지옥, 연옥, 족장들의 고성소limbus patrum 및 세례 받지 않은 아이들의 고성소와 하데스의 중간상태 개념과 서로 복잡하게 섞입니다. 토마스Thomas Aquinas의 경우에는, 그리스도의 지옥 강하의 의미를 공간적인 이동이 아니라 영적인 효력으로 보면서 주님은 지하 세계로 가셨으나 불신자의 회심이 아니라 그들을 불신과 사악에 대해 부끄럽게 하시려고 가셨다고 말합니다. 의롭고 거룩한 족장들의 영혼은 주님의 강하로 원죄의 형벌에서 구원을 받게 된다고도 했습니다. 아이들의 고성소에 있는 영혼들은 또 구원의 대상이 아니라고 말합니다. 루터는 전 그리스도Totus Christus, 신이요 인간Deus-Homo이신 그리스도 예수께서 지옥으로 가셨다는 입장을 취합니다. 가서서 지옥을 파멸하고 사탄을 결박하여 하늘과 땅과 땅 아래의 진정한 승리의 주가 되셨다는 것입니다. 당연히 지옥 강하는 그리스도 승귀의 첫 단계로 간주되고 있습니다. 루터파 중에서도 플라키우스Matthias Flacius,1520-1575와 칼로비우스Abraham Calovius, 1612-1686 같은 이들은 약간 다르게 주님의 지옥 강하를 유기자에 대한 심판의 표명이라고 했습니다.

"예수님이 지옥으로 내려가셨다"는 말의 의미를 칼빈은 어떻게 이해하고 있을까요? (1)칼빈은 율법 아래에서 죽은 족장들의 영혼에게 내려가 드디어 성취된 구속을 선포하고 그들을 감옥에서 해방하신 것이라고 주장하는 것은 옳지 않다고 말합니다. '죽은 사람들의 영혼을 감옥에 가둔다'는 발상은 그 자체가 조작된 이야기일 뿐입니다. 그리고 (2)"그가 또한 영으로 가서 옥에 있는 영들에게 선포하시니라"(벧전 3:19)는 베드로의 말은 경건한 자들과 불경건한 자들 모두가 그리스도 예수의 죽음을 알았다는 사실을 가르칠 목적으로 언급된 것일 뿐이라고 칼빈은 말합니다.

주님께서 지옥으로 가셨다는 표현은 구원의 속전과 관계된 것입니다. 하나님의 엄중한 처벌과 진노의 해소와 공의로운 배상을 위해 우리 주님은 "지옥의 세력과 영원한 죽음에 대한 공포심을 상대로 직접 맞붙어 싸우셔야 했고" 모든 저주와 형벌과 고통을 받으셔야 했습니다. 이런 맥락에서 칼빈은 주님께서 "지옥으로 내려가셨다"는 표현을 사용하는 것은 과언이 아니라고 말합니다. 즉 "지옥으로 내려가셨다"는 어구는 우리가 마땅히 받았어야 할 극심한 형벌과 저주와 고통을 주님께서 마귀의 권세와 죽음의 공포와 지옥의 고통에 맞서서 대신 받았다는 의미를 갖는다는 말입니다. 하나님께 버림 받아 어떠한 간구도 상달되지 않는다는 사실보다 더 지옥에 방불하는 무서움의 심연은 없을 것입니다. 예수님이 "내 아버지여, 만일 할 만하시거든 이 잔을 내게서 지나가게 하옵소서"(마 26:39)라고 기도하신 것도 죽음의 고통과 공포의 격심함을 반증하는 것이라고 칼빈은 말합니다.

요약하면, 칼빈은 주님의 지옥 강하 용어를 용인하고 쓰면서도 개념적 구별을 가합니다. 즉 '지옥'은 '무덤'을 뜻하는 것이며 성부와 성자의 신적인 관계에서 성자가 버림을 당하시는 고통, 인간의 죄로 인한 결과지만 인간이 상상치도 못할 영적 고통과 아픔을 관통해야 하셨는데 그런 고통과 수난과 죽음과 무덤의 의미가 지옥이란 용어에 담겼다고 본 것입니다. 주님께서 하데스를 가셨다는 것은 이처럼 설명할 수 없도록 지옥 같은 그리스도 예수의 막대한 고통을 의미하는 풍유적인 표현으로 보고 있습니다.

전문적인 표현을 쓴다면, 죽음은 그리스도 비하의 마지막 단계라는 것입니다. 이러한 견해는 이미 14세기 두란두스 Durandus of Troarn, 미란돌라 Pico Della Mirandola, 쿠사 Nicholas of Cusa 등의 중세 인물들이 '지옥'inferna을 하나의 장소가 아니라 형벌이란 뜻이라고 본 것에 함축되어 있습니다. 츠빙글리 Ulrich Zwingli, 1484-1531 역시 그리스도 강하를 주님의 십자가상에서의 고통스런 형벌의 경험으로 이해했습니다. 이후로 개혁주의 입장은 웨스트민스터 대요리문답(49-50문)과 하이델 교리문답(44문)에서 보듯이 칼빈을 따라 주님의 지옥 강하를 그리스도 비하의 마지막 단계로 보고 있습니다. 영국 성공회와 심지어 바르트도 이런 입장을 취합니다.

그리스도 예수의 구속: 승귀, 부활, 승천

이토록 극심한 우리의 죄와 저주와 사망을 대신 짊어지신 예수님은 스스로 죄를 입으시고 저주의 십자가에 달려 죽으신 분입니다. 그러나 예수님의 구속은 죽음으로 종결되지 않았습니다. 육신을 따라서는 다윗의 혈통에서 나셨고 고난을 당하시고 죽기까지 순종을 하셨지만 동시에 "성결의 영으로는 죽은 자들 가운데서 부활하사 능력으로 하나님의 아들로 선포"(롬 1:4)되는 것까지도 하나님의 아들에 관한 복음의 내용에 포함되어 있습니다. 이 부활로 말미암아 주님은 죄와 저주와 사망의 권세를 이기시고 우리에게 "산 소망이 있게"(벧전 1:3) 하셨으며 이로써 우리는 죽음에의 종노릇을 종식하고 죽음을 이기는 삶을 살아갈 수 있게 되었습니다.

우리는 그리스도 예수께서 이루신 구원을 두 부분으로 구분할 수 있습니다. 하나는 죽음에 의해 우리의 죄와 죽음이 말소된 것이고, 다른 하나는 부활에 의해 의가 회복되고 생명이 소생하게 된 것입니다. 고린도 교회에 보낸 서신에서 바울은 이와 같은 맥락에서 "그리스도께서 약하심으로 십자가에 못 박혔으나 하나님의 능력으로 살아 계시니"(고후 13:4)라고 말합니다. 베드로의 경우에는 "너희는 그를 죽은 자 가운데서 살리시고 영광을 주신 하나님을 그리스도로 말미암아 믿는 자니 너희의 믿음과 소망이 하나님께 있게 하셨느니라"(벧전 1:21)고 말합니다. 주님은 자신을 "부활이요 생명"이라 하시면서 "나를 믿는 자는 죽어도 살겠고 무릇 살아서 나를 믿는 자는 영원히 죽지 아니하리니"(요 11:25-26)라고 했습니다.

'부활'은 이처럼 예수님 자신을 일컫는 말입니다. 예수님은 자신을 '부활'로 규정하는데, 이로써 자신의 죽음과 부활을 예시하신 셈입니다. 이 '부활'은 예수님의 신성에 따른 일이었고 몸에 발생한 일입니다. 칼빈도 부활에 의해 하늘의 권능이 나타났고 부활은 예수님의 신성을 확증하는 증거라고 했습니다. 이를 이해할 수 있도록 예수님은 죽은 나사로를 다시 살아나게 하셨고 그 나사로를 모든 사람의 눈앞에 보이심으로써 자신이 바로 '부활'의 구체적인 사례임을 입증하신 셈입니다. 나아가 믿는 모든 자들이 죽어도 살 것이라고 말하면서 '부활'이 믿는 모든 자들에게 영원히 죽지 아니하는 영생임을 말씀해 주십니다. 이처럼 예수님의 부활은 믿는 자들도 그렇게 부활할 것이라는 보증과 확신을 제공하고 있습니다.

사도행전 전체를 살펴보면 '부활'은 사도들이 전한 복음의 노른자와 같다는 사실을 확인할 수 있습니다. "사도들이 큰 권능으로 주 예수의 부활을 증언하니 무리가 큰 은혜를 받"았다(행 4:33)는 것은 복음이 증거되는 곳에 나타나는 일반적인 현상을 기술한 것입니다. 부활이 빠진 복음은 복음이 아닙니다. 부활이 없다면 복음은 "헛것이요 또 너희 믿음도 헛것이며 또 우리가 하나님의 거짓 증인으로 발견"될 것이며 "만일 죽은 자가 다시 살아나는 일이 없으면 하나님이 그리스도를 다시 살리지 않으셨으리라"(고전 15:14-15)고 바울은 말합니다. 나아가 주께서 "다시 살아나신 일이 없으면 너희 믿음도 헛되고 너희가 여전히 죄 가운데 있을 것"(고전 15:17)이라고 했습니다. 여기서 주목하고 싶은 부분은 주님의 부활이 없으면 우리의 믿음도 무의미해지고 우리가 죄 가운데 거하고 만다는 것입니다. 이에 대해 칼빈은 비록 그리스도 예수께서 자신의 죽음으로 우리의 죄를 속하셔서 하나님의 심판대 앞에서 우리를 정죄할 죄목이 없어지고 우리의 옛 사람을 십자가에 못 박아 정욕이 더 이상 우리를 지배하지 못하게 되었고 죽음으로 사망의 권세와 마귀 자신을 꺾으셨다 할지라도 부활을 통해 승리자가 되시지 않았다면 모든 것이 무효로 돌아가고 결국 우리는 패배자의 자리로 복귀하여 그곳에 주저앉을 수밖에 없을 것이라고 말합니다.

부활이 제거되면 죄의 통치가 새롭게 재개될 것입니다. 그리스도 예수의 지속적인 통치가 없다면 우리의 죄 사함과 의로움은 유지될 수 없을 것입니다. 속죄와 속죄의 유지, 의롭다 함과 의롭다 함의 유지는 전적으로 그리스도 예수의 은혜로만 가능한 일입니다. 비록 그리스도 예수께서 "모든 믿는 자에게 의를 이루기 위하여 율법의 마침"(롬 10:4)이 되셨으나 만약 "우리가 범죄한 것 때문에 내줌이 되고 또한 우리를 의롭다 하시기 위하여 살아"나시지(롬 4:25) 않았다면 비록 우리가 주님에 의한 율법의 완성으로 의에 이르렀고 죽으심에 의해 죄 사함을 받았다고 할지라도 다시 죄의 통치 아래서 여전히 죄를 범하고 사망의 삯을 지불해야 하는 본래의 죄악된 자리로 돌아가고 말았을 것입니다. "예수를 주로 시인하며 또 하나님께서 그를 죽은 자 가운데서 살리신 것을 네 마음에 믿으면 구원을 받으리라"는 바울의 증거는 참으로 옳습니다. 의롭다 함을 얻고 구원에 이르는 것은 부활에 대한 신앙에 달려 있습니다.

나아가 부활은 단순히 우리의 의로움만 위하는 것이 아닙니다. 우리가 살아가는 인생의 원리도 부활에 있습니다. 바울을 보십시오. 그는 복음을 인하여 그리스도 예수의 남은 고난을 당하되 "죽은 자의 소망, 곧 부활로 말미암아 내가 심문을 받"는(행 23:6) 인생을 기꺼이 살아갔던 사람입니다. 부활의 소망이 없었다면 이 땅에서 바울은 한순간도 살아갈 수 없었을 것입니다. 바울의 삶은 단순한 생존이나 연명 정도가 아닙니다. 믿음으로 사는 의인의 삶입니다. 부활 때문에 그는 죽음도 불사한 전도자의 삶을 살았으며 오히려 "나는 날마다 죽노라"(고전 15:31)는 단언을 그리스도 안에서의 자랑으로 여겼던 사람입니다. 부활이 없었다면 죽음에 끊임없이 직면하는 십자가의 삶은 참으로 헛되고 불쌍하고 억울했을 것입니다. 부활이 없었다면 십자가는 믿는 자들에게 결코 하나님의 능력과 지혜일 수 없었을 것입니다. 그러나 부활은 분명히 있었고 앞으로도 있을 것입니다. 이 부활을 믿는 자들이 추구하는 삶의 원리는 날마다 죽는 것입니다.

이는 예수님이 우리에게 누구나 경험하는 자연의 평범한 현상을 언급하며 교훈하신 것입니다. "한 알의 밀이 땅에 떨어져 죽지 아니하면 한 알 그대로 있고 죽으면 많은 열매를 맺느니라"(요 12:24). 이러한 현상에 빗대어 "자기의 생명을 사랑하는 자는 잃어버릴 것이요 이 세상에서 자기의 생명을 미워하는 자는 영생하도록 보전"될(요 12:25) 것이라는 삶의 원리를 설명해 주십니다. 이에 바울은 주님께서 "모든 사람을 대신하여 죽으심은 살아 있는 자들로 하여금 다시는 그들 자신을 위하여 살지 않고 오직 그들을 대신하여 죽었다가 다시 살아나신 이를 위하여 살게 하려 함이라"(고후 5:15)는 해석을 가합니다. 자기의 생명을 미워할 수 있는 근거는 다시 살아날 것이라는 부활에 있습니다. 이런 부활의 소망이 없다면 누구도 자신의 생명을 미워하지 않을 것이며 악착같이 자신의 생명을 붙들면서 결국 자신의 생애라는 족쇄에 갇혀 종노릇 할 수밖에 없을 것입니다. 그런 인생은 살았으나 죽은 것과 같은 삶의 고통스런 지속일 뿐입니다.

부활이 삶의 원리라는 것은 주께서 재림하실 때에 우리가 다시 살아날 것이라는 의미도 있지만, 지금 우리가 살아가면서 우리는 죽고 부활하신 그리스도 예수께서 우리 안에 사신다는 의미도 있습니다. 특별히 에베소서 2:5을 보십시오. "허물로 죽은 우리를 그리스도와 함께 살리셨고"라는 구절에는 '살렸다'는 과거형이 등장하고 있습니다. 비록 주께서 다시 오시는 종말이 아니더라도, 우리는 주님과 더불어 이미 죄의 삯인 사망에서 다시 살아난 중생 혹은 일차적인 부활 혹은 영적 부활을 경험한 것입니다. 그래서 우리가 이 땅에서 살아가는 삶은 중생의 삶이요 영적인 부활의 삶입니다. 당연히 우리는 우리를 위해서 살지 않고 우리를 사랑하사 우리를 위해 자기를 버리신 주님을 위해서 살아야 합니다. 자기를 위해서가 아니라 타인을 위해서 사는 것입니다. 이 세상에서 범사에 사망은 우리에게 역사하고 생명은 타인에게 역사하는 삶이 바로 부활의 현재적인 삶입니다.

부활의 삶이 어떤 삶인지를 가장 잘 보여주는 것은 사랑일 것입니다. 사랑은 자기의 유익을 구하지 않고 타인의 유익을 구하는 것입니다. 심지어 자기에게 손해와 불이익이 초래될 수도 있습니다. 그러나 사랑은 그런 것에 조금도 개의치 않습니다. 이러한 사랑의 사람은 주는 것이 받는 것보다 복되다는 확신을 가지고 있으며 고난은 물론 고난의 극치라고 할 죽음조차 유익으로 여기는 자입니다. 이런 맥락에서 "구제를 좋아하는 자는 풍족하여질 것이요 남을 윤택하게 하는 자는 자기도 윤택하여지리라"(잠 11:25)는 지혜자의 언급은 사랑의 역설적인 복을 잘 묘사해 줍니다. 구제에는 희생이 따르는 법입니다. 남을 윤택하게 하는 것도 희생을 수반하는 일입니다. 그런데 그 결과는 자신의 풍족과 윤택을 낳습니다. 이처럼 지혜자는 부활의 삶을 정확히 간파하고 있습니다. 풍족과 윤택을 스스로 추구하는 사람은 부활의 삶이 어떤 것인지 모르는 자입니다. 나에게는 희생과 손해와 불이익이 역사하고 남에게는 건덕과 이득과 유익이 역사하는 삶이 부활의 삶입니다. 부활의 삶은 하나님이 챙겨 주시는 삶입니다. 인간의 초라한 손아귀로 거머쥐는 분량의 유익이 아니라 하나님의 전능하신 손으로 챙겨 주시는 무한대 분량의 유익을 취하는 삶입니다. 땅에서의 부귀와 영광이 아니라 하늘에서 주어지는 부귀와 영광을 취하는 삶입니다. 이렇기 때문에 부활이 없다면 너무도 헛되고 억울하고 불쌍한 인생으로 전락할 수밖에 없는 것이 바로 성도의 삶입니다.

이러한 부활을 의심하는 사람들이 대단히 많습니다. 인간의 상식과 자연법에 저촉되고 예수 이후로 반복되지 않아 검증이 안 된다는 이유를 내세우며 믿을 수 없다는 거부의 목소리를 높입니다. 그러나 빅뱅이나 인류의 진화 등도 그것을 본 사람이 아무도 없고 실험 대상으로 실험실에 담아 낼 수도 없어 검증이 불가능한 이론인데도 사람들은 그것을 쉽게 믿고 있습니다. 이것은 결코 과학적인 현상이 아닙니다. 과학적인 사고에 입각해서 생각해 보십시오. 빅뱅이나 인류의 진화를 보았다는 증인은 하나도 없지만 예수님의 부활에 대해서는 허다한 증인들이 있습니다. 이것만 보아도 부활의 신빙성은 진화보다 훨씬 높습니다. 게다가 증인들 중에는 1세기 로마에서 법정적 증거력이 존중되지 않았던 여인들의 증언이 성경에 기록되어 있습니다. 비록 여인이라 할지라도 부정할 수 없는 증거였기 때문에 영원히 보존될 성경에 기록되었던 것입니다. 나아가 부활을 숨기려고 했던 당시 종교 지도자들 및 정치계의 거물들이 주님의 부활을 걱정하여 뇌물까지 써 가면서 가짜요 속임수인 것처럼 조작하려 했다는 사실도 부활의 역설적인 반증으로 채택될 수 있을 것입니다. 그리고 예수님의 부활은 열두 제자를 비롯한 측근들의 증거만이 아니라 무려 500여 형제들도 일시에 목격한 것이라고 바울은 주장하고 있습니다(행 15:3-8). 다른 제자들도 생존해 있는 동안 수십 년간 예수님의 부활을 증거하며 살았는데 그 부활을 의심하고 부정하며 반론을 제기한 사람이 하나도 없었다는 사실도 부활의 유력한 역사적 증거일 것입니다. 구약의 율법으로 무려 1500여 년 지속되어 오던 안식일 준수가 급작스런 주일로 전환된 것도 부활이 없었다면 불가능한 일이었을 것입니다. 예수님 자신은 분명히 자신의 죽으심을 기념하라 하셨고 기념하는 방식까지 꼼꼼하게 가르쳐 주셨지만 정작 예수님의 무덤을 기념하는 일은 전혀 없습니다. 소위 고등 종교를 창시한 원조들의 경우 그들의 무덤은 성지이고 신도들에 의해 그들의 죽음이 기넘되고 있지만, 부활하신 예수님의 경우에는 무덤도 없거니와 무덤을 기념하는 일은 더더욱 없습니다. 이처럼 예수님의 부활은 빅뱅 이론이나 진화론과 같은 과학의 여러 가설과는 달리 무수한 증인들에 의해 신뢰성을 가지고 있습니다. 인간의 상식과 논리와 관찰을 넘어서고 실험실에 담아낼 수 없다고 해서 역사적인 사실을 부정하는 것은 어리석은 일입니다. 부활에 대해서도 동일한 우매함이 연출되고 있습니다.

예수님의 승천에 대해서는 "내가 세상 끝날까지 너희와 항상 함께 있으리라"(마 28:20)는 말씀과 "나는 항상 함께 있지 아니하리라"(마 26:11)는 말씀이 묘하게 모순되는 듯한 인상을 풍깁니다. 그러나 칼빈은 여기에 어떠한 모순도 없다고 말합니다. 예수님은 부활하신 이후에 하늘로 올라가셨기 때문에 육체로는 더 이상 제자들과 함께 거하지 않게 되셨으며 그럼에도 불구하고 보혜사 성령을 보내셔서 육체가 아닌 영의 방식으로 우리와 영원토록 함께 거하시기 때문에 아무런 문제가 없다는 것입니다. 그렇게 하심으로써 "육신의 현존을 따라서는"secundum praesentiam carnis 우리와 함께 계시지 않지만 "숭엄성의 현존을 따라서는"secundum praesentiam maiestatis 항상 우리와 함께 계십니다. 이에 대해서 아우구스티누스는 "말할 수 없고 볼 수 없는 은총을 따라서는secundum ineffabilem et invisibilem gratiam 마태복음 28:20의 말씀이 실현되고……말씀이 취하신 육신을 따라서는secundum carnem quam verbum assumpsit, 처녀에 의해 태어난 출생을 따라서는, 유대인에 의해 포박되어 나무에 달리시고 십자가에서 내리워져 세마포로 싸여 무덤에 누이시고 부활로 나타나신 것을 따라서는 '나는 항상 함께 있지 아니하리라'는 말씀이 성취된 것"이라고 말합니다.

그리스도 예수는 하늘로 올라가 "아버지의 우편에 앉아 계시다"consedisse ad patris dexteram는 말이 있습니다. 칼빈에 의하면, 이것은 "하나님이 그리스도 안에서 영광을 받으시며 그를 통해 다스리고 싶다"는 것을 뜻합니다. 즉 그리스도 예수께서 권좌의 우편에서 천지에 대한 전권을 위임받아 취하시고 심판의 날에 재림하실 때까지 지속적인 통치의 주체가 되신다는 사실을 함축하고 있습니다. 이는 바울의 붓으로 기술된 것입니다. 아버지께서 그리스도를 "자기의 오른편에 앉히사 모든 통치와 권세와 능력과 주권과 이 세상뿐 아니라 오는 세상에 일컫는 모든 이름 위에 뛰어나게 하시고"(엡 1:20-21) "만물을 그의 발 아래에 두셨다"(고전 15:27)고 말입니다. 이로써 하나님은 "모든 피조물이 그의 위엄을 경외하고 경탄하며 그의 지배를 받으며 그의 명령에 복종하며 그의 권능에 순응하게 하시려는 것입니다."

예수님의 승천이 우리에게 주는 혜택은 다음과 같습니다. (1)아담의 죄로 말미암아 닫힌 천국의 길이 주님의 승천으로 인해 열렸습니다. 천국의 입성은 막연한 소망이 아니라 우리의 머리이신 그리스도 예수께서 그곳에 이미 거하시기 때문에 우리도 믿음으로 바라는 것의 확고한 증거를 이미 취득한 것입니다. (2)주님께서 성소에 계시면서 항상 우리의 예언자와 중보자로 아버지 앞에서 간구하고 계십니다. 주님의 이러한 간구 때문에 심판의 보좌가 은총과 사랑의 좌소로 바뀌었습니다. (3)자신의 권능을 우리에게 주시사 우리를 영적 생명으로 살리시며 성령으로 성결하게 하시며 은사로 입히시며 음부의 권세가 만지지도 못하도록 보호해 주시며 권능의 팔로 원수의 광란을 억류해 주시며 천지의 모든 권리를 소유하고 계십니다. 나아가 모든 원수를 꺾으시고 하나님의 교회를 완성하실 것입니다.

그리스도 예수께서 다시 오시는 때가 있습니다. 그때에는 불멸의 광채와 신성의 무한한 권능과 형언할 수 없는 위엄으로 오십니다. 그때에는 산 자와 죽은 자가 그리스도 앞에 설 것입니다. 이에 주님은 양과 염소를 나누시고 택자와 유기자를 분리하실 것입니다. 그 심판의 때에 심판자가 심판의 영예를 우리와 나누려고 하시는 분이기에 우리는 큰 위로를 얻을 것입니다(마 19:28). 심판자 자신이 우리를 위해 친히 간구하는 분이시기에 우리를 정죄할 세력은 아무도 없을 것입니다. 이것은 주님의 약속이며 반드시 실행될 것입니다. 칼빈은 그리스도 예수에게 심판권이 주어진 것은 "심판의 두려움에 떠는 자기 백성의 양심"을 안심시켜 주려는 것이라고 말합니다.

지금까지 우리는 칼빈과 함께 사도신경 순서에 입각하여 그리스도 예수의 일대기를 정리해 왔습니다. 이 논의를 접으면서 칼빈은 구원의 출처로 우리의 시선을 돌립니다. 즉 "우리의 구원 전체만이 아니라 각 부분에 대해서도" 구원의 출처를 오직 그리스도 안에서만 찾아야 하고 구원의 지극히 작은 조각이라 할지라도 다른 곳에서는 추구하지 말아야 한다는 것입니다.

우리가 구원을 구한다면 예수라는 이름 자체가 구원은 '그에게서' 온다는 것을 가르치고 있습니다(고전 1:30). 우리가 성령의 다른 은사를 구한다면 그것은 그가 기름 부음 받으신 곳에서 발견될 것이며, 힘을 구한다면 그것은 그의 주권에 있으며, 순결을 구한다면 그것은 그의 잉태에 있으며, 온유함을 구한다면 그것은 그의 탄생에서 나타나며, 탄생을 통해 그는 모든 점에서 우리와 같이 되셔서(히 2:17), 우리의 고통을 느끼실 수 있게 되셨으며(히 5:2), 우리가 구하는 것이 구속이라면 그것은 그의 수난에 있으며, 무죄로 석방되는 일이라면 그것은 그가 정죄를 받으신 것에 있으며, 저주를 면하는 일이라면 그것은 그의 십자가에 있으며(갈 3:13),

배상을 치르는 일이라면 그것은 그의 희생에 있으며, 정결을 구하는 일이라면 그의 피에 있으며, 화해를 구하는 일이라면 그것은 그의 지옥 강하에 있으며, 육을 죽이는 일이라면 그것은 그의 무덤에 있으며, 새로운 생명을 구하는 일이라면 그것은 그의 부활에 있으며, 영원한 불멸을 구하는 일이라면 그것도 그의 부활에 있으며, 천국을 상속하는 일이라면 그것은 그의 승천에 있으며, 보호나 안전이나 모든 풍부한 축복을 구하는 일이라면 그것은 그의 나라에 있으며, 안심하고 심판을 기다리는 일이라면 그것은 그가 받으신 심판권에 있습니다.

그리스도 예수의 공로

칼빈은 하나님의 은총을 희미하게 만들지도 모른다는 이유로 그리스도 예수의 '공로'meritum를 인정하지 않으려는 궤변가 무리들의 문제점을 꼬집고 있습니다. 그 무리들은 그리스도 예수가 고작 "도구나 시중드는 사람"일 뿐이고 "생명의 저자 혹은 인도자와 주님"이 되신다는 베드로의 증언(행 3:15)은 인정하지 않습니다. 칼빈도 만약 예수님 자신이 하나님의 심판대 앞에 "단순하게 그리고 스스로" 서신 분이라고 한다면 타인에게 유익을 끼친다는 '공로'의 개념은 들어설 자리가 없었을 것임을 인정하고 있습니다. 그러나 그리스도 예수는 개인적인 이유로 이 땅에 오시지 않았으며 "예정과 은총의 가장 밝은 빛"으로 오셨으며 중보자의 자격도 스스로의 노력으로 취득하신 것이 아니라 만세 전에 정하여진 하나님의 자비로운 뜻에 따른 것이기 때문에 공로의 '시초'principium는 그리스도 안에 있지 않고 '제1원인'prima causa인 "하나님의 정하심"에 있다고 칼빈은 말합니다. 그는 오직 하나님의 "순전한 기뻐하심 때문에"mero beneplacito 우리를 구원하실 중보자로 세워지신 것입니다. 그러므로 그리스도 예수의 공로와 하나님의 은총은 대립의 관계 혹은 양자택일의 문제가 아닌 것입니다. 이런 맥락에서 우리는 인간이 값없이 의롭다 함을 얻는 것은 하나님의 순전한 자비로 말미암은 것이기도 하면서 그 자비에 종속된 그리스도 예수의 공로도 개입되어 있음을 주장하는 바입니다. 예수님은 하나님의 기뻐하신 뜻에서 말미암지 않고서는 어떠한 공로도 끼치실 수 없었을 것입니다.

요한복음 3:16에는 하나님의 사랑이 우리의 구원에 있어서 '최고의 원인 혹은 근원'summa causa vel origo이고 그리스도에 대한 믿음이 '보다 가까운 이차적 원인'causa secunda et propior으로 나란히 언급되어 있습니다. 성경은 분명히 그리스도 예수의 피로 말미암아 하나님과 우리가 화목하게 되었다고 기록하고 있습니다. 그러므로 의로움과 화해와 구원의 공로를 그리스도 예수께 돌리는 것은 너무도 지당한 일입니다. 칼빈은 특별히 바울의 서신들에 근거하여 우리는 죄로 말미암아 하나님의 미워하신 바 되었으며 그리스도 예수의 죽음으로 말미암아 신적인 노여움이 풀어지고 우리는 하나님의 호의를 얻게 되었다는 것이 바울의 논지라고 말합니다. 이러한 대속은 이사야의 글에서도 확인할 수 있습니다. "그가 징계를 받으므로 우리는 평화를 누리고 그가 채찍에 맞으므로 우리는 나음을 받았도다"(사 53:5). 어떤 사람들은 빌립보서 2:9에 대해 어리석은 해석을 가하는데, 즉 그리스도 예수가 자신을 위해 하나님께 공로를 쌓았다는 것입니다. 예수는 자신을 비우고 죽기까지 순종했기 때문에 자신에게 공로가 되어 모든 이름 위에 뛰어나게 되었다는 것입니다. 그러나 칼빈은 이 본문이 그리스도 예수가 높아지신 이유를 논하고자 한 것이 아니라 그의 낮아지심 이후에 높여지심 상태가 있었다는 것을 밝힐 뿐이라고 응수하고 있습니다. 그는 또한 빌립보 교회를 향한 바울의 언급은 주님께서 "이런 고난을 받고 자기의 영광에 들어가야 할 것이 아니냐"(눅 24:26)는 누가의 기록이 잘 해석하고 있다고 말합니다.

지금까지 우리는 성경 전체가 하나님과 인간에 대한 지식을 제공하고 있으며 이 모든 지식은 그리스도 예수를 아는 지식으로 수렴되기 때문에 그의 존재와 생애를 중심으로 인간의 실질적인 상태와 그 상태를 해결하는 그리스도 예수의 복음을 간략하게 논의했습니다. 그리스도 예수는 성경 전체와 모든 만물과 모든 사건과 사태들이 증거하는 분이어서 하늘처럼 넓은 지면과 바다처럼 많은 먹물이 있더라도 다 기록하지 못할 것입니다. 그럼에도 불구하고 성경은 우리에게 가장 필요하여 반드시 알아야 할 그리스도 예수의 가장 고상한 지식을 가장 적당하게 담아내고 있습니다. 그래서 성경에 기초해 성경의 탁월한 해석자인 칼빈의 안내를 받아 그리스도 예수에 대해 논의해 온 것입니다. 여기서 주의해야 할 것은 그리스도 예수를 아는 지식의 가장 큰 고상함은 지성적인 앎이 아니라 전인격적 앎에서 열매를 맺는다는 점입니다. 마음과 뜻과 힘과 목숨과 성품을 다해 예수님을 알고자 할 때 그분을 제대로 아는 것입니다.

6.
이제 나는 누구인가

이번 장에서는 그리스도 예수의 성육신과 고난과 죽으심과 부활과 승천을 믿음으로 옛 것은 지나가고 이제 새로운 피조물이 된 우리의 영적인 정체성에 대해 생각해 보겠습니다. 새로운 피조물의 특권과 책임을 함께 논의할 것입니다.

새로운 피조물의 특권

인간은 하나님의 형상대로 지음을 받았기 때문에 인간의 본질적인 정체성은 하나님께 의존하고 있습니다. 그러나 하나님의 말씀을 버리고 하나님의 권위를 짓밟은 인간의 신분은 죄수가 되었으며 본성의 전 인격적 타락에 이르렀고 죄와 저주와 사망과 사탄의 권세에 사로잡힌 신세로 전락하고 말았습니다. 하지만 "누구든지 그리스도 안에 있으면 새로운 피조물"(고후 5:17)이 된다고 바울은 말합니다.

새로운 피조물의 신분은 전적으로 지금까지 논의한 그리스도 예수의 속성에 의존합니다. 무엇보다 하나님의 아들이신 그리스도 예수를 "영접하는 자, 곧 그 이름을 믿는 자"는 "하나님의 자녀가 되는 권세"를 얻습니다(요 1:12). 자녀의 권세에는 하나님과 항상 만난다는 특권이 담겨 있습니다. 사람들은 누구나 최고의 인격과 만나고 싶어 하는 소원을 가지고 있습니다. 그런데 하나님의 자녀는 그리스도 예수께서 세상 끝 날까지 항상 함께해 주시기 때문에 모든 존재보다 더 뛰어난 인격과 생각과 판단과 지혜와 위엄을 지니신 주님을 항상 만납니다. 그리고 지식과 지혜와 총명과 명철의 지존이신 하나님과 항상 대화할 수 있습니다. 우리의 생각을 하나님의 생각과 섞고 조율할 수 있다는 것은 인간 문맥 안에서 평가된 최고의 석학들과 만나 대화하는 것보다 더 놀랍고 설레는 일입니다. 그리고 하나님의 자녀는 부모이신 하나님의 무조건적 사랑과 천상적인 호위를 받습니다. 사랑에 굶주리지 않고 고독과 외로움의 심연에 빠지지도 않습니다. 사망의 음침한 골짜기를 출입할 때에라도 두려워할 필요가 없습니다. 하나님은 당신의 자녀에게 "물 가운데로 지날 때에 내가 너와 함께할 것이라. 강을 건널 때에 물이 너를 침몰하지 못할 것이며 네가 불 가운데로 지날 때에 타지도 아니할 것이요 불꽃이 너를 사르지도 못하리니"(사 43:2)라고 하십니다. 졸지도 않으시는 아버지 하나님은 우리를 지키시는 분이기에 낮의 해가 우리를 상하게 하지 아니하며 밤의 달도 우리를 해치지 못할 것입니다(시 121:4-6). 우리의 "출입을 지금부터 영원까지" 지켜 주실 것입니다.

"자녀이면 또한 상속자, 곧 하나님의 상속자요 그리스도와 함께한 상속자"(롬 8:17)도 되는 것입니다. 상속자의 특권은 하나님의 모든 것을 상속받는 것입니다. 영이신 하나님의 상속물은 물질적인 것이 아니라 영적인 것입니다. 하나님의 상속자인 우리는 사랑과 선함과 거룩과 공의와 지혜와 자비와 긍휼 같은 하나님의 속성들을 상속할 수 있습니다. 그리스도 예수는 하나님의 아들로서 그 형상의 본체가 되십니다. 우리는 이 예수를 따라 하나님의 형상을 우리 안에 온전히 이루는 삶을 향하도록 작정된 자들입니다. 이처럼 우리는 온갖 좋은 모든 것의 원천인 하나님의 온전한 형상을 유산으로 물려받습니다.

놀라운 것은 태초에 인간은 하나님의 형상대로 지음 받은 자였으나 이제 우리는 이전의 신분과는 비교할 수 없을 정도로 훨씬 더 좋은 신분인 하나님의 자녀요 후사라는 새로운 정체성을 가지게 되었다는 것입니다. 죄인과 원수의 신분에서 태초보다 더 나은 자녀의 신분으로 승화된 것입니다. 우리의 자녀됨은 태초로의 단순한 회귀가 아닙니다. 우리의 지금 상태는 그때보다 더 좋습니다. 이제 우리는 창조주요 전능자요 구원자요 성화자요 만왕의 왕이요 만주의 주이신 하나님을 적법하게 나의 아버지라 부릅니다. 우리의 삶도 이러한 정체성에 걸맞게 우리의 맏형이신 그리스도 예수, 즉 하나님의 '아들의 형상'을 온전히 이루는 방향성을 갖습니다. 다시 말해 우리의 삶은 그리스도 예수와 동행하는 삶입니다. 예수께서 우리 안에 사시는 삶입니다. 그리고 장차 우리에게 나타날 영광도 그리스도 예수와 더불어 받게 될 것입니다.

그러나 그리스도 예수를 구주로 믿기만 하면 하나님의 자녀가 된다는 사실에 의문을 제기하는 이들이 있습니다. 즉 허름한 직장의 말단사원 자리를 얻는 것도 탄탄한 스펙을 쌓고 두터운 경쟁의 벽을 뚫어야 겨우 가능한 일이듯이, 땅에서의 왕위보다 훨씬 더 영광스런 하나님의 자녀가 되기 위해서는 그런 영광의 취득에 합당한 극도의 노력과 준비가 있어야 한다는 것입니다. 사람들은 양심의 작용으로 인해 원인과 결과의 짝이 맞아야 한다는 공평의 감각을 어느 정도 가지고 있습니다. 이는 대체로 준비해야 출세하고 노력해야 성공하고 관리해야 건강하게 된다는 상식과도 연결되어 있습니다. 어떤 사람이 이마에 땀을 흘리지 않고도 무언가를 취득하면 대부분의 다른 사람들은 용납할 수 없다는 의분을 쏟아 내고 부당한 일이라는 판단을 내립니다. 물론 이런 판단은 건강한 사회의 정상적인 현상이고 잘못된 것이 아닙니다. 오히려 사회는 이러한 질서가 존중될 때에 건강한 공동체를 형성할 수 있습니다.

그러나 사회에도 '입양'이란 제도가 있습니다. 입양은 입양아 편에서의 어떠한 노력이나 수고나 대가를 지불함이 없이도 발생되는 일입니다. 입양은 입양하는 부모의 결정에 의존합니다. 이러한 입양에는 인과응보 혹은 권선징악의 개념이 작용하지 않습니다. 입양 여부는 입양자의 뜻에 달려 있습니다. 입양아의 노력이나 수고 없이도 얼마든지 양자나 양녀가 될 수 있다는 것입니다. 우리는 입양을 생각할 때에 어떠한 불의함도 느끼지 않습니다. 오히려 사회를 참으로 아름답게 만드는 일이어서 입양을 한 부모에게 온 사회가 집단적인 존경을 표해야 할 일이며 실제로도 표현하고 있습니다. 우리가 하나님의 자녀가 된다는 것도 이러한 입양의 개념과 연결되어 있습니다. 사도 바울은 우리가 "양자의 영"을 받았기 때문에 하나님을 "아빠 아버지"로 부른다고 말합니다(롬 8:15). "양자의 영"을 받아 하나님의 자녀가 된 이유 혹은 원인은 예정의 교리에서 확인했던 것처럼 인간의 소원이나 달음질이 아니라 "오직 긍휼히 여기시는 하나님"(롬 9:16)께 있다고 말합니다. 모세는 이스라엘 백성이 선택된 것은 "다른 민족보다 수효가 많기 때문이 아니라" 하나님의 사랑과 언약에의 신실하심 때문에 이루어진 일이라고 말합니다(신 7:7-9). 이는 하나님 자신 외에 선택과 입양의 다른 어떠한 원인도 없다는 뜻입니다. 이것은 불공평과 불의함이 아니라 입양의 주체이신 하나님께 온 세상이 집단적인 감사와 경의를 표해야 할 일입니다. 오히려 입양은 입양아와 관련된 집안의 가계적인 조건과 국가의 지역적인 조건과 인종의 혈통적인 조건과 몸의 외적인 조건과 재능의 내적인 조건 중 어느 것 하나라도 고려되지 않은 일이기에, 세상의 모든 태생적인 불평등을 일소하고 모든 차등을 소멸하는 하늘의 신적인 평등이 바로 하나님의 입양에 있습니다. 하나님이 자녀로 삼으시면 누구든지 그를 아버지라 부를 수 있습니다. 하나님의 아들과 딸이 되는 것입니다.

물론 입양에도 일종의 조건이 있습니다. 그리스도 예수를 믿어야 한다는 것입니다. 믿음이 없으면 구원도 없고 자녀의 권세도 없고 천국 시민권도 없습니다. 그러나 믿음의 조건은 차별이 아닙니다. 믿음에는 어떠한 불평등도 없습니다. 오히려 최상의 공평과 평등을 보장하는 것이 믿음인 것입니다. 남자든 여자든, 노인이든 아이이든, 부자든 빈자든, 고위층이든 하위층이든, 백인이든 흑인이든, 동양이든 서양이든, 옛날 사람이든 현대 사람이든, 잘생긴 사람이든 못생긴 사람이든, 재능이 많은 사람이든 적은 사람이든, 가문이 좋은 사람이든 나쁜 사람이든 하나님을 믿는 믿음에는 어떠한 불평등과 불공평이 없습니다. 믿음은 남녀노소, 동서고금, 빈부귀천 문제와 무관하게 모든 사람에게 열려 있습니다. 물론 "작정된 자는 다 믿더라"(행 13:48)는 신비로운 영역이 없지는 않습니다. 그러나 이것은 은혜와 공평의 하나님께 속한 오묘한 일입니다. 이 사실이 믿음의 공평성과 평등성을 뒤집지는 않습니다. 이처럼 입양은 땅에서의 어떠한 원인도 차별이나 불공평과 불평등을 가하지 못하는 믿음의 조건만을 요구하고 있습니다.

그리고 이제 우리는 '그리스도인'이라고 불립니다. 이 호칭이 처음으로 사용된 곳은 안디옥입니다(행 11:26). 1세기 중반에 안디옥의 제자들은 독특한 생각과 말과 행동으로 사람들을 많이 놀라게 했습니다. 사람들은 궁금해 했습니다. 그러나 이 특이한 무리를 어떻게 분류해야 할지 몰랐고 분류할 범주도 없었기에 '그리스도인'이라는 새롭고 독특한 범주를 만들어서 구별했던 것입니다. 즉 이 호칭은 하나님이 주신 것도 아니고 제자들이 스스로 만든 것도 아닙니다. 다른 사람들이 그들을 그렇게 부른 것입니다. 이 호칭은 사람들이 보기에 제자들이 예수에게 속했으며 예수의 인격을 닮았으며 예수의 삶을 살아 내고 있기 때문에 붙여진 것입니다. 이는 제자들이 그리스도 예수의 죽음과 부활을 믿고 구원자 예수 그리스도 안에 거하여 새로운 피조물이 되었음이 사람들의 눈에도 보였다는 뜻입니다. 오래 인내하고, 온유하며, 시기하지 않으며, 자랑하지 않으며, 교만하지 않으며, 무례히 행하지 않으며, 자기의 유익을 구하지 않으며, 성내지 않으며, 악한 것을 생각하지 않으며, 불의를 기뻐하지 않으며, 진리와 함께 기뻐하고, 모든 것을 참으며, 모든 것을 믿으며, 모든 것을 바라며, 모든 것을 견딘 예수가 그들 안에서 보였다는 것입니다. 또한 심령이 가난하고, 사람들을 위해 애통하고, 의에 주리고 목마르며, 모든 사람들을 긍휼히 여기고, 마음이 청결하고, 화평하게 하고, 의를 위하여 핍박까지 받은 예수의 삶을 안디옥의 제자들도 살았음을 증명하는 것입니다. 소속과 인격과 삶에 있어서 그 제자들은 그리스도 예수와 온전히 하나가 된 것입니다. 우리도 이러한 '그리스도인'의 삶을 살아서 사람들이 우리를 '그리스도인'으로 분류할 정도의 신분과 인격과 삶의 면모를 갖추어야 할 것입니다.

그리고 우리는 이제 땅의 백성이 아니라 '하나님의 백성'이란 천국의 신분과 시민권을 받습니다. 하나님은 우리에게 "나는 너희 하나님이 되겠고 너희는 내 백성이 되리라"(렘 7:23)고 하십니다. 인간 문맥 안에서의 어떠한 소속 이전에 우리는 하나님의 나라에 소속되어 있습니다. 그래서 땅에서의 인위적인 법이 아니라 하나님 나라의 지고한 법을 삶의 질서로 가지고 있습니다. 막대한 부와 권력을 가지고 자신들의 장기적인 이득을 취하고자 마련된 야비한 법이나 편파적인 제도가 아니라 일말의 불평등과 불공평도 없는 하늘의 공의로운 질서와 규범을 가지고 있습니다. 죄와 죽음과 저주와 사탄의 권세가 우리를 주장하지 못합니다. 그러한 것들에 매이지도 않습니다. 우리를 제어하는 질서는 이제 천국의 법입니다. 우리는 하나님의 백성이고 그는 우리의 진정한 왕입니다. 백성을 건드리면 그들의 왕을 건드린 것입니다. 사탄이 우리를 건드리면 그것은 전능하신 하나님께 무례하고 무모한 도전장을 내미는 것입니다. 하나님의 백성이기 때문에 잘못을 저질러도 사탄이 관여하지 못합니다. 오직 우리의 왕이신 하나님의 처분만을 받습니다.

새로운 피조물의 책임

그러나 우리가 하늘에 속한 하나님의 자녀와 후사, 그리스도인, 하나님의 백성이 되었다는 것은 땅의 질서를 무시하고 마음껏 무례해도 되는 막무가내 신분의 취득을 의미하지 않습니다. 만약 우리가 그런 신분적인 우월감을 갖는다면 그것은 하나님의 특별한 선택을 받은 선민의 부당한 우월감에 빠졌던 이스라엘 백성의 실패한 모습을 답습하는 것입니다. 하나님의 아들과 딸이 된다는 것은 정말 놀라운 일입니다. 하나님의 자녀 됨은 이 땅의 어떠한 조건도 변경하지 못하고 소멸하지 못하는, 영원토록 지속될 신분입니다. 국적과 출생지와 가계와 생김새와 재능과 업적과 직업에 의해 변경되지 않습니다. 바울은 이 신분을 사망도 변경하지 못하며 천사도 변경하지 못하며 다른 어떠한 피조물도 변경할 수 없다고 말합니다(롬 8:38-39). 이 세상의 인간에게 주어진 것들 중에 이보다 더 놀랍고 행복한 신분은 없을 것입니다.

그럼에도 불구하고 이러한 신분을 가졌다고 해서 게으르고 무례하고 오만하고 제멋대로 살아도 된다고 여긴다면, 하나님의 자녀가 된다는 은혜의 의미를 심각하게 오해하고 왜곡하는 것입니다. 하나님의 자녀라면 자녀답게, 하나님의 상속자라면 상속자답게 살아야 할 삶의 규범과 도리와 책임과 질서가 있습니다. 성경 전체는 하나님의 아들이신 그리스도 예수를 가리켜 기록된 책입니다. 이러한 사실을 정확히 아시고 계신 예수님은 자신의 삶을 "내가 만일 그렇게 하면 이런 일이 있으리라 한 성경이 어떻게 이루어지겠느냐"(마 26:54)의 기준으로 살아 내신 분입니다. 예수님은 완전한 신으로서 무한한 능력과 절대적인 권세를 가지셨기 때문에 무엇이든 원하시면 하실 수 있었지만 하나님의 말씀에 자신을 완벽하게 맞추신 분입니다. 하나님의 독생자를 가리켜 기록된 이 성경은 하나님의 자녀가 된 우리와도 무관하지 않습니다. 핵심을 말하자면, 우리도 주님처럼 성경 전체를 삶의 규범과 도리와 책임과 질서로 간주해야 하고 그 모든 성경의 성취와 마침과 완성이신 그리스도 예수처럼 살아 내지 않으면 안되는 것입니다.

어떻게 성경을 살아 낼 수 있을까요? 자녀의 권세를 취득하는 은혜에도 믿음이 있었듯이, 여기에도 믿음의 개입이 있습니다. 이것을 이해하기 위해 "오직 의인은 믿음으로 말미암아 살리라"(롬 1:17)는 말씀의 의미를 상고할 필요가 있습니다. 이 말씀과 직결된 생각은 아니지만 제가 보기에 성경을 살아 낼 수 있는 자격자는 의로운 자입니다. 우리는 비록 의롭다 함을 입은 의로운 자이지만 완전한 순종으로 성경을 다 살아 내서 의를 취득한 의인은 아닙니다. 우리는 그저 그리스도 예수의 완전한 순종과 죽음과 부활을 믿음으로 말미암아 의롭다 함을 받아 의인이 된 것입니다. 그러나 우리는 비록 주님의 은혜로 말미암아 '수동적인' 의인이 되었지만 그래도 성경을 살아 낼 수 있는 자격자는 된 것입니다. 하지만 의인이 되기는 했으나 여전히 의의 생산자는 아니어서 우리가 성경을 '스스로' 살아 낼 수는 없습니다. 그래서 바울은 의의 수납자가 성경을 다 순종하는 의인다운 삶을 살아가기 위해서는 적합한 수단이 필요한데 그것은 믿음밖에 없다고 말합니다.

믿음이 없다면 우리가 비록 의인이라 할지라도 성경을 살아 낼 수는 없습니다. 하나님의 자녀가 되는 권세를 취득하는 믿음과는 구별되는 의인의 삶과 관계된 믿음은 어떤 것일까요? 이에 대해서 히브리서 저자는 믿음을 삶의 방식으로 소개한 이후에 믿음의 정의를 다음과 같이 내립니다. "믿음은 바라는 것들의 실상이요 보이지 않는 것들의 증거니"(히 11:1). 믿음이 바라는 것들의 실체라는 말의 의미를 파악하기 위해 시인의 도움을 받고 싶습니다. "하늘에서는 주 외에는 누가 내게 있으리요. 땅에서는 주 밖에 내가 사모할 이 없나이다"(시 73:25). 우리가 바라는 것들의 실체는 하나님밖에 없습니다. 다른 모든 것은 아무리 우리에게 필요하고 긴급하고 소중하고 유익하다 해도 궁극적인 갈망의 실체가 아닙니다. 의인이 진실로 바라고 사모해야 하는 것은 어떤 사물이나 상태나 사건이 아닙니다. 오직 주님만이 우리가 사모해야 할 분입니다. 주님을 향한 우리의 갈망과 사모는 어떻게 해소될 수 있을까요? 그 해법은 "믿음으로 말미암아 그리스도께서 너희 마음에 계시게 하옵시고"(엡 3:17)라는 에베소 교회를 향한 바울의 기도에 명시되어 있습니다. 즉 '믿음으로 말미암아' 우리는 그렇게도 사모하고 갈망하는 주님을 마음에 모실 수 있는 것입니다. 하나님을 지극히 큰 상급으로 소유하는 것은 물질적인 것을 소유하는 방식과는 다릅니다. 노력하고 힘쓰고 소원하고 거래하고 구매하고 취득하고 탈취하고 거머쥐는 방식이 아닙니다. '하나님' 앞에 '나의'라는 1인칭 소유격을 붙이는 방법은 오직 믿음밖에 없습니다. 의인이 살아가는 궁극적인 목적인 하나님을 지극히 큰 상급으로 소유하는 것은 믿음이 있어야만 가능한 일입니다. 우리가 바라고 사모하는 최고의 선이신 하나님을 믿음으로 우리 마음에 영접하고 모시면 하나님은 '나의' 하나님이 되십니다.

그리고 믿음은 "보지 못하는 것들의 증거"입니다. 의인은 보이는 것이 아니라 보지 못하는 것들의 증거를 붙잡고 살아가는 자입니다. 보이지 않는 것들은 믿음의 눈으로만 응시할 수 있습니다. 믿음의 눈을 감으면 보이는 것만 보이고 보이지 않는 것은 없는 것 같습니다. 의인이 살아가는 이 세상은 보이는 것으로 말미암아 움직이지 않습니다. 보이지 않는 하나님의 말씀이 만물을 지탱하고 있으며 보이지 않는 하나님의 섭리적인 손길이 만사를 움직이고 있습니다. 하나님은 모든 것을 그 용도에 맞도록 적당하게 지으셨고(잠 16:4), 사람이 자기의 길을 계획해도 그 걸음을 이끄시는 분이며(잠 16:9), 만물을 능력의 말씀으로 붙드시는 분이며(히 1:3), 생명과 호흡과 만물을 모든 사람에게 친히 주시는 분이며(행 17:25), 인간의 존재와 삶과 활동을 가능하게 하시는 분이며(행 17:28), 땅의 기초를 놓으시고 구름으로 별들의 옷을 만드시고 흑암으로 그 강보를 만드시고 태양을 명하여 아침에 떠오르게 하시고 광야에 비를 내려 황무하고 황폐한 토지를 흡족하게 하여 연한 풀이 돋아나게 하시고 번개가 내려오는 길을 만드신 분이며(욥 38:4-35), 왕의 마음을 손아귀에 넣으시고 마치 봇물과 같이 임의로 이끄시는 분이며(잠 21:1), 왕과 대제사장 및 모든 백성의 마음까지 움직이시는 분입니다(학 1:14). 믿음이 없으면 이러한 비가시적 사실이 하나도 보이지 않을 것입니다.

성경을 읽을 때에도 믿음으로 읽지 않으면 성경의 보이지 않는 주체와 주어이신 하나님이 생략된 오석誤釋의 답답한 창살에 갇히고 말 것입니다. 믿음을 배제한 채 문헌적인 접근법을 취한다면, 구약은 유대 민족의 역사이고 신약은 그저 예수와 그의 맹신적인 제자들의 이야기일 뿐입니다. 인간의 논리와 상식과 합리와 충돌되는 내용들은 모조리 삭제되고 말 것입니다. 소위 독일의 몇몇 자유주의 신학자들에 의해 이루어진 비신화화 작업은 믿음의 부재로 말미암은 것입니다. 믿음은 보지 못하는 것들의 증거로서 우리로 하여금 보이지 않으시는 하나님과 그의 주권과 통치를 불변의 진리로 전제하게 만들고 그런 전제에 기초하여 성경을 읽게 만듭니다. 사람에게 불가능한 것이 하나님에게도 불가능한 것은 아닙니다. 인간에게 불가능해 보이는 것들도 하나님 편에서 읽는다면 얼마든지 가능한 일이며, 인간의 눈에는 모순처럼 보이는 것들도 하나님의 눈에는 얼마든지 순리적인 것일 수 있습니다. 사실 성경은 하나님의 말씀이기 때문에 하나님을 주어로 인식하는 믿음의 읽기를 요청하고 있습니다. 하나님의 말씀을 인간의 관점으로 읽으면 결코 읽히지 않습니다. 성경은 비록 하나님이 인간에게 언어의 방식으로 적응하신 것이지만 하나님이 주어라는 사실이 소멸되는 것은 아니기에 인간의 말이 아니라 하나님의 말씀인 것입니다.

우리는 성경을 믿음으로 읽고, 믿음으로 읽어서 얻은 깨달음을 가지고 믿음으로 사는 의인입니다. 성경을 믿음으로 읽고 살아 내고 가르치는 의인으로 살기 위해서는 자기를 부인하고 자신의 십자가를 지고 예수님을 모방하는 것이 최고의 길입니다. 예수님을 모방하는 것이 최고의 길인데 이 모방은 결코 만만치 않습니다. 그래서 예수님을 가장 잘 모방한 인간

모델을 찾는 것도 필요한 일입니다. 예수님의 삶을 가장 잘 모방한 사람들 중에는 아마도 바울이 으뜸일 것 같습니다. "내가 그리스도 예수를 본받는 자가 된 것 같이 너희는 나를 본받는 자가 되라"(고전 11:1)고 했던 바울을 최고의 모방자로 추천하고 싶습니다. 제가 보기에 바울은 어느 누구보다 더 예수님의 삶을 본받기 위해 전 생애를 전적으로 헌신했던 사람입니다. 바울의 삶을 고찰하기 위해서는 거듭난 사람에 대한 바울 자신의 이해와 실제적인 삶의 내용을 살피는 것이 좋습니다.

바울은 복음으로 말미암아 거듭난 자신을 두 가지의 관점으로 이해하고 있습니다. 첫째는 '종'입니다(롬 1:1). '종'이라는 신분은 바울이 주님과의 관계성 속에서 자신을 이해한 것입니다. 둘째는 '빚진 자'입니다(롬 1:14). 빚쟁이의 신분은 바울이 세상과의 관계 속에서 자신을 이해한 방식입니다. 종의 신분과 관련하여 바울은 대부분의 편지 서두에서 자신을 '그리스도 예수의 종'이라고 밝힙니다. '종'은 주권이 없습니다. 자신의 뜻과 판단이 없습니다. 자기의 생명도 자신의 것이 아닙니다. 마음과 뜻과 생각과 판단과 생명과 삶이 모두 주인의 것입니다. 바울이 자신을 이러한 종으로 여겼다는 것은 그가 저술한 모든 서신이 인간 바울의 말이 아니라 주인이신 그리스도 예수의 말씀을 전달한 것이라는 의미를 내포하고 있습니다. 종은 주인의 생각에 자신의 생각을 섞어서는 안되고 주님의 말씀에 자신의 말을 섞어서도 안되는 자입니다. 오히려 주인의 생각을 자신의 생각으로 삼고 주인의 말씀을 자신의 말씀으로 삼고 주인의 계획을 실행하는 삶을 살아가는 자입니다. 바울은 그런 의미에서 '그리스도 예수의 종'입니다. 서신에 담긴 바울의 모든 말과 삶은 주인이신 그리스도 예수의 말씀이며 그리스도 예수께서 바울 안에서 사신 삶입니다. 물론 바울도 인간적인 연약함을 드러낸 적이 있지만 바울이 지향한 언사와 생애는 주님의 말씀과 의지를 그대로 담아내는 것입니다. 사실 나의 모든 주권을 주님의 말씀과 의지에 양도하여 주님의 말씀이 나의 입술을 주장하고 주님의 의지가 나의 삶을 주장하는 것은 주권의 비참한 상실이 아니라 이 땅에서 추구할 수 있는 최상급 영광이 주어지는 일입니다. 하늘과 땅의 모든 권세를 가지신 그리스도 예수의 종으로 사는 삶은 그분의 권세가 우리를 통해 나타나는 삶입니다. 인간의 초라한 주권이 지배하고 현실화된 삶보다 주님의 무한한 주권이 통치하고 현실화된 삶이 당연히 더 좋습니다.

세상에 대한 바울의 거듭난 신분은 '빚진 자'입니다. 바울은 유대인과 이방인, 헬라인과 야만인 모두에게 빚을 졌다는 뜻입니다. 어떤 빚일까요? 비록 바울의 빚은 온 천하의 만민과 관계된 것이지만 그들 때문에 발생한 빚은 아닙니다. 그리스도 예수의 십자가 죽음으로 인해 우리에게 주어진 복음의 은혜로 말미암아 생긴 빚입니다. 즉 우리의 빚은 하나님의 복음이 원인이고 만민을 대상으로 삼은 빚입니다. 진실로 복음은 복음의 사람들을 만민에 대한 복음의 빚쟁이로 만드는 속성을 가지고 있습니다. 복음은 너무도 놀라운 것입니다. 그것을 제대로 안다면 우리는 결코 잠잠할 수 없습니다. 복음은 우리로 하여금 복음을 위하는 자로, 복음에 합당한 자로, 복음에 사로잡힌 자로, 복음에 미친 자로, 복음과 함께 고난 받는 자로 만듭니다. 복음은 모든 사람에게 구원을 주시는 하나님의 능력이기 때문에 우리는 결코 잠잠할 수 없고 침묵할 수도 없습니다. 입술을 크게 열어서 온 천하의 모든 사람에게 전파하지 않으면 안되는 것입니다. 열방으로 전도의 걸음을 옮기지 않으면 견딜 수 없습니다. 그래서 복음의 빚쟁이는 조용하고 잠잠하고 고독하게 살아갈 수 없습니다. 그는 복음이 필요하고 복음을 들어야 할 사람들을 찾습니다. 그는 그들 가운데서 자신의 존재와 삶 전체를 복음이 사방으로 발산되는 출구로 삼습니다. 복음이 발산되는 출구가 되려고 내적인 인격과 외적인 삶에서 거룩과 의로움과 지혜와 착함과 화목으로 무장합니다.

복음을 알고 경험한 사람들은 복음의 강력한 속성 때문에 자신의 사사로운 생각과 선택과 판단을 행사할 수 없습니다. 그래서 바울은 복음을 전파하는 것이 "부득불 할 일"이며 "만일 복음을 전하지 아니하면 내게 화가 있을 것"이라고 말합니다(고전 9:16). 여기서 바울은 복음을 전파하는 것에 필연성과 당위성을 부여하고 있습니다. 그것은 해도 되고 안 해도 되는 게 아니며, 우리의 기분과 상황에 좌우되는 것도 아니라는 것입니다. 사실 복음의 증거를 부득불의 차원으로 이해하고 있다는 것은 참으로 놀라운 일입니다. 복음을 듣고 믿고 거듭난 자가 되었지만 복음 전파를 부득불 해야 할 일로 여기는 사람은 거의 없습니다. 대부분은 관심이 없고 혹 있더라도 종교적인 체면 유지용인 경우가 많습니다. 그러나 바울은 자신을 복음의 빚쟁이로 규정하고 복음의 증거를 채무자의 변제로 여깁니다. 심지어 복음을 증거하지 않으면 자신에게 해로움이 생긴다고 말합니다. 여기에서 바울은 의무나 도리나 책임의 차원을 넘어 복음과 자신의 존재를 결부시켜 이해하고 있습니다. 바울은 복음을 증거하는 자입니다. 복음을 전파하는 것이 지극히 마땅하고 정상적인 것이며, 전파하지 않으면 자신에게 심각한 문제가 생긴다고 보는 것입니다.

복음을 알면 빚쟁이가 되기 때문에 빚을 갚아야 할 책임이 생깁니다. 갚지 않으면 해를 당할 것입니다. 갚아야 할 빚의 분량은 주님의 말씀에 잘 나타나 있습니다. "너희는 온 천하에 다니며 만민에게 복음을 전파하라"(막 16:15). "너희는 가서 모든 민족을 제자로 삼아"(마 28:19). "땅 끝까지 이르러 내 증인이 되리라"(행 1:8). 즉 온 천하의 땅 끝까지 이르러 모든 민족의 모든 사람에게 복음을 증거해야 비로소 빚을 갚는 것입니다. 바울은 복음을 증언하는 일을 자신의 "달려갈 길과 주 예수께 받은 사명"으로 여겼으며 이 "일을 마치려 함에는 나의 생명조차 조금도 귀한 것으로 여기지 아니하노라"(행 20:24)는 다짐까지 했습니다. 그리고 자신은 죽을 때까지 "복음의 제사장 직분"(롬 15:16)을 맡았다고 말합니다. 그저 구호만 화려한 것이 아닙니다. 바울의 삶을 살펴보면 말 그대로 전도의 삶입니다. 다메섹 도상에서 주님을 만난 이후로 바울의 입술은 복음으로 채워졌습니다. 복음의 신을 신지 않고서 이동한 적이 없습니다. 어딘가에 갔다면 복음 전파 때문에 간 것입니다. 바울이 복음의 신을 신고 복음의 증인 신분으로 이동한 거리를 합한다면, 아마 2만 킬로미터가 넘을 것입니다. 실제로 이동한 일수가 280일 정도라고 한다면 하루 평균 70킬로미터 이상은 움직인 셈입니다. 1세기는 교통과 통신이 미발달된 시대였기 때문에 이동을 위해서는 아마도 말이나 낙타를 탔거나 배를 탔거나 걸었을 것입니다. 당시 로마 군인들의 하루 행군 거리가 25킬로미터 정도였다고 한다면 바울은 일반 군인보다 더 치열하게 복음의 전사로 살았다는 뜻입니다. 목숨을 건 복음의 길을 걸어간 바울은 생의 끝자락에 이르러 "선한 싸움을 싸우고 나의 달려갈 길을 마치고 믿음을 지켰"다는(딤후 4:7) 고백을 남깁니다.

바울은 분명히 자신이 그리스도 예수의 종이고 만인에게 복음의 빚을 진 빚쟁이의 신분임을 의식하고 있었지만 그렇다고 해서 복음의 전파를 부득불 해야 할 의무로만 여긴 것은 아닙니다. 복음을 증거하는 게 마땅히 해야 할 일이기에 거기에는 의무감과 책임감과 필연성과 당위성이 반드시 따르지만 그럼에도 불구하고 바울이 억지로 증인의 강압적인 삶을 산 것은 아닙니다. 전도자 바울은 부득불의 경지를 넘어 자발성의 단계까지 갔습니다. 바울은 복음 증거를 "자의로 행하면 상을 얻"는다고(고전 9:17) 말합니다. 그래서 바울은 복음의 필연적인 빚쟁이 신분으로 부득불 해야 할 전도를 했지만 강제가 아니라 자발적인 의지로 수행했던 것입니다. 이처럼 필연성과 자발성은 서로 충돌하지 않습니다. 필연성이 자발성에 의해 변경되는 것도 아니고 필연성이 자발성을 박탈하는 것도 아닙니다. 필연성과 자발성은 얼마든지 공존할 수 있습니다. 이는 바울이 보여준 복음의 필연적인 빚쟁이 신분과 복음의 자발적인 제사장 직분에서 증명되고 있으며 바울의 이러한 모습은 사실 그리스도 예수의 삶에서 배운 것입니다. 앞에서 간략하게 언급했듯이, 예수님은 아버지의 명령을 따라 이 땅에 육신으로 오셔서 죽으셔야 했습니다. 그러나 과연 그 죽음은 강제적인 것일까요? 예수님은 과연 억지로 떠밀려서 죽음에 내몰리신 것일까요? 아니면 자신을 스스로 죽음에 내어주신 것일까요? 그래서 자발적인 의지를 따라 죽으신 것일까요? 만약 자발적인 의지로 죽으신 것이라면 자살의 혐의에서 자유롭지 않을 것이고 성부의 강제적인 명령에 의해 죽음에 내몰리신 것이라면 잔인성과 독재성을 아버지 하나님께 돌릴 빌미가 생길 것입니다.

이러한 딜레마 때문에 교회의 역사 속에는 다양한 논의가 있었는데 그중에서도 가장 폭넓게 수용된 견해는, 예수님의 성육신과 수난과 죽음은 하나님의 명령이기 때문에 필연적인 동시에 생명 자체이신 분이 스스로 자신을 죽음에 내어주지 않으면 죽으실 수 없기 때문에 자발적이라는 것입니다. 믿음의 주이시며 믿는 도리의 사도이신 예수님의 인생은 이처럼 명령의 필연성과 순종의 자율성이 조화를 이루고 있습니다. 바울은 주께서 보이신 이러한 삶의 본을 따랐으며, 우리도 그러한 삶을 본받아야 할 것입니다. 복음을 듣고 하나님의 자녀가 되면 우리도 그리스도 예수의 종이자 동시에 세상 사람들에 대해서는 복음의 빚진 자가 되는 것은 필연적인 일입니다. 그래서 온 천하의 땅 끝까지 다니며 모든 민족의 모든 사람에게 복음을 부득불 전하되 자발적인 의지로 필연적인 그 직분을 수행해야 하는 것입니다. 필연성과 자율성의 이러한 조화는 복음을 기뻐해야 하고, 복음과 더불어 받는 고난도 기뻐해야 하고, 복음을 자신의 생명보다 더 귀한 것으로 여겨야만 가능한 일입니다. 그러나 복음을 기뻐하고 고난을 받고 생명보다 귀한 것으로 이해해야 하는 주체가 우리라고 여기지는 마십시오. 주체는 우리가 아닙니다. 복음은 우리에게 기쁨의 대상이고 복음과 함께라면 고난과 죽음도 유익이 된다는 사실을, 복음의 본질 자체가 가르치고 있습니다. 그래서 복음을 제대로 경험한 자라면 복음을 억지로 기뻐하려 할 필요가 없습니다. 복음 때문에 당하는 고난과 죽음을 기뻐하기 위해 노력할 필요도 없습니다. 그냥 복음의 은혜와 지식에서 자라 가면 되는 것입니다(벧후 3:18). 그러면 우리가 주님의 종이라는 사실과 세상에 대하여 복음의 빚을 진 자라는 사실이 너무도 큰 행복으로 다가올 것입니다. 나의 뜻대로 나의 기호에 이끌려 나의 목적을 향해 살지 않고 주님의 기쁘신 뜻대로 주님의 영광을 향해 살아가게 될 것입니다. 나를 유익하게 하는 자가 아니라 타인을 유익하게 하는 자, 남에게 대접을 받고자 하는 대로 남을 대접하는 자, 온 천하의 모든 이에게 최고의 선물인 복음을 전달하지 않으면 견딜 수 없는 빚쟁이가 될 것입니다.

지금까지 우리는 바울의 교훈과 삶을 통해 하나님의 자녀가 된다는 것의 의미를 생각해 보았습니다. 하나님의 자녀가 된다는 것, 이는 하나님이 인간에게 최고의 선물로 주신 것입니다. 다른 모든 축복이 하나님의 자녀가 되는 것에 다 담겨 있습니다. 그러나 하나님의 자녀 됨을 누리는 방법은 사람들이 흔히 생각하는 일반적인 방식과는 다릅니다. 그것은 자녀의 신분을 수단으로 삼아 마음껏 사용하고 실컷 소비하는 방식이 아닙니다. 드디어 자신이 하고 싶었던 기호와 욕망을 마구 분출할 수 있는 자격을 확보한 것인 양, 아무도 제어할 수 없는 막대한 배경의 소유자인 양 방종하는 방식이 아닙니다. 오히려 하나님의 아들이신 그리스도 예수의 종이 되어서 원형적인 자녀 됨을 따라 살아가는 것이 하나님의 자녀 됨을 제대로 누리는 길입니다. 이 방법은 하나님의 말씀을 하나도 가감하지 않고 목숨과 마음과 뜻과 힘을 다하여 성취해 냄으로써 아버지 하나님을 사랑하신 주님처럼, 우리도 하나님의 말씀 전체를 삶의 원리와 규범과 질서와 내용으로 삼고 목숨과 마음과 뜻과 힘을 다해 살아 내는 방식으로 하나님을 사랑하는 것입니다.

세상에 대해서는 마치 주님께서 섬김을 받지 않으시고 계시의 절정과 완성이 되심으로써 사람들을 온전히 섬겼듯이, 우리도 복음의 빚쟁이가 되어 철저한 섬김의 자세로 이웃을 내 몸처럼 사랑하고 섬겨야 합니다. 이는 억울하게 희생하고 손해 보는 것이 아니라 하나님의 자녀됨을 최상으로 이해하고 향유하는 것입니다. 그래서 억지로 하나님과 이웃을 사랑하는 것이 아니라 자발적인 의지와 기뻐하는 마음으로 사랑할 수 있습니다. 자녀 됨의 이러한 이해는 우리가 가진 재능이나 명예나 재물이나 건강이나 젊음에 대해서도 적용할 수 있습니다. 이러한 것들을 소유하는 것은 자신의 자랑을 위함이 아닙니다. 하나님과 이웃을 사랑하여 하나님의 자녀 됨을 누리는 수단일 뿐입니다. 없다가도 있고, 있다가도 없는 것입니다. 이러한 수단들 자체를 즐기고 자랑하는 것은 수단을 목적으로 삼는 우매자의 어리석은 일입니다. 그런 것들은 하나님과 이웃을 사랑할 수 있도록 우리 각자에게 잠시 맡겨졌을 뿐입니다. 타인의 유익을 구하는 도구를 향유의 대상으로 삼아서는 안될 것입니다. 그리스도 안에서 새로운 피조물이 된 우리는 바로 이러한 삶을 살아가는 자입니다.

7.
교회란 무엇인가

오늘날 교회는 일반인의 관심을 흡수하기 위하여 현대화란 이름으로 세상과의 유사성을 강조하고 있습니다. 그러나 현대화가 무엇을 뜻하는지 정확하게 규명하는 작업도 없이, 흉내도 내지 말아야 할 이 세대의 불경한 풍조를 환영하고 흡수하는 것은 진정한 현대화가 아닙니다. 기독교의 진정한 현대화는 '현대'라는 시간적 공간에 하나님이 원하시는 뜻을 명확하게 담아내는 것입니다. 그러나 현대화 혹은 상황화를 전면에 내건 요즘의 교회에는 세상의 소금과 빛이라는 정체성의 고유한 요소가 다소 희박해졌습니다. 현대의 성장하는 교회들은 정직한 양심을 외칩니다. 건강의 회복을 추구하고 도덕적인 생활을 가르치고 초월적인 경험을 추천하고 있습니다. 경제적 해방과 정치적 자유를 중요하게 여깁니다. 이렇게 보암직한 내용에 잔잔한 감동까지 연출할 수 있는 교회가 있다면 오늘날의 기계화된 문명에 염증을 느끼는 사람들이 집단적으로 몰려들 것입니다. 그러나 우리는 현대 교회의 강단에서 홍수처럼 쏟아지고 있는 설교의 내용들이 과연 성경에 계시된 하나님의 뜻에 부합한 것인지, 하나님을 참으로 기쁘시게 하는 것인지를 성찰해야 할 것입니다.[30]

---

[30] 교회론에 대한 논의는 주로 김영규 박사의 『교회론과 종말론』의 앞부분과 바빙크의 『개혁교의학』 4권, 칼빈의 『기독교강요』 4권에 크게 의존하고 있다. 각주는 편의상 생략한다.

사랑하는 교회

아쉽게도 오늘날 적잖은 교회들이 쏟아 내는 설교들은 그렇게 건강해 보이지 않습니다. 교회의 이러한 양상이 교계에 큰 흐름으로 굳어진 배후에는 교회의 본질에 대한 왜곡 내지 무지가 그 원흉으로 자리 잡고 있다고 저는 믿습니다. 하지만 시대와 소통하지 않고 앞뒤가 꽉 막힌 외곬수의 교회를 두둔할 생각은 전혀 없습니다. 어떠한 분야나 영역이든 본질이 빈약하면 경향성에 빠지는 법입니다. 분명한 푯대가 없으면 시류에 편승하게 된다는 뜻입니다. 뿌리가 깊어야 흔들리지 않습니다. 교회의 본질에 대한 깊은 성찰과 깨달음이 없으니 쉽게 흔들리고 남의 떡이 커 보이는 것입니다. 변화하는 세상의 세련된 모습이 그저 탐스럽고 보암직도 하고 지혜의 첩경처럼 보이는 것입니다. 세상의 변화하는 속도에 맞추지 못하는 사람이 있다면 그는 능력과 인품마저 의심을 받습니다. 이러한 풍조는 사실 교회를 겨냥하고 있습니다. 사회에 대한 기독교의 종교적 기능을 의심하고 비난해도 변증의 입을 열지 못하게 만드는 사회적 분위기가 그런 식으로 마련되는 것입니다. 사회는 교회가 세상에 관심을 가지고 거기에 부응하고 세상을 세상적인 방식으로 리드해 달라고 교회에 요청하고 있습니다.

이 세대를 본받지 말라

창세기는 살인자의 후손인 유발과 두발가인을 예술과 기계 문명의 원조로 소개하고 있습니다(창 4:21-22). 이는 오늘날 현대화를 주도하는 예술과 과학 문명의 뿌리가 가인의 후손으로 소급되며, 그 후손의 후손들이 계속해서 발전시킨 것이라는 뜻입니다. 물론 두려워할 필요는 없습니다. 과도한 거부감의 표출을 경건의 증거로 간주할 필요도 없습니다. 그러나 그러한 문화가 검증도 없이 교회로 마구 유입되는 것은 바람직해 보이지 않습니다. 아무리 쇼팽과 모차르트 음악이 좋아도 하나님의 영광과 무관한 정신에서 비롯된 것이라면 무비판적 수용이 아니라 신중한 검토와 경계가 지혜로운 처신일 것입니다. 이는 단순히 눈에 보이는 현상적인 문제만은 아닙니다.

더 깊고 심각한 문제가 있습니다. 그것은 교회가 스스로의 정체성과 목적을 세상이 제기하는 문제의 틀 속에서 찾으려고 한다는 것입니다. 세상이 제기한 물음에 대한 교회의 반응에는 그들의 잘못을 지적하고 기독교를 변증하는 목적이 물론 있을 것입니다. 그러나 문제는 그렇게 묻고 답하는 중에 우리가 지향하는 방향과 목적이 세상에서 설정된 수준으로 고착되고 세상의 프레임에 갇히게 된다는 데에 있습니다. 언제나 답변은 물음의 틀에 제한되는 법입니다. 질문은 사고의 틀과 방향을 제한하는 힘이 있습니다. 질문에 반응하는 것 자체가 그러한 제한에 갇히는 것입니다. 수십 개의 유창한 해답보다 하나의 핵심적인 물음이 더 좋다는 말도 이러한 사정이 있는 탓입니다.

세상은 원래 본질적인 문제에는 관심이 없습니다. 오히려 문제의 핵심을 흐리게 만들어 교회로 하여금 엉뚱한 사안에 집착하게 만드는 전술을 은밀하게 수행하고 있습니다. 사탄은 자신을 광명의 천사로 변장하는 일에 귀재이며 지금까지 현재라고 일컫는 모든 세대들이 어느 정도 이러한 사탄의 속성에 종노릇을 해 왔습니다. 그래서 바울은 "이 세대를 본받지 말"라(롬 12:2)고 했습니다. 세대를 본받지 않는다는 것은 단순히 그들의 행실과 습관을 따라하지 않는 것만을 의미하지 않습니다. 그들의 호기심과 질문의 틀을 따라 생각하고 반응하는 것 자체도 경계해야 한다는 뜻입니다.

'이 세대'는 바울의 세대만 일컫는 것이 아니라, 인류사의 모든 세대를 지칭하는 말입니다. 모든 시대마다 세상은 기독교가 추구하는 가치와 너무도 유사한 가짜를 가지고 교회를 유혹해 왔습니다. 세상에는 인권과 자유와 사랑에 대해 참으로 아름답고 감미로운 구호들이 많습니다. 세상의 모든 가치는 그 자체의 부패와 변질의 성격을 은폐하기 위해 교회를 통해 비추어진 하나님의 빛을 참으로 민첩하게 복제하고 있습니다. 그래서 세계 평화와 이웃 사랑과 인권 존중 같은 그럴듯한 명분으로 구제도 하고 문화도 나눕니다. 이는 물론 세상을 향한 하나님의 선한 역사로 해석할 수도 있습니다. 그러나 문제는 세계 평화와 이웃 사랑의 목적이 하나님의 영광을 지향하지 않는다는 것입니다. 즉 목적은 다르면서 이웃 사랑과 인류 평화를 단지 은밀한 이익의 떳떳한 수단으로 사용하고 있다는 말입니다. 방법론의 가치는 그 추구하는바 목적에 의해서 가늠되는 법입니다. 외관상 똑같은 방법론이 동원된다 해도 지향하는 목적이 다르면 가치 면에서는 전혀 다른 것입니다. 세상 사람들은 문화적인 가치 추구 차원에서 세계적인 화평을 추구하고 이웃 사랑을 주장하는 경향이 있습니다. 그러나 '하나님께 영광'을 돌리는 것은 안중에도 없습니다.

떡의 유혹

방법론에 있어서는 세상이 교회의 방법 이상으로 훨씬 높아져 있습니다. 목적과 분리해서 방법론을 생각하면 세상의 실력이 교회보다 낫습니다. 교회가 스스로를 제어하지 않는다면 겉으로 드러난 모습에서 교회는 세상보다 한참 뒤떨어질 수도 있습니다. 그러나 우리는 드러난 방법론이 같다고 해서 세상을 본받는 일은 없어야 할 것입니다. 하나님의 뜻과 목적에서 벗어난 방법론에는 반드시 함정이 있습니다. 그 함정은 바로 떡입니다. 하나님의 말씀이 아니라 떡만 먹고 살라는 유혹이 너무도 정당하고 그럴듯한 겉모습을 통해서 주어지고 있습니다.

떡과 하나님의 말씀의 차이에 혼동이 생기면 아무것도 못합니다. 아무리 흥건한 수고의 땀방울을 흘려도 헛수고일 뿐입니다. "나를 떠나서는 너희가 아무것도 할 수 없음이라"(요 15:5). 이 말씀에서 우리는 떡의 정체성을 유추해 볼 수 있습니다. 즉 하나님을 떠난 모든 것이 떡이라는 것입니다. 막연한 개념처럼 들리지만, 정확한 것입니다. 예수님은 지금 우주적인 무게를 실어서 인간의 행위 능력을 묘사하고 계십니다. 하나님 밖에서는 돈도 떡입니다. 명예도 떡입니다. 결혼도 떡입니다. 사랑과 평화도 떡입니다. 눈치 채지 못할 광명의 떡입니다. 사탄이 광야에서 40일간 주리신 예수님께 제안한 것들을 살펴보면 그 떡의 실체를 확인할 수 있습니다.

첫째는 자기 자신의 주인이 되라는 떡입니다. 사탄은 예수님께 40일 동안 주림으로 인해 허기진 배를 자신의 능력으로 채우라고 권합니다. 이는 자신의 신적인 위용을 보이라는 유혹의 떡입니다. 물론 예수님은 굶주렸고, 돌을 떡으로 만들 능력도 있었고, 그렇게 만들 창조자의 권리도 있었지만 사탄의 음흉한 제안을 수용하지 않습니다. 비록 명분과 능력과 자격이 있지만 그럼에도 불구하고 사탄의 주문에 수동적인 반응자로 행동하는 것 자체가 이미 덫이라는 사실과, 자신의 필요를 채우기 위해 신적인 능력을 발휘하는 것이 떡이라는 사실을 간파했던 것입니다. 쉬운 일이 아닙니다. 우리도 저마다 개인적인 필요가 있습니다. 그리고 하나님이 주신 은사도 있습니다. 우리는 필요가 발생하면 곧장 엎드려 하나님께 기도의 독촉장을 발부하는 자들입니다. 우리에게는 이것이 너무도 자연스러운 일입니다. 아무런 갈등도 없습니다. 필요의 정당한 충족이 사탄의 덫일지도 모른다는 일말의 의심도 없습니다. 몸이 요구하면 반응은 빠를수록 좋습니다. 이것을 사탄의 유혹인 것처럼 째려보는 것 자체가 짜증나는 일입니다. 필요가 발생하면 해결하는 게 당연합니다. 이런 것을 "내가 나의 주인이 되겠다"는 것으로 여기지 않습니다. 그러나 예수님은 아무도 트집 잡지 않을 이러한 권리조차 거절하고 계십니다. 너무도 은밀하게 주어지는 유혹이기 때문에 그 심각성은 더욱 크다고 볼 수 있습니다. 지극히 평범하고 마땅한 일들도 떡일 수 있습니다.

둘째는 예수님을 성전 꼭대기에 세우고 뛰어내리라고 사탄은 권합니다. 이 유혹은 성경의 예언에 뿌리를 두고 있습니다. 너무도 헛갈리는 일입니다. 비록 사탄의 입에서 나왔다 할지라도, 시편에 분명하게 예언되어 있다면 사탄의 요구가 떡일 것이라고 생각하는 사람은 아무도 없을 것입니다. 이것은 하나님의 말씀을 부인하지 않으면서 사탄이 제안한 떡은 거절해야 하는 경우이기 때문에 신적인 판단력 없이는 분별이 불가능해 보입니다. 성령의 인도와 가르침이 반드시 있어야 분별할 수 있습니다. 성령의 손에 붙들린 말씀의 검을 통해서만 가능한 일입니다. 주님께서 나에게 말씀을 주셨다는 명분으로 떡의 정당화를 도모하지 마십시오. 떡의 은밀한 향연은 주님의 이름으로도 얼마든지 저질러질 수 있습니다.

예수님은 성도의 정체성을 이렇게 말씀하신 적이 있습니다. "믿는 자들에게는 이런 표적이 따르리니 곧 그들이 내 이름으로 귀신을 쫓아내며 새 방언을 말하며 뱀을 집어 올리며 무슨 독을 마실지라도 해를 받지 아니하며 병든 사람에게 손을 얹은즉 나으리라"(막 16:17-18). 이 말씀은 분명 성경에 기록되어 있습니다. 그러나 돌을 떡으로 만들고 높은 곳에서 추락

해도 죽지 않고 살아나는 표적이 비록 놀라운 기적이라 할지라도 유혹의 떡일 수 있듯이, 성도에게 나타나는 다양한 표적도 얼마든지 떡일 수 있습니다. 예수님은 성도의 표적이 불법을 행하는 악인의 모습과 동일할 수 있다는 사실을 경고하신 적이 있습니다. "주여, 우리가 주의 이름으로 선지자 노릇 하며 주의 이름으로 귀신을 쫓아내며 주의 이름으로 많은 권능을 행하지 아니하였나이까 하리니 그때에 내가 그들에게 밝히 말하되 내가 너희를 도무지 알지 못하니 불법을 행하는 자들아, 내게서 떠나가라"(마 7:22-23). 성경에 기록되어 있는 예언이라 할지라도 사사로이 풀어서는 안 됩니다. 성경에 기록된 내용은 소설과 영화의 소재로도 많이 쓰입니다. 또한 대부분의 다른 종교가 자신의 정체성을 성경에서 패러디하는 경우가 많습니다. 그러나 그 모든 것은 아무리 성경에 기초하고 모방했다 할지라도 불법을 행하는 일입니다.

셋째, 우리는 온 천하의 만국과 그 모든 영광도 떡이라고 말할 수 있습니다. 사탄은 자기에게 절하기만 하면 이것을 주겠다고 말합니다. 바울은 비록 교회 안에서도 사적인 이윤 추구의 일환으로 경배를 연출하는 일이 있다고 했습니다(딤후 3:1-5). 말세에 사람들은 돈을 사랑하기 때문에 수익과 관련된 일이라면 경건마저도 얼마든지 수단으로 삼습니다. 그들은 경건이 이윤의 기막힌 도구라는 사실을 너무도 잘 알고 있습니다. 두려운 사실은 우리가 바로 그들일 수 있다는 것입니다. 겉으로는 예수님의 이름으로 엎드리고 있지만, 속으로는 자신의 만족을 위해서, 돈벌이를 위해서 사탄에게 엎드려 절하는 것일 수 있습니다. 개인의 경건과 교회의 활동도 떡의 혐의에서 자유롭지 않습니다.

이처럼 떡은 성역이 없습니다. 하나님을 떠나면 모든 것이 떡입니다.

하나님의 은사도 그러하고, 교회의 성례적인 활동도 그러하고, 개인의 고결한 경건도 떡이 될 수 있습니다. 이는 참으로 두려운 일입니다. 예수님은 사탄에게 가벼운 시험을 당하신 게 아닙니다. 통하지도 않는 것을 시험이라 말하지는 않습니다. 새가 보는 곳에서 그물을 치면 헛된 일입니다. 예수님은 분명히 성령에게 이끌리어 시험을 당하신 것입니다. 그는 인류가 당하는 모든 시험을 한결같이 당하시되 죄를 범하지는 않으신 분입니다. 그 비결은 떡과 하나님의 말씀에 대한 분별력에 있습니다. 아무리 유사하고 심지어 동일한 모양새를 가진 삶이라 해도 목적이 다르면 모든 게 달라질 수 있습니다. 여기에 승리의 비결이 있습니다.

교회와 세상은 목표가 다르다

교회와 세상은 그 외형적인 모습에 있어서는 서로 너무나도 가까워져 있습니다. 그러나 목표가 현저히 다릅니다. 인간의 심성은 아무리 선하게 보이는 행위를 하더라도 보상과 명성과 인정을 기대하는 경향이 있습니다. 가난한 나라를 돕고 불우한 이웃을 구제하는 데에도 다 의도하는 바가 있습니다. 나중에 자국의 경제가 위축되어 어려움을 당할 때에 세계적인 원조를 기대할 수 있습니다. 그리고 개인적인 만족과 희열이 있습니다. 상대방과 친해질 수 있다는 기대감과 사람들로부터 받게 될 칭찬 또한 무시할 수 없습니다. 그것으로 인해 파생되는 또 다른 이익도 있을 것입니다. 그 외에도 하나님의 영광과는 무관한 무수한 고려들이 그러한 행동을 촉구했을 것입니다.

이처럼 우리가 추구하는 인류의 평화와 이웃을 돕는 행위는, 개인적인 만족과 미래의 인간관계, 국제관계 개선이란 떡을 기대하는 일종의 보험 차원에서 행해지는 일일 수 있습니다. 비록 세상이 기독교의 빛을 받아서 평화와 사랑을 열렬히 외치고 있지만, 세상이 보상 심리 차원에서 취하는 그런 행동과 자세에 적응하는 형태로 교회의 향방이 좌우되어서는 절대로 안됩니다. 세상은 기독교와 너무도 유사한 것을 요청하고 정당한 보상을 약속하고 있습니다. 세상의 속임수가 거기에 있습니다. 물론 세상의 평화와 사랑을 거부해야 한다는 것이 아닙니다. 평화와 사랑도 하나님의 섭리 안에서의 일입니다. 그럼에도 불구하고 우리가 경계하는 것은 하나님의 영광을 상대적인 것으로 밀어내려는 세상의 은밀한 의도입니다.

세상이 기독교를 비방하는 내용을 보십시오. 세상이 교회에 요구하는 것은 양심의 가책을 겨우 면하는 정도의 도덕성과 정직성이 대부분을 차지하고 있습니다. 신문에서는 교회가 세상보다 더 거짓되며 성직자가 성추행을 일삼고 공금을 횡령하고 끔찍한 살인까지 저지르는 비양심이 판을 치는 곳이라고 고발합니다. 이에 대해 교회는 그러한 비방의 불씨를 제거하느라 여념이 없습니다. 이제 거짓과 성추행과 횡령과 살인만 없어도 안심하는 것이 교회의 수준으로 굳어지고 있습니다. 이러한 패턴이 반복되고 확장되면 세상의 물음들이 들어와 우리의 내면적인 틀로 굳어지고 급기야 교회의 정체성을 정립하는 토대가 되고 말 것입니다. 그리하여 교회는 고작 윤리와 도덕의 차원에서 세상과의 차별성을 추구하고, 그것을 제대로 구현하는 교회는 분량적인 성장을 약속 받을 수 있습니다. 나아가 그러한 떡에 입맛이 중독되면 그 떡만 찾게 될 것입니다. 배만 위하는 세상에서 교회는 그러한 떡을 먹고 배부른 까닭에 칭찬과 가르침과 보상을 기대하게 되는데 이러한 경향이 오늘날 교회의 생리로 굳어지고 있는 듯 합니다.

그러나 교회는 행동을 똑바로 하고 양심에 가책이 없는 정도의 가치를 추구하는 곳이 아닙니다. 그런 면에서는 오히려 교회가 세상보다 못해 보입니다. 한 나라의 지도자를 선출하는 문제만 보더라도 세상이 교회보다 훨씬 엄밀한 기준과 방식을 가지고 있습니다. 술상에서 취기에 내뱉은 몇 마디의 실언 때문에 국회의원 후보들과 대통령 후보들이 곧장 낙마하고 막대한 곤욕을 치릅니다. 그런데 교회의 영적인 지도자를 세우는 일에는 금품과 깡패들이 동원되는 극단적인 경우도 이따금씩 있습니다. 고개를 들 수가 없습니다. 교회가 세상이 추구하는 윤리와 도덕성의 평균치에 턱걸이도 못하는 마당에 그 이상의 것은 엄두도 낼 수 없습니다. 그냥 세상과 호흡을 맞추면 아무런 말썽도 일어나지 않기 때문에 그저 세상이 묻는 물음의 틀에 교회의 정체성과 방향을 양도하는 것입니다. 이는 떡 먹고 배부른 까닭에 주님을 따르는 차원과 유사합니다.

이것을 설명하는 말씀이 있습니다. 한 촌에서 문둥병자 열 사람이 예수님을 찾아와서 병 낫기를 구합니다. 이에 예수님은 "가서 제사장들에게 너희 몸을 보이라"(눅 17:14)고 했습니다. 놀랍게도 그들 모두가 깨끗함을 받습니다. 그런데 사마리아 이방인 한 사람만 하나님께 영광을 돌리며 돌아와서 예수님께 감사를 표합니다. 나머지는 문둥병이 치료된 것을 기뻐하는 것으로 끝입니다. 마치 오늘날 교회의 모습을 보여주는 것만 같습니다.

그나마 돌아와서 감사의 마음을 표하는 사람은 낫습니다. 그러나 그도 나머지 아홉 명과 크게 다르지 않습니다. 그는 분명한 감사의 근거가 있었기 때문에 예수님께 돌아온 것입니다. 그의 한계는 "자기가 나은 것을 보고 큰 소리로 하나님께 영광을"(눅 17:15) 돌렸다는 것입니다. 자기가 나은 것을 보지 못했다면 하나님께 영광 돌리는 일은 없었을 것입니다. 물론 이것이 악하거나 잘못된 것은 아닙니다. 그러나 교회가 나타내야 하는 최종적인 가치와 목적은 아닙니다. 무언가 유익과 보상을 요구하는 액션은 아직도 미성숙한 신앙임을 보여주는 것입니다.

하나님이 교회에 요구하는 가치는 생각보다 좁고 협착한 길입니다. 오직 하나님만 의존하고 목적으로 삼는 길입니다. 하나님 자신이 우리의 추구할 목적과 가치라는 사실만 붙드는 길입니다. 우리는 이러한 길로 초대된 자입니다. 이러한 길을 가는 것은, 동시대에 의지할 만한 사상이나 배경을 찾는 일이 아닙니다. 나와 뜻을 함께할 동역자를 한 시대에서 발견하지 못할 수도 있습니다. 엄밀하게 보면, 타인에게 동역자가 되라고 요구할 수 있는 것도 아닙니다. 교회를 향한 하나님의 엄밀한 뜻과 가치를 구현하는 것은 결코 만만하지 않습니다. 이는 단순히 일의 중다한 분량과 관계된 것이 아닙니다. 교회에 많은 사람들이 모이는 것도 아닙니다. 건물을 지어서 목회자와 교인의 명성을 높이고 시대에 흔적을 남기는 것도 아닙니다. 교회를 짓다가도 가치의 빈곤이 발견되면 얼마든지 언제든지 건축을 중단하고 그 가치 때문에 다시 하나님을 찾는 것입니다.

하나님이 원하시는 가치, 즉 하나님의 아들의 형상을 온전히 닮아 하나님께 영광을 돌리는 것은 어쩌면 그것을 추구함에 있어서 세상적인 보상이 뒤따르지 않을 수도 있습니다. 이는 약도가 있어도 스스로의 지혜와 힘으로는 걸어갈 수 없는 길입니다. 우리의 성정에 전혀 익숙하지 않은 길입니다. 그 길 자체이신 주님도 우리를 권위와 힘으로 강제하지 않습니다. 어느 누구도 타인에게 "나를 따르라"고 강요할 수 없습니다. 그러니 더더욱 외로운 길입니다. 하나님의 은혜 외에는 그 길을 걸어갈 다른 방도가 없습니다. 바로 그런 길을 하나님은 교회에 요청하고 계십니다. 아무리 외롭고 힘들고 어려워도 포기하면 안되는 길입니다. 하루를 살든 이틀을 살든, 하나님은 교회에 그런 생을 요구하고 계십니다. 그러한 가치를 구현하기 위해 교회는 세상과 구별된 부름을 받은 것입니다. 교회는 그러한 가치를 구현하기 위해 세상에 존재하는 것입니다. 그 이상도 그 이하도 아닙니다.

교회가 왜 이러한 가치를 추구할 수밖에 없는지, 하나님은 왜 그러한 것을 요구하시는지, 지금 현대 교회가 추구하고 구현하는 가치의 내용이 얼마나 하나님의 뜻에서 떠나 있는지를 알기 위해서는 교회의 본질에 대한 인식의 회복이 무엇보다 시급해 보입니다. 그것을 모르면 현재의 오류는 면할 수 있을지 모르나, 그것은 보다 은밀한 어두움 속으로 들어가는 퇴각의 길을 의미할 뿐입니다. 교회의 본질은 무엇이며 그 성격은 어떠하고 세상과의 관계는 어떻게 설정되어 있는지를 공부해야 할 필요성이 여기에 있습니다.

예정론에 기초한 교회론

교회론이라 하면 왠지 학문적인 경직성과 장구한 역사성이 무겁게 느껴져 지레 겁먹을 수 있습니다. 그러나 그 교회가 하나님이 지극히 사랑하사 독생자도 아낌없이 보내셔서 죽음을 수단으로 삼아 지으신 집이라면 얼마나 애틋한 마음으로 사모해야 하는지 모릅니다. 교회는 마치 하나님의 눈동자와 같습니다.

만물은 단순하지 않습니다. 모든 것이 하나님의 영원하신 능력과 신성을 지시하고 있습니다. 길거리에 나뒹구는 돌멩이 하나조차도 영원과 무관하지 않습니다. 성경은 영원하신 그리스도 예수를 표상하는 도구로서 큰 돌을 '반석'이란 이름으로 사용하고 있습니다. 그 견고한 돌 위에 교회를 세우시는 하나님의 뜻과 섭리는 돌뿐만이 아니라 온 천지가 비밀한 지식으로 충만함을 말해 줍니다. 이런 맥락에서 다윗은 "하늘이 하나님의 영광을 선포하고 궁창이 그 손으로 하신 일을 나타내"고(시 19:1) 있다고 말합니다.

하나님의 비밀한 지식을 드러내기 위해 사물만 사용되는 것이 아닙니다. 사건도 그러한 계시의 도구성을 가지고 있습니다. 성경에는 창조의 기록, 타락의 기록, 이스라엘 역사에 대한 기록, 이방인의 기록, 가정과 사회와 국가에 관한 기록을 비롯하여 우주와 인간사에 발생하는 모든 사건의 시초와 내용이 기록되어 있습니다. 그런데 예수님은 "이 성경이 곧 내게 대하여 증언하는 것"(요 5:39)이라고 말합니다. "나와 아버지는 하나"(요 10:30)라는 예수님의 말씀에 근거해서 보면, 온 우주와 인류와 역사와 만물에 대한 이 모든 기록은 예수님뿐만 아니라 삼위일체 하나님 전부를 증거하고 있습니다.

만물이든 역사든 하나님을 증거하지 않고 침묵할 수 있는 피조물은 하나도 없습니다. 과연 "만물이 주에게서 나오고 주로 말미암고 주에게로 돌아감"(롬 11:36)이라는 말이 맞습니다. 에베소 교회를 위해 서신을 쓴 바울이 처한 상황도 예외가 아닙니다. 바울의 투옥은 에베소 성도들에게 참으로 슬프고 절망적인 일이었습니다. 그러나 그 자체만 바라보면 아무런 소망이 없지만, 그러한 상황을 통해 하나님의 비밀한 경륜과 뜻이 드러나게 된다는 사실을 안다면 전혀 다른 판단이 나옵니다. 그래서 바울은 자신이 투옥된 것은 "그리스도 예수의 일로 너희 이방인을 위하여 갇힌"(엡 3:1) 것이기 때문에 죄수로 감옥에 있는 "나를 부끄러워 말고 오직 하나님의 능력을 따라 복음과 함께 고난을 받으라"(딤후 1:8)고 권합니다.

어떻게 이러한 해석이 가능할 수 있을까요? 바울은 지금 감옥에 갇혀 있고, 에베소 교회의 성도들은 지도자의 상실로 인해 절망감에 깊이 빠져 있습니다. 특별히 이방인의 사도가 어두운 철장에 갇혔다는 것은 그로 말미암아 하나님의 백성으로 거듭난 에베소의 이방 성도들에게는 정체성 상실과 방향성 혼동의 근거로 작용했을 것입니다. 바울이 입술을 열어서 항변하지 않으면 하나님의 자녀라는 그들의 영적 신분은 일시적인 관념의 유희로 그쳤을 것입니다. 이러한 자들에게 세상의 어떠한 열변을 토한다 한들 위로가 될 수 있습니까? 영적인 위기감을 세상적인 수단으로 해소할 수는 없습니다. 절망의 늪에 빠져 있는 에베소 교회에 영원한 위로가 절박하게 요청되는 때입니다. 동시에 어두움이 깊을수록 하나님의 진리는 더욱 빛나는 법입니다. 이러한 절망적 상황에서 바울은 위로와 격려와 소망의 일필을 가합니다.

영원 속에서 신적인 예정에 기초하여

바울은 에베소에 있는 성도들을 그리스도 예수 안에 있는 신실한 자들이라고 칭하면서 느닷없이 찬송을 드립니다. 감옥의 분위기와 전혀 어울리지 않는 바울의 찬양은 지옥 같은 절망도 이기게 하시는 하나님의 은혜와 평강이 강권했을 것입니다. 한 오라기의 빛도 없는 옥중에 울려 퍼진 하나님의 은혜와 평강의 내용은 놀랍게도 교회의 본질에 관한 것입니다. 바울은 에베소 교회의 본질적인 정체성이 시공간 안에서 이루어진 바울의 전도와 그들의 회심에 기초하지 않고 하나님의 뜻에 따라 이루어진 영원 속에서의 신적인 예정에 기초한 것이라고 말합니다. 이 예정에는 하나님의 백성인 교회와 구원의 과정과 도구에 대한 예정이 모두 포함되어 있습니다.

예정을 언급한 이후에 바울은 에베소 성도에게 "우리가……그의 영광의 찬송이 되게"(엡 1:12) 하려는 것이 하나님의 만세 전에 가지신 뜻이라고 하여 우리의 존재 자체가 하나님께 드려지는 찬송과 같아야 함을 강조합니다. 여기에서 찬송은 입술로 드리는 음악이 아니라 우리의 전 인격적 존재가 도달해야 하는 신앙의 절정처럼 묘사되어 있습니다. 우리는 대체로 '무엇을 할까'에 늘 관심이 있습니다. 그러나 성경은 우리로 하여금 '무엇이 될까'에 관심을 기울여야 한다고 말합니다. 행위는 존재의 발현이기 때문에, 존재의 변화가 없다면 행위의 변화도 기대할 수 없습니다. 존재가 변한다는 것은 무엇을 뜻합니까? 아무도 모릅니다. 경험하지 않고서는 알 수가 없습니다. 그 의미를 모르니 방법은 더더욱 모를 수밖에 없습니다. 하나님의 선택된 백성이 아니라면 존재의 문제는 전혀 관심 밖입니다. 관심을 안 가지는 정도가 아니라 불가능한 일입니다. 그래서 성도가 존재에 집요한 관심을 보이게 되면 세상은 웃습니다. 냉대와 멸시가 뒤따를 것입니다. 그럼에도 불구하고 존재에 대한 우리의 집요한 관심사는 포기할 수 없습니다.

존재의 변화는 스스로 취할 수 있는 것이 아니라 우리를 지으신 창조자의 외적인 개입을 통해서만 가능한 일입니다. 바울은 하나님의 찬송이 되어야 한다는 존재의 변화를 언급한 이후에 그리스도 예수께서 "모든 지혜와 총명으로 우리에게 넘치게 하사 그 뜻의 비밀을 우리에게 알리신"(엡 1:8-9) 것이라고 말합니다. 즉 아버지 하나님이 성령을 통해 감춰진 모든 진리 가운데로 우리를 인도하여 진리이신 그리스도 예수를 알게 하셨다는 뜻입니다. 지금 바울은 존재의 변화 가능성에 대한 비밀을 소개하고 있습니다. 존재의 변화는 바로 하나님을 아는 지식에 있다는 것입니다. 다른 사도의 견해도 다르지가 않습니다. 요한은 영생을 "유일하신 참 하나님과 그가 보내신 자 예수 그리스도 아는 것"(요 17:3)이라고 했습니다. 정녕 죽을 수밖에 없었던 인간이 영생을 취하는 존재론적 변화는 그리스도 예수를 통해 유일하신 참 하나님을 아는 데서 온다는 것입니다. 그래서 "내 주 그리스도 예수를 아는 지식이 가장 고상"(빌 3:8)함을 알았던 바울은 자신에게 유익하던 것조차 배설물과 해로 여겼던 것입니다.

영생은 하나님을 아는 것이고 예수님은 자신을 생명(요 14:6)으로 규정하고 계십니다. 하나님을 아는 것은 그리스도 안에서만 가능한 일입니다. 이처럼 그리스도 안에서 하나님을 아는 것과 생명이신 그리스도 예수가 우리에게 주어지는 것은 동일한 의미를 갖습니다. 하나님을 아는 지식은 단순한 지식의 전달이 아닙니다. 존재론적 연합을 뜻하는 것입니다. 사랑으로 연합하여 나뉠 수 없는 관계가 된다는 뜻입니다. 하나님과 우리가 하나가 된다는 것의 구체적인 내용을 바울은 이렇게 설명하고 있습니다. "하늘에 있는 것이나 땅에 있는 것이 다 그리스도 안에서 통일되게 하려 하심이라"(엡 1:10). 이것은 모든 지혜와 총명으로 넘치게 하심으로 택하신 백성에게 알게 하신 하나님의 뜻입니다.

이 대목을 해석함에 있어서 우리는 대표성의 원리를 생각하는 게 좋습니다. 하늘에 있는 것과 땅에 있는 것의 대표는 무엇인 것 같습니까? 물론 "하늘과 모든 하늘의 하늘과 땅과 그 위의 만물은 본래 네 하나님 여호와께 속한 것"(신 10:14)이기 때문에 땅의 대표자를 하늘의 대표자과 구별하여 논하는 것 자체가 가당치도 않습니다. 그러나 성경은 이렇게도 말합니다. "하늘은 여호와의 하늘이라도 땅은 사람에게 주셨도다"(시 115:16). 이런 차원에서 보면, 하늘과 땅의 대표자는 바로 아버지 하나님과 인간인 것입니다. 그런데 그리스도 예수는 하나님과 동일한 분이면서 동시에 인간으로 이 땅에 오신 분입니다. 그리스도 예수께서 십자가의 보혈로 하나님과 우리 사이를 하나 되게 만들면 하늘과 땅에 있는 모든 것이 그리스도 예수 안에서 통일되는 것입니다. 이것이 바로 하나님과 우리가 그리스도 안에서 하나가 된다는 뜻입니다.

만세 전에 감춰진 하나님의 영원한 예정은 이러한 하나님의 뜻이 때가 찬 경륜을 따라서 성취되는 방향을 지향하고 있습니다. 하나님의 뜻은 그리스도 예수께서 화목의 제물이 되셔서 하나님과 우리 사이에 막힌 담과 피조물 간에 막힌 모든 담을 허무시고 하늘과 땅을 하나 되게 하는 것입니다. 이런 하나님을 아는 지식은 영생이며 모든 지혜와 총명을 다해 집중해야 하는 우리의 최종적인 관심사인 것입니다. 그러한 하나님을 아는 진리의 말씀으로 충만한 것이 바로 하나님의 은혜의 영광을 찬미하는 것이며, 우리의 존재 자체가 그러한 찬송이 되는 것입니다. 우리가 찬송이 되어서 하나님께 영광을 돌리는 이것이 바로 인생의 목적인 것입니다.

이상에서 살핀 하나님의 영원한 선택의 근원과, 구원의 서정과, 구원의 수단과, 인생의 목적에 대한 이해는 교회론을 배우는 기초적인 지식에 해당합니다. 이러한 최소한의 전제가 없으면 교회론은 현상적인 분석과 교조적인 규범만 강조하는 부작용을 낳습니다. 피조계 차원에서 어떠한 요인도 간섭할 수 없는 만세 전의 예정은 교회에 대한 하나님의 사랑과 뜻이 얼마나 깊고 견고한지를 우리에게 증거하고 있습니다. 이러한 전제 위에서 하나님이 성경에서 말씀하고 계신 교회의 참된 본질과 성격을 깨달아야 함을 바울은 에베소서를 통해 우리에게 분명히 교훈하고 있습니다.

교회의 본질

본질은 변하지 않습니다. 그런데 인간은 끊임없이 변합니다. 그래서 본질은 인간이 규정할 수 없습니다. 변화를 본질로 하는 인간이 불변하는 본질을 논하는 자체가 모순적인 일입니다. 인간이 아무리 섬세한 관찰과 예리한 분석으로 본질을 다루려 하더라도 지극히 인간적인 생각만 명문화할 뿐입니다. 그것을 지탱하는 기반은 세상의 인문적인 방법론에 의존하고 있습니다. 그럼에도 불구하고 이상한 일은 이러한 인본적인 작업을 교회가 달갑게 여긴다는 것입니다. 이러한 분석적인 설명을 확보해야 비로소 우리의 마음이 안도감을 느낀다는 사실 자체가 교회의 심각한 상태를 반증하는 것입니다.

'교회'라는 용어의 제한적 의미

교회의 본질을 논함에 있어서 학자들의 공통적인 접근법은 성경에서 사용된 '교회'의 어원적인 뜻과 당시의 문화적인 배경과 역사를 살피는 것입니다. 물론 이러한 인문학적 작업이 불필요한 것은 아니지만 교회의 본질 이해에 크게 보탬이 될 만한 것은 없습니다. 그렇다고 해서 교회의 본질에 대한 인문학적 접근을 터부시할 필요는 없습니다.

　인문학적 접근법을 취하는 학자들은 먼저 영적인 객관성을 보증하기 위하여 '교회'라는 단어에 대한 성경 상의 언급을 찾습니다. 성경에 의하면, 교회를 가리키는 '에클레시아'^{ἐκκλησια}라는 용어는 "내가 이 반석 위에 내 교회를 세우리니 음부의 권세가 이기지 못하리라"(마 16:18)는 예수님의 말씀에서 처음 언급되었습니다. 로마 가톨릭 학자들은 이 말씀에서 예수님이 교회의 소유자이며 교회를 세우시는 주체라는 사실에는 관심이 없고, 반석과 베드로의 관계 속에서 교회에 대한 로마 가톨릭 입장의 정당성을 확보하는 데에만 관심을 보입니다.

학자들의 두 번째 접근은 역사적인 것과 문화적인 것입니다. 구약에 사용된 '카할' קָהָל(족속[창 28:3]; 국민[창 35:11]; 무리[스 10:1]; 집회[시 26:5]; 군대[겔 38:15]; 대회[시 22:25])을 70인역LXX, Septuasint에서는 '에클레시아'ἐκκλησια로 번역했는데, 이는 로마 시대에 정치적인 목적이나 종교적인 목적을 가지고 일정한 시간과 장소에서 모이는 '정규 모임'ἐκκλησια κυρία을 가리키는 말이기 때문에 교회를 건물과 조직을 갖춘 집회로 규정하는 경향이 있습니다. 바울이 에베소에 있을 때 로마의 관원들이 아데미 신도들의 난동을 염려해서 소집했던 민회ἐκκλησια(행 19:39)에 대해 교회와 동일한 용어로 칭한 것이 이를 입증하는 것이라고 말합니다. 이는 결국 신구약 전체에서 말하는 교회의 의미를 역사와 문화가 만들어 낸 하나의 표상에 의존하는 결과를 초래하게 했습니다. 그러나 이것은 교회의 본질적인 개념을 찾아가는 올바른 접근법이 아닙니다. 베버Max Weber, 1864-1920는 이러한 이유로 루터가 로마의 정치적 집회를 지칭했던 '교회'ἐκκλησια라는 말보다 '공동체'Gemeinde라는 용어를 더 좋아했다고 말합니다. 루터의 지배적인 영향을 받았던 명칭들, 즉 독일의 '키르헤'Kirche, 미국의 '처치'church, 스웨덴의 '키르카'Kyrka는 모두 비잔틴 헬라어 어형인 '큐리아케'Κυριακή(주님에게 속하는)를 어원으로 삼았던 것입니다. 그러나 이는 교회의 성경적인 개념에 비하면 지극히 빈약한 접근일 수밖에 없습니다. 언어의 기원을 찾고, 역사적인 맥락 속에 잠시 존재했던 표상에서 교회의 본질을 찾으려는 것은 교회의 머리요 설립자인 하나님을 망각한 자가 빠지는 필연적 오류라고 할 수 있습니다.

교회는 택자들의 모임이다

교회의 본질은 사전이나 역사책을 가지고 정의할 수 있는 개념이 아닙니다. 그것은 성경 전체의 유기적인 안내와 협조를 얻어야만 도달할 수 있습니다. 성경의 대부분을 주석한 칼빈은 성경에 의지하여 "교회의 기초는 하나님의 은밀한 선택에 있다"고 말하면서 사도신경 안에 등장하는 '거룩한 공교회'sanctam Ecclesiam catholicam도 하나님의 '택함'을 받은 사람들을 가리키는 말이라고 했습니다.[31] 진실로 성경 전체가 설명하는 교회의 본질은 삼위일체 하나님이 택하시고 말씀과 성령에 의해 죄의 상태에서 영원한 영광에 이르도록 은혜의 상태로 부르신 택자들 혹은 신자들의 공동체 또는 회會입니다.

교회의 본질을 택자들의 모임으로 규정하게 되면, 대단히 혁명적인 사실들이 현상적인 교회관의 문제점을 회복시킬 것입니다. 먼저 교회는 건물이 아니라는 점입니다. 예배당에 모인 가시적인 교인들의 모임만도 아닙니다. 제도적인 조직이나 등록된 교인들의 무리도 진정한 교회가 아닙니다. 그렇다면 교회를 구분하는 기준은 더 이상 인간에게 없는 셈입니다. 이는 세상과 교회를 구분하는 기준이 우리에게 없다는 뜻입니다.

예정은 주님께만 감춰진 가장 신비롭고 은밀한 지식이기 때문에 인간의 육안으로는 택자들을 식별할 수 없습니다. 택자들의 무리가 교회이고 택자들을 가려낼 수 없다면 아무도 교회의 경계선을 그을 수 없다는 말이 됩니다. 바울을 보십시오. 바울은 "네가 어찌하여 나를 박해하느냐"(행

---

31 *Inst.*, IV.i.2

9:4)는 예수님의 꾸지람을 들었던 사람입니다. 그리고 당시의 영적인 흐름에 이정표와 같았던 스데반을 돌로 쳐서 생매장한 주동자로, 너무도 명백한 적그리스도의 전형적인 모습인데 이러한 바울을 누가 교회의 한 지체로 받아 줄 수 있겠습니까? 아무도 없습니다.

당시 다메섹에 아나니아라는 제자가 있었는데, 예수님은 친히 그에게 바울을 찾아가서 기도해 주라고 했습니다. 하지만 예수님의 제자인 그도 "그가 예루살렘에서 주의 성도에게 적지 않은 해를 끼쳤다"(행 9:13)며 바울에게 가기를 주저했을 정도로 바울은 악명이 높았습니다. 하나님의 사람 아나니아가 주의 백성에게 해를 끼치는 인물로 보았던 그 바울이, 하나님 편에서는 주님의 이름을 "이방인과 임금들과 이스라엘 자손들에게 전하기 위하여 택한"(행 9:15) 그분의 그릇으로 평가되고 있습니다. 이와 같이 인간과 하나님의 판단 차이는 하늘과 땅처럼 다릅니다.

기준이 엄밀할수록 교회의 범위가 인간의 판단에 의해서는 더더욱 규정되지 않습니다. 교회의 지체를 식별할 정도의 정밀한 관찰력이 인간에게 없기에 인간의 눈에는 천지에 있는 모든 민족이 교회일 수도 있습니다. 그래서 하나님은 "세상을 이처럼 사랑하사 독생자를 주셨으니"(요 3:16)라고 했습니다. 이는 세상 전체가 실제로 하나님이 택하신 백성이기 때문에 하는 말이 아닙니다. 인간 편에서는 절대로 하나님의 자녀일 수 없다고 분류되는 사람은 하나도 없습니다. 인간의 눈에 아무리 교회를 핍박하고 지상에서 없애 버리려는 원수처럼 보이는 사람일지라도 하나님 앞에서는 교회의 지체일 수 있습니다. 그래서 우리는 돌을 들고 생명을 위협하는 무리를 향해서도 스데반과 같이 "이 죄를 그들에게 돌리지 마옵소서"(행 7:60)와 같은 기도를 드릴 수 있습니다. 비록 바울이 당시에는 스데반의 원수로 보였지만 그도 하나님의 택자일 수 있기에 스데반의 기도는 참으로 깊은 신학의 결과인 것입니다. 이는 사실 예수님의 가르침에 기초한 것입니다. "너희 원수를 사랑하며 너희를 박해하는 자를 위하여 기도하라"(마 5:44).

교회의 본질을 '택자들의 무리'라고 정의할 때 이는 단순히 동시대의 공간적인 무제한만 의미하는 것이 아닙니다. 19세기 말 네덜란드의 탁월한 신학자인 헤르만 바빙크는 "공간적인 의미에서 교회는 땅 위에뿐만 아니라 하늘에도 있으며(히 12:23) 과거와 현재뿐만 아니라 미래에도(요 10:16; 17:20) 있을 하나님의 모든 백성들의 모임"이라 했습니다. 물론 하늘이라 했을 때에는 공간적인 개념을 의미하지 않지만 단순히 교회의 공간적인 범위를 지상으로 제한하지 않았다는 것과 과거와 미래의 시점까지 시간적인 영역을 확대하고 있다는 점에서 바빙크의 관점은 높이 평가할 만합니다.

바울은 히브리 민족에게 교회의 비밀을 말하면서 모세 시대의 상황과 비교하고 있습니다. 모세와 백성들이 시내산에 오를 때 "우레와 번개와 빽빽한 구름이 산 위에 있고 나팔 소리가 매우 크게 들리니 진중에 있는 모든 백성이 다 떨"(출 19:16) 뿐만 아니라 "모세도 이르되 내가 심히 두렵고 떨린다"(히 12:21)고 했습니다. 그러나 오늘날 하나님의 백성들이 이른 곳은 "시온산과 살아 계신 하나님의 도성인 하늘의 예루살렘과 천만 천사와 하늘에 기록된 장자들의 모임과 교회와 만민의 심판자이신 하나님과 및 온전하게 된 의인의 영들과 새 언약의 중보자이신 예수와 및 아벨의 피보다 더 나은 것을 말하는 뿌린 피"(히 12:22-24)라고 바울은 말합니다. 이는 우리가 서 있는 교회의 지평이 그만큼 넓고 크다는 뜻입니다. 또한 과거에 하나님의 은혜로운 언약을 따라 그의 백성으로 참여했던 모든 선배들이 지상에서는 그림자도 없지만, 하늘에서는 지금도 살아서 언약의 영원성을 끝까지 증거하고 있다는 말입니다. 참으로 가슴 설레는 일입니다. 아담과 아브라함과 모세와 다윗과 열두 사도가 나와 같이 지금 이 순간에 하나님의 거룩한 교회의 일원으로 우리와 연합되어 있다니 말입니다.

모세가 십계명을 받던 때에는 땅을 진동하는 일이 있었지만, 앞으로는 "땅만이 아니라 하늘도 진동하"는(히 12:26) 일이 일어날 것이라고 바울은 말합니다. 그럼에도 불구하고 우리는 "흔들리지 않는 나라를 받았은즉 은혜를 받자"(히 12:27)고 바울은 또한 권면합니다. 지금도 하늘에 있는 하나님의 백성들을 생각하면 가슴이 뛰어 주체할 수 없을 정도인데, 실제로 우리가 그곳으로 간다면 얼마나 심장이 두근거릴 일이겠습니까? 시내산의 진동보다 더 심한 하늘의 진동도 있겠지만, 우리가 지금 "이른 곳"은 전혀 흔들리지 않는 나라라는 것입니다. 지금 그러한 나라에 우리가 살고 있습니다. 진실로 교회는 물리적인 시공간에 제한되지 않습니다.

시간적인 측면에서 보더라도, 바울은 안식에 들어가는 일이 "세상을 창조할 때부터 그 일이 이루어졌"(히 4:3)다고 말합니다. 이는 교회가 태초부터 있었다는 뜻입니다. 미래에 관해서도 예수님은 "우리에 들지 아니한 다른 양들이 내게 있"(요 10:16)다고 했습니다. 제자들의 하나됨과 거룩함을 위해 기도할 때에는 "이 사람들만 위함이 아니요 또 그들의 말로 말미암아 나를 믿는 사람들도 위함이니"(요 17:20)라는 말씀도 하십니다. 예수님의 마음에는 눈앞에 보이는 제자들만이 아니라 장차 부름 받게 될 미래의 택자들도 있었던 것입니다.

이러한 주님의 마음처럼 우리도 미래의 택자들이 한 교회의 구성원인 점을 감안하여 그들이 고려된 깊고 정확한 신앙을 추구해야 할 것입니다. 이는 하나님이 한 시대에 특별히 요구하는 과제에 충실해야 하겠지만, 이를 위해 다른 모든 시대와의 균형마저 포기하는 우를 범해서는 안된다는 말입니다. 예수님의 거룩에 대한 기도와 관심은 현재 잃어버린 양들과 미래의 택자들도 고려한 것입니다. 이는 주님께서 초대교회 당시의 팔레스타인 지역에만 제한된 복음을 전파하지 않았다는 뜻입니다. 그 복음은 태초부터 영원까지 전부를 고려한 것이라고 우리는 믿습니다. 이에 우리도 하나님의 말씀을 증거하는 일에 있어서 한 생명을 소중하게 여기되, 현재와 미래의 잃어버린 택자들을 고려한 전체적인 복음을 증거해야 할 것입니다. 신앙은 우리 세대에서 끝나는 것이 아닙니다. 시류에 편승하지 마십시오. 과거에 탁월했던 신학자의 추락한 인생을 살펴보면, 한 시대의 문제점에 집착하여 그것만 붙들다가 결국 신학의 정통적인 체계와 균형을 상실하는 경우가 많습니다. 바르트의 경우도, 독일의 무너지는 신학을 보수하기 위해 자유주의 신학과 치열하게 싸웠지만 그들과 묻고 답하는 중에 자유주의 신학이 뾰족하게 지적하는 부분에 집중하고 그들이 묻는 물음의 수준을 따라서 답변을 하다가 결국 정통적인 엄밀성을 놓치고 낭만주의, 개인주의, 주관주의 신학에 과도히 저항하는 시대적인 경향성에 빠진 것입니다. "미련한 자의 어리석은 것을 따라 대답하지 말라"(잠 26:4)는 지혜자의 말씀을 깊이 새겨 볼 일입니다.

미국의 근본주의 신학도 비슷한 경로를 따라서 찰스 하지 이후로 신학의 균형에 문제가 발생하는 과정을 밟습니다. 이러한 역사를 교훈 삼아, 우리는 이단이나 유아적인 신앙이 주변에서 도전할 때에 언제나 전체적인 균형을 가지고 반응하는 습관을 가져야 할 것입니다. 이단을 분별하고 정죄할 때에도 이단을 꺾는 것에만 과도히 매달리면 하나님 앞에서 반응해야 하는 우리의 마땅한 태도를 상실하기 쉽습니다. 예수님의 경우를 보면,

아무리 유치하고 무지한 인간의 질문을 받아도 그것에 적응하여 답하지 않으시고, 오히려 대화의 격을 높이 끌어올려 만물을 벌거벗은 듯 아시는 자의 전체적인 지식을 전달하는 어법을 늘 구사하기 때문에 예수님의 대화는 겉으로 보기에는 마치 동문서답 같을 때가 많습니다. 그러나 대화를 주도하여 결국에는 상대에게 최고의 선을 이루시는 예수님의 신적인 의도가 관철되는 방식으로 대화가 끝납니다. 이는 죄악된 욕망을 따라 질문하고 요구하는 인간의 한계성을 너무도 잘 아시는 주님께서 자신의 논지를 그 질문의 틀에 맡기지 않으신 것입니다. 오히려 보다 차원 높은 만족으로 무지한 그들을 끌어올리는 답변을 구사했던 것입니다. 이것은 인간을 무시하는 처사가 아니라 깊은 사랑에서 비롯된 일입니다. 환자를 진단하는 경우에도, 탁월한 의사들은 환자가 말하는 증상과 표현에 얽매이지 않습니다. 환자의 눈빛과 어투와 동작만 보아도 이미 세밀한 의학적 진단은 내려집니다. 그들에게 의견을 묻고 대화하는 이유는 그들에게 사랑의 마음을 전달하고 그들을 안심시켜 주기 위한 것입니다. 환자의 단편적인 증세와 표현에 매달리는 의사가 있다면 그는 아마 대가가 아닐 것입니다. 대가에게는 환자의 모습 자체가 최대의 정보인 것입니다. 또한 그에게는 환자의 느낌보다 더 정확하고 정교한 최첨단 기계에 의해 이루어진 관찰이 있습니다. 결국 처방과 치료는 환자의 생각과 말이 아니라 종합적인 진찰에 근거한 의사의 소견을 따르는 법입니다.

 16-17세기 신학의 우수성은 진리를 고백함에 있어서 균형을 잃지 않았다는 점에 있습니다. 이 신학을 잘 계승한 바빙크는 성경 전체를 계시의 유기적인 통일성과 삼위일체 하나님의 역사라는 관점으로 보되, 논의의 초점이 성경의 저자인 삼위일체 하나님께 귀결되는 방식으로 진술하고 있습

니다. 구원과 인간과 교회와 성령과 그리스도 예수와 종말론 등 어느 부문을 다루어도 삼위일체 중심적인 시각으로 조명하고 있습니다. 교회의 공동체 의식도 그는 "모든 신자들이 하나님의 유기적인 활동에 부응하는 그 마음 안의 사회적 경향에서" 비롯된 것으로 이해하고 있습니다. 교회의 공동체 의식의 근원을 사회에서 관찰되는 가시적인 현상에서 찾지 않습니다.

기독교 윤리학과 상담학과 경제학을 연구할 때, 대개는 일반학문 영역에서 합의된 전제와 이루어진 업적에 기대서 기독교적 학문을 추구하는 경향이 있습니다. 언뜻 이러한 경향이 대단히 적극적인 태도처럼 보이지만, 사실은 올바른 기독교 인문학을 가리는 역기능이 더 많습니다. 어떤 학문이든 그 앞에 '기독교'란 수식어가 붙으면 판을 새로 짜야 하는데, 기존의 학문적인 틀 위에 종교적인 겉옷만 입히는 선에서 작업을 멈춥니다. 시작부터 미묘한 결탁과 타협이란 오점을 가지고 접근하는 기독교 학문관은 오히려 세상의 은밀한 유혹과 속임수를 은폐하는 세속화의 앞잡이로 전락할 수 있습니다. 그래서 일반적인 학문을 기독교적 입장에서 연구할 때에는 성경에 기초한 하나님 중심적인 접근법을 고수해야 합니다. 일반학문 영역도 그러한데 하물며 하나님의 말씀인 성경을 연구하는 신학에서 그러한 중심성을 놓친다면 얼마나 부끄러운 일이겠습니까? 하나님 중심적인 방법론을 버리고, 지극히 인간적인 기준으로 하나님의 천상적인 말씀까지 평가의 대상으로 삼는 비평학을 다양한 모양으로 수용한다면 그것은 교회와 신학교의 세속화를 견인하게 될 것입니다. 이런 의미에서 삼위일체 하나님 중심적인 신학관을 고집했던 아우구스티누스, 칼빈, 바빙크 같은 사람들이 있었다는 것은 한 시대에 부으신 하나님의 놀라운 은혜인 것 같습니다.

교회는 하나님의 신적인 언약과 연동되어 있다

하나님 중심적인 관점으로 성경을 읽으면, 구원의 방식에 있어서도 색다른 진리가 보입니다. 언약의 역사적인 흐름을 중심으로 이해한 신학의 본격적인 시조로서 요하네스 코케우스Johannes Cocceius, 1603-1669는 구약과 신약의 구원 방식이 서로 다르다고 말합니다. 구약의 경우에는 죄의 일시적인 간과가 있었기 때문에 온전한 용서가 없었지만, 신약의 택자들은 그리스도 예수의 죽음으로 말미암아 온전한 용서를 받았다고 합니다. 이는 예수님이 신약 시대에만 활동했기 때문에 구약의 사람들 중에서 그 예수님이 오실 때까지 온전한 용서를 받은 사람이 하나도 없었다는 이야기입니다.

그러나 예수님의 죽음은 시간에 얽매이지 않습니다. 시간성을 초월하여 영원한 효과를 가지고 있습니다. 비록 역사의 한 시점에서 육신을 입고 오셨고 죽기까지 순종하셨지만, 그분은 영원하신 분입니다. 바울이 말한 것처럼 구약이든 신약이든 택자들은 창세 전에 아버지 하나님의 기쁘신 뜻의 의논을 따라 그 앞에서 거룩하고 흠이 없게 하시려고 그리스도 예수 안에서 예정된 자입니다(엡 1:3-4). "미리 정하신 그들을 또한 부르시고 부르신 그들을 또한 의롭다 하시고 의롭다 하신 그들을 또한 영화롭게"(롬 8:30) 하셨습니다. 미래의 택자들도 동일하게 이러한 구원의 서정을 따라 하나님의 합당한 자녀로 거듭날 것입니다.

하나님의 백성들이 영원 속에서의 선택에서 영화의 차원까지 나아가는 일련의 과정이 신약이나 구약이나 차별이 없다는 것은 언약의 일관성에 기초한 것입니다. 하나님이 믿음의 조상과 맺은 언약은 다음과 같습니다. "내가 내 언약을 나와 너 및 네 대대 후손 사이에 세워서 영원한 언약을 삼고 너와 네 후손의 하나님이 되리라"(창 17:7). 하나님은 아브라함과 개인적인 언약을 체결하신 것이 아닙니다. 아브라함이 믿음의 조상이기 때문에 그와 맺은 언약은 믿음의 모든 후손들과 세우신 것입니다. 여기에는 국적이나 시대나 민족이나 성별이나 언어의 제한이 전혀 없습니다.

하나님은 아브라함을 세속의 땅에서 불러내실 때에 "너로 큰 민족을 이루고 네게 복을 주어 네 이름을 창대하게 하리니 너는 복이 될"(창 12:2) 것이라고 하셨습니다. 또한 그 언약과 관련해서 그에게 "너는 여러 민족의 아버지가 될지라"(창 17:4)는 말씀을 하셨는데, 믿음의 조상과 약조하실 때에 이미 여러 민족(열국)이 고려된 것입니다. 이것은 아브라함 이후로만 적용되는 언약이 아닙니다. "영원한 언약을 삼는다"는 말씀은 아브라함 자신을 포함한 아브라함 이전의 백성들에 대해서도 소급하여 적용될 수 있습니다. 그래서 바울은 믿음의 사람들을 열거할 때 아브라함의 이름부터 거명하지 않고 "믿음으로 아벨은 가인보다 더 나은 제사를 하나님께 드림으로 의로운 자라 하시는 증거를 얻었으니"(히 11:4)라고 말합니다. 에녹이나 노아나 아브라함은 "다 믿음을 따라 죽었으며 약속을 받지 못하였으되 그것들을 멀리서 보고 환영하며 또 땅에서는 외국인과 나그네임을 증언"(히 11:13)했다고 말합니다. 이는 아벨과 에녹과 아브라함 사이에는 믿음의 어떠한 차이도 없다는 뜻입니다.

그럼 아브라함 이전의 택자들과 이후 열국의 택자들 모두에게 유효했던 언약의 내용은 무엇이며, 그 언약은 어떻게 그들에게 복이 될 수 있을까요? 종교개혁 이후로 츠빙글리, 불링거Heinrich Bullinger, 1504-1575, 칼빈에게로 이어지는 가장 정통적인 개혁주의 입장은 언약의 총화를 이렇게 정의하고 있습니다. "나는 너의 하나님이 되고, 너는 나의 백성이 되리라." 이는 믿음의 조상 아브라함과 맺은 언약의 내용인데, 그 영원성으로 인해 모든 택자들과 맺은 언약이 됩니다.

헤르만 바빙크는 교회가 하나님의 백성이라는 사실에서 교회의 본질을 찾습니다. 아마 바빙크는 교회의 본질을 생각할 때, 정통적인 입장에서 늘 언약의 총화로 이해했던 "나는 너의 하나님이 되고, 너는 나의 백성이 되리라"는 내용을 고려했을 것입니다. 교회를 하나님의 백성이라 했을 때 그것은 하나님이 어떤 분인가와 그분과 백성은 어떠한 관계를 가지게 되는가에 의해 교회의 가치가 좌우된다는 의미를 함축하고 있습니다. 그러니까 아브라함을 복의 근원으로 삼으신 하나님의 언약에는 신론과 예정론과 기독론과 성령론과 교회론과 종말론이 함께 어우러져 있다는 말입니다. 즉 하나님의 언약에 모든 교리가 다 녹아들어 있습니다. 그래서 이러한 언약의 교리적 통합성 때문에 기독교의 교리 중 어떠한 주제도 독립적인 논의가 불가능한 것이며, 유기적인 사고와 통합적인 접근을 요구하는 것입니다.

이러한 관점으로 하나님과 택자들의 관계를 살펴봐야 합니다. 그러기 위해서 우리는 다시 믿음의 조상에게 가서 근원을 확인해야 합니다. 하나님은 그와의 관계성을 이렇게 규정하고 있습니다. "아브람아, 두려워하지 말라. 나는 네 방패요 너의 지극히 큰 상급이니라"(창 15:1). 이는 아브람의 고백이 아니라 하나님의 선언이며 하나님이 친히 이루실 약속입니다. 여기에서 "두려워하지 말라"는 것은 대단히 실질적인 것입니다. 본문의 앞부분에 근거해서 본다면 그것은 5개국 연합군의 공격에 대한 외적인 두려움일 수도 있고 본문의 뒷부분에 근거해서 본다면 가문을 이어 갈 자녀가 없어서 가계가 끊어질 수 있다는 내적인 두려움일 수도 있습니다. 그러나 성경에는 두려움의 구체적인 실체가 명시되어 있지 않습니다. 그래서 이 두려움은 어쩌면 인간이 느끼고 경험하는 보편적인 두려움일 수 있습니다. 모든 인간은 호흡으로 생존하기 때문에 산소에 의존하고, 지구의 중력과 밀도와 온도에 의존하고, 사회에서 관계와 재물과 양식에 의존해 살아갑니다. 의존하지 않는 것이 없습니다. 철저하게 세상에 의존해 있습니다. 하나님을 모르고 그분을 신뢰하지 않으면 누구든지 세상 의존적인 삶을 살아갈 수밖에 없는 태생적인 한계를 우리는 가지고 있습니다.

그런데 하나님은 모든 것에 있어서 "두려워하지 말라"고 하십니다. 이것은 인간의 자연 의존적인 존재성을 완전히 부정하는 말입니다. 세상적인 근심에 대해 죽으라는 말과 같습니다. 하나님의 사람들과 세상의 사람들은 이 말씀 앞에서 극명하게 갈릴 수밖에 없습니다. 하나님의 백성들은 인간의 존재 기반을 의지하지 않고 하나님만 의지하기 때문에 아무런 두려움도 없습니다. 그러나 세상 사람들은 언제나 썩어 없어질 것들을 위해서 평생을 수고하며 거기에 매이다가 생을 마감할 수밖에 없습니다. 참으로 불쌍하고 안타까운 일입니다. 그러나 천국의 시민들은 하나님이 친히 "네 방패"가 되시기에 어떤 공격과 어려움도 극복할 수 있습니다. 이것을 믿을 때 두려움이 사라지는 것입니다. 믿음을 방패로 이해한 바울의 진단은 옳습니다. 그 믿음은 하나님의 사랑으로 말미암아 우리에게 값없이 주어지는 것입니다. 바울은 아버지 하나님의 사랑을 "자기 아들을 아끼지 아니하시고 우리 모든 사람을 위하여 내주신" 것으로 이해하고 있습니다. 이는 그런 분이 "어찌 그 아들과 함께 모든 것을 우리에게 선물로 주시지 아니하겠느냐"(롬 8:32)는 논지인 것입니다.

우리가 의존하고 있는 세상의 모든 자연과 사회가 소멸된다 할지라도 우리에게는 두려울 게 없습니다. 그것에서 비롯되는 어떠한 "환난이나 곤고나 박해나 기근이나 적신이나 위험이나 칼"(롬 8:25)도 두려워 말라고 말합니다. 심지어 "사망이나 생명이나 천사들이나 권세자들이나 현재 일이나 장래 일이나 능력이나 높음이나 깊음이나 다른 어떤 피조물이라도 우리를 우리 주 그리스도 예수 안에 있는 하나님의 사랑에서 끊을 수 없으리라"(롬 8:38-39)고 했습니다. 이는 하나님의 사랑이 그만큼 위대하고 강하다는 뜻입니다.

하나님이 믿음의 조상에게 "두려워하지 말라"고 말씀하신 배후에는 하나님의 영원하고 견고한 사랑이 있었던 것입니다. 그 사랑의 실질적인 내용을 하나님은 이렇게 표현합니다. "나는……너의 지극히 큰 상급이니라"(창 15:1). 하나님이 나의 지극히 큰 상급이 되신다면 우리는 더 이상 잃어버릴 것이 없습니다. 비록 우리가 일시적인 생명을 잃는다고 할지라도 영원한 생명이신 하나님이 우리에게 최고의 상급으로 계시다면 두려워할 필요가 없습니다. 비록 우리가 가진 모든 것을 잃는다 할지라도 하늘과 땅과 그 가운데 있는 모든 것의 소유자이며 지혜와 지식의 모든 보화를 간직하신 주님께서 우리에게 지극히 큰 상급으로 계시다면 두려워할 필요가 없습니다. 비록 우리가 유한한 무언가를 잃는다 할지라도 무한하신 그분이 우리에게 최고의 상급으로 계시다면 유한의 상실이 무한의 변화를 초래할 수 없기에 전혀 두려워할 필요가 없습니다. 지극히 큰 상급과 두려움은 이러한 관계성을 가지고 있습니다.

지극히 큰 상급과 관련하여 끝으로 생각해야 할 것은 인간의 본질적인 두려움이 자신이나 다른 사물과 관계된 것이 아니라는 점입니다. 인간의 궁극적인 두려움은 하나님에 대한 것입니다. 인간은 죄로 말미암아 하나님의 영광에 이를 수 없습니다. 죄는 과녁을 벗어나는 것입니다. 인간의 본질적인 죄는 하나님을 벗어나는 것입니다. 하나님을 떠나 멀어지는 것입니다. 인간의 본질적인 두려움이 여기에 있습니다. 생명과 진리와 사랑과 소망과 영광과 기쁨과 평강과 안식과 만족의 근원이신 하나님을 떠나 멀어지는 것은 하나님이 계시지 않는 영적인 죽음과 거짓과 미움과 절망과 수치와 슬픔과 불안과 불만에 사로잡힌 존재가 된다는 것입니다. 인간에게 이보다 더 큰 두려움은 어디에도 없습니다. 이 두려움은 죄로 말미암아 우리가 하나님을 떠나고 하나님이 우리를 버리실 때 발생합니다. 이 문제를 인간 스스로는 어떤 식으로도 해결할 수 없습니다. 그런데 놀랍게도 하나님은 친히 우리에게 지극히 큰 상급으로 주어진 바 되겠다고 약속해 주십니다. 인간이 가진 절대적인 두려움의 궁극적인 해법은 바로 하나님의 이 약속에 있습니다. 하나님이 우리에게 친히 지극히 큰 상급이 되신다면 우리는 하나님과 결코 멀어질 수 없고 하나님과 연합하여 영원토록 하나님의 모든 것을 향유하는 자가 되는 것입니다. 이러한 방식으로 우리는 하나님의 백성이 되고 하나님은 우리의 하나님이 되신다는 언약의 총화가 성취되는 것입니다. 신구약 전체가 이러한 언약 이야기로 가득 채워져 있습니다.

하나님이 우리에게 지극히 큰 상급으로 주어지는 방법은 어떤 것일까요? 태초에 아담은 하와에게 선물로 자신의 갈비뼈를 줬습니다. 그러나 하와는 아담에게 선악과를 선물로 줬습니다. 하나님이 친히 취하셔서 선물하신 갈비뼈는 생명을 잉태했고, 인간이 하나님을 거역하며 스스로 만들어 선물한 선악과는 영적인 사망에 이르게 했습니다. 하나님이 아담을 통해 계시하고 싶으셨던 선물의 내용은 자신의 가장 소중한 부분을 깊은 죽음에서 취하여 주신다는 것입니다. 우리를 언제나 가슴에 품고 살고자 하시는 하나님의 의도가 아담의 갈비뼈 선택에 반영된 것입니다. 십자가상에서 돌아가신 그리스도 예수는 마치 아담의 갈비뼈와 같습니다. 아버지 하나님은 교회를 창조하기 위해 자신의 품에서 독생하신 가장 소중한 아들을 내어주신 것입니다. 하나님의 본체이신 그분이 친히 택자에게 선물로 주어진 바 되신 것입니다. 이것은 아브라함과 맺은 영원한 언약의 본질적인 성취인데 그것이 이러한 방식으로 성취될 줄은 선지자도, 제사장도, 유대인도, 이방인도, 그 누구도 몰랐던 일입니다. 하나님 자신이 택자들의 지극히 큰 상급으로 주어지기 위해 친히 육체의 모습으로 오실 줄은 아무도 몰랐을 것입니다. 그러나 인간은 하나님 자신이 선물로 주어지는 것을 매 시대마다 그 시대의 선악과 선택으로 거역해 왔습니다. 하나님의 언약이 영원하면, 그 언약을 파기한 자들의 반역은 그 자체가 영원한 반역의 성격을 가질 수밖에 없습니다.

하나님의 언약은 영원한 것입니다. 다시 말하지만, 영원히 변개치 못할 그 언약의 내용은 "나는 너의 하나님이 되고, 너는 나의 백성이 되리라"는 것입니다. 이 언약이 성취되는 방법은 그리스도 예수께서 육신으로 오사 자신을 우리에게 지극히 큰 상급으로 주시는 것입니다. 그렇게 하심으로써 믿음의 조상에게 약속하신 대로 '지극히 큰 상급'(창 15:1)이 되십니다. 하나님 자신이 우리에게 지극히 큰 상급이 되심으로써 하나님의 언약은 온전히 이루어진 것입니다. 하나님이 우리의 하나님이 되시고 우리는 그의 백성이 되는 이러한 언약의 온전한 관계성은 영원하기 때문에 하늘과 땅의 어떤 것으로도 패하여질 수 없습니다. 교회의 본질이 여기에 있습니다. 교회는 하나님의 신적인 언약과 연동되어 있습니다. 교회의 본질은 박대하면서 본질이 아닌 비본질적 요소에 순교적인 태도를 취하는 사람들은 참으로 하나님을 사랑하는 자들이 아닙니다. 양떼를 인도하는 목자라 하더라도 본질에서 이탈하면 이리와 같습니다. 비본질이 좋다고 찬동하는 양떼들도 동일한 책임에서 자유롭지 못합니다.

교회의 비유들

성경은 교회의 특징을 설명하기 위해 다양한 비유를 동원하고 있습니다. 물론 이 모든 비유들은 하나님의 백성이란 교회의 본질에 이르도록 우리를 안내하는 것입니다. 이미 교회의 본질을 살폈는데 교회의 비유까지 이 지면에서 살피는 것은 중복의 낭비처럼 보일 수 있습니다. 그러나 하나님의 말씀이 그 자체로는 단순하여 유일한 하나님의 뜻을 가지고 있지만, 인간에게 드러남에 있어서는 인식의 한계 때문에 온전한 지식에 이를 수 없습니다. 이는 하나님의 전달 능력이 부족해서 그런 것이 아니라 인간의 무지와 인지적인 한계 때문에 그런 것입니다. 다양한 비유를 사용하는 필요성이 바로 여기에 있습니다. 하나님의 유일한 진리를 바르게 이해하기 위해서는 단편적인 정보를 취득하는 것으로 충분하지 않습니다. 그래서 바울은 그리스도 예수의 사랑을 말함에 있어서도 충만이라는 차원을 언급하고 있습니다. "능히 모든 성도와 함께 지식에 넘치는 그리스도의 사랑을 알고 그 너비와 길이와 높이와 깊이가 어떠함을 깨달아 하나님의 모든 충만하신 것으로 너희에게 충만하게 하시기를 구하노라"(엡 3:18-19). 사랑은 단편적인 정보가 아닙니다. 너비와 길이와 높이와 깊이라는 것이 있습니다. 그러한 사랑을 산출하신 그리스도 예수를 아는 지식은 더더욱 신비로운 것입니다. 그 정도를 따진다면 인간이 그냥 추측할 수 있는 수준이 아닙니다. 그 사랑은 인간의 어떠한 기구로도 측량되지 않습니다. 그리스도 예수를 아는 지식은 하늘까지 닿아 있고 온 땅에 충만해 있으며 보잘것없는 미물부터 광대한 우주까지 모든 만물을 동원하여 영원한 신성과 능력을 담으려 할지라도 다 담아낼 수 없는 충만이라는 차원이 있습니다.

교회의 경우도 육안으로 관찰된 지식에만 머물 수 없습니다. 하나님은 교회를 설명함에 있어서도 무수한 비유와 명칭을 동원하고 계십니다. 하나님은 당신의 사랑하는 연인을 위하여 모든 세상을 신비한 프러포즈 차원에서 지으신 것 같습니다. 이는 교회에 대해 제대로 말하려면 세상의 모든 것을 탐구하고 해명해야 한다는 말입니다. 창조의 모든 작업이 끝난 이후에 하나님은 인간을 지으시고 그 가운데 거하게 했습니다. 신랑 되신 하나님의 사랑을 만물 안에 숨겨둔 채 말입니다. 절묘하게 사랑의 편지를 전달하여 우리로 감동의 깊은 곳으로 이끄시는 비밀한 장치가 천하 곳곳에 내장되어 있습니다. 눈을 뜨면 그분의 감미로운 윙크와 애틋한 청혼이 온 시야를 덮습니다. 우리는 교회를 향하신 하나님의 고백이란 차원에서 세상의 그 어떤 것도 소홀히 여겨서는 안될 것입니다.

바빙크는 교회의 성경적인 비유들을 종합하여 다음과 같은 문장으로 교회와 비교회를 정리하고 있습니다. "교회는 그리스도의 몸이요, 그리스도의 신부요, 양들을 위해서 자신의 생명을 내놓으시고 이들에 의해서 알려지는 양의 울타리요, 산 돌에 의해서 지어져 가고 그리스도가 그 모퉁이돌이며 사도들과 선지자들의 터 위에 있는 하나님의 건물이요, 하나님의 성전이요, 하나님의 집이요, 하나님의 백성이요, 하나님의 소유요, 하나님의 이스라엘 백성이다. 교회의 지체들은 포도나무 가지들, 산 돌들, 택자들, 부름을 입은 자들, 믿는 자들, 사랑을 입은 자들, 형제와 누이들, 하나님의 자녀들 등이라 불리고, 진리 가운데 있지 않은 자들은 성경에서 알곡 안에 있는 쭉정이, 곡식 가운데 있는 가라지, 그물 안에 담긴 악한 물고기, 혼인잔치에서 예복 없는 사람, 부름은 받았으나 택함을 입지는 못한 자, 포도나무에 있는 악한 가지, 이미 이스라엘에게서 난 자이지만 이스라엘이 아닌 자, 쫓겨나야 할 악한 자, 천히 쓰이는 그릇, 우리로부터 나왔으나 우리 밖에 있는 그런 자들로 간주되고 있다."[32]

여기서 우리가 주의해야 할 사항은 교회의 비유를 본질인 것처럼 생각하지 말라는 것입니다. 본질에 집중하지 않고, 그것을 설명하는 비유에 집착하고 비유 자체를 교회의 절대적인 개념으로 간주하게 되면 심각한 문제가 생깁니다. 2세기에 다양한 분파와 이단들이 발생했습니다. 영지주의와 몬타누스주의가 대표적입니다. 특별히 몬타누스 신봉자는 주교와 감독이 황제를 숭배하게 되어 그들의 직책과 지도권을 부정하며 영감과 예언에 기초한 교회를 확고히 하려고 했습니다. 그리고 부패한 교회의 안수는 무효라고 주장하며 직책을 거부한 노바티아누스주의Novatianism와 도나투스주의Nonatism는 사랑의 띠로 묶이는 교회의 일치보다 교회의 거룩함을 중요시한 분파였습니다. 교회의 거룩함은 너무도 중요한 것이지만 교회의 일치를 희생하면서까지 과도하게 추구하면 문제가 생깁니다. 이러한 분파들의 역사적인 출연은 하나님의 사람들로 하여금 참된 교회의 속성에 대해 숙고하는 기회를 제공해 주었습니다.

이그나티우스Ignatius of Antioch, 35-108는 보편의 교회를 말하면서, 참된 교회는 온 땅과 모든 시대에 있는 모든 신자들을 포함하고 그런 교회 밖에는 어떠한 구원도 없다고 했습니다. 나아가 그는 사도들의 순수하고 바른 전

---

[32] Herman Bavinck, *Reformed Dogmatics*, 3:298.

통을 소유한 감독들을 참된 교회의 기준으로 여겼습니다. 동시에 이 교부는 보편의 교회가 논리와 역사에 있어서 지역의 교회보다 앞선다고 했습니다. 그러나 지교회를 교회의 보편성을 형성하는 하나의 부분으로 이해하지 않았으며, 주교직을 가진 로마 가톨릭 교회가 선행하며 지교회는 주교회가 유지하는 전체의 지체이고, 이런 주교회에 종속될 때에 비로소 지교회는 참된 교회라고 했습니다.[33]

이러한 주장에 1천 년 세월의 무게가 실리자, 급기야는 주교회와 교황과 주교들의 무오성까지 주장하는 웃지 못할 일들도 발생하게 된 것입니다. 또한 이러한 교부들의 주장에 힘입어 오늘날 로마 가톨릭은 교회를 다음과 같이 정의하고 있습니다. "교회는 세례를 받고 동일한 신앙을 고백하며, 동일한 성례에 참여하며, 지상에 있는 하나의 가시적인 머리 밑에서 합법적인 목자들의 치리를 받는 모든 신실한 자들의 회중이다." 보편의 교회가 앞선다는 개념이 계급화의 타락을 가져온 것은 이단과의 문제에서 발생한 것입니다. 이단들의 출현 때문에 교부들은 앞장서서 주교적인 교회를 강조했던 것입니다. 바빙크는 이레나이우스 같은 교부들의 견해를 다음과 같이 정리하고 있습니다. "주교들에 의해서 인도된 교회가 진리의 유일한 보존자요 선포자이며 그 때문에 구원의 피할 수 없는 제도요, 모든 신자들의 어머니와 은혜의 분배자요, 구원의 중보자와 하나님께 올라가게 하는 사다리이다. 교회가 있는 곳에 하나님의 영이 있고 하나님의 영이 있는 곳에 교회와 모든 은혜가 있으며 또한 성령의 은혜가 있다."[34]

이에 아우구스티누스도 "한 하나님과 한 주가 있는 것처럼 오직 한 교

---

33 김영규, 『교회론과 종말론』, 15.
34 Herman Bavinck, *Reformed Dogmatics*, 3:282.

회와 한 양떼가 있어, 모든 신자들이 그로부터 태어나고 그 밖에는 구원이 없는 한 어머니요, 햇빛은 태양에서 분리될 수 없고 가지는 나무에서 분리될 수 없고 개울은 샘과 분리될 수 없다"고 하여 로마 가톨릭 교회의 주장을 두둔하는 듯한 발언을 했습니다. 그의 이러한 주장은 은혜의 유일하고 절대적인 원인이 온전하신 하나님 한 분이라면 교회가 미완성의 상태일 수 없다는 생각에서 비롯된 것입니다. 그러나 이후의 이단들과 분파들의 출현이 그에게 교회의 불완전한 모습을 보여주었기 때문에 참된 몸으로서의 비가시적 교회와 혼합된 몸으로서의 가시적 교회를 구별하게 된 것입니다. 그래서 이스라엘 밖에도 구원받은 이방인이 있었듯이, 가시적인 교회 밖에도 참된 교회의 지체들이 있다고 했습니다. 여기에는 주교적인 교회관을 비판하는 성격이 다분히 있습니다.

    이상과 같이 로마 가톨릭은 교회의 영적인 본질을 주목하지 않고 참된 교회의 그림자와 같은 가시적인 교회에 제도적인 절대성을 부여했기 때문에 발생한 교회사적 오류라고 볼 수 있습니다. 우리도 다른 어떤 비유들에 과도한 의미를 부여하면 로마 가톨릭의 오류를 답습하게 될 것입니다. 로마 가톨릭은 지금도 그러한 위험성을 우리에게 경계하는 하나님의 섭리적인 수단으로 교회의 곁에 존재하고 있습니다. 화폐가 가치만 생산하고 종이로 돌아가듯, 비유도 본질만 설명하고 사라지는 게 좋습니다. 비유는 본질이신 예수님은 흥하여야 하고 광야에서 외치는 소리에 불과한 자신은 망하여야 한다던 세례 요한의 운명과 같습니다. 모든 역사와 만물이 마치 스스로가 비유인 듯 그리스도 예수를 말하기 때문에 예수님을 가리키는 모든 비유를 말하려면 지면이 턱없이 부족할 것 같습니다. 그래서 본 책에서는 세 가지의 비유만 살펴보기 원합니다.

그리스도는 교회의 머리이며 교회는 그의 몸이다

바다의 게가 표시한 영역의 중심을 생각해 보십시오. 많은 사람들은 대체로 게의 영역 안에서 영역의 중심으로 찾으려고 할 것입니다. 그러나 그렇게 하는 순간 그들은 어린 시절에 아무런 비판 없이 배웠던 기하학의 희생물이 된 것입니다. 중심은 게의 영역 안에서의 한 지점이 아닙니다. 그 영역의 중심은 바로 게입니다. 같은 맥락에서 성경은 여성의 중심이 배꼽이 아니라 남자라고 말합니다. 그러나 남자의 중심은 남자의 배꼽이 아니라 그리스도 예수라고 말합니다. 남자는 자기 자신의 머리로 여자를 지배하는 자가 아닙니다. 그리스도 예수의 뜻과 삶과 본을 따라 여자에게 필요한 모든 것을 채워 주는 자입니다. 머리와 몸 사이에는 그러한 관계성이 있습니다. 그리스도 예수와 교회의 관계는 머리와 몸입니다. 머리가 몸의 중심이듯, 그리스도 이외에 목회자나 당회나 성도는 교회의 중심이 아닙니다. 그리스도 예수만이 교회의 중심이요 유일한 머리가 되십니다. 몸의 모든 지체는 머리에 의해서 하나의 유기체로 통합되고 의미 있는 존재가 되는 것입니다. 머리가 없으면 팔다리가 따로따로 움직일 것입니다. 팔끼리 혹은 다리끼리 패거리를 지어도 온전한 몸이 되지 못합니다. 오직 몸은 머리에 순종할 때에만 비로소 통일체를 이룹니다. 머리에 순종하지 않으면 지체 간에 갈등과 대립과 충돌과 분열이 필히 발생할 것입니다. 그렇게 되면 서로 가까이 있다는 것이 위로가 아니라 위협이 될 것입니다. 머리와 몸이 하나가 되고 지체들이 한 몸을 이루는 것은 머리 되신 주님께 순종할 때 가능한 일입니다. 주님과 교회는 그러한 관계성을 가지고 있습니다. 오늘날 교회의 심각한 문제는 대부분 그리스도 예수가 교회의 머리라는 사실을 기억함으로써 회복될 수 있습니다.

그리고 바울은 머리와 몸의 관계를 말하면서 몸은 머리까지 자라야 한다는 점을 강조하고 있습니다. 자라나는 방법은 이렇게 소개되고 있습니다. "오직 사랑 안에서 참된 것을 하여 범사에 그에게까지 자랄지라. 그는 머리니 곧 그리스도라"(엡 4:15). 사랑 안에서 참된 것을 해야 자란다고 말합니다. 그렇다면 참된 것은 어떻게 행합니까? 바울은 교회의 머리인 "그에게서 온 몸이 각 마디를 통하여 도움을 받음으로 연결되고 결합되어 각 지체의 분량대로 역사하여 그 몸을 자라게 하며 사랑 안에서 스스로 세우느니라"(엡 4:16)고 했습니다. 몸의 모든 지체가 서로 연합하여 예수님의 도우심을 받아야 자란다는 것입니다.

주님의 도움을 통해 각 지체는 자기의 분량대로 일합니다. 자기의 분량대로 일한다는 것이 대단히 중요한데, 각 지체에게 맡겨진 적정한 분량의 일이 몸 전체를 자라게 한다는 것입니다. 각각의 지체가 마땅히 생각하고 행해야 할 그 이상의 것을 과도하게 행한다고 좋은 것이 아닙니다. 주님께서 각자에게 배분하신 분량을 따라 행하면 그것이 자신과 타인 모두에게 최고의 일입니다. 구제나 봉사나 전도나 예배를 드림에 있어서도 이러한 분량의 적정선을 넘어서면 문제가 생깁니다. 세상의 유명한 자선가와 헌신적인 인권 운동가를 흠모하지 마십시오. 하나님의 말씀에 대한 반응이 아니라면 몸을 불사르게 내어줄지라도 헛된 것입니다. 오히려 진리와 은혜의 빛을 가리고 혼미하게 만드는 먹구름일 뿐입니다. 뭐든지 하나님이 말씀하신 분량만큼 하는 게 가장 좋습니다. 순종이 제사보다 낫고, 수양의 기름보다 말씀 듣는 것이 더 좋습니다. 그래야 몸 전체의 성장에 유익이 있습니다. 암세포는 정상적인 크기보다 더 커진 세포를 말합니다. 특정한 부분의 불필요한 두각은 건강에도 해롭습니다.

여기서 중요한 것은 주님의 도움이 모든 지체에 전해져야 한다는 것입니다. 바울은 그러한 역할을 각 마디가 해야 한다고 말합니다. 그 마디는 바로 "성도를 온전하게 하여 봉사의 일을 하게 하며 그리스도의 몸을 세우"기(엡 4:12) 위해 부름을 받은 사도들, 선지자들, 복음 전하는 자들, 목사와 교사 등을 뜻합니다. 마디의 역할은 각 지체와 주님과의 관계를 돈독하게 만드는 것입니다. 또한 지체들 간에 서로 연합할 수 있도록 화목을 도모하는 데에 있습니다.

하나님의 종은 권세를 부리는 자가 아닙니다. 정치나 계급과는 무관한 신분이 주님의 종입니다. 섬기고 봉사하는 게 종입니다. 하나님을 사랑하지 않으면 주님께서 맡겨 주신 양떼에 관심이 없습니다. 건물 짓고, 조직 만들고, 이벤트로 과시하는 외적인 일에만 집착하게 됩니다. 마디는 잘 보이지 않습니다. 그러나 그 마디를 통하여 온 몸이 머리의 명령과 도움을 받습니다. 뼈들의 마찰과 갈등과 대립과 손상을 막습니다. 그리하여 건강하고 온전한 몸으로 자라는 것입니다.

각 지체가 서로 연결되고 도움을 입음으로 자라되 자람의 방향과 절정은 바로 머리이신 그리스도 예수라고 바울은 말합니다. 사실 그는 교회가 "만물 안에서 만물을 충만케 하시는 이의 충만함"(엡 1:23)이란 의미에서 교회를 그리스도 예수의 몸으로 규정하고 있습니다. 교회가 성장의 절정이신 그리스도 예수에게 이르기를 원하는 바울의 바람은 다음과 같은 그의 기도문에 잘 나타나 있습니다. "우리 주 예수 그리스도의 하나님, 영광의 아버지께서 지혜와 계시의 영을 너희에게 주사 하나님을 알게 하시고 너희 마음 눈을 밝히사 그의 부르심의 소망이 무엇이며 성도 안에서 그 기업의 영광의 풍성함이 무엇이며 그의 힘의 위력으로 역사하심을 따라 믿는 우리에게 베푸신 능력의 지극히 크심이 어떠한 것을 너희로 알게 하시기를 구하노라"(엡 1:17-19).

지혜와 계시의 영을 통해 하나님 자신과 그분의 섭리를 알게 해 달라는 것입니다. 그리고 "모든 통치와 권세와 능력과 주권과 이 세상뿐 아니라 오는 세상에 일컫는 모든 이름 위에 뛰어나게 하시고 또 만물을 그 발 아래 복종하게 하시고 그를 만물 위에 교회의 머리로 삼으셨느니라"(엡 1:21-22)고 말합니다. 주님께서 교회의 머리가 되신다는 것은 만물 위에서의 일입니다. 즉 하나님은 교회를 만물 위에서 만물을 다스리는 존재로 규정하고 계십니다. 여기에는 교회를 통해서 온 세상에 당신의 지혜와 권능을 드러내기 원하시는 하나님의 뜻이 담겨 있습니다.

바울은 "성도가 세상을 판단"(고전 6:2)하고 "우리가 천사를 판단할"(고전 6:3) 것이라고 말합니다. 이는 교회를 통해 하나님의 비밀한 진리가 드러나는 방식으로 성취되는 일입니다. 즉 교회가 하나님의 비밀한 진리를 올바르게 드러내면 이로 인해 세상과 하늘에 있는 천사들도 판단을 받게 된다는 것입니다. 이는 결코 세상에 대해 물리적인 칼을 뽑아 실력을 행사하는 방식이 아닙니다. 바울은 하나님이 "교회로 말미암아 하늘에 있는 통치자들과 권세들에게 하나님의 각종 지혜를 알게 하려 하심이니"(엡 3:10)라고 말합니다. 이것은 "영원부터 우리 주 그리스도 예수 안에서 예정하신 뜻대로 하신 것"(엡 3:11)이기에 시류에 따라서 임의로 변경될 수 없습니다.

이제 '어떻게'의 문제가 남아 있습니다. 영원부터 정하신 일, 즉 교회로 말미암아 하나님의 각종 지혜를 드러내는 일은 어떻게 드러나는 것일까요? 답은 의외로 간단하고 쉽습니다. '교회가 주님으로 충만하면 된다'는 것입니다. 바울은 "믿음으로 말미암아 그리스도께서 너희 마음에 계시게 하시옵고"(엡 3:17) 각 지체가 서로 사랑하며 "모든 성도와 함께 지식에 넘치는 그리스도의 사랑을 알고 그 너비와 길이와 높이와 깊이가 어떠함을 깨달아"야(엡 3:18-19) 한다고 말합니다. 그러면 "하나님의 모든 충만하신 것으로 너희에게 충만하게 하"(엡 3:19)신다는 것입니다.

여기서 믿음의 원리가 등장합니다. 믿음으로 말미암아 주님이 우리 안에 거하게 됩니다. 만물을 충만케 하시는 주님으로 충만하게 되는 수단은 오직 믿음밖에 없습니다. 이 방식은 의인이 살아가는 영적 방식으로 이미 구약에서 제시되고 신약에서 추인한 바입니다. "오직 의인은 믿음으로 말미암아 살리라"(롬 1:17; 합 2:4). 믿음으로 살면 "영원부터 만물을 창조하신 하나님 속에 감추어졌던 비밀의 경륜이 어떠한 것을 드러내게"(엡 3:9) 된다는 것입니다. 즉 믿음은 보지 못하는 것들의 증거이기 때문에 믿음은 보이지 않으시는 하나님 자신과 하나님의 일들이 증거되도록 만듭니다. 그리스도 예수가 바로 교회의 중심이고 머리이며 몸인 교회는 머리이신 그리스도 예수에게까지 자라나야 하고 이로써 하나님의 비밀한 경륜을 드러내고 세상과 천사까지 깨우치는 기관임을 우리는 믿음으로 알고 믿음으로 구현할 수 있습니다.

그리스도는 남편이고, 교회는 아내이다

하나님은 만물을 6일 동안 지으시고 보시기에 좋았다고 했습니다. 그러나 흙으로 인간을 지으시고 에덴동산 중앙에 두시고는 "보시기에 심히 좋았더라"(창 1:31)는 차별화된 평가를 내립니다. 이것은 단순히 인간이 천하보다 더 고귀한 존재라는 사실만을 의미하지 않습니다. 그 이유는 "사람이 혼자 사는 것이 좋지 아니하니"(창 2:18)라는 말씀에서 확인할 수 있습니다. 하나님의 "심히 좋았다"는 평가의 대상은 인간 자체가 아닙니다. 하나님의 최상급 평가가 인간 자체에게 주어진 것이라면 아담의 독처도 그 평가를 변경하지 못했을 텐데 성경은 그가 혼자 사는 것이 하나님이 보시기에 "좋지 못하다"고 말합니다. 이에 우리는 아담만이 아니라 아담과 하와를 부부로 만드셨을 때에 "심히 좋았다"는 하나님의 평가가 있었다고 유추할 수 있을 것입니다. 남자만이 아니라 남자와 여자를 만드신 이후에 내려진 이 평가에 의하면, 결혼은 천하보다 귀한 한 인간보다 보시기에 더 좋았다는 이해가 가능할 것입니다. 결혼은 하나님이 보시기에 천하보다 더 귀한 인간이 참으로 인간답게 되는 창조의 본의를 드러내는 일입니다.

성경에서 여성은 더 연약한 그릇으로 표현되어 있지만, 그것이 신체적인 약함을 뜻하지는 않습니다. 여성은 부수적인 부품도 아닙니다. 여성을 신체적인 힘이나 사회적인 관점에서 바라보면 여성의 정확한 이해에 도달하지 못합니다. 무엇보다 여성은 남자가 독처하는 것을 보시고 보시기에 좋지 못하다고 판단하신 하나님의 신적인 결정에 따라 창조된 자입니다. 여성은 남성의 '좋지 못함'을 '심히 좋음'으로 바꾸는 하나님의 자비로운 손입니다. 한 사람의 가치를 진실로 사람다운 최대성을 발휘하는 차원으로 이끄는 홍일점과 같은 존재가 여성인 것입니다. 그러므로 여성은 남성에게 경쟁과 갈등의 대상이 아니며 정치적인 군림의 대상은 더더욱 아닙니다. 남성과 여성의 구분은 연합과 보완의 관계성을 요구하고 있습니다.

사실 여성은 창조의 재료부터 남자의 것과는 질이 다릅니다. 남자의 재료는 흙이지만, 여성의 경우에는 피와 살과 뼈와 같이 흙 자체와는 구별되는 고급한 재료가 사용되고 있습니다. 이것은 아담도 하와와의 첫 번째 만남에서 인정한 것입니다. "이는 내 뼈 중의 뼈요 살 중의 살이라"(창

2:23). 이 고백은 남편과 아내의 존재론적 관계성을 잘 보여주고 있습니다. 아내는 남편에게 뼈 중의 뼈요 살 중의 살입니다. 그런데 이렇게 아내를 자신의 최상급 존재로 인정하는 남편이 되기 위해서는 필히 거쳐야 하는 과정이 있습니다. 남편이 '깊은 잠'이라고 표상된 죽음의 과정을 지나가야 한다는 것입니다(창 2:21). 자신의 생명을 깊은 죽음에 맞길 정도로 희생적인 과정이 있었기에 여성을 자기 자신과 동일한 존재로 여기고 심지어 자신의 생명보다 소중하고 자신 중에서도 최상의 부위라고 고백할 수 있었던 것입니다.

아내는 남편에게 과연 뼈 중의 뼈요 살 중의 살입니다. 남편은 자신이 기쁘면 기껏해야 뼈가 기쁜 것이지만 아내가 기쁘면 뼈 중의 뼈가 기뻐하는 것입니다. 그리고 남편이 아프면 살이 아픈 것이지만 아내가 아프면 살 중의 살이 아픈 것입니다. 히브리어 어법에서 '……중의'라는 표현은 최상급을 의미합니다. 인간은 대체로 본성적인 자기애를 가지고 있습니다. 그러나 자신을 직접적인 사랑의 대상으로 삼는 자는 아직 제대로 자신을 사랑하는 자가 아닙니다. 성경은 "자기 아내를 사랑하는 자는 자기를 사랑하는 것"(엡 5:28)이라고 말합니다. 진실로 자신을 제대로 사랑하는 자는 바로 뼈 중의 뼈요 살 중의 살인 아내를 사랑하는 자입니다. 자신을 사랑하면 뼈와 살을 사랑하는 것이지만, 아내를 사랑하면 뼈 중의 뼈와 살 중의 살을 사랑하는 것입니다. 자신을 사랑하는 자보다 더 어리석은 자는 아내를 미워하는 자입니다. 자신을 미워하면 뼈와 살을 미워하는 것이지만 아내를 미워하면 뼈 중의 뼈를 미워하는 것이고 살 중의 살을 미워하는 것입니다. 즉 아내를 사랑하는 남편은 가장 지혜롭고, 자신을 사랑하는 남편은 그 다음이고, 자신을 미워하는 남편은 그 다음이고, 아내를 미워하는 남편은 가장 어리석은 자입니다.

"누워서 침 뱉기"란 말이 있습니다. 아내를 미워하는 것은 자기 얼굴에 침을 뱉는 것과 같습니다. 남편은 자신을 기뻐하는 것보다 아내를 기쁘게 하면 최상급의 기쁨을 향유하게 되고, 자신이 아픈 것보다 아내를 아프게 하면 최악의 고통을 겪을 수밖에 없습니다. 지혜로운 남편은 자신보다 아내를 기쁘게 하는 자이며 아내의 아픔을 아내보다 더 아파하는 자입니다. 아내의 기쁨을 위하고 아내의 아픔을 방지하기 위해 자신의 생명도 얼마든지 수단으로 삼는 자입니다. 남편이 아내에게 자기 생명을 희생하며 사랑하는 것은 궁극적인 면에서는 자기를 가장 올바르게 사랑하는 길이며, 이렇게 아내를 사랑하지 않는다면 자신을 미워하는 것입니다.

결혼은 쌍방적인 언약이기 때문에 아내에 대한 남편의 사랑만이 결혼을 결혼답게 만드는 것은 아닙니다. 남편에 대한 아내의 사랑도 그런 결혼의 실현을 돕습니다. 그러나 아내는 남편을 희생의 모양이 아니라 순종의 방식으로 돕습니다. 이처럼 아내는 남편을 자신의 머리로 여기면서 순종해야 하는 언약의 짝입니다. '순종하는 아내'는 아마도 구약에서 언급된 아내의 정체성인 '돕는 배필'의 신약적인 의미일 것입니다. 아내는 순종으로 남편을 돕는 자입니다. 그러나 억압이나 강제에 떠밀려서 남편을 돕는 배필은 아닙니다. 남편에 대한 아내의 가장 아름다운 사랑은 자발적인 순종으로 남편을 돕는 것입니다. 아내가 자발적인 순종으로 사랑하기 전까지 남편은 다른 수단으로 재촉하지 말고 무한한 인내로 기다리는 것이 좋습니다. 강요된 사랑은 사랑일 수 없습니다. 사랑은 강요가 한 방울만 들어가도 폭력으로 바뀌고 맙니다.

하와에 대한 아담의 고백에서 성화와 관련해 한 가지 더 생각할 것이 있습니다. 아내가 바가지를 긁으면 뼈 중의 뼈가 긁히고 살 중의 살이 찢깁니다. 그럴 때마다 남편은 거룩하게 되는 성화를 떠올리는 편이 좋습니다. 사람은 환난의 고통을 인내하며 연단을 받습니다. 연단은 성화의 소망을 낳습니다. 그런데 남편에게 가장 치명적인 고통과 아픔과 상처와 곤란과 인내와 연단은 아내를 통해 오는 것 같습니다. 이는 다른 사람들은 내게 아내만큼 가깝지 않아서 그런 것입니다. 나와 무관한 외국의 어느 독재자가 아무리 극단적인 독설을 쏟아 내고 최악의 정책을 실행한다 해도 나에게는 어떠한 상처도 아픔도 절망도 발생하지 않습니다. 그러나 나에게 가장 가까운 존재인 아내가 뾰족하게 날을 세우면 너무도 아파서 어떠한 것도 할 수 없습니다. 이러한 극도의 고통으로 인해 남편은 연단다운 연단을 받고 인내다운 인내를 경험하고 높은 차원의 거룩함에 이릅니다. 이로써 모든 것에 구비되어 조금도 부족함이 없는 경건의 사람으로 서서히 자라 가는 것입니다. 나로부터 멀리 있는 사람들은 비록 이따금 감동과 슬픔과 아픔을 주기도 하지만 엄격하게 본다면 성화의 파트너가 아닙니다. 그러나 아내는 다릅니다. 가장 은밀한 부위를 건드리고 다듬고 온전하게 만드는 예리함과 친밀감이 동시에 아내에게 있습니다. 그러니 "아내를 얻는 자는 복을 얻고 여호와께 은총을 받는 자"(잠 18:22)라고 한 지혜자의 말은 귀에만 달콤한 수사적 표현이 아닌 것입니다. 가장 심오한 차원의 성화는 아내를 통해 도달할 수 있습니다. 이 땅에서 우리가 거룩하게 되는 것보다 더 큰 복이 있을까요? 거룩함은 우리를 향해 만세 전부터 작정된 하나님의 뜻입니다. 그 뜻을 이루고자 하나님은 태초부터 부부의 관계를 정하셨고 지금도 존속해 나가고 계십니다. 혹 아내에게 문제가 있어서 어려움을 겪는다 할지라도 주께서 남편에게 최고의 성화를 이루시는 은혜인 줄 아시고 늘 감사해야 하는 이유가 여기에 있습니다.

남편을 머리로, 아내는 몸으로 비유하는 것, 그리고 남편은 희생하고 아내는 순종해야 한다는 것에 거부감을 가진 이들은 이를 성차별로 규정하고 남녀의 불평등을 초래하는 것이라고 말합니다. 그러나 이것은 오해이며 본뜻은 그렇지 않습니다. 나아가 하나님은 오해에 근거하여 성차별의 근절을 외치는 여성해방 운동도 정당하게 보시지 않습니다. 오늘날 성차별과 여성해방 운동은 하나님을 떠난 인간의 가치 상실에서 오는 필연적인 저항인 것 같습니다. 하나님을 아는 자들은 단순히 대우의 사회적인 균등을 남녀 간의 평등으로 보지 않습니다. 남녀 사이에는 신체의 태생적인 차이와 역할의 조화로운 분담이 분명히 있습니다. 이처럼 하나님의 손으로 빚어진 다양성과 조화를 제거 또는 극복의 대상으로 이해하면 안됩니다. 문제의 해결은 사회적인 불균형을 해소하는 데에 있지 않습니다. 이러한 시도는 영원히 성취되지 않고 부작용만 양산할 뿐입니다. 창조의 섭리는 절대 건드리면 안됩니다. 창조 자체가 하나님의 영원한 신성과 능력의 계시와 결부되어 있기 때문에 하나님을 대적하는 우를 범할 수도 있습니다. 문제의 근원은 하나님을 떠난 인간에게 있습니다. 인간을 지으시되 남자와 여자로 지으신 분의 의도를 회복하는 것이 진정한 의미에서 평등이요 해결인 것입니다.

남편을 머리로 존중해야 하는 아내는 남편의 문제로 인해 말로 다 표현할 수 없는 고통을 두루 겪습니다. 남편이 아내로 인해 뼈 중의 뼈가 위골되고 살 중의 살이 에이는 아픔을 경험하듯 아내도 남편으로 인해 머리가 부서지는 듯한 아픔을 겪습니다. 그때마다 아무리 못난 남편이라 할지라도 주께서 짝지어 주신 성화의 짝이라는 사실을 잊지 마십시오. 남편으로 인해 누구보다 치열하게 기도하게 되고 주님의 뜻을 찾고 은총을 구하고 회복의 몸부림을 치면서 하나님께 나아가고 그분의 십자가 사랑을 축적하고 그 사랑을 남편에서 쏟다 보면 다른 어떤 곳에서도 경험할 수 없는 하나님의 큰 은혜와 영광을 보게 될 것입니다. 이로써 세상 사람들의 눈에 하나님의 얼굴을 보여주는 증인이 될 것입니다.

아마도 성경이 가르치는 남편의 희생적인 사랑과 아내의 절대적인 순종은 현대인의 눈에 대체로 여성에게 억울하고 부당한 조항인 것처럼 보일 것입니다. 이러한 현상은 당연한 것입니다. 그리스도 예수를 모르고 성령의 가르침과 도움을 받지 않으면 누구라도 그렇게 반응할 것입니다. 바울의 말처럼 성령의 충만이 없으면 남편의 희생과 아내의 순종은 결코 구현될 수 없습니다. 역으로 본다면, 만약 가정에서 남편의 희생과 아내의 순종이 보인다면 그것은 성령의 충만에서 비롯된 결과이기 때문에 성령이 충만한 부부라는 사실의 증거일 것입니다. 그리고 남편과 아내 사이의 권위적인 높낮이 경쟁은 진정한 권위에 대한 오해에서 비롯된 것입니다. 예수님의 제자들도 누가 가장 큰 자인지 권력의 서열을 두고 부끄러운 논쟁을 했습니다. 어떤 제자들은 예수님이 막강한 지위에 오르면 한자리를 달라는 민망한 청탁까지 했습니다. 이에 예수님은 권위의 세속적인 개념에 빠지지 말라고 경계하신 후 "너희 중에 누구든지 크고자 하는 자는 너희를 섬기는 자가 되고 너희 중에 누구든지 으뜸이 되고자 하는 자는 모든 사람의 종이 되어야 하리라"(막 10:44-45)는 교훈을 주십니다. 이 말씀은 부부 사이에도 얼마든지 적용될 수 있습니다. 주님의 이 교훈에 따르면, 순종과 섬김이 세상의 눈에는 종의 일이지만 주님의 눈에는 으뜸이 되는 최고의 길입니다. 이러한 관점에서 본다면, 남편과 아내는 권위의 경쟁이 아니라 순종과 섬김을 경쟁하는 아름다운 짝입니다.

　우리는 남편에 대한 아내의 순종이 남편의 권위에 뿌리를 둔 것이 아님을 주목할 필요가 있습니다. 아내의 순종은 남편을 존중하는 것이기도 하지만 궁극적인 면에서는 이 질서를 조성하신 하나님을 경외하고 존중하는 것입니다. 남편의 어떠함을 기준으로 이 질서를 변경하는 것은 아내가 남편의 어떠함에 근거해서 남편에게 순종하는 것이기에 어쩌면 올바른 경건과는 무관할 것입니다. 남편이 때때로 못나고 부족해도 순종의 자세에 흔들림이 없음은 아내가 하나님의 권위에 근거해 순종하고 있음을 증명하는 것입니다. 교수가 수업을 하는데 학생들이 수업을 듣기 싫어하고 배움의 열정을 보이지 않는다고 해서 휴강하는 것은 아닙니다. 왜일까요? 학생들의 기호나 반응이 강의의 여부를 좌우하는 권위가 아니기 때문입니다. 교수의 강의가 수업과 과제를 싫어하는 학생들의 일시적인 기호에 크게 연연하지 않는 이유가 여기에 있습니다. 학교에서 교수직을 맡긴 이유는 학생들의 기호에 춤추지 않고 그것을 넘어서 학생들의 진정한 필요를 채워 주고 근원적인 유익을 제공하는 데에 있습니다. 남편에게 아내가 순종하는 것도 남편의 됨됨이에 좌우되지 않습니다. 순종의 궁극적인 이유는 하나님의 권위에 있습니다.

　또 하나 주목할 것은 아내의 순종이 어쩌면 아내를 겨냥한 강압의 교훈이 아닐 수 있다는 것입니다. 오히려 아내가 무조건 순종해도 될 정도로 남편이 그리스도 예수를 닮아야 함을 요청하고 있다는 것이 그 교훈의 심층적인 메시지일 수 있습니다. 부모에게 순종하는 자녀들을 보십시오. 자녀들은 부모의 판단력에 적응되고 가치관에 적응되고 기호에 적응되고 생각과 말과 언어의 양식에 적응되고 심지어 걸음걸이 모습까지 닮습니다.

이 사실을 직시할 때에 부모의 가슴은 섬뜩함을 느낍니다. 나를 이렇게 닮았다가는 큰일 나겠다는 생각 때문입니다. 자녀가 부모에게 순종하는 가정의 질서는 비록 자녀에게 요청되는 것이지만 주의 교양으로 자녀를 양육해야 할 부모가 주님의 가치관과 인격과 관심사와 삶과 습관까지 이르러야 할 것을 요청하고 있습니다. 아내의 순종도 이러한 이해와 다르지가 않습니다. 즉 남편이 주님의 뜻과 생각과 계획과 도모와 목적까지 이르러야 한다는 참으로 강력한 교훈이 거기에 담겨 있습니다.

남편과 아내의 관계성에 있어서 바울은 태초부터 창조자에 의해 의도된 원리를 이렇게 설명하고 있습니다. 남편의 경우를 다시 보십시오. "남편들아, 아내 사랑하기를 그리스도께서 교회를 사랑하시고 그 교회를 위하여 자신을 주심 같이 하라"(엡 5:25). 아내의 경우도 다시 보십시오. "아내들아, 자기 남편에게 복종하기를 주께 하듯 하라"(엡 5:22). 교회의 참모습은 복종만을 강조하면 알 수가 없습니다. 생명을 건 희생적 사랑만을 강조하는 것도 잘못되었습니다. 결혼은 쌍방적인 언약이며 남편은 아내에게, 아내는 남편에게 지켜야 할 각자의 도리가 있습니다. 남편과 아내는 상대방의 도리에 대해 주장하는 자세를 취하지 말고 자신의 도리와 책임을 수행하는 데에 있어서 본을 보여야 합니다. 그래야 주님과 교회의 관계성을 제대로 알 수 있습니다. 칼빈은 하나님을 아는 지식과 인간을 아는 지식은 동일하게 추구해야 한다고 했습니다. 물론 하나님을 아는 지식이 우선적인 순위를 갖지만, 두 지식이 서로 맞물려 있음을 강조하고 있습니다. 칼빈의 주장에 의하면, 남편의 사랑과 아내의 경외가 톱니처럼 서로 맞물려야 교회의 참모습이 드러날 것입니다.

특별히 바울은 아내에 대한 남편의 생명을 건 사랑을 강조하고 있습니다. 그 이유는 교회를 향한 주님의 사랑과 뜻을 알리기 위한 것입니다. 주님은 교회의 거룩에 집요한 관심이 있습니다. 자신의 생명을 수단으로 삼으실 정도로 교회를 사랑하는 이유는 바울의 설명처럼 "물로 씻어 말씀으로 깨끗하게 하사 거룩하게 하시고 자기 앞에 영광스러운 교회로 세우사 티나 주름 잡힌 것이나 이런 것들이 없이 거룩하고 흠이 없게 하려는 것"(엡 5:26-27)입니다. 아내는 남편을 경외하고, 남편은 아내를 자기 자신처럼 사랑하면, 부부 간에 거룩이라는 열매가 맺힙니다. 다른 방법은 없습니다. 그런데 세상에서 이러한 아내의 경외와 남편의 사랑은 발견되지 않습니다. 불가능한 것입니다. 세상에는 부부 간에도 진정한 사랑과 존경의 모습이 없습니다. TV 드라마나 영화가 아무리 멋있는 장면을 연출해도, 그것은 세상의 부부들이 그러하지 못하기 때문에 멋있어 보이는 것입니다. PD나 감독들이 드라마와 영화에서 시청자의 눈물샘을 자극하는 이상적인 가정을 끊임없이 고안하는 것은, 물론 시청자의 기호 탓도 있지만 온 세상이 경외와 사랑에 목말라 있음을 반증할 뿐입니다.

이제는 이상적인 가정을 연출하여 시청률을 높이던 시대도 종료된 것 같습니다. 요즈음 드라마와 영화는 기형적인 가정과 불륜적인 관계가 아니면 성공이 보장되지 않습니다. 인간의 정상적인 사고와 일반적인 상식을 압도하는 스토리와 화면 전개가 없으면 구시대적 발상이란 타매를 받습니다. 세상이 각종 매체들을 통해 지식과 문화를 공유하면 할수록 "악화가 양화를 구축한다"는 그레샴의 법칙만 현실화될 것입니다. 이를 기독교적 입장에서 뒤집어 보면, 결국 세상에 보이는 가정의 안타까운 모습들은 교회의 참모습을 보이기 원하시는 하나님의 역설적인 수단일 수도 있습니다.

어제나 오늘이 그렇듯이 앞으로도 세상은 "아들이 아비를 멸시하며 딸이 어미를 대적하며 며느리가 시어미를 대적하는"(미 7:6) 시대가 종식되지 않을 것입니다. "사람의 원수가 자기 집안 식구"(마 10:36)라는 예수님의 진단은 세상을 가장 현실적이고 정확하게 표현한 말입니다. 이러한 세상에서 교회는 참된 가정의 모습을 회복하는 빛입니다. 이 시대의 몰락은 가정의 붕괴에서 비롯된 일입니다. 모든 문제가 가정으로 소급될 수 있고 모든 문제의 해결책도 가정의 회복으로 소급될 수 있습니다. 가정 회복의 진정한 열쇠인 교회는 모든 시대의 해답으로 제시된 하나님의 뜻입니다.

아내와 남편의 관계성은 그 자체가 의미의 궁극적인 실체는 아닙니다. 지금까지 진술한 아내와 남편의 관계성을 바울은 그리스도 예수와 교회의 비밀을 드러내는 비유라고 말합니다(엡 5:32). 그렇다면 아담과 하와의 가정에게 주어진 "심히 좋았다"는 신적인 평가의 종착지는 바로 그리스도 예수와 교회의 하나됨에 있다고 보아도 무방할 것입니다. 그렇다면 사회의 근간을 이루고 사회 자체를 구성하는 마지막 단위의 세포인 가정이 태초에 아담과 하와의 관계에서 시작하여 지금까지 이르는 가정의 확장이라 할 모든 사회와 국가와 세계의 역사는 바로 그리스도 예수와 교회의 관계성을 지향하고 있다는 해석도 무리가 없을 것입니다. 가정을 향한 모든 하나님의 말씀도 의미의 종착지는 역시 그리스도 예수와 교회의 관계성에 있다고 평가해도 될 것입니다.

아담이 하와에게 "이는 내 뼈 중의 뼈요 살 중의 살이라"고 한 고백의 궁극적인 주어도 첫째 아담이 아니라 둘째 아담이신 그리스도 예수일 가능성이 높습니다. 뼈 중의 뼈는 뼈에게서 갈라질 수 없습니다. 부부는 바로 그런 것입니다. 문제가 생겼을 때 책임을 여자에게 돌리고 그래서 여자를 지으시고 배필로 맺어 주신 하나님께 궁극적인 책임을 돌리는 그런 아담은 "뼈 중의 뼈요 살 중의 살"이라는 표현의 주어일 수가 없습니다. 아담은 이 고백의 진정한 주어를 가리켰던 도구였을 뿐입니다. 비록 하와도 아담의 몸이어서 "내 뼈 중의 뼈요 살 중의 살"이라는 고백이 가능할 수는 있었으나 그 고백의 진정한 의미는 자신의 몸 된 교회를 향한 주님에게 있습니다. 그리스도 예수만이 교회를 향해 "이는 내 뼈 중의 뼈요 살 중의 살이라"는 관계성을 생명이 다할 때까지 삶의 실천으로 고백해 내신 분입니다. 예수님은 교회를 자신의 "뼈 중의 뼈요 살 중의 살"이라고 하십니다. 자신이 십자가에 못 박혀 죽음의 고통에 이르는 것보다 교회가 아파하고 무너지는 것을 더 아파하고 계십니다. 자신의 생명도 수단으로 내어줄 정도로 교회를 사랑하고 자신이 기뻐하는 것보다 교회가 기뻐하는 것을 더 기뻐하고 계십니다. "땅에 있는 성도들은 존귀한 자들이니 나의 모든 즐거움이 그들에게 있도다"(시 16:3)는 시인의 고백은 주님의 마음을 너무도 정확하게 표현하고 있습니다. 어떤 대상에게 자신의 모든 기쁨을 맡긴다는 것은 결코 쉬운 일이 아닙니다. 그것은 그 대상이 외면하고 거절하면 모든 기쁨을 상실하여 절대적 슬픔에 잠길 수 있는 가능성을 각오해야 하는 일입니다. 그런데 주님은 교회를 위해 아버지께 버림을 당하시는 최대의 아픔도 감수하신 분입니다. "뼈 중의 뼈요 살 중의 살"이라는 고백의 진가는 여기에 있습니다.

"하나님이 짝지어 주신 것을 사람이 나누지 못할지니라"(마 19:6)는 예수님의 말씀도 아담과 하와로 대표되는 인간 부부가 담아낼 수 있는 말이 아닙니다. 대부분의 나라는 최소한 두 가정에서 한 가정이 이혼하는 50퍼센트 이상의 이혼율을 보이고 있으며, 한국의 경우에는 기독교인 안에서도 동일한 이혼율을 보이고 있습니다. 비록 법적인 이혼까지는 가지 않았으나 실질적인 이혼의 삶을 살아가는 가정까지 감안하면, 실질 이혼율은 어쩌면 70-80퍼센트가 될 것입니다. 이러한 이혼율에 근거해서 본다면, 대부분의 가정은 하나님이 짝지어 주셨지만 사람이 임의로 나눈 경우이거나 아니면 하나님이 아예 원하시지 않은 짝이었을 것입니다. 결혼의 분리 불가능성 선언은 어떤 측면에서 보더라도 사람들의 가정 안에서는 머리 둘 곳이 없어 보입니다. "하나님이 짝지어 주신 것을 사람이 나누지 못한다"는 말씀의 진정한 안식처는 바로 그리스도 예수와 교회의 관계성에 있습니다. 그리스도 예수와 교회는 분리될 수 없습니다. 바울은 곤고나 박해나 기근이나 적신이나 위험이나 칼이나 심지어 사망이나 생명이나 천사나 권세자나 현재 일이나 장래 일이나 능력이나 높음이나 깊음이나 다른 어떤 피조물도 그리스도 예수의 사랑에서 교회를 끊을 수 없다고 말합니다(롬 8:35-39). 그 어떠한 것도 하나님이 짝지어 주신 그리스도 예수와 교회를 분리할 수 없습니다.

교회를 아내로 비유할 때, 조심해야 할 점이 있습니다. 교회와 가정을 동일하게 생각하면 안된다는 것입니다. 원수 같은 증오로 가득한 집안이 다수가 되어 가는 추세이지만, 세상에는 여전히 자식밖에 안 보이고 부모님이 언제나 최고인 집안도 있습니다. 혈육을 향한 과도한 애착도 건강한 것이 아닙니다. 주님은 "아버지나 어머니를 나보다 더 사랑하는 자는 내게 합당하지 아니하고 아들이나 딸을 나보다 더 사랑하는 자도 내게 합당하지 아니하"(마 10:37)다고 하십니다. 교회는 가정과 동일하지 않습니다. 가정의 개념을 초월하는 것입니다. 세상에서 가장 소중한 공동체가 가정이기는 하지만 교회에 대해서는 여전히 비유일 뿐입니다. 궁극적인 본질은 비유에 제한되지 않습니다. 이런 의미에서 교회를 가정이라 말하지 않고,

가정으로 비유되는 것이라고 말하는 것입니다. 교회는 아무리 허물 없는 가정도 다 드러낼 수 없는 그리스도 예수의 신비한 몸입니다.

그리스도는 주인이고 교회는 종이다

정치에 있어서 대부분의 사람들은 민주주의 제도를 최고의 체제로 여깁니다. 그 체제의 이념은 자유와 평등에 있습니다. 사람들은 자유가 제한되고 평등이 무너지는 것을 견디지 못합니다. 그러나 앞에서도 밝혔듯이, 세상에는 진정한 자유가 없습니다. 세상이 추구하는 자유는 대단히 상대적인 것입니다. 빵 하나 더 주는 것을 세상은 자유라고 느낍니다. 선택이 두 가지만 있어도 자유라고 믿습니다. 그러나 아무리 다양한 선택권이 주어져도 타락한 인간의 신분은 진정한 자유가 없는 종입니다. 이것은 불변의 사실이기 때문에 언론이나 여론이 아무리 자유와 평등을 외치며 최면을 걸어도 바뀌지 않습니다.

"나는 남의 종이 된 적이 없다"고 따지는 이들도 있을 것입니다. 종이라는 말을 너무 나쁘게만 보지 마십시오. 유대인은 예수님이 "진리가 너희를 자유롭게 하리라"(요 8:32)고 하자 격분하며 곧장 이런 반문을 던집니다. "우리가 아브라함의 자손이라. 남이 종이 된 적이 없거늘 어찌하여 우리가 자유롭게 되리라 하느냐"(요 8:33). 이것은 참으로 무례한 말입니다. 그러나 주님은 친절하게 종의 올바른 개념을 설명해 주십니다. "죄를 범하는 자마다 죄의 종이라"(요 8:34).

종이라는 것은 어떤 대상에게 순종하는 존재라는 뜻입니다. 인간은 능동적인 존재가 아니라 수동적인 존재이기 때문에 누군가의 종이 되는 것은 불가피한 일입니다. 중요한 것은 주인이 누구냐에 있습니다. 돈을 따라서 움직이면 돈의 종입니다. 성을 따르면 섹스의 종입니다. 명예를 따르면 명예의 종입니다. 정보에 이끌리면 지식의 종입니다. 이런 식으로 수많은 주인을 나열할 수 있을 것입니다. 그러나 다른 모든 주인들을 포괄하는 주인이 있습니다. 그것은 바로 '사탄'이요 '죄'입니다. 사탄을 따르는 모든 것이 죄이며, 죄를 범하는 모든 자가 죄와 사탄의 종입니다. 주인의 최상급 의미가 '아비'라는 것입니다. 그래서 예수님은 마귀를 종 된 그들의 아비라고 했습니다(요 8:44). 이는 인간이 마귀를 주인으로 모시는 종이라는 사실을 꼬집은 말입니다.

바울은 "모든 사람이 죄를 범하였으매"(롬 3:23) 유대인과 이방인 모두가 죄의 종이라고 말합니다. 자신들을 선민으로 생각했던 유대인은 바울의 이러한 선언을 괘씸한 망발로 여겼을 것입니다. 현대인도 종이라는 말에 대단한 거부감을 가지고 있습니다. 자신의 기준을 따라 어떠한 것에도 제한받지 않고 마음대로 행할 수 있다고 판단되면 그냥 만족하고 자유의 본질적인 의미에 대한 생각을 중단하는 경향이 있습니다. 자유와 평등이란 근사한 단어만 들어가면 사람들은 쉽게 열광하고 만족하는 이상한 최면에 걸립니다. 선진국이 인권과 민주주의 체제의 수립이란 명분을 앞세우며 남아메리카, 아프리카, 중동 등지에 탐욕의 총구를 겨누며 방아쇠를 당기는 것만 보아도 그런 명분은 인간의 시커먼 본색을 가리는 화려한 도구였을 뿐임을 쉽게 확인할 수 있습니다. 심지어 이단 사이비도 생존을 위해서 가정의 회복과 세계의 평화와 자발적인 봉사라는 문구를 전면에 내세우며 자신의 흉측한 정체성을 가리기에 여념이 없습니다.

우리는 겉만 화려한 구호에 미혹되면 안됩니다. 언어의 저변에 깔려 있는 어두운 사상을 읽을 수 있어야 할 것입니다. 사탄의 목적은 자유와 평등이란 단어를 빼앗는 것이 아니라, 그것들의 참된 내용을 왜곡하고 제거하는 것입니다. 자유와 평등을 외치게 하고서는 엉뚱한 것을 추구하게 만듭니다. 이를 위해 수많은 전략들이 동원되고 있습니다. 그것들은 너무도 진짜 같아서 쉽게 그 정체를 알아차릴 수 없는 형태를 취하고 있습니다. 그러므로 우리는 거짓의 아비인 마귀의 궤계를 파악하고 능히 대적하기 위해 철저하게 무장할 필요가 있습니다.

영적인 승리의 모든 비밀은 광야에서 당하신 예수님의 시험에 담겨 있습니다. 사탄의 유혹과 거짓은 쉽게 들키는 뚱딴지같은 요구에 있지 않습니다. 교회에서 추구하는 신령한 것과 생계의 모든 필요를 해결하는 것과 관련되어 있습니다. 천사들이 수종 들 것이라는 신령한 경지에 대한 시험도 그 은밀한 속내에는 하나님을 의심하고 시험하는 내용이 은닉되어 있고, 돌로 떡을 만들어 자신의 필요를 채우라는 시험에도 하나님의 선하심을 의심하는 내용이 감추어져 있고, 절하면 천하를 주겠다는 제안에도 가치의 왜곡과 전도라는 사탄의 음모가 숨겨져 있습니다.

광야에서 이스라엘 백성이 경험한 역사적인 시험의 내용도 사람이 무엇으로 사느냐와 어떻게 사느냐에 관한 것입니다. "네 하나님 여호와께서 이 사십 년 동안에 네게 광야 길을 걷게 하신 것을 기억하라. 이는 너를 낮추시며 너를 시험하사 네 마음이 어떠한지, 그 명령을 지키는지, 지키지 않는지 알려 하심이라. 너를 낮추시며 너를 주리게 하시며 또 너도 알지 못하며 네 조상들도 알지 못하던 만나를 네게 먹이신 것은 사람이 떡으로만 사는 것이 아니요 여호와의 입에서 나오는 모든 말씀으로 사는 줄을 네가 알게 하려 하심이니라"(신 8:2-3).

여기에는 하나님의 말씀이 인생의 전부라는 강조점이 담겨 있습니다.

그런데 사탄의 전략과 목표는 이러한 하나님의 고루하고 답답한 말씀에서 떠나라는 것입니다. 하나님의 말씀을 자유와 선택의 족쇄로 오해하고 말씀을 버린 사람들은 마치 사사 시대처럼 "각기 자기의 소견에 옳은 대로 행하"(삿 21:25)기를 즐깁니다. 사람들은 돈에 매력을 느낍니다. 아름다운 여성이나 섹시한 남성에게 끌립니다. 불타는 학구열로 동서고금에 흩어진 사상과 문헌을 섭렵하는 게 멋있어 보입니다. 세인의 시선과 칭찬이 쏠리는 곳에서 발견되고 싶어 하는 경향을 보입니다. 사탄의 유혹은 흉측하지 않습니다. 날카로운 뿔이나 사나운 이빨도 없습니다. 오히려 지혜롭고 탐스럽고 먹음직하기까지 한 최상의 도구를 활용하여 자신의 최악의 실상을 능숙하게 숨깁니다. 이는 "여호와 하나님이 지으신 들짐승 중에 가장 간교"한(창 3:1) 뱀이 인류의 유혹자로 동원하는 것만 보아도 쉽게 확인할 수 있습니다.

사탄의 도구는 음녀로 표현되며 그 입술은 꿀을 흘리며 입술에서 나오는 언어는 기름보다 부드러운 것입니다(잠 5:1-10; 7:6-27). 이 모든 도구는 "나의 종이 되라"는 속뜻을 이루려는 사탄의 떡밥과 속임수일 뿐입니다. 이는 태초부터 시작된 선악과에 얽힌 유혹과도 다르지가 않습니다. 우리는 종입니다. 중요한 것은 주인이 누구냐는 것입니다. 우리는 본질상 두 주인을 섬길 수 없습니다. "하나님과 재물을 겸하여 섬기지 못하"는(마 6:24) 자입니다.

사탄도 이 점을 잘 알고 있습니다. 그의 유혹은 하나님과 뚜렷하게 구별되는 재물로 다가오지 않습니다. 영혼의 차원을 쪼개고 식별하는 좌우에 날 선 검이 아니면 식별할 수 없도록 광명의 천사 모습으로 접근하되 어떤 경우에는 나 자신의 의지와 지성과 감정을 은밀하게 조정하여 유혹을 받는다는 느낌이 전혀 들지 않도록 교묘한 방식으로 범죄의 덫을 놓습니다. 사탄이 하와에게 유혹한 내용도 하와 자신에 관한 것입니다. 그는 말합니다. "너희가 그것을 먹는 날에는 너희 눈이 밝아져 하나님과 같이 되어 선악을 알 줄 하나님이 아심이니라"(창 3:5). 사탄은 자신의 종이 되라는 속내를 결코 공공연히 드러내지 않습니다. 너 자신이 하나님과 같이 되라고 말합니다. 이것은 도저히 유혹일 수 없고 오히려 최고의 축복처럼 들립니다. 나를 왕처럼 떠받드는 것 같아서 거부하고 싶지 않습니다. 하나님과 같이 되라니요! 이것은 선악과의 유혹만이 아닙니다. 세상의 모든 유혹이 이러한 속성을 가지고 있습니다. 나 자신이 탁월하게 되고 절대적인 자존자가 되라는 것입니다.

인간을 유혹하기 위해 사탄이 가장 깊이 파 놓은 함정은 바로 '나'입니다. 이것이 바로 우리를 은밀하게 유혹하는 사탄의 가장 야비한 전략입니다. 아우구스티누스 이래로 인간의 가장 치명적인 약점은 인간이 자신의 주인이 되어 안에서 밖을 보는 자로 있다는 인식에 있습니다. 이는 내가 나의 주인이 되면서, 나 자신에게 종이 되는 것입니다. 한 사람의 신분이 동시에 주인이고 종일 수 있을까요? 결코 그럴 수 없습니다. 자신의 주인이 된다는 것은 입술에만 달콤한 치명적인 속임수일 뿐입니다. 모든 사람이 죄를 범했기 때문에 모든 사람의 신분은 죄인 그 이하도 그 이상도 아닙니다. 죄가 주인이 된 사람을 죄인이라고 합니다. 그렇다면 내가 나의 주인이 된다는 것은 너무도 솔깃한 말이지만, 죄가 주인이 된 내가 나의 주인이 되는 것이기 때문에 결국 죄의 종이 된다는 뜻입니다.

내가 주인으로 있는 이상, 보고자 하는 것을 보고 듣고자 하는 것을 듣고 행하고자 하는 것을 행하고 가고자 하는 곳으로 가고 만들고자 하는 것을 만든다 할지라도 결코 자유롭지 못합니다. 모든 문제와 한계는 나에게서 나오는 것입니다. 나에게서 나오는 것들은 바울이 잘 열거한 것처럼 "음행과 더러운 것과 호색과 우상숭배와 주술과 원수 맺는 것과 분쟁과 시기와 분냄과 당 짓는 것과 분열함과 이단과 투기와 술 취함과 방탕함"(갈 5:19-21) 등입니다. 이것들은 모두 내가 나의 주인이기 때문에 발생하는 일입니다. 이를 해결하는 방법은 하나밖에 없습니다. 즉 내가 죽는 것입니다. 내가 나 자신의 주인이기를 중단하는 것입니다. 인간은 죽어야 사는 자입니다. 살고자 하면 죽습니다. 그러나 안타까운 문제는 이러한 죽음과 삶의 역설을 물리적인 것으로 오해해 자살론이 문제의 해결책인 것처럼 자신의 물리적인 존재를 스스로 지운다는 점입니다. 세상에서 유별나게 똑똑한 사람들의 상당수가 자살로 죽습니다. 자살은 죽음과 삶의 역설과 무관한 것입니다. 죽더라도 자기를 위해서 죽으면 정말로 죽는 것입니다. 타인을 위해 죽는 사람들도 간혹 있습니다. 바울의 지적처럼 "의인을 위하여 죽는 자가 쉽지 않고 선인을 위하여 용감히 죽는 자가 혹 있"습니다(롬 5:7).

죽고자 하면 살고 살고자 하면 죽는다는 진리는 예수님의 말씀, "자기 목숨을 얻는 자는 잃을 것이요 나를 위하여 자기 목숨을 잃는 자는 얻으리라"(마 10:39)는 말씀과 관계된 것입니다. "나를 위하여." 죽음에도 다양한 이유가 있습니다. 즉 '나'라고 지칭되는 예수님을 향하여 죽어야 비로소 산다는 것입니다. 예수님을 향하여 죽는다는 것은 그분을 주라고 고백하는 것입니다. 예수님을 주라고 고백하면 나는 종이라고 고백하는 셈입니다. 이런 식의 고백으로 자기를 부인하고 죽으면 산다는 것입니다. 그러나 이러한 고백이 모든 사람의 입술에서 나올 수 있는 것은 아닙니다. "성령으로 아니하고는 누구든지 예수를 주시라 할 수 없느니라"(고전 12:3). 주님께서 그들을 위해 먼저 죽어 주신 택자들의 경우에만 가능한 일입니다. "너와 네 후손의 하나님이 되리라"(창 17:7)는 영원한 언약으로 지정된 자에게만 가능한 일입니다. 택자들은 하나님이 주인인 자들이며 그래서 하나님의 종인 자들입니다. 두 주인을 겸하여 섬길 수 없기 때문에, 하나님이 우리의 주인이면 우리는 이따금씩 사탄이나 죄의 '종노릇'은 할 수 있어도 사탄이나 죄의 '종'이 될 수는 없습니다. 하나님의 종은 다른 누구에 의해서도 그 신분이 박탈되지 않습니다. 예수님은 "그들을 내 손에서 빼앗을 자가 없"는데 이는 "그들을 주신 내 아버지는 만물보다 크시매 아무도 아버지 손에서 빼앗을 수 없"기(요 10:29) 때문에 그렇다고 하십니다.

하나님의 택함을 받았기 때문에, 하나님이 주인이기 때문에 비록 예수님의 "이름으로 말미암아 모든 사람에게 미움을 받을 것이나 너희 머리털 하나도 상하지 아니하리라"(눅 21:17-18)고 주님은 말합니다. 주님께서 "그를 지키시매 악한 자가 그를 만지지도 못"할(요일 5:18) 것입니다. 예수님이 우리의 주인이 되신다면, 우리는 어떤 것에 의해서도 결박되지 않습니다. 주님의 종은 다른 어떠한 것의 종도 아닙니다. 참된 자유의 비밀이 여기에 있습니다. 주님께서 우리의 주인이면, 우리는 모든 것에서 자유로울 수 있습니다. 하나님을 향해 자신을 철저히 부인하고 나의 모든 것이 하나님께 속한 종이라고 선언할 때 비로소 진정한 자유를 얻습니다. 내가 더 이상 나의 주인이 아니라 주님이 나의 주인이면 나 자신에 대해서도 자유롭게 됩니다.

사람은 감정에 얽매이기 쉽습니다. 지식에도 한계가 있습니다. 모든 것을 알 수는 없기 때문에 아는 것에 지나치게 의존합니다. 그래서 인간은 지식에도 얽매이기 쉽습니다. 인간은 능력은 보잘것없습니다. 시야도 좁습니다. 의지력도 약합니다. 아침에 끼는 안개와 같은 존재인데 죄악된 본성까지 가지고 있습니다. 어느 것 하나 나를 속박하지 않는 게 없습니다. 나의 모든 것 중에 나의 자유를 박탈하지 않는 것이 없습니다. 그러나 하나님이 나의 주인이면 모든 것이 바뀝니다. 하나님은 전능하고 전지하고 회전하는 그림자도 없습니다. 자비롭고 노하기를 더디하는 분입니다. 지혜와 지식의 보고이신 분입니다. 어느 것 하나라도 부족함이 없습니다. 그런 주님께서 나의 주인이 되십니다. 그런 분께서 나의 주인이 되신다면, "내게 능력 주시는 자 안에서 내가 모든 것을 할 수 있"습니다(빌 4:13). 우리는 "거룩하신 자에게서 기름 부음을 받고 모든 것을" 알 수 있습니다(요일 2:20). 천지와 그 가운데 있는 만물을 지으시고 소유하고 계신 여호와가 우리의 주인이기 때문에 "내가 부족함이 없"습니다(시 23:1). 완전한 자유가 여기에 있습니다. 교회는 바로 그런 최고의 자유를 누리는 주님의 종입니다. 주님은 주인이고 교회는 그의 종이기 때문에 완전히 자유롭습니다. 비록 종과 자유가 역설적인 언어의 조합처럼 보이지만 주님께 적용되면 결코 모순이 아닙니다. 아무리 애매하고 헷갈리는 것들도 주인이신 그리스도 안에서는 "예만 되"는 것입니다(고후 1:19). 유한한 인간이나 세상의 종이 되지 마시고, 주님의 종이 되십시오. 그리고 바울의 권고처럼 "굳건하게 서서 다시는 종의 멍에를 메지 마"십시오(갈 5:1).

주님의 종은 주님만을 믿고 살아가는 자입니다. 믿음은 더 이상 나 자신과 세상을 의지하지 않고 오직 하나님만 신뢰하는 것입니다. "오직 의인은 믿음으로 말미암아 살리라"(롬 1:17). 믿음으로 산다는 것은 나를 철저히 부인하고 나로부터 자유롭게 되는 삶을 뜻합니다. 믿음의 대상 이외에 다른 어떠한 것에도 얽매이지 않는 삶입니다. 진리를 의지하는 믿음은 우리를 자유롭게 할 것입니다. "진리가 너희를 자유롭게 하리라"(요 8:31). 하나님의 거룩한 교회는 완벽한 자유를 세상에 소개하는 곳입니다. 온갖 거짓과 허상과 비유를 한꺼번에 일소하는 곳입니다.

교회의 성격

이 세상에는 택자들만 모인 교회가 거의 발견되지 않습니다. 이는 그런 교회가 존재하지 않는다는 말이 아니라 인간의 눈으로는 완전한 교회를 식별할 수 없다는 뜻입니다. 교회 안에도 여전히 죄악이 있고, 비록 가시적인 교회 안에 있기는 하지만 하나님의 자녀가 아닌 자들도 있습니다. 우리의 육적인 안력으로는 택자와 유기자를 구별할 수는 없습니다. 알곡과 가라지가 구분되지 않습니다. 하나님의 예정은 그분께만 은밀하게 감추어져 있습니다. 그래서 주님만 완전한 교회를 알고 계십니다. 하나님은 왜 완전한 교회의 경계를 분명하게 보여주지 않으시는 것일까요? 여기에는 하나님의 깊은 뜻이 있습니다. 모세로 말미암아 율법을 전달하고, 하나님의 본체요 말씀이신 성자께서 육신으로 오셔서 친히 변화산의 영광스런 모습을 보여줘도 "믿음이 없고 패역한 세대여, 내가 얼마나 너희와 함께 있으며 얼마나 너희에게 참으리요"(마 17:17)라는 꾸지람이 주어져야 했던 것처럼, 하나님의 백성을 구분하는 기준도 "너희가 내 양이 아니므로 믿지 아니하"며(요 10:26) "내 양은 내 음성을 들으며"(요 10:27)라는 명확한 표현으로 성경에 기록되어 있지만 그럼에도 불구하고 우리 편에서는 여전히 미지의 신비로 감추어져 있습니다.

주님은 곡식 가운데서 덧뿌려진 가라지를 발견한 종들에게 가라지를 뽑다가 곡식까지 뽑을지 모르니 "가만 두라"(마 13:29)고 했습니다. 이어서 가라지를 거두어 불에 사르는 것은 추수 때에 이루어질 천사들의 일이라고 말합니다. 십자가에 달린 강도나 날카로운 혈기로 교회를 핍박하던 사울의 옛 모습은 지금도 우리에게 택자의 여부와 관련된 경솔한 판단을 경계하고 있습니다. 이는 비록 우리의 눈에는 교회를 해치는 가라지로 보이지만 하나님의 눈에는 아직 유효적인 소명을 받지 못한 택자일 수 있다는 것입니다. 말씀을 진리로 인식하는 것이 성령의 조명에 의해서만 가능한 것처럼, 천국의 시민을 식별하는 것도 전적인 성령의 일입니다.

이러한 교회의 본질 때문에 교회 내적인 문제를 해결하는 방식에 있어서도 우리는 겸손할 수밖에 없습니다. 그러나 교회의 본질적인 것만 생각하면 이단들의 기승을 저지할 수가 없습니다. 여기에 교회의 난처한 딜레마가 있습니다. 누가 누구를 정죄할 수 있습니까? 아무도 없습니다. 그렇다고 교회의 본질에 대한 개념의 엄밀한 허리띠를 마냥 느슨하게 풀어 둘 수는 없는 일입니다. 다만 우리는 주님의 말씀 안에서, 그 말씀과 더불어, 그 말씀을 통하여 생각하고 말하는 규범을 따라 유추할 수밖에 없습니다.

주님은 범죄한 형제를 대하는 문제에 있어서 이렇게 말씀하신 적이 있습니다. "네 형제가 죄를 범하거든 가서 너와 그 사람과만 상대하여 권고하라. 만일 들으면 네가 네 형제를 얻은 것이요 만일 듣지 않거든 한두 사람을 데리고 가서 두세 증인의 입으로 말마다 확증하게 하라. 만일 그들의 말도 듣지 않거든 교회에 말하고 교회의 말도 듣지 않거든 이방인과 세리와 같이 여기라"(마 18:15-17). 여기에서 주님은 교회의 치리 혹은 권징을 허용하고 있습니다. 비록 영원한 관점에서 영적인 세리와 이방인을 식별할 수는 없지만, 어떤 범죄에 대해서는 교회의 정당한 절차를 따라서 적법하게 징계할 수 있다는 것입니다. 그러나 범죄한 형제를 대하는 자세에 있어서는 "하루에 일곱 번이라도 네게 죄를 짓고 일곱 번 네게 돌아와 내가 회개하노라 하거든 너는 용서하라"(눅 17:4)고 하십니다.

지금 범죄하는 사람은 영원한 유기자일 가능성도 있고 영원한 택자일 가능성도 있습니다. 그러니 선택과 유기가 하나님께 속한 일임을 겸손히 인정하고 교회의 거룩성을 보존하는 차원에서 교회의 공의로운 절차를 따라서 징계해야 하고, 교회의 일체성을 보존하는 차원에서 회개하면 언제든 어떠한 사안에 대해서도 사랑으로 용서하며 형제로 맞이해야 합니다. 치리에 의한 교회의 거룩성 유지와 사랑에 의한 교회의 통일성 보존은 어느 것 하나도 포기할 수 없습니다. 주님의 말씀에 의하면, 교회가 취할 수 있는 최대의 징계는 교회적 차원에서 그를 이방인과 세리로 여기는 출교입니다. 아무리 괘씸하고 천인공노할 죄악을 저질렀어도 교회는 관원의 경찰력을 동원하여 그의 생명을 제거할 수는 없습니다. 세상의 제도적인 판단이 그를 사형수로 규정해도, 그가 회개하면 우리는 언제나 그를 형제로 맞이하며 환영의 팔을 뻗어야 옳습니다.

고린도 교회에서 불미스런 송사가 있었는데, "형제가 형제와 더불어 고발할뿐더러 믿지 아니하는 자들 앞에서"(고전 6:6) 재판을 벌이는 고린도 성도들에 대해 사도 바울은 "차라리 불의를 당하는 것이 낫지 아니하며 차라리 속는 것이 낫지 아니하냐. 너희는 불의를 행하고 속이는구나"(고전 6:7-8)라며 사도적인 의분을 토로합니다. 가장 사악한 자들이라 할지라도 돌이킨 이후에 교회를 마지막 안식처로 생각하는 것은 그리스도 안에서 너무도 당연한 일입니다. 세상에서는 도무지 찾아볼 수 없는 일입니다. 그러나 지금 교회는 "좀과 동록이 해하며 도적이 구멍을 뚫고"(마 6:19) 훔

쳐 갈 만한 보물을 땅에 너무도 많이 축적했기 때문에 교회의 현세적인 유익에 준해서 사람들을 대우하고 판단하는 부끄러운 양상이 도처에 보입니다. 우리의 가장 극단적인 경계와 판단이 출교라는 정신에서 벗어나면 교회에 심각한 질병이 있음을 반증하는 것입니다.

이처럼 교회의 경계를 정확하게 인식하지 못하는 것과, 권징에 있어서도 출교 이상의 징계를 내리지 못하는 이유는 하나님의 은밀한 예정에 입각한 교회의 본질 및 현실적인 표상과 관련되어 있습니다. 우리는 이단의 사악한 횡포를 방지해야 하겠지만, 교회의 본위를 지키는 일에도 각별한 주의를 기울여야 합니다. 교회에 대한 이해도를 더 높이는 동시에, 사탄의 회가 '교회'라는 이름으로 종교적 난동을 부리지 못하도록 성경이 말하는 교회의 독특한 성격에 정통할 필요가 있습니다. 그래서 이 단락에서는 교회의 다양한 성격들을 몇 가지로 나누어서 살펴보기 원합니다. 성격이라 했을 때에는 하나님의 관점이 아니라 우리 편에서의 상대적인 개념을 뜻합니다. 우리는 가시적 교회와 비가시적 교회, 싸우는 교회와 승리하는 교회, 제도적 교회와 유기적 교회라는 상대적 개념을 통해 교회의 본질을 더 잘 이해할 수 있을 것입니다.

가시적 교회와 비가시적 교회

가시적 교회$^{ecclesia\ visibilis}$와 비가시적 교회$^{ecclesia\ invisibilis}$의 구분은 선택이 교회의 기초라는 사실에서 비롯된 것입니다. 모든 선택된 자들의 비가시적 교회라는 개념은 비록 성경에 뿌리를 두고 있지만, 신학적인 면에서는 히포의 교부 아우구스티누스가 착안한 것입니다. 비가시적 교회와 가시적 교회의 구분을 가장 잘 보여주는 그의 표현이 있습니다. "밖에도 양이 많고,

안에도 이리가 많다." 이후 종교개혁 시대에는 루터가 이 개념을 사용하기는 했지만, 교회를 정의함에 있어서는 츠빙글리가 가시적 교회와 비가시적 교회라는 개념을 보다 명확하게 구분하여 사용했습니다.

이러한 개념은 그가 세상을 떠나기 전에 저술한 『신앙의 원리』*Fidei ratio*, 1530에 잘 나타나 있습니다. 물론 이 사도신경 해석은 츠빙글리 사후에 그의 계승자라 할 수 있는 불링거에 의해서 출판된 책입니다. 여기서 츠빙글리는 믿음이 가시적 교회의 표지라고 말합니다. 구원은 비록 하나님에 의해서 주어지는 것이지만, 구원의 서정이 가시적인 열매로 반드시 있다고 했습니다. 그래서 그에게는 구원의 서정이 교회의 정의에 포함되어 있습니다. 비가시적 교회란 믿는 자들이 보이지 않기 때문에 붙인 이름이 아닙니다. 도대체 누가 믿을지 사람의 눈으로는 알 수가 없다는 뜻에서 사용된 말입니다. 그들은 가시적인 교회 밖에 있을 수도 있습니다. 가시적 교회 밖에 있는 양들에 대하여, 예수님은 "이 우리αὐλῆς에 들지 아니한 다른 양들이 내게 있어 내가 인도하여야"(요 10:16) 하신다고 했습니다. 이는 선교적인 차원에서 대단히 중요한 의미를 갖습니다. 예수님의 말씀과 "헬라인이나 야만인이나 지혜 있는 자나 어리석은 자에게 다 내가 빚진 자라"(롬 1:14)는 사도 바울의 자세는 가시적인 교회 밖에도 하나님의 택하신 백성으로서 비가시적 교회에 참여하는 자들이 있다는 사실을 암시하고 있습니다. 에베소 교회의 성도들도 예전에는 "그리스도 밖에 있었고 이스라엘 나라 밖의 사람이라. 약속의 언약들에 대하여는 외인이요 세상에서 소망이 없고 하나님도 없는 자"(엡 2:12)였습니다. 그러나 그러했던 자들도 하나님의 신실한 백성의 일부라는 사실은 비가시적 교회와 가시적 교회의 구분이 그만큼 어렵다는 것을 잘 보여주고 있습니다.

츠빙글리가 말하는 가시적 교회는 로마 가톨릭을 의미하지 않습니다. 온 세상에서 예수의 이름을 고백하는 자들을 뜻합니다. 그러나 그 속에는 내적으로 믿음이 없는 사람들도 포함되어 있다고 말합니다. 즉 가시적인 교회 안에는 금세 소멸되는 일시적인 신앙, 단순히 기적만 체험한 신앙, 지식으로 동의하는 신앙을 가진 자들이 있다는 말입니다. 이들은 비록 가시적인 교회의 회원일 수는 있으나 하나님 편에서만 발견되는 비가시적 교회에는 속할 수 없다고 했습니다.

칼빈은 이러한 츠빙글리를 거의 인용하지 않습니다. 오히려 루터를 많이 수용했고, "우리 시대를 위하여 세우심을 받았다"며 루터를 높이 평가하고 있습니다. 그러나 베버Otto Weber, 1902-1966의 평가에 의하면, "칼빈은 루터와는 비교가 안 될 정도로 교회의 전통에 충실했던 이"입니다. 칼빈의 가장 창의적인 개념은 선택과 교회를 연결시킨 것에 있습니다. 그는 "교회의 기초는 하나님의 은밀한 선택에 있다"는 점을 분명히 밝힙니다. 또한 "먼저 천사들이든 사람들이든, 사람들 중에서는 죽은 자들이든 아직 살아 있는 자들이든, 산 자들 중에서는 어느 땅에 살고 있든지, 또 어느 민족에 흩어져 있든지 간에 택함을 받은 전체 수인 거룩한 공교회를 믿는다"고 했습니다. "택자들의 전체 수"를 교회로 본 그의 교회관은 교회사 속에서 참으로 독특한 정의라고 볼 수 있습니다.

그가 처음부터 교회를 가시적 교회와 비가시적 교회라는 개념으로 구분했던 것은 아닙니다. 그러나 『기독교강요』 1559년 판에서는 가시적 교회의 회원과 표지를 설명하기 위해 많은 지면을 할애하고 있습니다. 비가시적 교회에 대해서는 "지상에서 살고 있는 성도만이 아니라 천지 창조 이후로 모든 택자들을 포함하며" 이것이 "우리의 눈에는 보이지 않고 하나님의 눈에만 보인다고 확고히 믿어야 한다"고 했습니다. 그리고 가시적인 교회에 대해서는 "실제로 하나님의 말씀을 순수하게 전파하며 또 듣고 그리스도가 제정하신 대로 성례를 지키는 것이 보인다면, 지금 거기에 하나님의 교회가 있다는 것은 의심의 여지가 없다"고 했습니다.

전투하는 교회와 승리하는 교회

아브라함 카이퍼Abraham Kuyper, 1837-1920는 교회의 4가지 성격, 곧 심판 후에 있게 될 '영광스런 교회'ecclesia glorians, 지금 이미 하늘에서 '승리하는 교회'ecclesia triumphans, 땅에서 '전투하는 교회'ecclesia militans, 지상에 '감추어진 교회'ecclesia latens가 있다고 말합니다. '영광스런 교회'는 마지막 심판 이후에 성화의 완성으로 영화롭게 된 성도의 무리를 말합니다. '감추어진 교회'는 엘리야 시대에 남겨진 7천의 의인들과 같이 사람들의 눈에는 드러나지 않고 하나님의 눈에만 발견되는 교회를 뜻합니다. 엘리야는 이스라엘 백성이 주의 선지자를 죽이고 제단을 허물어서 자기만 남았기 때문에, 이 땅에서 싸우는 유일한 교회가 자기밖에 없다고 생각했습니다. 그러나 하나님은 "나를 위하여 바알에게 무릎을 꿇지 아니한 사람 칠천 명을 남겨 두었다"(롬 11:4)고 하십니다.

'승리하는 교회'는 주님과 함께 지금 낙원에 있는 의인들을 가리키고 '전투하는 교회'는 지금 지상에 있는 교회를 가리키는 말입니다. 승리하는 교회와 전투하는 교회는 서로 분리되어 있지 않습니다. "세상에서는 너희가 환난을 당하나 담대하라. 내가 세상을 이기었노라"(요 16:33). 예수님은 교회의 머리가 되십니다. 머리 되신 예수님은 "우리를 거스르고 우리를 불리하게 하는 법조문으로 쓴 증서를 지우시고 제하여 버리사 십자가에 못

박으시고 통치자들과 권세들을 무력화하여 드러내어 구경거리로 삼으시고 십자가로 그들을 이기"신(골 2:14-15) 분입니다. 그렇다면 예수님의 몸된 교회는 당연히 그의 승리에 이미 참여하고 있는 것입니다. 이러한 의미에서 우리는 비록 지상에 있지만 '승리하는 교회'에 참여하고 있으며, 동시에 지상에서 환난을 당하고 있고 죄와 투쟁하고 있기 때문에 '전투하는 교회'인 것입니다. 이에 대하여 루터는 이 시대와 싸우고 있는 '전투하는 교회'도 소망을 통하여 '승리하는 교회'와 하나가 되었고 그 영원한 것들도 공유하고 있다고 말합니다.

'전투하는 교회'는 승리하는 교회와는 달리 예수님의 말씀처럼 이 세상에서 환난을 당하고 있습니다. 바울은 교회의 전투하는 성격을 이렇게 말하고 있습니다. "그리스도를 위하여 너희에게 은혜를 주신 것은 다만 그를 믿을 뿐 아니라 또한 그를 위하여 고난도 받게 하려 하심이라. 너희에게도 그와 같은 싸움이 있으니 너희가 내 안에서 본 바요 이제도 내 안에서 듣는 바니라"(빌 1:29-30). 주님 자신도 그렇지만 바울도 동일하게 예수님을 위해 고난 받는 것을 싸움으로 묘사하고 있습니다. 바울은 화평과 사랑도 말하지만 싸움, 전투, 경주 등의 용어를 통하여 교회의 전투하는 성격도 동일하게 강조하고 있습니다.

교회가 잠잠하고 화목한 것 같아도 이처럼 전투하는 성격이 있습니다. 이러한 성격은 태초부터 지금까지 한번도 변한 적이 없습니다. 그래서 베드로는 "너희 대적 마귀가 우는 사자 같이 두루 다니며 삼킬 자를 찾나니 너희는 믿음을 굳건하게 하여 그를 대적하라"(벧전 5:8-9)고 했습니다. 이러한 마귀의 호전적인 자세는 초대교회 시대에만 있었던 게 아닙니다. 이는 태초에 아담이 직면했던 전쟁이며, 이스라엘 백성의 모든 역사가 이러한 전쟁으로 얼룩져 있으며, 예수님도 죄는 없지만 동일하게 싸우셨던 전쟁이며, 지금도 신약의 모든 교회가 당면하고 있는 전쟁입니다.

사탄의 공격은 전쟁의 기운이 자욱할 때에만 벌어지는 일이 아닙니다. 평화의 시대에도 사탄의 은밀한 공격은 멈추지 않습니다. 사탄은 때를 얻든지 못 얻든지 항상 전투 상태를 유지하며 비겁한 기습을 호시탐탐 노리고 있습니다. 시기만이 아니라 범위에 있어서도 성역이 없습니다. 심지어 하나님의 말씀에도 공격의 틈을 타서 믿음의 사람들을 사망의 나락으로 떠밀고 있습니다. 바울의 지적처럼, 분명 "율법은 거룩하고 계명도 거룩하고 의로우며 선"한(롬 7:12) 것입니다. 그런데도 "죄가 기회를 타서 계명으로 말미암아 나를 속이고 그것으로 나를 죽였"다(롬 7:11)고 했습니다. 정말 안심할 곳이 없습니다. 이 땅에 무장을 해제해도 될 피난처나 안식처는 그 어디에도 없습니다.

사탄은 범사에 모든 것에 있어서 교회를 공격하고 하나님의 이름을 능멸하기 위해 만전을 기하고 있습니다. 그러므로 우리는 바울의 권면처럼 "항상 성령 안에서 기도하고 이를 위하여 깨어 구하기를 항상 힘"써야 (엡 6:18) 할 것입니다. 왜 감사하고 기뻐하고 기도하는 것을 '항상' 해야 하는 것일까요? 사탄의 공격은 쉬는 시간이 없기 때문입니다. 심지어 잠깐의 작전 시간도 없습니다. 그렇기 때문에 우리도 영적인 전쟁에 있어서는 쉴 수가 없습니다. 영적으로 깨어 있는 것은 참으로 좋은 일입니다. 이런 의미에서 본다면, 사탄의 일관된 호전성도 하나님의 깊은 뜻과 섭리를 드러내는 수단일 가능성이 높습니다. 사탄의 무자비한 공격으로 인해 교회는 항상 하나님만 바라보고 그분만을 의뢰하게 되며, 이러한 차원에서 하나님의 백성들과 세상 사람들 사이에는 현저한 구분이 생깁니다. 그래서 우리는 사탄의 무자비한 공격성도 성도의 구별됨을 드러내기 원하시는 하나님의 오묘한 섭리로 바라볼 수 있습니다. 바울은 사탄이 줄기차게 시도하는 사악한 주먹질에 대해 믿음의 선한 싸움으로 응수할 것을 권합니다. 이는 "세상을 이기는 승리는 이것이니 우리의 믿음"(요일 5:4)이기 때문에 그런 것입니다. 그러나 이러한 싸움을 통하여 당하는 환난과 고통은 예수님의 순교자적 아픔과 같을 것입니다. 그래도 우리는 물러서지 않습니다. 오히려 고통 중에라도 주님과 동행하는 계기일 뿐입니다.

문제는 오늘날 교회가 전혀 엉뚱한 대상과 싸우고 있다는 것입니다. 돈 때문에 싸웁니다. 특별히 목회자는 교세 확장 때문에 싸웁니다. 목사들과 장로들과 집사들은 계급의 높낮이 투쟁에 목숨을 걸고 있습니다. 성도들 사이에는 성격 차이 때문에 원수 맺는 일이 허다한 것 같습니다. 그러나 교회의 전투하는 성격은 이런 차원을 말하는 게 아닙니다. 싸우는 대상에 있어서 표적을 완전히 벗어나게 된 것도 사탄의 교활한 전략임을 잊지 마십시오. 사탄의 전략에 협조하지 마십시오.

피 한 방울 안 흘리고 전쟁에서 승리하는 비결은 서로 싸우며 망하게 만드는 것입니다. 이 전략은 사탄이 잘 알고 너무도 빈번하게 활용하는 것입니다. 오늘날 교회는 사탄이 구사하는 너무도 뻔하고 유치한 전략에 어이없게 말려들고 있습니다. 고대 이스라엘 백성들의 실패도 동일한 전략에 넘어간 것이었습니다. 하나님의 전능을 힘입은 민족이라 할지라도 혈과 육에 대한 씨름만 하다가 나라를 말아먹은 백성이 이스라엘 아닙니까? 한국 교회도 예외가 아닙니다. 참으로 이스라엘 백성의 사례를 명심하고 철저히 경계해야 할 것입니다. 우리는 누구와 싸우는 것입니까? 어떤 방식으로 싸우고 있으며 싸움의 내용은 무엇입니까? 교회의 모든 에너지를 어디에 집중하고 있습니까? 전투하는 교회는 이러한 질문에 대해 명확한 답변을 가지고 확신 가운데 있어야 승리할 수 있습니다.

우리가 싸워야 할 대상과 관련하여 "아들이 아버지를 멸시하며 딸이 어머니를 대적하며 며느리가 시어머니를 대적하리니 사람의 원수가 곧 자기의 집안 사람"(미 7:6)이라는 미가 선지자의 섬뜩한 지적과 "사람의 원수가 자기 집안 식구"(마 10:36)라는 예수님의 진단을 오해하여, 며느리나 자식이나 부모를 우리의 적으로 여기는 경우가 있습니다. 물론 이들이 현실에서 경험하는 원수인 것은 맞습니다. 그러나 보다 중요한 의미는 엉뚱한 대상을 향한 어리석은 싸움질, 실체도 없는 허공에 대고 휘두르는 주먹질, 게다가 한 집안의 가족조차 가리지 않고 원수로 삼는 인간의 막장 폭력성을 지적하기 위해 며느리나 자식이나 부모가 원수라고 하셨을 가능성도 있습니다. 한마디로 인간은 뭐가 뭔지도 모르고 닥치는 대로 싸운다는 것입니다. 그러나 우리는 심지어 마음과 피를 나눈 가족마저 원수로 만드는 근원적인 대적의 정체를 살펴야 할 것입니다. 그 대적은 베드로와 바울이 명시한 것처럼 '마귀'입니다. 친구도 가족도 적으로 만드는 아주 야비한 원수는 바로 마귀인 것입니다. 피를 나누고 목숨과 뜻을 공유한 관계성에 가라지를 두어서 불화하게 만들고, 알곡이 다칠지도 모르는데 그 가라지를 제거하는 것에 집착하게 만드는 주체인 마귀를 우리는 대적해야 할 원수로 여겨야 할 것입니다. 예수님은 씨 뿌리는 비유를 통해서 "가라지를 뿌린 원수는 마귀"(마 13:39)라고 하십니다. 가라지는 그냥 두라고 하시면서 주님은 우리의 시선을 가라지 제거가 아니라 그것을 심은 마귀에게 돌리라고 하십니다. 성자 하나님이 육체로 오신 이유는 "마귀의 일을 멸하려 하심"(요일 3:8)입니다. 마귀의 일을 멸한다는 것은 마귀가 터뜨린 문제를 사후에 수습하는 것을 의미하지 않습니다. 그 모든 음모와 궤계가 발생하는 마귀의 머리를 상하게 하는 것을 뜻합니다.

사실 우리가 싸우는 대상이 마귀라는 것은 대단히 막연한 말입니다. 마귀는 얼굴이 없습니다. 회전하는 그림자도 없습니다. 음모를 꾸미는 소굴이나 은신처도 없습니다. 마귀의 정체는 인간적인 사색의 결과가 아닙니다. 그 정체성에 대해서는 성경의 계시를 의존하는 편이 좋습니다. 성경은 마귀를 "거짓말쟁이요 거짓의 아비"(요 8:44)라고 말합니다. 사탄은 하나님의 자녀 된 우리와 정면으로 싸워서는 결단코 이길 수가 없습니다. 이는 예수님이 우리에게 "뱀과 전갈을 밟으며 원수의 모든 능력을 제어할 권능을 주었"기(눅 10:19) 때문인데, 사탄도 이러한 사실을 간파하고 있습니다. 이러한 전력상의 난점을 극복하기 위한 사탄의 불가피한 대응은 맞대결이 아닌 속임수를 쓰는 것입니다.

속이는 일에 있어서는 사탄을 능가할 자가 없습니다. 그래서 거짓의 아비인 것입니다. 모든 것을 속입니다. 태초부터 지금까지 이러한 속임수에 말려든 사람들과 나라들은 하나같이 하나님의 거룩한 교회를 파괴하는 사탄의 부끄러운 병기가 되었으며, 사탄은 성경의 가장 비중 있는 강조점을 교묘하게 변경시켜 비록 성경에 기록되어 있기는 하지만 그것을 우상처럼 숭배하게 만드는 이단도 발생하게 했습니다. "마땅히 생각할 그 이상으로 생각을 품지 말"아야 하는데(롬 12:3), 이단들은 그런 적정선을 무시로 넘나드는 자들입니다. 지나치게 강조하고 비대하게 생각하는 불균형이 건강한 교회도 심각한 이단으로 변질되게 만듭니다. 세포의 경우도, 정상적인 크기보다 커지면 암세포로 변합니다. 자기만 죽을 뿐 아니라 다른 성도들과 교회까지 죽이는 암세포 같은 존재가 이단인 것입니다.

이단은 사탄과 전혀 무관해 보이는 광명의 천사처럼 포장해도 언제나 사탄의 천박한 종노릇만 하다가 밖에 버려져 사람들에게 밟힐 것입니다. 한국에는 특별히 유교 사상과 샤머니즘 때문인지 귀신을 지나치게 강조하는 경향이 있습니다. 모든 것을 귀신과 연결해서 생각해야 직성이 풀리는 이들이 있습니다. 참으로 안타까운 일입니다. 그들도 성경 구절을 인용하며 "하나님의 아들이 나타나신 것은 마귀의 일을 멸하려 하심이라"(요일 3:8)고 말합니다. 귀신에 너무 편중된 사고 때문에 그들은 마귀의 일을 멸하려는 예수님의 목적을 믿음으로 수용하지 않으면 구원도 가짜라고 말합니다. '자기 백성을 그들의 죄에서 구원하기 위하여 오셨다'는 것만 믿으면 거듭난 사람이 아니라고 주장하는 사람들의 마음은 언제나 귀신의 활동을 판단의 중심으로 삼습니다. 그래서 감기에 걸려도 귀신 때문이고, 직장에서 쫓겨나도 귀신 때문이고, 시험에서 떨어져도 귀신에게 그 원인을 돌립니다. 신앙이 귀신을 돌쩌귀로 삼아 맴돌고 있습니다.

예수님은 이러한 한국의 잘못된 경향을 고려하신 것처럼, "귀신들이 너희에게 항복하는 것으로 기뻐하지 말"라(눅 10:20)고 하십니다. 우리의 기쁨은 하나님의 은혜로 영생을 얻은 것에 있는데, 자꾸만 귀신들을 불러서 친숙하게 만드는 고약한 이단들의 창궐로 인해 교회는 엉뚱한 것에 집착하는 경향을 보입니다. 반면, 사탄과 귀신의 존재를 아예 부정하고 싸우는 대상을 전혀 다른 개념으로 변경시킨 자유주의 입장도 귀신 중심적인 신앙만큼 문제가 많습니다. 이처럼 하나님의 정확한 말씀에서 더하거나 빼면, 그리고 성경이 주목하는 초점을 벗어나면 반드시 문제가 생깁니다.

하나님의 말씀을 벗어나는 것이 곧 우상숭배입니다. 마땅히 생각할 그 이상의 것을 추구하는 것이 곧 욕심입니다. 그래서 바울은 "탐심은 우상숭배"(골 3:5)라고 말합니다. 우상숭배나 탐심은 다 적정선을 벗어나는 것입니다. 필요 이상으로 무언가를 추구하는 욕구의 과잉으로 인해 죄가 잉태하고 장성하여 사망에 이릅니다. 죄란 욕심으로 인해 하나님의 기준을 벗어나는 것입니다. 하나님이 정하신 경계선을 넘어가면 무조건 죄입니다. 피 흘리도록 우리가 싸워야 할 영적인 전투의 대상은 "마귀의 간계"(엡 6:11)인 죄입니다. 사탄은 기준을 살짝 넘어서게 만드는 이런 교묘한 수법으로 교회를 우상숭배의 길로 이끕니다. 참으로 거짓의 아비다운 짓입니다.

또한 거짓의 아비인 마귀는 우리가 집중해서 싸워야 할 죄를 알아보지 못하도록 혼미하게 만듭니다. 이러한 혼미에 휘말리지 않으려면, 사탄이 속임수를 통해서 빼앗고자 하는 궁극적인 표적이 무엇인지 정확하게 인지할 필요가 있습니다. 이는 하나님이 우리에게 주고자 하시는 궁극적인 선물이 무엇인지를 아는 일과 같습니다. 사탄은 우리에게서 가장 소중한 것을 탈취하기 위해 잡다한 것에 한눈을 팔지 않습니다. 온 천하의 만민과 그 영광을 거래의 대상으로 선뜻 제시할 정도로 집요하게 탈취의 군침을 흘리는 대상이 있습니다.

사탄은 우리가 경제적으로 파산 당하는 것에 일말의 관심도 없습니다. 온갖 질병으로 고생하는 것에도 별로 관심이 없습니다. 환경이 파괴되어 인간의 생존이 위험에 처하는 것에도 관심이 없습니다. 욥을 보십시오. 물론 사탄이 재산도 빼앗고, 자녀들도 살해하고, 친구들도 등을 돌리게 만들고, 악창으로 온 몸을 도배하는 일도 했습니다. 그러나 그러한 계획이 100퍼센트 실행된다 해도, 사탄의 기쁨은 거기에 있지 않습니다. 사탄의 집요한 관심사는 욥이 "까닭 없이 하나님을 경외"하지 못하게 만드는 데에 있습니다(욥 1:9). 욥의 신앙을 의존적인 차원으로 끌어내리는 것이 사탄의 뜻입니다. 사탄의 기쁨과 의도는 거기에 있습니다.

욥에게서 노렸던 '까닭 없이' 하나님을 경외하고 사랑하는 마음은 지금도 사탄이 교회에서 탈취하고 싶어 하는 목록의 일순위를 차지하고 있습니다. 우리가 만일 어떤 조건 때문에 하나님을 경외하고 있다면, 우리는 사탄의 간계에 넘어간 것입니다. 조건부 경외심은 사탄에게 최상의 기쁨을 선사합니다. 욥처럼 "주신 이도 여호와시요 거두신 이도 여호와"이기 때문에 오직 "여호와의 이름이 찬송을 받으실지니이다"(욥 1:21)라는 무조건적 경외가 우리에게 있어야 할 것입니다. 이러한 경외심이 나올 수밖에 없는 하나님의 선물이 있습니다. 그 선물의 구체적인 내용물은 앞에서도 설명한 것처럼 하나님이 믿음의 조상에게 주신 언약에 명시되어 있습니다. "아브람아, 두려워하지 말라. 나는 네 방패요 너의 지극히 큰 상급이니라"(창 15:1). 이처럼 경외심과 선물은 연동되어 있습니다.

하나님은 우리에게 다른 어떤 것과도 비교할 수 없는 선물인 당신 자신을 우리에게 주시려고 하십니다. 하나님이 보시기에 제일 좋은 선물은 우리에게 가장 소중한 것임에 틀림이 없습니다. 그렇다면 사탄이 우리에게 빼앗고자 하는 유일하고 가장 우선적인 탈취물도 결국 하나님 자신입니다. 그러나 피조물인 사탄은 창조주 하나님을 물건처럼 빼앗을 수 없습니다. 그렇다면 어떻게 우리에게서 하나님을 빼앗을 수 있을까요? 우리가 하나님을 스스로 버리도록 속이는 것입니다. 말씀을 버리게 만듭니다. 하나님의 뜻과 섭리에 역행하게 만듭니다. 이렇게 하나님과 하나님의 백성 사이를 이간하는 것입니다. 이것이 마귀의 간계 혹은 죄입니다.

우리는 하나님과 재물을 겸하여 섬길 수 없다고 했는데, 재물을 섬기는 죄를 지으면 재물의 종으로 전락하여 하나님을 버리게 되는 것입니다. 죄는 이처럼 심각한 것입니다. 그래서 우리가 싸워야 하는 대상은 죄입니다. 죄의 문제는 인간이 스스로 수습할 수 없는 일입니다. 노아의 홍수를 비롯하여 이스라엘 민족의 모든 역사가 이 사실을 명백하게 증언하고 있습니다. 죄의 문제는 우리가 "마귀의 간계를 능히 대적하기 위하여 하나님의 전신 갑주를 입"을(엡 6:11) 때에만 해결되는 일입니다. 우리들의 무기는 육체가 아닙니다. 다윗도 사울의 갑옷을 입고 골리앗을 물리친 게 아닙니다. 여호와의 크신 이름으로 승리한 것입니다.

우리가 여호와의 크신 이름으로 승리하기 위해 무장해야 하는 내용은 다음과 같습니다. "서서 진리로 너희 허리띠를 띠고 의의 호심경을 붙이고 평안의 복음이 준비한 것으로 신을 신고 모든 것 위에 믿음의 방패를 가지고 이로써 능히 악한 자의 모든 불화살을 소멸하고 구원의 투구와 성령의 검 곧 하나님의 말씀을 가지라"(엡 6:14-17). 이러한 무장은 우리가 생각하고 희망하는 무장의 방식과 달라도 판이하게 달라 보입니다. 사실 우리는 성경이 추천하는 무장 방식에 당황하지 않을 수 없습니다. 우리는 언제나 보이는 것들과의 싸움만 생각하기 때문에 그에 따른 무장 방식에만 익숙했던 것입니다. 그러나 우리의 영적인 무장은 사탄이 우리에게 무장하기 원하는 방식과는 차원이 다릅니다.

보이지도 않고 거처도 모르고 매복해 있고 언제 급습할지 모르는 죄! 그렇기 때문에 만물 속에서는 물론, 우리의 마음 깊숙한 곳에서도 자유로이 역사하는 죄! 그러한 죄를 대적하기 위해서는 바울이 에베소 성도에게 권했던 종류의 무장이 제일 좋습니다. 이러한 무장이 옳다는 것은 싸움의 결과로서 성령의 열매가 확인해 줄 것입니다. 다른 무장으로 싸워 성령의 열매를 맺을 수 있다면 그렇게 하십시오. 그러나 성령의 열매는 하나님의 전신갑주를 입고 싸우는 싸움을 통해서만 맺힙니다. 성전을 건축하고 전도 집회에서 대승을 거두어도 원망과 시비가 있다면 그것은 성령의 열매가 아니며 인위적인 방식의 무장이었음을 입증하는 것입니다. 이는 허탄한 대상을 향해 싸웠다는 말입니다. 사탄의 속임수로 인해 싸우는 대상이 흐려지면, 무장의 내용도 바뀝니다. 그러면 성령의 열매가 아니라, 육체의 현저한 열매만 맺습니다.

교회에 모이는 사람들의 수효나 조직의 규모나 헌금의 액수나 행하는 활동들의 중다함은 성장의 척도가 아닙니다. 사랑과 희락과 화평과 인내와 자비와 양선과 충성과 온유와 절제가 있어야 사탄을 떨게 만드는 교회인 것입니다. 열매를 보면 나무를 알 수 있습니다. 성령의 열매는 교회가 싸우는 대상을 정확하게 알고 있다는 증거이며, 하나님의 말씀대로 무장되어 있다는 증거이며, 지금도 승리하고 있다는 증거이기 때문에 성령의 열매를 맺는다면 그 교회는 세상의 진정한 빛입니다.

우리에게 이러한 성령의 열매를 안겨 주는 하나님의 전신갑주를 어떻게 입을 수 있을까요? 이것은 어떻게 하면 범죄하지 않을 수 있느냐는 질문으로 바꾸어도 좋습니다. 이에 대한 답변은 다윗의 아름다운 시편에 있습니다. "내가 주께 범죄하지 아니하려 하여 주의 말씀을 내 마음에 두었나이다"(시 119:11). 결국 하나님의 말씀이 답입니다. 죄가 하나님을 벗어나는 것이라면, 하나님의 뜻을 정확하게 이해하는 것은 범죄하지 않는 최고의 비결입니다. 그분의 뜻을 벗어나지 않으려면, 말씀의 의미와 목적과 강조점을 정확하게 가늠하는 영적인 내공을 쌓는 수밖에 없습니다.

사탄은 태초부터 이 말씀을 빼앗기 위해서 온갖 속임수를 썼습니다.

아담 이래로 모든 인류가 하나님의 말씀을 마음에 담아 두는 일에 저마다 실패를 했습니다. 그리스도 예수님만 유일하게 "사람이 떡으로만 살 것이 아니요 하나님의 입으로부터 나오는 모든 말씀으로 살 것이라"(마 4:4)고 했습니다. 사탄의 모든 유혹을 오직 하나님의 말씀으로 이겨 내신 것입니다. 이처럼 하나님의 말씀은 범죄하지 않게 하는 영적인 운동력을 가지고 있습니다. 최대의 방어인 동시에 최대의 공격은 성령의 검, 곧 하나님의 말씀밖에 없습니다. 예수님은 하나님의 말씀만 사용해서 사탄을 통쾌하게 꺾는 본을 보여주셨습니다.

여기서 우리는 성도의 유일한 저항의 수단이 말씀이라는 사실을 확인할 수 있습니다. 말씀만이 공격용 검입니다. 다른 것으로 저항하면 반드시 부작용이 따릅니다. 종교개혁 시대에 무력으로 교회를 개혁하려 했던 무리들을 반대한 루터는 폭력과 피 흘림으로 복음을 위해 싸우는 것을 원하지 않았습니다. 오직 말씀으로 세상은 정복되고 말씀으로 교회는 구원을 얻으며 말씀으로 교회는 부흥하는 법이라고 했습니다. 사탄의 전략은 하나님의 말씀을 빼앗기 위해 교회가 법정과 폭력을 동원하는 게 정당한 일인 양 생각하게 만듭니다. 중세에 교회의 부패가 아무리 극에 달했어도 루터는 폭력을 통한 개혁은 사탄의 방식일 뿐이며 진정한 개혁이 아니라고 생각했던 것입니다. 예수님이 생명의 위협을 당하자 곧장 저항의 칼을 뽑았던 베드로를 향해 주님은 그 칼을 다시 꽂으라고 하셨습니다. 칼로 일어선 자는 칼로 망하는 법이기 때문입니다. 급속한 성과를 거두려고 칼의 방식을 택하면 교회의 개혁은 결코 달성되지 않을 것입니다.

초대교회 개혁의 실상을 보십시오. 정권의 호위를 받으면서 하나님의 교회가 세워진 것이 아닙니다. 오히려 권력자의 위협 앞에서도 "하나님 앞에서 너희의 말을 듣는 것이 하나님의 말씀을 듣는 것보다 옳은가"(행 4:19) 판단할 것을 촉구하며 하나님의 말씀에 순종하는 저항의 고삐를 늦추지 않겠다는 결의를 다집니다. 진실로 초대교회의 개혁과 부흥의 실상은 "주의 말씀이 힘이 있어 흥왕하여 세력을 얻으니라"(행 19:20)는 사실에 있습니다. 하나님의 영광과 교회의 개혁은 로마가 기독교를 국교로 선포한 것과는 전혀 무관한 일입니다. 교인의 숫자가 증가하는 것도 하나님의 영광이나 교회의 부흥을 말해 주는 지표가 아닙니다. 우리는 무엇에 은혜를 받고, 무엇을 하나님의 영광으로 이해하고 있는지 정직하게 성찰할 필요가 있습니다. 무엇보다 하나님의 코드와 맞아야 하는 것입니다. 하나님은 교회에 중다한 무리가 운집하는 것을 기뻐하지 않을 수도 있습니다. 교회의 한 마디에 사회가 쩔쩔매는 막강한 파워를 행사하는 것도 하나님의 궁극적인 기쁨과는 무관할 수 있습니다.

무엇이 하나님을 기쁘시게 합니까? "주를 기쁘시게 할 것이 무엇인가 시험하여"(엡 5:10) 보십시오. 바울은 "열매 없는 어둠의 일에 참여하지 말"라(엡 5:11)고 권합니다. 다시 말하면, 주님의 기쁨은 빛의 열매에 있다는 것입니다. 성령의 아름다운 열매만이 하나님을 기쁘시게 할 수 있습니다. 성령의 열매는 적의 정체성을 정확하게 파악해야 하고, 하나님의 권하시는 갑주로 전신을 무장해야 하고, 성령의 검으로만 공격적인 전투를 할 때에 비로소 맺히는 것입니다. 누구를 대적하고 무엇을 대적해야 하는지 모르면 영적인 무장은 해제되어 혈과 육의 싸움에 필요한 무장으로 대체하게 되며, 하나님의 말씀이 아닌 땅의 무기들을 동원하게 되며, 결국 육체의 현저한 열매들만 남길 것입니다. 이것을 너무도 잘 알고 있는 사탄은 문화와 사회 전반에 걸쳐서 우리의 적수를 알아보지 못하도록 헛갈리게 만듭니다. 지금 교회는 사회의 요구에 부응하기에 급급해서 영적 전쟁의 의식마저 소멸되고 있는 듯합니다. 죄와 싸우고 사탄을 대적해야 하는데 영적 전쟁과 무관한 세상사에 온갖 의식과 에너지를 빼앗기고 있습니다. 하나님의 말씀, 곧 성령의 검으로만 맺히는 성령의 열매보다 도덕과 선행에 있어서 고작 세상의 기준치를 상회하기 위해 종교적 몸부림을 치는 애잔한 모습까지 보입니다. 교회의 전투하는 성격을 모르면 교회는 허탄한 것을 본질인 양 추구하게 되고 교회의 정체성은 서서히 희미해질 것입니다. 그러므로 지상의 전투하는 교회는 죄와 사탄을 전쟁의 대상으로 삼아 말씀으로 싸우고 사랑과 희락과 화평과 자비와 양성과 인내와 충성과 온유와 절제의 열매를 맺는 일에 전념해야 할 것입니다.

유기적 교회와 제도적 교회

유기적인 교회란 교회의 모든 지체가 하나의 연합된 몸을 이루고 있다는 뜻입니다. 교회는 영원 전부터 삼위일체 하나님의 뜻과 의논에서 비롯된 것이며, 하나님은 한 분이시기 때문에 교회의 통일성과 일체성은 당연한 것입니다. 하나님의 교회와 그 교회에 참여하는 모든 지체는 영원 전에 정해졌고 시공간 속에서 부름을 받아 하나의 유기적인 몸으로 연합하는 것입니다. 여기에는 인간의 어떠한 의지와 조작도 반영될 수 없습니다. 성령의 유효적인 부르심을 통하여 구체적인 참여가 가능하기 때문에 교회의 하나됨은 성령의 몫입니다. 그래서 바울은 "너희도 성령 안에서 하나님이 거하실 처소가 되기 위하여 그리스도 예수 안에서 함께 지어져 가"기(엡 2:22) 때문에, "성령이 하나 되게 하신 것을 힘써 지키라"(엡 4:3)고 했습니다. 교회에 대해서 바울은 몸이 하나요 성령도 하나며 주도 하나요 믿음도 하나요 세례도 하나요 하나님도 하나라고 말합니다(엡 4:4-5). 개인이나 개 교회가 독립되어 있지 않다는 것입니다. 성령을 통해서 우리 모두는 하나를 이루는 것입니다.

성령의 하나 되게 하신 것과 무관하게 교회의 하나 됨을 추구하는 무리들이 있습니다. 그들은 참으로 위험하고 사악한 자들입니다. 그러나 우리는 교회가 그리스도 안에서 성령을 통해서만 하나가 된다는 사실에 추호의 의심도 없어야 할 것입니다. 그렇다면 성령 안에서 하나가 된 유기체적 교회를 완전한 교회라고 말할 수 있을까요? 우리가 지상의 교회라는 측면에서 보면 그렇지 않습니다. 첫째, 택자들의 모임이나 완전한 자들의 모임이나 결코 타락하지 않는 자들의 모임을 완전한 교회라고 규정하게 되면, 교회의 실체가 하나의 관념에 머물 수 있습니다. 그리고 성만찬에 참여하는 자들의 모임으로 묘사하는 경우에도, 외적으로 부름을 받고 성례식에 참석하는 것이 참된 신앙을 보증해 주는 것은 아니기 때문에 이것도 완전한 교회라고 말할 수 없습니다.

이러한 한계를 극복하기 위해 우리는 완전한 교회의 모습을 논할 때 오직 성경에 근거한 제도적인 교회를 고려하지 않을 수 없습니다. 막연한 환상에 빠지지 않으면서 동시에 제도의 경직성도 피할 수 있는 교회의 성경적인 제도성을 찾아야 하는 것입니다. 제도적인 교회의 본질은 오직 성경에 의존하되 교회에 대한 하나님의 뜻과 경륜도 반영되어 있어야 할 것입니다. 그렇다면 우리는 제도적인 교회를 정확하게 규정하기 위해 성경이 종결된 이후의 제도로서 교회가 어떠한 것을 항존적인 내용으로 가져야 하는지를 질문해야 합니다. 이 질문에 대한 답변은 가시적 교회를 다루는 부분에서 밝힐 것입니다.

교회의 거룩성

주님께서 교회에 바라는 것이 있습니다. 교회에 대한 사랑 때문에 종의 형체로 오셨고 저주의 십자가를 지신 분의 바람은 군주의 강압적인 요구가 아닐 것입니다. 즉 사랑의 주님께서 마치 신부 같은 교회에 바라시는 것은 다름 아닌 영광스런 교회가 되는 것입니다. 어떻게 하면 영광스런 교회가 될 수 있습니까? 교회의 영광은 순결함과 거룩함에 있습니다. 예수님의 헌신적인 사랑의 목적을 바울은 이렇게 설명하고 있습니다. "자기 앞에 영광스러운 교회로 세우사 티나 주름 잡힌 것이나 이런 것들이 없이 거룩하고 흠이 없게 하려 하심이니라"(엡 5:27).

여기서 예수님이 바라시는 교회의 거룩성은 교회가 주님만을 위해 구별된 존재여야 한다는 뜻입니다. 이는 오늘날 현대 교회가 추구하는 목표와 방향성에 있어서는 생소한 것입니다. 참으로 안타까운 일입니다. 주님은 덩치만 비대한 교회를 바라시지 않습니다. 화려한 장식으로 포장된 교회도 원하시지 않습니다. 탄탄한 조직과 막대한 헌금에도 전혀 관심이 없습니다. 많은 사람들, 많은 일거리, 많은 업적들은 주님께서 원하시는 교회의 참모습을 오히려 왜곡하는 경향이 더 많습니다. 허탄한 경쟁심과 그릇된 모델을 앞다투어 따라하는 모습도 주님의 눈에는 민망한 일입니다. 그렇다고 열심을 탓하는 것은 아닙니다. 주께서 교회에 원하시는 것은 학술적인 이론 전개를 위해 기존의 교회에 대한 습관적인 비판이나 부정적인 꼬투리를 제시하는 것도 아닙니다.

주님의 바람은 오직 거룩에 있습니다. 교회의 거룩은 주께서 만세 전부터 정하시고 원하신 것입니다. 교회가 거룩하지 않으면 주님의 바람을 무시하는 것이며, 사회는 부조리와 부도덕의 캄캄한 벼랑으로 내몰릴 것입니다. 교회가 거룩하지 않으면 사회에 빛의 공급이 차단되는 것과 같습니다. 빛이 없으면 보이는 게 없습니다. 기준도 없고 평가도 없고 절제도 없습니다. 그래서 사회는 영적 혼돈에 빠질 것입니다. 세상은 자신의 빛이 없기 때문에 외부에서 수혈되는 빛이 없으면 어두움이 온 세상을 덮게 됩니다. 교회는 세상의 유일한 빛입니다. 그것은 하나님의 거룩에서 나오는 빛입니다. 하나님은 거룩하지 않은 교회는 쓰시지 않습니다. 진리의 터요 기둥인 교회가 하나님의 쓰임을 받지 못하면 교회와 세상에 거짓과 불의가 득세하는 것은 당연한 일입니다. 바울은 수많은 그릇이 있어도 "자기를 깨끗하게 하면 귀히 쓰는 그릇이 되어 거룩하고 주인의 쓰심에 합당하며 모든 선한 일에 준비함이 되리라"(딤후 2:21)고 했습니다. 깨끗해야 쓰임을 받고, 그런 교회가 있어야 사회에도 소망이 있습니다.

교회가 거룩하면 교회의 수족이 분주하게 활동하지 않아도 하나님이 친히 그 거룩함을 쓰시기에 사회에는 변화가 생깁니다. 교회가 스스로 거룩의 손잡이를 잡고 휘둘러 타락하고 부패한 세상의 급소를 공격하는 것이 아닙니다. 교회에 요구되는 것은 거룩이고 그 거룩을 긴요한 곳에 사용하는 것은 하나님의 손입니다. 그래서 베드로는 거룩의 당위성을 세상에 대한 교회의 사명에서 찾지 않고 하나님의 거룩에서 찾고 있습니다. "오직 너희를 부르신 거룩한 이처럼 너희도 모든 행실에 거룩한 자가 되라"(벧전 1:15). 즉 교회의 거룩은 세상이 보기에 감동을 받아 따르고 싶어 하는 모델을 제시하는 것이 아닙니다. 거룩은 인간적인 도덕이나 윤리적인 차원과는 다른 것입니다. 하나님이 거룩하신 것처럼 우리도 거룩해야 한다는 것은 모든 행실에 있어서 하나님의 거룩이 묻어나야 한다는 뜻입니다.

모세를 보십시오. 그는 온유함에 있어서 타의 추종을 불허했던 사람입니다. 그런 그가 일평생 고대하던 가나안 입성을 거절당합니다. 다른 이유가 없습니다. 이방인 아내를 얻기도 했고 애굽인을 살인한 적도 있지만, 하나님의 진노는 그런 것들 때문에 촉발된 것이 아니었습니다. "내 거룩함을 이스라엘 자손 중에서 나타내지 아니한 까닭이라"(신 32:51). 하나님은 이처럼 거룩에 대해서는 극도로 예민한 반응을 보이십니다. 그렇게도 아끼시던 당신의 종 모세마저 가나안 입성을 막으셔야 했습니다. 거룩에 있어서 하나님은 한 치의 타협도 용납하지 않으십니다.

거룩을 보이지 않으면 훨씬 더 심각한 일들이 생깁니다. 이에 대한 실질적인 증거가 창세기에 있습니다. 6장에 보면, 하나님의 아들들과 사람의 딸들이 나옵니다. 그런데 하나님의 아들들이 육체의 아름다운 모습 때문에 "자기들이 좋아하는 모든 여자를 아내로" 삼습니다(창 6:2). 거룩한 하나님의 자녀들과 세상의 더러운 딸들이 결혼하여 한 몸이 되는 일이 벌어진 것입니다. 이에 하나님은 "나의 영이 영원히 사람과 함께하지 아니하리니"(창 6:3)라고 선언하십니다. 여호와의 영이 함께하지 않으니 사람의 죄악이 세상에 관영할 뿐만 아니라 인간의 마음과 생각으로 도모하는 모든 계획이 항상 악하게 된 것입니다. 결국 교회의 타락은 온 세상에 역사상 유례가 없는 재앙을 불러왔습니다. "내가 창조한 사람을 내가 지면에서 쓸어버리되 사람으로부터 가축과 기는 것과 공중의 새까지 그리하리니"(창 6:7). 이처럼 하나님의 거룩이 드러나지 않으면 교회는 물론이고 온 세상도 멸망의 나락으로 빠집니다. 그러므로 교회는 "의와 진리의 거룩함으로 지으심을 받은 새 사람을"(엡 4:24) 입지 않으면 안됩니다.

그러나 거룩은 인간적인 실력과 열심으로 도달할 수 있는 것이 아닙니다. 거룩은 피조물 차원에서 제시된 개념이 아닙니다. 창조의 세계 너머의 것이기 때문에 인간 편에서 제공되는 노력은 일말의 보탬조차 되지 않습니다. 창세기를 보십시오. 거룩의 개념은 창조를 끝마치신 이후에 하나님이 쉬셨던 안식일에 처음으로 적용되어 있습니다. 하나님은 비로소 "일곱째 날을 복되게 하사 거룩하게"(창 2:3) 하셨다는 사실에서 우리는 거룩의 출처가 하나님께 있음을 배웁니다. 창조계 안에는 거룩의 개념도 없고, 적용도 없습니다. 교회를 "거룩하고 흠이 없게 하시려고"(엡 1:4) 만세 전에 하나님의 기뻐하는 뜻을 따라 그리스도 예수 안에서 교회를 택했다고 바울이 주장하는 근거도 여기에 있습니다. 만물 자체는 거룩하지 않습니다. 오직 하나님만 택자들을 거룩하고 흠 없게 하시는 분입니다. 그러므로 인간을 포함한 모든 피조물은 스스로 거룩해질 수 없습니다.

도대체 거룩이란 무엇을 뜻하는 것이기에 피조물이 스스로 도달할 수 없으며 외부의 개입이 불가피한 것입니까? 성경에는 거룩의 뜻을 명쾌하게 밝혀 놓은 구절이 없습니다. 먼저, 어원적인 차원에서 '거룩'(카도쉬)은 분리나 차단을 뜻합니다. 성경에서는 거룩과 대립되는 개념들의 나열을 통해서 그 반대의 뜻이 거룩이라고 추측하게 할 뿐입니다. 거룩과 대립되는 성경의 용어들은 '저속함'(레 10:10), '불결함'(삼상 21:5), '더러움'(레 21:15), '몸이 구별되지 않음'(레 11:44) 등입니다. 이를 뒤집어서 생각하면, 거룩이란 저속하지 않고, 불결하지 않고, 더럽지 않고, 다른 피조물과 구별되는 것입니다. 이러한 거룩의 내용들이 사용된 문맥과 의도를 살펴보면, 거룩은 '하나님과 연관된 것', '하나님의 것', '하나님께 드려진 것' 등을 의미합니다. 거룩은 인간 편에서 규정되는 것이 아니라 우리로 하여금 하나님만 바라보고 향하도록 안내하는 이정표와 같습니다.

그렇다면 외부의 개입을 통한 거룩은 어떻게 달성되는 것일까요? 거룩하게 하시는 것은 삼위일체 하나님의 공통적인 일입니다. 먼저, 교회를 거룩하게 하시는 분은 아버지 하나님입니다. 이는 예수님이 아버지께 이렇게 기도하기 때문에 분명합니다. "그들을 진리로 거룩하게 하옵소서"(요 17:17). 예수님은 하나님 아버지께 온 교회의 거룩을 간구하고 계십니다. 성자 예수님도 교회를 거룩하게 하시는 분입니다. 바울은 예수님과 교회를 "거룩하게 하시는 이와 거룩하게 함을 입은 자들"(히 2:11)로 묘사하고 있습니다. 또한 성령 하나님도 교회를 거룩하게 하십니다. 성령은 그 이름에 이미 거룩한 영이라는 뜻을 담고 있습니다. 바울 또한 데살로니가 교회를 향해 "하나님이 처음부터 너희를 택하사 성령의 거룩하게 하심과 진리를 믿음으로 구원을 받게 하심이니"(살후 2:13)라고 말합니다.

이처럼 교회의 거룩은 삼위일체 하나님의 공통적인 사역이며, 예수님의 말씀처럼 진리가 교회를 거룩하게 만드는 것입니다. 그렇다면 '진리'는 무엇입니까? 예수님은 '아버지의 말씀'을 진리라고 말합니다(요 17:17). 물론 아버지 하나님은 내적인 음성으로, 드물게는 육성으로도 말씀하십니다. 그러나 예수님이 언급하신 '아버지의 말씀'은 성경을 가리키고 있습니다. 베드로는 "하나님이 영원 전부터 거룩한 선지자들의 입을 통하여 말씀하신 바"(행 3:21)가 있다고 말합니다. 과연 하나님은 "모든 선지자의 입을 통하여"(행 3:18) 말씀하시는 분입니다. 이는 성경의 기록들이 비록 사람의 붓과 입술에서 나온 것이지만, 그 모든 말씀의 본질적인 주어는 하나님이라는 의미입니다. 이처럼 '아버지의 말씀'은 아버지가 하신 말씀이며, 아버지의 뜻을 전하는 말씀이며, 아버지가 주어인 말씀을 뜻합니다. 이런 의미에서 성경 전체는 아버지의 말씀으로 간주될 수 있습니다. 결국 성경의 모든 말씀으로 교회가 거룩하게 된다는 말입니다.

아버지의 말씀은 신약과 구약으로 이루어져 있습니다. 이는 우리를 거룩하게 하는 하나님의 말씀이 신약만이 아니라 율법도 포함한다는 뜻입니다. 우리의 거룩과 율법은 무관하지 않습니다. 다시 말해, 율법에는 성화의 용도가 있다는 것입니다. 물론 바울이 율법의 기능은 죄를 깨닫게 하는 데에 있다고 했지만(롬 3:20), 율법에 대한 바울의 이러한 이해는 "모든 성경은 하나님의 감동으로 된 것으로 교훈과 책망과 바르게 함과 의로 교육하기에 유익하니 이는 하나님의 사람으로 온전하게 하며 모든 선한 일을 행할 능력을 갖추게 하려 함이라"(딤후 3:16-17)는 동일한 바울의 다른 표현으로 보완되지 않으면 안됩니다. 죄를 깨닫게 한다는 바울의 부분적인 율법관은 "너희가 내 말을 잘 듣고 내 언약을 지키면 너희는 모든 민족 중에서 내 소유가 되겠고 너희가 내게 대하여 제사장 나라가 되며 거룩한 백성이 되리라"(출 19:5-6)는 하나님의 선언을 취소하지 않습니다. 택함을 받은 이스라엘 백성의 성화가 율법과 연동되어 있다는 모세의 언급은 "율법은 거룩하고 계명도 거룩하고 의로우며 선하도다"(롬 7:12)라는 바울의 진술에서 보다 명확한 의미를 얻습니다. 즉 율법은 거룩하기 때문에 하나님의 백성을 거룩하게 할 수 있다는 것입니다. 거룩한 율법은 교회를 하나님의 거룩한 백성으로 만들기 위해 출애굽의 중생 이후에 주어진 것입니다.

가시적인 교회의 표지

교회의 거룩성과 함께 살펴야 하는 것은 교회의 표지에 관한 것입니다. 칼빈은 "연약한 우리는 일평생 교회에서 배우는 자로 지내는 동안 이 학교에서 떠나는 것이 허락되지 않는다"고 했습니다. 성도는 하나님의 유효적 부르심을 받는 즉시 평생에 걸친 성화라는 여정을 떠납니다. 이는 거룩하게 되는 과정이 죽을 때까지 중단되지 않는다는 말입니다. 그래서 칼빈은 교회를 거룩하게 하시는 하나님의 뜻 안에 거하기 위해 "일평생 교회에서 배우는 자로 지내라"고 권합니다.

세상에는 수많은 교회가 있습니다. 그러나 엄밀한 기준으로 살펴보면 차마 교회라고 명명할 수 없는 무리들도 많습니다. 물론 진정으로 거룩한 사람들은 주님의 눈에만 드러나기 때문에 우리는 "저들이 교회다, 저들은 교회가 아니다"라고 가늠할 절대적인 잣대를 가지고 있지 않습니다. "그러나 다른 한편으로 주님은 비밀을 풀어서 누가 그의 자녀로 간주될 것인지를 알게 하는 것이 우리에게 다소 가치가 있음을 미리 아셨기 때문에, 이 점에 있어서 어느 정도 스스로를 우리의 이해력에 적응시켜 주셨다"는 칼빈의 지적처럼,[35] 우리들의 인식론적 한계를 따라 적응된 것으로서 우리는 제한적인 기준을 가지고 있습니다. 그래서 우리는 이러한 전제 위에서 다음과 같이 말할 수 있습니다. 참된 교회를 판별하는 기준에 대해 성경은 명확한 구절로 제시하고 있지는 않지만, 성경 전체의 유기적인 고려 속에서 합의된 교회의 기준적인 표지는 '말씀의 올바른 선포'와 '성례의 적법한 집례'라고 말입니다.

교회의 진정한 표지는 하나님의 말씀이 올바르게 선포되는 것이다

사실, 성례를 올바르게 집례하는 문제는 말씀의 참된 선포에 포함된 것입니다. 교회를 표지하는 기능과 권위에 있어서, 말씀 선포는 기록된 말씀의 실천적인 측면을 가진 성례와 동일한 의미의 무게를 부여할 수 없습니다.

---

35 *Inst*. IV.i.8

물론 종교개혁 당시에는 로마 가톨릭의 그릇된 성례관이 구원론을 왜곡하는 교회의 치명적인 오점으로 있었고 저항의 표적이 되었기 때문에, 아우크스부르크 신앙고백Augsburger Konfession에 성례의 바른 집례가 교회의 표지 중 하나로 명시된 것입니다. 그러나 지금은 성례를 말씀의 참된 선포에 포함시켜 생각해도 문제가 없습니다. 성례에 문제가 있다면 그것은 말씀이 올바르게 선포되지 않고 있다는 증거로 보아도 될 것입니다. 오토 베버도 칼빈의 교회론을 설명할 때, "말씀은 언제나 성례에 선행하는 것이어서 이 둘을 진정한 의미에서 나란히 두고 생각할 수는 없다"고 지적했습니다.

하나님께 속한 교회인지 아닌지를 구분함에 있어서, 예수님은 "하나님께 속한 자는 하나님의 말씀을 듣나니 너희가 듣지 아니함은 하나님께 속하지 아니하였"기(요 8:47) 때문에 그렇다고 하십니다. 이 말씀을 개인적인 적용을 넘어서 교회 공동체에 적용하면, 하나님의 말씀을 들으면 진정한 교회이고 듣지 않으면 사탄의 무리라고 단호하게 말할 수 있습니다. 그리스도 예수가 하나님의 말씀이기 때문에 하나님의 말씀을 듣는다는 것은 말씀이신 그리스도 예수를 영접하는 것과 다르지가 않습니다.

앞에서 교회의 거룩성을 말하면서 하나님의 말씀이 교회를 거룩하게 만든다고 했습니다. 하나님이 만세 전에 거룩하게 하시려고 작정하신 교회가 거룩을 지향하지 않는다면 참다운 교회라고 말할 수 없습니다. 그렇다면 참된 교회는 하나님의 거룩을 추구해야 하고 거룩해야 비로소 교회다운 하나님의 교회인 것입니다. 거룩에의 추구는 참된 교회의 본성에 내재된 것이기 때문에 건강한 교회라면 거룩 지향적인 목표 외에 다른 것을 추구할 수 없습니다. 또한 그 거룩이 하나님의 입에서 나오는 모든 말씀에서 비롯되는 것이라면, 하나님의 거룩한 교회의 참된 표지는 말씀이 온전하게 선포되는 것일 수밖에 없습니다. 만약 하나님의 말씀이 올바르게 증거되고 있다면, 칼빈의 말처럼 우리는 그곳에 하나님의 거룩한 교회가 있다는 사실을 조금도 의심할 수 없습니다.

바울은 교회의 터에 대해서 이렇게 말합니다. "너희는 사도들과 선지자들의 터 위에 세우심을 입은 자라"(엡 2:20). 이는 사도와 선지자의 입술에서 증거된 하나님의 말씀이 교회의 터라는 뜻입니다. 이어서 바울은 "그리스도 예수께서 친히 모퉁잇돌이 되셨느니라"(엡 2:20)고 말합니다. 그는 지금 예수님이 교회를 하나님의 거하실 처소가 되도록 지으시는 주체이며, 또한 교회의 모퉁잇돌로서 교회 속에 참여하고 계시다는 독특한 주장을 하고 있습니다. 이처럼 사도가 말씀이 육신이 되어 오신 예수님을 교회의 모퉁잇돌이요 교회의 터로 이해하고 있다면, 교회의 표지는 더더욱 하나님의 말씀이 올바르게 선포되는 것이라고 말할 수 있습니다.

그렇다면 어떻게 설교하는 것이 올바른 말씀 선포라고 규정할 수 있습니까? 올바른 말씀 선포는 성경에 대한 건강하고 정확한 입장이 선행되지 않으면 현학적인 웅변으로 전락할 수밖에 없습니다. 그래서 저는 웨스트민스터 신앙고백서 제1장 '성경에 대하여' 부분을 말씀 사역자가 더 이상 물러설 수 없는 성경관의 하한선 내지는 기저基底로 간주하고 있습니다. 이 부분을 철저히 숙지하고 그것에 입각해 현장을 살펴보면, 오늘날 교회의 강단에서 진리의 순수한 말씀보다 인간적인 이성의 배설물이 얼마나 심각하게 범람하고 있는지를 분명히 알 수 있습니다. 성경관이 변질되면 성경을 근원적인 자료로 사용하는 모든 활동—예배, 기도, 찬양, 전도, 설교, 권면, 봉사 등—은 부패할 수밖에 없습니다. 오늘날 성경 전체를 하나님의 감동으로 된 말씀으로 믿고 있는 목회자가 얼마나 있습니까? 그것을 삶과 신앙의 온전한 규범으로 확신하고 생의 현장에서 살아 내는 성도들이 얼마나 있습니까? 성경의 모든 말씀이 하나님의 감동으로 되었다는 이 사실을 부인하면, 하나님을 사랑하는 것도 거짓이며 그분을 경외하는 것도 금전적인 유익의 방편으로 동원된 것일 뿐입니다.

놀랍게도 목회자들 중에는 비록 체면 때문에 '전 성경과 오직 성경'tota et sola Scriptura을 외치지만 실제로는 이 문구가 심각하게 무시되고 있으며, 비록 드문 일이지만 지극히 인간적인 가르침을 하나님의 진리처럼 선포하는 거의 무신론에 가까운 목회자도 발견할 수 있습니다. 또한 정신적인 위안이나, 사후의 보이지 않는 세계에 대한 투자의 일환으로 하나님의 말씀을 듣고 말하는 종교적 '상행위'가 적지 않아 보입니다. 말씀이 흥왕하여 세력을 얻지 못하는 것은 말씀 자체의 무능력 때문이 아닙니다. 그것은 하나님이 이 세대를 "마음의 정욕대로 더러움에 내버려 두사 그들의 몸을 서로 욕되게 하"신(롬 1:24) 것이며, "고집과 회개하지 아니한 마음을 따라 진노의 날, 곧 하나님의 의로우신 심판이 나타나는 그날에 임할 진노를"(롬 2:5) 축적하는 것이며, 회개하지 않기 때문에 칼을 연마하고 활시위를 당겨 예비하는(시 7:13) 침묵의 시간인 것입니다.

도덕과 윤리 차원에서 보면 아무런 문제가 없던 교회가, 말씀의 올바른 선포라는 엄밀한 기준을 교회의 표지로 삼게 되면 암담한 교회의 현실만이 눈앞을 가립니다. 교회는 하나님의 진리가 인간의 어떠한 사상이나 이념이나 경향성을 띠지 않고 순수하게 증거될 수 있는 유일한 곳입니다. 교회는 진리의 터요 기둥으로 세우심을 받은 곳입니다. 터와 기둥은 시류에 편승하고 유행을 따라 춤추는 변덕을 보여서는 안됩니다. 기둥과 터로서의 교회는 세상 전체의 생존을 떠받치는 곳입니다. 물론 교회 밖에서는 진리의 발현

측면에서 특수한 상황과 일시적인 목적에 입각한 말씀의 적용과 부분적인 선포가 허용될 수 있을 것입니다. 삶의 현장에서는 진리의 전체성이 온전히 드러나지 못할 수 있습니다. 그러나 드러난 것에 지나친 의미를 부여해서 부분을 전체로 과장하는 것은 지극히 경계해야 할 일입니다.

그러나 이 합당한 경계는 시대적인 풍조와 교회의 긴밀한 조율 속에서 구시대적 악습인 것처럼 제거되고 있습니다. 목회자는 성경의 지엽적인 부분을 전체적인 메시지로 이해하는 데 모든 역량을 기울여 영적인 가난을 가리고 성도들의 눈과 귀를 기만하고 있고, 성도들은 이를 좋게 여기는 기괴한 일이 벌어지고 있습니다. 하나님의 말씀을 순수하게 증거하는 사람들은 외면을 당하고, 그 말씀을 기대하는 성도들이 출입할 만한 교회는 조금씩 줄어들고 있습니다. 다른 나라의 이야기가 아닙니다. 오늘날 한국의 교회와 성도들의 이야기입니다. 예레미야 시대에 참으로 기이하고 놀라운 일이 있었는데, 이에 대한 하나님의 마음을 예레미야는 이렇게 기록하고 있습니다. "이 땅에 무섭고 놀라운 일이 있도다. 선지자들은 거짓을 예언하며 제사장들은 자기 권력으로 다스리며 내 백성은 그것을 좋게 여기니 그 마지막에는 너희가 어찌하려느냐"(렘 5:30-31). 이는 한 시대의 총체적인 부패를 묘사하는 말입니다. 이러한 시대적 부패 속에서는 하나님의 말씀과 거리를 두고 왜곡하는 그릇된 연합의 분위기에 편승하지 않았다가는 집단적인 따돌림을 당했던 예레미야처럼 눈물의 선지자가 될 수밖에 없습니다. 그러나 하나님의 말씀을 즐기는 입술이 없고, 담아 둘 귀가 없으며, 소화시킬 마음이 없는 개인과 교회와 국가는 예레미야 시대처럼 절대자의 탄식과 진노를 각오해야 할 것입니다.

이러한 탄식을 오늘날에 비추어 보면, 목회자는 수적인 부흥과 세속적인 영달을 추구하기 위해 성도들의 기호에 아부하고, 성도들은 하나님의 말씀을 증거하는 목회자가 입맛에 맞추어서 떠받들어 주니 이를 좋게 여기는 형국으로 묘사될 수 있을 것입니다. 극단적인 경우에는, 성도들의 건강한 신앙보다 광적인 열심과 맹목적인 집결을 유도하기 위해 목회자가 말씀으로 위협하는 일도 있습니다. 또한 성도들은 이제 그러한 방식에 익숙해져서 올바른 말씀이 선포되면 믿음으로 화답하지 않고 불평과 반박으로 거절하고 있습니다. 오히려 강압을 구사하고 공포심을 조장하지 않으면 불편한 체질이 교회의 언저리에 군살처럼 박혀 있습니다. 그래서 목회자의 편협하고 목청만 높은 설교를 좋게 여기며, 회초리를 휘두르고 원색적인 욕설을 추하게 내뱉는 목회자를 사랑이 풍성한 목자인 양 여깁니다. 거짓을 말하고 성직자의 신분적인 권력을 휘둘러도 오히려 그것을 마음의 고향처럼 편안하게 느낄 정도로 길들여져 있습니다. 진리의 기둥과 터로서의 사명을 완수해야 할 교회가 마땅한 도리를 저버리면 가장 천박한 미신으로 전락하는 것입니다. 물론 이러한 모습은 소수의 교회만 가지고 있습니다. 그러나 이러한 모습에서 거리가 먼 교회의 경우에도, 외식하는 자에 대한 이사야의 예언을 생각하면 이것이 단지 숫자의 문제가 아님을 알 수 있습니다. 소수일지 모르나 한국 교회에 끼치고 있는 영향력 면에서는 무시할 수 없는 규모인 듯합니다. 이는 몇몇 교회에서 샤먼들과 같은 목회자들이 자신의 부족에 영향력을 확보하기 위해 공포와 종교심 유발을 목적으로 동원하는 저급한 사술을 말씀보다 우선적인 진리로 간주하고 있는데도 이를 개의하는 사람이 없다는 사실에서 충분히 입증되고 있습니다.

　저는 오늘날 교회의 신앙과 성도들의 영적인 체질에 심각한 위기가 임했다고 믿습니다. 아마 머지않아 교회의 지표도 하나님의 말씀이 올바르게 선포되는 것에서, 성도들의 기호와 현실에 충실한 말씀 선포로 바뀌고 말 것입니다. 현실은 이미 후자에 상당히 가까워져 있습니다. 하나님을 기쁘게 하는 것이 아니라 사람을 기쁘게 하는 설교가 교회의 적극적인 동의를 얻으면 어떠한 일이 발생할 것 같습니까? 정욕적인 귀에 달콤한 아부만 요구하기 때문에, 이에 부응하기 위해서는 하나님의 애타는 마음과 뜻을 묵살하지 않으면 안될 것입니다. 만약 교회에서 가장 순수하고 정확한 하나님의 뜻과 진리가 증거되지 않는다면, 어디에서 세상의 빛을 기대할 수 있겠습니까? 어디에도 없습니다. 교회가 진리의 기둥과 터로서의 사명과 본분을 망각하면, 모든 시대에 도사리고 있는 중세의 암흑기가 다시 고개를 들 것입니다. 교회의 중세적 타락을 재현하지 않으려면, 교회는 교회다운 표지를 회복해야 하고 가장 교회다운 것이 모든 시대를 극복하고 승리하는 비결임을 명심해야 할 것입니다. 어두워진 세상의 마지막 지점까지 빛을 비추고, 썩어 가는 세상의 몰락에 소망을 수혈하고, 사람보다 하나님을 기쁘시게 하는 유일한 곳으로서 교회는 하나님의 말씀이 세력을 얻고 흥왕하게 되는 가장 교회다운 모습을 회복해야 할 것입니다.

교회의 표지에 따른 가시적 교회의 기원

하나님의 말씀이 올바르게 선포되는 것이 교회의 표지라고 한다면, 가시적 교회의 기원은 그 말씀이 올바르게 선포되던 태초로 소급되어야 할 것입니다. 바울은 안식에 들어가는 일이 "세상을 창조할 때부터"(히 4:3) 있었다고 말합니다. 이는 아담과 하와가 가시적 교회의 기원이 된다는 뜻입니다. 아담과 하와에게 주어진 하나님의 직접적인 계시는 누구도 의심할 수 없는 올바른 말씀 선포로 간주할 수 있기에 거기에 하나님의 교회가 있었다는 사실을 부인할 수 없습니다. 그러나 하나님의 직접적인 계시가 가인의 경우에도 있었기 때문에 오해의 소지를 제거할 필요가 있습니다.

우리는 아벨의 제사에서 결정적인 단서를 찾아볼 수 있습니다. 바울은 아벨의 제사에 대해 이렇게 평합니다. "믿음으로 아벨은 가인보다 더 나은 제사를 하나님께 드림으로 의로운 자라 하시는 증거를 얻었으니"(히 11:4). 여기서 우리는 아벨의 제사가 믿음으로 드려진 것임을 알 수 있습니다. 즉 아벨의 제사는 비록 양의 첫 새끼를 제물로 드렸지만 어린양이신 그리스도 예수를 멀리서 믿음으로 바라보며 예배한 것입니다. 이 믿음은 어디에서 오는 것입니까? "믿음은 들음에서 나며 들음은 그리스도의 말씀으로 말미암"는(롬 10:17) 것이며, "전파하는 자가 없이"는(롬 10:14) 들을 수 없습니다. 즉 하나님의 말씀이 올바르게 전파되고 아벨이 그것을 들었기 때문에 믿음에 합당한 제사가 가능했던 것입니다. 그러므로 하나님의 말씀이 올바르게 증거되는 교회의 확실한 표지를 가졌던 아담의 가정은 최초의 가시적인 교회라고 말할 수 있습니다.

아담의 경우와는 조금 다르지만, 하나님의 말씀이 선지자를 통해 이스라엘 백성에게 주어졌기 때문에, 이스라엘 민족은 비록 국가적인 형태로 있었지만 가시적인 교회라고 볼 수 있습니다. 그러나 중요한 사실은, 이방인을 비롯한 모든 신분의 사람들이 "다 그리스도 예수 안에서 하나"(갈 3:28)라는 신약의 말씀처럼, 고대 이스라엘 시대에도 혈통이나 민족적인 기준으로 교회가 구성된 것은 아닙니다. 바벨론 시대에 에스라를 따라서 귀환한 사람들 중에도 이방인이 있었고, 가나안에 거할 때에도 기브온 족속은 이스라엘 백성의 무리 중에 속하여 성전에서 봉사하는 일까지 했습니다. 특별히 하나님은 안식일을 거룩하게 지키는 것이 "나와 너희 사이에 너희 대대의 표징"(출 31:13)이요 "영원한 언약"(출 31:16)이며, 이를 지키기 위해 "너나 네 아들이나 네 딸이나 네 남종이나 네 여종이나 네 가축이나 네 문 안에 머무는 객이라도 아무 일도 하지 말라"(출 20:10)고 했습니다. 속죄를 상징하는 제사에 대해서도 "회중 곧 너희에게나 거류하는 타국인에게나 같은 율례이니 너희의 대대로 영원한 율례라. 너희가 어떠한 대로 타국인도 여호와 앞에 그러하리라"(민 15:15)고 모세는 말합니다. 이는 교회의 표지로서 하나님의 영원한 말씀이 민족의 경계선을 넘어 타국인에게도 동일하게 적용될 수 있었다는 말입니다.

구약이나 신약이나 하나님의 거룩한 교회는 혈통이나 육정으로 난 것이 아닙니다. 모든 시대를 통하여 하나님의 말씀에 의해서만 교회와 세상이 명확하게 구분되는 것입니다. 예수님은 "내 양은 내 음성을 들으며 나는 그들을 알며 그들은 나를 따르느니라"(요 10:27)고 했습니다. 양과 염소를 구분하는 유일한 잣대는 하나님의 말씀을 듣느냐, 듣지 않느냐에 있습니다. 여기서 중요한 것은, 이 들음이 주님의 양이 되려는 인간 편에서의 듣는 행위에 있지 않다는 것입니다. 인간의 귀는 언제나 열려 있습니다. 들을 수밖에 없습니다. 그렇다면 중요한 것은 "무엇을 듣느냐"입니다. 주님의 양은 자신의 주인이 그리스도 예수이기 때문에 그리스도 예수를 주인으로 알아 '주인의 음성'을 들으며, 사탄이 아비이고 주인인 자들은 사탄의 자식과 종으로서 사탄의 음성과 사주만 듣습니다. 이처럼 문제의 핵심은 "무엇을 듣느냐"에 있습니다. "하나님의 말씀을 듣느냐, 사탄의 목소리를 듣느냐?" 얼마나 올바르게 듣는지는 지극히 개인적인 일이며, 당사자 외에는 아무도 모르는 일입니다.

그래서 하나님의 말씀 '듣는 것'을 교회의 표지라고 말하지 않고, 하나님의 말씀이 올바르게 '선포되는 것'을 교회의 표지라고 말합니다. 가시적인 교회 속에는 하나님의 말씀을 듣는 이들도 있고, 인간의 목소리만 듣는 이들도 있습니다. 이 구분은 주님께만 은밀히 감추어진 것이기에, 우리가 객관적인 표지로 확인할 수 있는 것은 선포되는 말씀뿐입니다. 그래서 교회의 표지는 하나님의 말씀이 어떻게 선포되고 있느냐에 있습니다. 그만큼 하나님의 말씀이 선포되는 교회의 강단과 예배는 중요한 것입니다. 17세기 영국에서 주일 성수 때문에 많은 청교도들이 순교했던 것도 이러한 맥락에서 이해할 수 있습니다. 초대교회 시대에 실세였던 "대제사장 안나스와 가야바와 요한과 알렉산더와 및 대제사장 문중"(행 4:6)의 사람들도 사도들이 "예수 안에 죽은 자의 부활이 있다고 백성을 가르치고 전함을 싫어하여"(행 4:2) "그들을 위협하여 이후에는 이 이름으로 아무에게도 말하지 말게"(행 4:17) 했습니다. 결국 사도들을 위협하고 핍박했던 목적도 사람의 말보다 하나님의 말씀에 순종하는 올바른 말씀 선포를 중단하게 만드는 데에 있었던 것입니다.

하나님의 말씀을 올바르게 증거하는 것은 언제나 순교를 각오해야 하는 일입니다. 지금도 예수의 이름과 권위로 하나님의 말씀을 순전하고 올바르게 증거하면 불평과 거부감을 느끼는 사람들이 많습니다. 그러나 인간적인 깨달음과 사상을 개인의 명의로 말하면 사람들은 잘도 믿습니다. 이는 예수님이 "나는 내 아버지의 이름으로 왔으매 너희가 영접하지 아니하나 만일 다른 사람이 자기 이름으로 오면 영접하리라"(요 5:43)는 말씀과도 같습니다. 그러나 말씀의 운동력은 인위적인 방법으로 저항할 수 없습니다. 그 운동력이 말씀 위에 운행하는 것은 성령의 역사이며 그렇기 때문에 하나님의 말씀을 성령의 검이라고 하는 것입니다. 교회의 회복과 진정한 부흥은 성령의 역사로 말미암는 하나님의 선물이며 동시에 말씀이 선포되는 강단의 순수성과 예배의 신실함을 요청하고 있습니다. 교회의 표지를 표지답게 드러내는 교회가 부흥하는 교회인 것입니다.

하나님의 올바른 말씀이 선포되지 않으면, 우리는 "이것이 여호와의 성전이라, 여호와의 성전이라, 여호와의 성전이라 하는 거짓말을 믿지 말라"(렘 7:4)는 말씀에 주의해야 할 것입니다. 아무리 급변하는 현대성을 100퍼센트 구현하고, 유대인 중의 유대인을 자청해도 하나님의 생명의 말씀이 순수하고 올바르게 증거되지 않으면 그들은 "사탄의 회당"(계 3:9)일 뿐입니다. 그러나 사탄의 회당처럼 보이는 공동체가 있더라도 극단적인 단절을 선택하는 것이 능사는 아닙니다. 로마 가톨릭에 대한 칼빈의 태도를 주의해 보십시오.

옛날에는 교회의 일부 특전이 유대인들 사이에 남아 있었다. 그와 같이 지금도 하나님이 파멸을 면하게 하신 교회의 흔적이 교황주의에 있는 것을 우리는 부정하지 않는다. 하나님은 유대인과 언약을 한 번 맺었지만, 그것을 보존한 것은 그들의 인간적인 노력이 아니라 언약이 그 자체의 힘으로 그들의 불경건과 싸우면서 생명을 유지했다. 그러므로 여호와의 언약이 그들 중에 존속했던 것은 확실하고 변함없는 하나님의 선하심에 의한 것이었다. 그들의 배반은 주의 진실을 말소할 수 없었고, 비록 그들의 불결한 손이 할례를 더럽혔다 할지라도, 여전히 그것은 여호와가 주신 언약의 진정한 표징이며 거룩한 성례였다. 그렇기 때문에 그들에게 태어난 자녀들을 주님은 자기의 자녀라고 부르셨고(겔 16:20-21), 이 사람들은 오직 특별한 복에 의해서 하나님께 속했다. 여호와가 언약을 세우신 후에 프랑스와 이

탈리아와 독일과 스페인과 영국에서도 같은 사태가 발생했다.[36]

하나님의 신실함은 인간의 불순종과 부패와 타락보다 강합니다. 아무리 추악하고 치명적인 범죄를 저지른다 해도 하나님의 은혜와 긍휼은 소멸하지 않습니다. 그런 면에서 우리는 아무리 하나님의 말씀이 올바르게 선포되지 않아 교회의 표지가 확인되지 않는다 하더라도, 비가시적 교회에 대해서는 열린 자세를 견지하는 쪽이 좋습니다. 한편, 일말의 건전한 요소가 있다 할지라도 부패한 교회가 참교회로 간주될 수는 없습니다. 그러니까 우리는 로마 가톨릭과 같은 종류의 교회에 '유일한 교회'라는 칭호를 부여하지 않지만, 그들 사이에 교회가 있는 것까지 부정하는 것은 아닙니다.

이에 대해 칼빈은 이렇게 요약하고 있습니다. "요약하면, 그 교회들은 악마의 간계와 인간의 패악도 파괴할 수 없는 교회의 표지가 다소간 남아 있기 때문에, 그 안에 비록 비참하게 멸절되고 분산되어 있기는 하지만 주께서 기적으로 보존하는 자기 백성의 남은 자들이라 불려진다. 그러나 우리가 이 논의에서 특히 유의해야 하는 표지들이 없으므로 나는 그 교회들에 대해 개별적 내지는 전체적인 면에서 합법적인 교회 형태가 없다고 단언한다".[37]

교회의 정치

하나님을 배제한 정치, 인간의 자의적인 정치는 그 자체가 왕이신 하나님과 견주려는 도전이요 반역입니다. 마치 이스라엘 백성이 자신의 임자를

---

36 *Inst.* IV.ii.11
37 *Inst.*, IV.ii.12

무시하고 "범죄한 나라요 허물 진 백성이요 행악의 종자요 행위가 부패한 자식"(사 1:4)이 된 것처럼, 모든 권세가 위로부터 신적인 기원을 갖고 있는 정치라 할지라도 하나님을 떠나면 건강한 질서를 상실하게 되고 인간적인 악취가 가장 독하게 풍기는 소굴로 변질될 것입니다. 그래서 정치는 세상 사람들도 불신의 거리를 유지하며 냉소적인 비판을 쏟아 내는 영역입니다. 반면, 정치는 인본주의 사상이 고도로 발현되는 출구이며 정치적인 권력은 인간의 자율성을 신적인 차원까지 높여 주는 방편으로 인식되기 때문에 세상은 정권 창출을 정금보다 더 사모하고 있습니다. 다른 분야에서는 고상하게 보이던 인간성의 실체가 유독 정치계 안에서는 흉측한 몰골을 드러내는 이유도 이러한 정치의 독특한 생리에서 비롯된 것입니다.

그러나 교회의 정치는 세상의 정치와 전혀 다른 것입니다. 교회에는 어떤 정치가 있으며, 그 정치가 빚어내야 하는 열매는 어떤 것일까요? 사람들이 모여서 다스리는 정치가 아니라, 하나님이 머리와 주인으로 계신 곳에서의 정치란 어떤 것일까요? 교회에도 정치가 과연 존재하며 필요한 것일까요? 교회의 정치는 누구에 의해 주도되는 것일까요?

정치는 사람이 살아가는 모든 공동체에 있습니다. 당연히 교회에도 정치가 있습니다. 분명히 있음에도 불구하고 교회의 정치를 정치 자체의 추악한 성격 때문에 외면하게 되면 하나님의 뜻과 섭리도 거스를 수 있습니다. 성경에 기초한 정치의 원리를 정확하게 인식하지 못하는 지도자는 교회의 암적인 존재가 될 수밖에 없습니다. 교회의 정치는 정치적인 체계나 조직을 만들어서 성도들이 그에 입각해 움직이도록 하는 기계적인 통치 구조를 확립하는 것이 아닙니다. 오히려 '최소의 정부가 최고의 정부'라는 자본주의 경제학의 애절한 구호처럼 그런 의미의 정치 기능과 시스

템은 적을수록 좋습니다. 정치의 뼈대와 골격이 전혀 느껴지지 않으면서 모든 것이 최상의 조건에서 경영되는 것이 최고의 정치임은 자유와 질서를 최고의 이데아로 삼는 세속의 정치에서도 동의하는 바입니다. 그러나 세상에서는 이러한 이상이 관념일 수밖에 없습니다. 죄로 인하여 무질서를 본성으로 가지고 있는 인간이기에, 정치를 비롯한 인간의 모든 활동은 비록 하나님의 섭리 아래에 있다 하더라도 죄에의 종노릇에 불과하며 혼돈의 기만적인 몸부림일 뿐입니다. 그러나 교회에는 그러한 인간의 궁극적인 목마름이 영원히 해소될 수 있는 생수가 있습니다. 교회가 올바른 정치를 회복하는 것은 단순히 교회 자체의 개혁을 넘어서 세상의 무너진 권위와 질서를 회복하는 좋은 의미의 범우주적 파장을 낳습니다. 교회의 바른 정치는 교회의 전 구성원이 참여하는 것이기 때문에 교회 정치에 대한 지식은 소수의 지도층이 독점할 수는 없습니다.

교회의 정치는 어떻게 출연했는가

교회의 정치를 논하기 위해 먼저 일반적인 정치의 개념이 언제, 어떠한 계기로 교회에 도입되었는지 살펴봐야 할 것입니다. 이스라엘 민족을 하나의 교회로 보았을 때, 제도적인 정치의 도입은 사무엘 시대로 소급될 수 있습니다. 사무엘이 늙었을 때 그 아들들은 아버지의 행위를 따르지 않았고 경제적인 이익에 욕망의 코뚜레가 꿰어 뇌물을 불법으로 취했으며 공적인 판결을 임의로 굽게 했습니다. 그래서 이스라엘 백성은 신의 이름으로 자행되는 지도자의 부패와 폭정에 어지간히 신물이 났습니다. 그들은 다음과 같은 호소문을 올립니다. "모든 나라와 같이 우리에게 왕을 세워 우리를 다스리게 하소서"(삼상 8:5).

이스라엘 백성이 지적한 사무엘 가족의 문제점은 변명의 여지가 없었으나 그들의 동기가 순수했던 것은 아닙니다. 선지자 가정의 문제는 그들이 세속적인 욕망을 표출하는 하나의 빌미였을 뿐입니다. 그들의 마음은 영적인 지도자의 몰락과 발흥에 특별한 관심이 없습니다. 그들의 관심사는 열방의 탐스럽고 보암직한 정치 체제를 도입하여 그들의 가치관과 삶에서 하나님의 주권을 배제하자는 데에 있습니다. 그러나 이러한 정치 체제 도입의 계기가 그들의 은밀한 속셈이 드러나는 활로일 뿐이라고 해서 사적인 이익과 감정에 따라 그 권위를 함부로 행사했던 영적인 지도자의 불의가 묵인되는 것은 아닙니다. 사무엘과 그의 가족은 하나님 앞에서 지도자의 몰락에 대한 책임이 있고, 동시에 이스라엘 백성도 그들의 인간적인 욕망에 대한 책임이 있습니다.

왕의 정치라는 세상의 세련된 제도를 도입하고자 하는 목적을 그들은 이렇게 밝히고 있습니다. "우리도 우리 왕이 있어야 하리니 우리도 다른 나라들 같이 되어 우리의 왕이 우리를 다스리며 우리 앞에 나가서 우리의 싸움을 싸워야 할 것이니이다"(삼상 8:19-20). 이 구절에 나타난 왕의 필요성을 자세히 살펴보면, 이들은 지금까지 자신들에게 왕이 없다고 생각하며 살았음을 확인할 수 있습니다. 이는 하나님이 그들의 왕으로 분명히 계셨지만, 그럼에도 불구하고 여태까지 그분을 왕으로 간주하지 않았다는 말입니다. 사무엘을 향해 "그들이 너를 버림이 아니요 나를 버려 자기들의 왕이 되지 못하게 함이니라"(삼상 8:7)던 여호와의 말씀은 이스라엘 백성들의 의중을 정확히 지적하고 있습니다. 지도자의 타락을 계기로 여호와를 떠나 평소 열방과 같이 되려던 그들의 마음이 때마침 '다시스로 가는 배'를 만난 셈입니다. 세상적인 전쟁을 치러서 영토를 확장하고 부국을 도모하는 실리적인 국가와 민족을 그들은 꿈꾸고 있었던 것입니다. 나라를 빼앗기고 국권을 상실한 유대인이 정치적인 메시아를 고대했던 것은 이처럼 오래된 현상이며 새로운 기호가 아니었습니다.

그들의 장밋빛 꿈과는 달리, 그들이 제안한 왕정 체제는 사실 대단히 많은 문제점을 가지고 있습니다. 사무엘은 젊은 남녀의 징집, 곡물과 가축의 징세, 종과 나귀의 징용, 개인의 자유 상실, 왕의 폭정 때문에 그들이 하나님께 간구해도 듣지 않으실 것 등의 문제들을 낱낱이 밝힙니다. 그러나 이스라엘 백성은 필경 사망의 길인데도 어두움을 더 사랑하는 인간 본연의 한계를 따라 왕정에 대한 고집을 끝까지 꺾지 않습니다. 이에 하나님은 "그들의 말을 들어 왕을 세우라"(삼상 8:22)는 지시를 내립니다. 그러나 이것은 기도에 대한 응답이 아니라 "그들을 부끄러운 욕심에 내버려 두"신 (롬 1:26) 것입니다.

과연 이스라엘 백성은 왕정에의 희구가 민족적인 "사형에 해당한다는 하나님께서 정하심을 알고도 자기들만 행할 뿐 아니라 또한 그 일을 행하는 자들을 옳다"(롬 1:32)고 말합니다. 하나의 이념이 세력을 얻으면 이렇게 누룩처럼 급속하게 확산되는 경향이 있습니다. 옳다 인정함을 얻으려고 세력을 키우고 덩치를 불리는 것은 세속의 정치와 다를 바가 없습니다. 그러나 아무리 유용하고 멋있어 보여도 우리는 "이 세대를 본받지 말고 오직 마음을 새롭게 함으로 변화를 받아"야(롬 12:2) 합니다.

내적인 문제를 외적인 처방으로 수습하면 반드시 부작용이 따릅니다. 하나님을 떠난 마음의 문제인데 제도를 탓하는 이스라엘 백성의 종국은 타국인의 모습과 다를 바가 없습니다. 세상과의 적정한 구별과 차단이 없어지면 거룩을 상실하게 되는 법입니다. "하나님의 아들들이 사람들의 딸들의 아름다움을 보고 자기들이 좋아하는 모든 여자를 아내를 삼는지라……그들이 육신이" 되었기 때문에 여호와의 "영이 영원히 사람과 함께 하지 아니"했던(창 6:2-3) 노아의 시대처럼, 세상과 어우러져 하나님의 백성다운 면모를 상실한 이스라엘의 역사는 반역과 부패와 음란으로 얼룩지게 되었습니다. 그들이 애타게 추구했던 왕정 시대의 무수한 왕들은 "여호와 보시기에 악을 행하되 여로보암의 길로 행하며 그가 이스라엘에게 범하게 한 그 죄 중에 행하"는(왕상 15:34) 모습만 보였습니다. 그들이 선택한 왕은 하나님께서 보시기에 악을 행하는 자였으며, 이스라엘 백성으로 온갖 우상을 숭배하도록 만드는 원인이 되었습니다. 이스라엘 백성이 선택한 왕은 그들의 진정한 왕이 아니었고, 결국 여호와 하나님이 그들의 유일한 왕이심을 알려 주는 반증으로 작용하게 되었습니다.

정치의 기원을 더 소급해 올라가면, 도시가 시작된 가인의 시대까지 이릅니다. 정치학을 논함에 있어서 "인간은 본성상 도시 안에서의 삶을 지향하는 존재"라고 했던 아리스토텔레스의 철학적 사유는 성경적인 관점에 대단히 근접해 있습니다. 인간 사회 안에는 반드시 정치가 있습니다. 세상의 모든 생물도 정치의 형태를 보이지만, 인간의 정치는 하나님 앞에서의 죄 때문에 다른 피조물의 경우와 구별되는 성격과 형태를 갖습니다. 인간 사회 밖에서 발견되는 정치는 언제나 생존과 관련되어 있고 그 형태는 생존과 무관한 상황이 되면 모두 평등한 입장으로 돌아가나, 인간의 경우에는 정치가 대체로 생존을 넘어 정욕과 손잡으며 그 형태는 중독에 가까울 정도로 고착되어 부패할 때까지 권력을 움켜쥐는 습성을 보입니다. 자신뿐만 아니라 타인까지 다스려서 자신의 머리 됨을 신적인 수준까지 높이려는 본성을 정치에서는 감출 수가 없습니다. 정계의 상식이요 생리인

정권 재창출은 국가의 이익과 백성의 복지 때문에 추구되는 것이 아니라, 하나님과 비기려는 인간의 본성이 정치적인 형태로 굳어진 것이라고 볼 수 있습니다. "절대 권력은 반드시 부패하게 된다"는 액튼 경의 경구는 인간의 죄성에서 초래되는 정치적 타락을 잘 묘사하고 있습니다.

교회의 정치에서는 인간이 결코 머리가 아닙니다. 성경은 그리스도 예수만이 교회의 머리라고 말합니다. 교회의 머리가 그리스도 예수라는 사실이 거부되면, 모든 나라처럼 왕을 달라고 했던 이스라엘 백성의 어리석은 전철을 답습할 수밖에 없습니다. 교회의 온갖 부패와 말썽은 그리스도 밖에서 머리를 찾기 때문에 발생되는 것입니다. 참으로 심각한 죄는 피조물이 머리가 되겠다는 데에 있습니다. 사실 가장 엄중한 징계와 형벌로 다스려야 마땅한 하나님의 주권 탈취는 태초부터 시도된 일입니다. 아담과 하와가 사탄의 사주를 기꺼이 받아들인 것은 하나님과 동등한 권리를 획득하기 위함이었습니다. 이는 결국 온 인류를 사망 가운데로 몰아넣었고, 하나님의 아들을 십자가에 매다는 법정 최고형에 처하는 결과를 가져왔습니다.

교회 정치의 핵심은 교회의 머리가 그리스도 예수라는 것이다
최초의 교회였던 아담과 하와가 하나님의 주권에 도전하여 초래된 결과는 오늘날 교회의 정치에 있어서 대단히 중요한 내용을 시사치고 있습니다. 즉 교회의 왕으로서 그리스도 예수의 머리 됨을 부정하는 어떠한 인간적인 시도도 하나님의 엄중한 처벌과 징계가 따른다는 것입니다. 교회 정치의 토대와 본질과 전제는 주님이 교회의 머리라는 사실에 있습니다. 나머지는 모두 부수적인 것입니다. 사도와 선지자와 복음 전도자와 목사와 교사는 교회에 대한 그리스도 예수의 수권을 시중 드는 사환일 뿐입니다. 사환 이상의 권위와 대우를 기대하면 필히 패망의 길을 걷을 수밖에 없습니다. 교회의 모든 직원은 마땅히 생각할 그 이상의 생각과 언어와 행실을 경계해야 합니다. 성도들도 직원에 대해 지나친 의존성을 갖거나 과도한 밀착을 통해 세속적인 이익을 추구하려는 어떠한 정욕도 버려야 합니다. 하나님의 뜻을 증거하고 집행하는 공적인 사명은 인정하되, 다른 성도들과 동일한 사랑의 대상으로 서로를 섬기고 존중하는 관계성을 지향해야 합니다.

교회의 머리와 주인과 머릿돌은 오직 주님밖에 없습니다. 그런데 어떤 사람들은 교회의 통치권이 베드로로 대표되는 인간에게 넘어온 것처럼 주장하고 있습니다. 이러한 통치권 이양을 주장하는 사람들이 내세우는 근거는 베드로와 주님의 대화에 있습니다. "주는 그리스도시요 살아 계신 하나님의 아들이시니이다"(마 16:16)라는 베드로의 고백을 들으신 예수님은 "너는 베드로라. 내가 이 반석 위에 내 교회를 세우리니 음부의 권세가 이기지 못하리라. 내가 천국 열쇠를 네게 주리니 네가 땅에서 무엇이든지 매면 하늘에서도 매일 것이요 네가 땅에서 무엇이든지 풀면 하늘에서도 풀리리라"(마 16:18-19)고 하셨다는 것입니다.

베드로Πετρος는 헬라어로 '반석'Πετρα을 뜻합니다. 예수님이 베드로를 일컬어서 내가 이 반석 위에 내 교회를 세우고 천국 열쇠를 네게 주겠다고 했으니, 베드로는 교회의 머리 되신 예수님의 통치권을 물려받은 것이라고 로마 가톨릭은 말합니다. 베드로의 반차를 이은 사람이 교황이기 때문에, 모든 교회는 교황의 통솔을 받아야 한다는 것입니다. 반면 사적인 이유로 교황과 결별했던 영국의 헨리 8세는 왕의 권세가 위로부터 하나님에 의해서 주어진 것이라는 '왕권신수설'을 내세우며 교회의 진정한 머리는 교황이 아니라 왕이라고 했습니다.

　교황이든 왕이든 교회의 머리는 인간일 수 없습니다. 왕의 권세만 신수된 것이 아닙니다. 모든 권세는 하나님에 의해서 주어진 것입니다. 왕의 권세가 신수된 것이라고 주장하는 것이 성경에 위배된 것은 아니지만, 그것만 내세우는 것은 여호와의 이름을 망령되이 일컫는 것입니다. 성경적인 명제를 이익의 방편으로 사용하면 본질적인 진리를 왜곡하는 수단으로 전락할 수 있습니다. 하나님의 말씀은 인간적인 논리와 본성을 따라 해석하면 안됩니다. 심지어 양심에 저촉되지 않았다는 것도 올바른 해석을 보증하는 것은 아닙니다. 인간적인 순수나 정직보다 하나님이 보시기에 합당한 것이냐가 더 중요합니다.

　물론 베드로는 '반석'이란 뜻을 가지고 있습니다. 그러나 예수님은 그 이름에서 비롯되는 인간의 고의적인 오류를 감지하고 계셨기에 우리에게 그 오류를 경계할 수 있는 결정적인 단서를 남겨 두셨습니다. "사탄아, 내 뒤로 물러가라. 너는 나를 넘어지게 하는 자로다. 네가 하나님의 일을 생각하지 아니하고 도리어 사람의 일을 생각하는도다"(마 16:23). 사실 베드로는 주께서 가시는 십자가의 고통스러운 길을 단지 인간적인 편들기 차원에서 만류했을 뿐입니다. 물론 예수님을 위하는 충성되고 순수하고 정직한 마음으로 그리했을 것입니다. 베드로의 이러한 태도가 인간적 문맥 안에서는 칭찬과 감사를 받을 행실이기 때문에 그것이 사탄의 도구로 쓰일 경우에는 분별이 더더욱 어려울 수밖에 없습니다. 하지만 예수님은 모든 인간이 속을 수밖에 없는 경우에도 그 은밀한 중심을 보십니다. 우리의 눈에는 너무도 충성된 마음에서 비롯된 베드로의 충언을 예수님은 사탄의 일이라고 정확히 판단하신 것입니다.

이것은 단순히 베드로의 분별력을 책망하신 정도가 아닙니다. 베드로가 보여준 인간적인 순수와 충성심은 누구나 범할 수 있는 일이기에 모든 사람에게 해당되는 영원한 경계로서 사도의 대표자인 베드로를 책망하신 것입니다. 아무리 '반석'이라는 이름을 가진 베드로라 할지라도 지극히 변덕스런 존재입니다. 그런 인간은 하나님의 일과 인간의 일 중에 언제나 후자를 선택하면서도 마치 전자를 선택한 것처럼 충성하는 본성을 가지고 있습니다. 이런 자에게 반석이나 천국의 열쇠는 전혀 합당하지 않습니다. 만일 그것이 인간에게 맡겨진 것이라면, 교회는 사탄의 회가 될 것이며 천국 출입은 사탄의 면죄부를 받아야만 할 것입니다.

베드로의 실수는 모세가 이미 범했던 것입니다. 신 광야에서 이스라엘 백성은 마실 물이 없어서 원망과 불평을 했습니다. 그때 하나님은 모세에게 이러한 명령을 주십니다. "너는 그 반석을 치라. 그것에서 물이 나오리니 백성이 마시리라"(출 17:6). 그러나 반석도 아니요 물을 내는 궁극적인 주체도 아닌 모세는 "반역한 너희여, 들으라. 우리가 너희를 위하여 이 반석에서 물을 내랴"(민 20:10)며 과도한 호통을 쳤습니다. 그리하여 모세는 하나님의 거룩함을 백성의 목전에 나타내지 못하게 되었고, 결국 수십 년을 고대했던 가나안에 입성하지 못하고 느보산에 올라 멀리서 바라보며 죽어야 했습니다. 이처럼 모세와 베드로도 빠질 수 있는 지도자의 함정을 주님은 철저하게 경계하기 위해 교회의 한 지도자인 베드로를 사탄처럼 물리치는 준엄한 책망을 하신 것입니다.

모세와 하나님, 베드로와 예수님의 대화에서 반석은 인간의 탁월성과 견고함을 뜻하지 않습니다. "나의 이 말을 듣고 행하는 자는 그 집을 반석 위에 지은 지혜로운 사람 같으리니"(마 7:24). 여기서 '반석'이란 하나님의 뜻을 듣고 하나님의 뜻에 온전히 순종하신 예수님을 뜻합니다. 하나님의 뜻을 온전히 준행하신 분은 예수님 외에는 없습니다. 모세가 지팡이로 두들겼던 반석도 예수님을 상징합니다. "다 같은 신령한 음료를 마셨으니 이는 그들을 따르는 신령한 반석으로부터 마셨으매 그 반석은 곧 그리스도시라"(고전 10:4). 예수님은 홀로 교회의 기초와 머리가 되시며 교회의 처음과 나중이 되십니다.

주님은 분명히 "내 교회를 세우리라"고 하십니다(마 16:18). 사람들의 교회가 아닙니다. 주님께서 '내' 교회라고 명명하신 것은 교회의 주권과 머리 됨을 다른 누구에게 양도하신 적이 없고 양도하실 의사도 없다는 뜻입니다. 왕이나 교황이나 목회자나 어떤 인간 지도자든 어느 누구도 교회의 주권이나 머리 됨을 주장할 수 없습니다. 주님만이 자신의 교회를 세우실 것입니다. "내 교회"라는 말은 교회가 전적으로 주님께 속했기 때문에 다른 어떠한 권세도 건드릴 수 없다는 뜻입니다. 존재하는 모든 악의 권세들을 총칭하는 음부의 권세도 교회를 이길 수 없습니다. 악한 자들은 교회를 만지지도 못할 것이며 교회의 머리털 한 올이라도 상하게 하지 못할 것입니다. 주님의 교회에 대해 소유권을 주장하는 것은 하늘과 땅의 모든 권세를 가지신 주님께 무례하고 불경한 도전장을 내미는 것입니다. 교회는 주님의 교회이며 주님께서 친히 세우시며 주님께서 지키시는 주님의 몸입니다.

모세와 베드로는 주님의 통치권을 물려받은 자가 아니라 하나님의 거룩함을 드러내는 수단에 불과한 사환이요 종이었던 것입니다. 종이란 결코 자신이 드러나서 하나님의 영광과 거룩을 가리는 신분이 아닙니다. 물론 예수님은 제사장과 선지자와 왕의 신분으로 이 땅에 오신 것이 맞습니다. 그러나 역사 속에 등장했던 제사장과 선지자와 왕은 예수님을 예표하는 사람일 수는 있어도 그들이 교회의 머리 됨을 주장할 수는 없습니다. 그들은 단지 여호와의 집에서 일하는 사환이요 종입니다. 종의 본분을 망각하면 온갖 종류의 교주들이 나옵니다.

교황이 교회의 머리라는 로마 가톨릭 교회와 왕이 교회의 머리라는 영국 국교회의 정치적 원리를 비판하는 정통적인 교회 정치의 원리는 한마디로 교회의 열쇠가 '한 개인'unus이 아니라 '사도회'unitas에 있다는 것입니다. 하나님은 먼저 열두 제자와 같은 지도자를 세웁니다. 사도들의 교회에도 한 교회를 대표하는 조직과 기능이 소개되고 있습니다. 사도의 직무 대리자를 선출하는 문제(행 1장), 구제와 공궤를 위해 성령과 지혜가 충만하여 칭찬 듣는 사람 일곱을 선택하는 문제(행 6장), 모세의 율법에 대한 법 해석의 문제로 사도와 장로들이 모여 의논하는 사건(행 15장), 장로들의 모인 자리에서 예루살렘 회의의 결의문을 전달하는 사건(행 21장) 등은 교회의 대표회가 법적인 기능까지 가지고 있었음을 증거합니다. 교회의 영적인 복지를 위해서 소수의 지도자를 세우는 것은 일반 성도들의 가치를 폄하하는 차별이 아닙니다.

이것을 하나님의 편애로 오해하면 성경도 오해할 수밖에 없습니다. 남자가 여자의 머리라는 말씀도 무시하게 됩니다. 모든 개별적인 영혼이 모두 천하보다 귀하지만, 질서에 있어서는 인간의 종합적인 인식이 고려된 신적인 방법과 섭리가 있습니다. 바울도 에베소나 빌립보 교회에 편지를 보낼 때에 성도들이 하찮아서 교회 장로의 회에 편지를 보낸 것이 아닙니다. 교회의 질서가 올바르게 세워져 모든 성도가 유익을 얻도록 하기 위해 그리한 것입니다. 물론 그 편지는 회당에서 모든 회중에게 읽혀졌을 것입니다. 그래서 편지의 내용을 회중 전체가 공유했을 것입니다. 결국 모든 서신의 내용은 개개인이 섭취하는 생명의 양식으로 주어진 것이라는 말입니다. 그런 의미에서 교회의 열쇠가 교회 전체에 주어진 권리라고 주장한 토마스 후커Thomas Hooker, 1586-1647의 말도 일리가 있습니다.

그러나 가시적 교회의 질서는 결국 섬기는 소수의 그룹이 있어야 하고, 그들의 정치적 리더십과 권위가 존중될 것을 요구합니다. 그러나 어떠한 경우에도 교회의 열쇠가 권력과 결탁되어서는 안됩니다. 어떠한 사람도, 어떠한 당회나 노회도, 심지어 총회도 독재적인 권력을 휘두를 수 없습니다. 그렇다고 이러한 경계가 무질서를 초래해서는 안됩니다. 개별적인 교회를 완전한 교회로 보지 않는 이유도 여기에 있습니다. 물론 개별 교회도 하나님의 성전이며 그리스도 예수의 몸입니다. 그러나 지역의 개별적인 교회는 우주적인 교회의 한 지체이기 때문에 몸으로 연합되어 있어야 건강하고 온전합니다. 사도들의 시대에도 이미 교회들은 다양한 방식으로 영적인 결합을 이루고 있었으며, 문제가 발생하면 다른 교회에 총대들을 보내어 토론하고 어떤 결정에 대해서 질문하는 권리를 인정해 줬습니다. 사도의 터 위에 세워진 오늘날의 교회에도, 개별 교회가 모인 노회가 있어야 하고, 노회들이 모인 총회가 있어야 하고, 한 나라만 아니라 온 세계 교회들의 모임도 있어야 하는 것입니다. 모든 가시적인 교회들은 주님만이 비가시적 교회의 머리라는 진리의 구현을 향해 한 걸음씩 나아가야 합니다.

교회의 정치는 우주 경영의 모델이다

넓게 본다면, 주님이 교회의 머리이시며 교회의 직원들이 그의 수단으로 있고 그들의 권위와 가치가 모두 주님께 의존하고 있다는 것은 하나님의 인류 섭리를 예시하는 축소판 같습니다. 주님은 세상의 모든 만물에 대해서 절대적인 주권을 가지고 계십니다. 만물은 아버지 하나님의 뜻과 섭리를 수행하고 드러내는 도구성을 지닙니다. 하나님의 목적을 달성하는 하나의 도구라는 사실에서 만물은 가장 정당한 가치와 존재성을 얻습니다. 즉 만물의 가치와 존재성은 주인 되신 하나님의 "보이지 아니하는 것들 곧 그의 영원하신 능력과 신성"(롬 1:20)을 드러내는 데에서 최대성이 발휘되는 것입니다.

이처럼 세상의 그 어떤 존재도 자신을 주인으로 규정할 수 없습니다. 타자에 대한 것은 물론이고, 자기 자신에 대해서도 소유권을 주장할 수 없습니다. 만물의 유일한 소유자는 하나님뿐입니다. 인간도 소유에 있어서는 나그네와 청지기일 뿐입니다. 재능도 직분도 업적도 심지어 우리가 호흡하는 산소 한 모금에 대해서도 우리는 언제나 나그네일 뿐입니다. 바울은 소유에 관해 이렇게 말합니다. "바울이나 아볼로나 게바나 세계나 생명이나 사망이나 지금 것이나 장래 것이나 다 너희의 것이요 너희는 그리스도의 것이요 그리스도는 하나님의 것이니라"(고전 3:22-23). 그리스도 예수께서 하나님의 것이라는 의미는 이런 뜻입니다. "내 교훈은 내 것이 아니요 나를 보내신 이의 것이니라"(요 7:16). "나를 믿는 자는 나를 믿는 것이 아니요 나를 보내신 이를 믿는 것이며 나를 보는 자는 나를 보내신 이를 보는 것이니라"(요 12:44-45). 누구에게 소유된다는 것은 바로 이런 의미입니다. 자신이 전혀 발견되지 않는 것입니다. 예수님이 보여주신 것처럼, 오로지 소유한 자만 드러나는 것이 소유의 진정한 의미인 것입니다. 사나 죽으나 주의 것인 우리는 절대적인 소유자인 하나님의 영광만 드러내야 한다는 것입니다.

물론 다윗은 다음과 같이 고백한 적이 있습니다. "하늘은 여호와의 하늘이라도 땅은 사람에게 주셨도다"(시 115:16). 하지만 이 말씀은 땅에 관한 소유권의 이전을 의미하지 않습니다. 바울도 인간에게 땅의 모든 것이 주어진 것처럼 묘사하지만, 그것들도 우리의 것이 아니라 우리를 소유하신 자의 것이라고 말할 수밖에 없습니다. 이처럼 중간적인 소유 관계는 엄밀한 의미에서 소유자가 아니라 청지기를 뜻합니다. 다른 것에 소유되지 않는 최종적인 소유자만 모든 것의 소유자가 될 수 있다는 뜻입니다. 이는 모든 것이 모든 주의 주이신 하나님의 것이라는 말입니다.

그런데 여기서 우리가 주목해야 할 것은, 모든 것의 진정한 주인이신 그 하나님이 우리의 지극히 큰 상급이 되신다고 언약하셨다는 것입니다. 만물보다 더 거짓되고 심히 부패한 인간에 대해 하나님은 자신의 신성을 그들의 저속한 피조성과 끊임없이 구별하고 계시면서, 정작 자신은 그러한 인간의 최고급 선물로 낮추시는 너무도 기묘한 일을 외부의 어떤 동기에도 의존하지 않고 스스로 행하고 계십니다. 참으로 놀라운 은혜가 아닐 수 없습니다. 주인과 종의 공적인 관계를 넘어선 이 은혜 때문에, 인간을 비롯한 만물의 통치자인 주님은 더 이상 우리를 종이라 칭하지 않고 동등한 신분처럼 "친구"(요 15:15)라고 했습니다. 이는 하나님이 성도로 하여금 예수님의 형상과 같게 하시려고, "미리 정하신 그들을 또한 부르시고 부르신 그들을 또한 의롭다 하시고 의롭다 하신 그들을 또한 영화롭게"(롬 8:30) 하시려는 창세 전의 뜻을 완성하는 의미가 있습니다.

이러한 신적인 통치자와 백성 간의 관계성은 인간적인 정치 개념과는 판이하게 다릅니다. 그래서 교회의 정치는 열방과 같은 방식으로 이해하면 안되고 열방의 방식을 도입해서도 안됩니다. 오직 하나님의 말씀에서 근거를 찾아야 할 것입니다. 교회의 정치는 하나님의 말씀에서 허락하신 범위의 엄격한 제약을 받습니다. 그래서 말씀에 기대어 있지 않은 교회 정치의 어떠한 개념들도 단호히 거부할 것입니다. 전통에 대한 입장도 신중히 고려할 것입니다. 물론 전통은 긴 시간에 걸쳐 검증된 하나의 해석이라 할 수 있습니다. 그러나 하나의 해석 이상의 비중을 두지는 않을 것입니다. 이는 전통을 무시하는 처사가 아니라 전통의 권위가 성경을 압도하는 잘못된 풍조에는 강하게 저항할 의사가 있다는 뜻입니다.

지금 교회가 취하고 있는 정치적 입장과 현실은 교회의 영적인 현주소를 가장 정확하게 일러 주고 있습니다. 교회의 수준은 그 교회의 정치적 현실에서 드러나는 법입니다. 관념적인 거품과 포장은 그 교회의 정치를 통해서 일소됩니다. 꾸밀 수가 없습니다. 이처럼 교회의 정치를 보면, 과연 그리스도 예수가 교회의 머리이신지, 여호와를 얼마나 경외하고 있는지, 하나님의 말씀을 얼마나 깨닫고 구현하고 있는지를 한눈에 알아볼 수 있습니다. 한 단체의 정체성과 활동성을 살피려면 그 속에 모든 것이 집약되어 있는 정관을 살피는 게 가장 좋습니다. 장로교, 감리교, 침례교, 성결교, 오순절, 순복음 등 각각의 교단은 저마다의 헌법을 가지고 있습니다. 그 헌법에는 한 교단의 종합적인 정체성이 고스란히 담겨 있습니다.

그러나 교회 정치에 대한 각 교단의 입장은 이 책에서 다루지 않을 것입니다. 다만 교단 별로 해석은 다를지라도 모든 교단이 일차적인 근거로 삼고 있는 성경의 입장에만 충실하고 싶습니다. 즉 성경이 말하는 교회의 본질과 성격과 표지가 온전히 반영된 교회의 정치만 다루고 싶습니다. 굳이 저의 역사적인 입장을 밝힌다면, 정통 개혁주의 신학이 말하는 교회의 정치관을 가지고 있습니다. 따라서 개혁주의 입장이란 용어를 붙이든 안 붙이든 그러한 입장이 모든 글귀에 반영되어 있음을 분별하여 읽는 것은 독자들의 몫입니다.

사람들은 정치를 종합 예술이라고 말합니다. 태초부터 지금까지 정치는 인류 역사와 맞물린 장구한 역사를 자랑하고 있습니다. 세상의 군왕들은 국가의 효율적인 통치를 위해 탁월한 지성들을 동원했고, 그들의 단호한 주장과 뾰족한 논박에 힘입어 통치학이 만들어졌습니다. 거기에는 인류사가 빚어낸 정치의 비결과 비법이 고스란히 담겨 있기 때문에 인간적인 정치의 교본으로 사용되고 있습니다. 그래서 정치의 문제는 정치학 교과서에 맡기라고 학자들은 말합니다.

그러나 세상의 존귀한 재상들이 구사했던 리더십은 학자들의 머리에서 나온 것이 아닙니다. 모두 다 하나님의 지혜에 의존하고 있습니다. 지혜자는 이렇게 말합니다. "내게는 계략과 참 지식이 있으며 나는 명철이라. 내게 능력이 있으므로 나로 말미암아 왕들이 치리하며 방백들이 공의를 세우며 나로 말미암아 재상과 존귀한 자 곧 세상의 모든 의로운 재판관들이 다 스리느니라"(잠 8:14-16). 여기서 "나"는 지혜이신 예수님을 말합니다. 교회의 머리는 분명히 주님인데, 지혜자의 말에 의하면 세상의 통치도 예수님이 하신다는 것입니다. 비록 제도적인 권세를 통하지만, 왕들의 치리와 방백들의 공의와 존귀한 재판관들의 판결은 다 예수께로 말미암은 것입니다.

만물과 역사는 하나님이 쓰시는 통치 수단이다

세상의 모든 것은 하나님의 다스림을 반영하는 수단입니다. 국제 정세나 한 나라의 지리적 문화적 특성이나 자연의 기현상과 격변도 다 하나님의 통치를 수행하는 도구일 뿐입니다. 이러한 평가가 귀에 거슬릴 수 있습니다. 세상의 문명과 기술과 자원의 가치를 너무 폄하하는 것처럼 보이기 때문에 그럴 수도 있습니다. 그러나 가치가 무엇입니까? 세상의 어떠한 것도 스스로의 가치를 주장할 수는 없습니다. 가치의 판단은 오직 하나님의 몫입니다. 주인이신 그분과의 관계성 속에서 규정되는 것입니다. 그분만이 만물의 개별적인 가치를 확정하고 임의로 좌우하는 분입니다.

하나님은 인간과는 달리 모든 것을 바라봄에 있어서 신적인 관점을 가지고 계십니다. 그래서 가치의 경중도 인간적인 통념과는 전혀 다르게 매기시는 분입니다. "그 앞에는 모든 열방이 아무것도 아니라. 그는 그들을 없는 것 같이, 빈 것 같이 여기시느니라"(사 40:17). 창조자의 입장에서 피조물을 보는 것과, 피조된 관점에서 피조물을 보는 것은 하늘과 땅이 다른 것처럼 전혀 다릅니다. 기독교 학자들은 만물이 무에서 창조된 것이라고 말합니다. 이러한 주장은, 사회와 자연과 관련된 대부분의 과학이 진화론에 장악되어 있는 상황에서 그에 대한 반응으로 틀린 것이 아닙니다. 그러나 세상의 주장에 대한 반응으로 빚어진 기독교의 입장은 언제나 편향된 강조점을 갖습니다. 창조와 관련된 부분에서 나타난 편향성은 어떤 존재가 아니라 무로부터 창조된 사실 자체만 강조하는 것입니다. 무에서의 창조가 의미하는 깊은 메시지에 관심을 가져야 하는데, 세상이 묻는 물음에 반응하다 보니 창조의 핵심을 놓치고 있습니다.

무에서의 창조는 단순히 진화를 반박하는 수준을 넘어 만물과 인간을 이해하는 근원을 제공하고 있습니다. 인간은 근원으로 회귀하려는 경향을 가지고 있습니다. 근원의 가치가 파생된 가치보다 크다는 것은 상식일 것입니다. 그런데 성경은 인간과 만물의 근원이 무^{無}라고 말합니다. 그렇다면 인간을 포함한 만물의 근원적인 가치는 고작해야 무라는 것입니다. 가치가 최대성을 발휘해도 기껏해야 무와 같다는 것입니다. 이처럼 창조자의 관점으로 보면 열방이 아무것도 아니며, 열방을 없는 것 같이 여기셔도 힐문할 자가 없습니다.

창조의 이러한 의미를 우상에 적용하면 바울의 입장을 정확하게 이해할 수 있습니다. 바울은 우상의 지적인 전문가라 자칭하는 고린도 교회에 "우상은 세상에 아무것도 아니"(고전 8:4)라고 말합니다. "비록 하늘에나 땅에나 신이라 불리는 자가 있어 많은 신과 많은 주가 있으나"(고전 8:5) 바울에게 하나님은 한 분밖에 없었던 것입니다. 우상은 아무것도 아닙니다. 그래서 하나님은 모세에게 "위로 하늘에 있는 것이나 아래로 땅에 있는 것이나 땅 아래 물 속에 있는 것의 어떤 형상도 만들지 말며 그것들에게 절하지 말며 그것들을 섬기지 말라"(출 20:4-5)고 했습니다. "우상들을 만드는 자들과 그것들을 의지하는 자들이 다 그와 같으리로다"(시 115:8)는 다윗의 말처럼, 아무것도 아닌 것을 숭배하면 아무것도 아닌 자가 되는 것입니다.

그러나 하나님을 주인으로 섬기고 경배하면 같은 원리에 따라 하나님과 같아지는 것입니다. 그래서 하나님은 "하나님의 말씀을 받은 사람들을 신이라"(요 10:35)고 하십니다. 하나님의 장중에 붙들리면 전혀 다른 존재로 거듭나는 것입니다. 바울도 "누구든지 그리스도 안에 있으면 새로운 피조물"(고후 5:17)이 된다고 했습니다. 이것은 만물에도 동일하게 적용할 수 있습니다. 하나님을 경외하는 것은 피조물의 마땅한 도리이지만, 하나님을 경외하면 그 도리를 넘어 인간의 존엄성이 최고의 수준으로 격상되는 축복도 있다는 것입니다. 우상은 아무것도 아닙니다. 그것을 말하기 위해 하나님은 성경의 첫머리에 '무에서의 창조'라는 피조물의 근원적인 성격을 밝히신 것입니다. 하나님의 손에 붙잡혀야 비로소 피조물은 그 궁극적인 존재의 가치를 획득하게 되는 것입니다. 그러므로 만물과 역사가 하나님의 수단이 되는 것은 그것들의 가장 중요하고 최종적인 가치를 구현하는 일입니다. 하나님의 통치는 그러한 영광과 함께 만물과 모든 역사와 열방을 수단으로 사용하는 방식으로 수행되는 것입니다.

우리는 이러한 예수님의 전 우주적인 통치 형태가 교회의 본질과 어떻게 결합되어 있는지를 알아야 합니다. 앞에서 우리는 교회의 본질을 모든 시대와 장소를 망라해서 하나님의 영원한 예정과 구원의 언약에 기초한 택자들 전체라고 했습니다. 보이지 않아서 비가시적 교회이지만, 동시에 온 우주의 시공간에 흩어져 있어서 우주적인 교회라고 합니다. 예수님의 통치가 우주적인 성격을 가질 수밖에 없는 이유는 교회의 이러한 본질에서 비롯되는 것입니다. 우주적인 교회의 머리이신 주님의 교회의 정치는 모든 만물을 수단으로 삼습니다. 이는 마치 6일 동안 천지와 만물을 지으시고 인간이 살아갈 배경과 수단을 만드신 것과도 같습니다. 우주의 통치와 교회의 신적인 정치는 이처럼 분리될 수 없고 긴밀하게 연동되어 있습니다.

지도자는 회중 속에 은밀하게 묻혀야 한다

하나님은 모든 것을 다스리는 분이지만 철저히 자신을 숨기시는 분입니다. 그러면서 모든 것의 근원으로 자신을 나타내시는 분입니다. 모든 것이 주님의 통치 수단이라 했는데, 만물을 아무리 뚫어지게 살펴도 하나님의 지문이나 숨결은 실제로 발견되지 않습니다. 어쩌면 이렇게도 철저히 자신을 숨기실 수 있을까요! 모든 것을 동원해 수많은 생각으로 모든 일을 친히 행하실뿐더러 아무런 조건이나 보상도 요구하지 않으시되 오른손이 하는 일을 왼손도 모르게 은밀히 행하시는 주님의 통치 방식은 참으로 놀라울 뿐입니다. 당신의 모든 일을 그 뜻대로 행하면서 우리에게는 아무런 부담이나 제한을 가하지 않으시는 이 놀랍고도 섬세한 배려는 그 누구도 흉내 낼 수 없는 일입니다. 여기에 교회 정치의 중요한 교훈이 담겨 있습니다. 주님은 그 교훈을 우리에게 가르치며 요청하고 계십니다. 교회에서 지도자의 모든 활동은 "오른손의 하는 것을 왼손이 모르게"(마 6:3) 해야 한다는 원칙을 적용해야 한다는 것입니다.

이처럼 소수의 지도자에 의한 교회의 정치는 지도자 자신이 드러나서는 안됩니다. 자신은 철저히 숨기면서 하나님이 모든 것의 근원으로 나타나시도록 해야 한다는 것입니다. 장로교의 노회를 보면, 회의를 주제하는 의장이 있습니다. 그러나 의장은 회를 대표해서 주동하고 이끄는 직분이 아닙니다. 회의 궁극적인 대표는 그리스도 예수이시며, 굳이 노회에서 찾는다면 노회 자체가 대표성을 가지고 있습니다. 의장 moderator은 단지 하나님의 진리가 회의를 지배할 수 있도록 중재하는 대화 조정자 역할만 가지고 있을 뿐입니다. 노회의 정치에서는 하나님의 영원한 진리가 올바르게 선포되는 것이 가장 중요한 일입니다.

장로교 노회는 1572년에 처음 정치적인 형태를 가지게 되었지만, 1560년대 영국의 장로교 성직자의 모임인 '예언회'에 뿌리를 두고 있습니다. 이 예언회는 바울이 고린도 교회에 보낸 편지에서 배태된 것입니다. "예언하는 자는 둘이나 셋이나 말하고 다른 이들은 분변할 것이요 만일 곁에 앉아 있는 다른 이에게 계시가 있으면 먼저 하던 자는 잠잠할지니라. 너희는 다 모든 사람으로 배우게 하고 모든 사람으로 권면을 받게 하기 위하여 하나씩 하나씩 예언할 수 있느니라. 예언하는 자들의 영은 예언하는 자들에게 제재를 받나니 하나님은 무질서의 하나님이 아니시요 오직 화평의 하나님이시니라"(고전 14:29-33).

노회는 당대의 교회를 향하신 하나님의 뜻을 성경에서 발견하고 수렴하고 선언하는 곳입니다. 의장의 역할은 하나님의 진리가 노회에서 자유롭게 선포되고 모든 사람이 교훈을 받도록 중재하는 것입니다. 노회와 의장의 자리는 권력과 명예의 산실이 아닙니다. 오늘날 총회장 선거에서 금품과 폭력이 동원되는 기막힌 사태는 노회나 총회의 참모습과 의장 본연의 역할이 심각하게 왜곡된 현실을 여과 없이 보여주고 있습니다. 노회는 하나님의 뜻과 섭리를 확정하고 집행하는 곳이어야 합니다. 또한 의장은 인간적인 명분과 금전적인 실리에 포섭되어서는 절대로 안됩니다. 은밀하게 자신을 감추고 자신의 주관적인 입장을 내려놓고 하나님의 진리만이 자유롭게 선포될 수 있도록 총대들의 공정한 발언을 질서 있게 중재해야 하는 자입니다.

주님 앞에서 어떠한 차별도 없다는 점은 교회의 각종 회의에도 적용되어야 합니다. 지교회나, 노회나, 대회나, 총회나, 범세계 총회는 본질적인 차원에서 서로 구별되지 않습니다. 어떤 회의가 다른 회의보다 본질상 더 높다거나 더 무게가 있다거나 오류가 덜하다거나 성령의 인도에 있어서 더 보증되거나 하는 것이 없습니다. 이러한 회의들이 구별되는 것은 "다른 종류의 권세나 더 높은 권세에 의해서가 아니라 연합되고 더 넓은 영역에 뻗혀 있는 더 많은 권세에 의해서 구별"되는 것입니다. 중요성과 가치에 있어서는 모두가 성령의 인도함을 받은 것으로서 동등합니다.

세상에는 이러한 교회의 정치 원리가 통하지 않습니다. 세상의 의장은 대체로 독단적인 권력을 갖습니다. 그러한 권력을 가지면 천하를 휘두를 수 있기 때문에 권력을 유지하기 위해 온갖 더러운 수단을 동원하는 일도 마다하지 않습니다. 사회의 많은 기관들이 이러한 인간적인 통치의 현상을 보입니다. 그러나 교회는 하나님의 통치를 대리하는 자의 겸손을 발견할 수 있는 유일한 곳입니다. 세상의 정치는 비판과 냉소로 교회와 거리를 두려고 하지만, 언제나 은밀하게 교회를 주목하고 있습니다. 세상과 피조물이 교회를 바라보고 거기에서 나오는 빛에서 희망을 발견하는 것은 하나님이 그렇게 정하신 바입니다. 그러므로 교회가 정치적인 면에서도 빛을 발하고 정치의 고질적인 생리인 부패를 소금으로 막아 주지 않는다면 세상에는 소망이 없습니다. 이런 의미에서 교회가 수립하는 올바른 정치관은 세상의 정치적 질서를 확립하는 데에도 공헌하는 바가 있습니다. 그러나 참으로 안타까운 현실은 교회가 세상의 어리석은 정치적 원리를 모방하고 있다는 점입니다. 의롭고 공정한 정치의 본을 세상에 보여주지 못하고 오히려 세상보다 못한 정치의 부끄러운 패악을 연출하고 있습니다. 주님께서 가르치신 정치관이 교회에 정착할 필요성은 지금 교회 안팎으로 절정에 이르러 있습니다. 가정과 교회와 노회와 총회에서 왼손이 하는 일을 오른손이 모르게 우리 자신을 감추면서 주님만이 친히 다스리시는 유일한 왕이심을 드러나는 정치를 구현해야 할 필요성 말입니다.

교회의 정치는 다스림이 아니라 섬김이다

세속적인 정치의 개념은 다스리는 것입니다. 그러나 교회에 정치가 동원되는 이유는 지배와 다스림이 아니라 "성도를 온전하게 하여 봉사의 일을 하게 하며 그리스도의 몸을 세우려 하심"(엡 4:12)이며, "우리가 다 하나님의 아들을 믿는 것과 아는 일에 하나가 되어 온전한 사람을 이루어 그리스도의 장성한 분량이 충만한 데까지 이르"기(엡 4:13) 위한 것입니다. 즉 통치의 개념보다 섬김의 의미가 더 강합니다. 세상의 정치는 정치적 상대를 제압하는 전략과 국민을 통솔하는 법령이 없으면 망합니다. 그러나 기독교적 다스림의 구체적인 방식은 명령이나 전략이 아니라 사랑으로 본을 보이는 방법을 취합니다. 목적과 방식이 세상과는 완전히 다릅니다.

정치적 다스림의 본을 보이신 예수님을 보십시오. 예수님은 이 땅에 섬김을 기대하고 오신 분이 아닙니다. "도리어 섬기려 하고 자기 목숨을 많은 사람의 대속물로 주려 함이니라"(마 20:28)고 하십니다. 그분은 절대적인 통치자의 신분을 가지고 계시면서도 철저히 섬기시는 종의 모습으로 오신 분입니다. 우리가 주목해야 할 점은 그분이 어떠한 신분으로 오셔서 섬기고 계신가입니다. 그리스도 예수는 왕이요, 선지자요, 제사장의 본원적인 신분을 가지고 계신 분입니다. 구약에 등장하는 왕, 선지자, 제사장 등은 모두 진정한 왕이요 선지자요 제사장이 되시는 주님을 예표하고 있습니다. 중요한 것은 선지자와 왕과 제사장의 필요성이 모두 섬김에 있다는 것입니다. 주님은 최고의 직분을 가지고 계시지만 섬김을 위해 가장 낮아지신 분입니다.

교회에는 항상 존재하는 직분, 소위 '항존직'이 있습니다. 목사와 장로와 집사가 항존직에 속합니다. 여기서 풀고 가야 할 오해가 하나 있습니다. 적잖은 사람들이 항존직은 임직된 사람과만 관계된 것이라고 오해하고 있습니다. 교회의 항존직이 가지는 직분의 항존성은 특정한 개인에게 주어지지 않고 교회에 항상 있어야 할 직분 자체에 있습니다. 하나님의 교회에 항상 필요한 직분이 목사와 장로와 집사라는 말입니다. 교회의 어떤 회원이 목사나 장로나 집사로 안수를 받았다고 해서 평생 그 직분을 가진다는 의미는 아닙니다. 목사와 장로와 집사는 교회에 항상 있어야 하는 직이지만 특정한 개인이 그 직분을 항상 차지해야 한다는 뜻이 아니라는 말입니다. 교회의 항존직은 소위 '철밥통'이 아닙니다. 항존직은 한번 차지하면 반드시 평생토록 유지해야 하는 직분이 아니라는 말입니다.

목사와 장로와 집사라는 교회의 직분은 선지자직, 왕직, 제사장직 등 예수님의 삼중직과 결합되어 있습니다. 목사의 경우에는 말씀으로 교회를 섬기는 선지자직, 장로의 경우에는 각종 조직과 행정적인 질서를 잡아 가는 왕직, 집사의 경우에는 긍휼히 여기는 마음으로 구제하는 제사장직으로 교회를 섬기고 성도를 세웁니다. 이들이 가진 권세를 일컬어 가르치는 권세, 다스리는 권세, 자비의 권세라 부릅니다. 이처럼 교회 안에는 그리스도 예수의 삼중직에서 비롯된 직책들이 항존하고 있습니다.

주의해야 할 것은 항존직에 해당하는 목사나 장로나 집사가 주님을 대신하는 것은 절대 아니라는 것입니다. 가르치고 다스리고 은혜를 베푸시는 분은 언제나 주님이십니다. 항존직이 자신들의 일을 수행하는 것이 아니라 주님께서 항존직을 통해 당신의 일을 교회에 이루시는 것입니다. 나아가 성도들은 교회 안에 특별한 역할을 수행하기 위한 직책들이 있습니다. 목사와 장로와 집사의 존재 이유는 "성도를 온전하게 하여 봉사의 일을 하게 하며 그리스도의 몸을 세우"(엡 4:12)는 것이라고 했습니다. 그렇게 세움을 받은 모든 성도들은 주님의 삼중직을 따라 각자의 처소에서 저마다의 직책을 수행해야 합니다. 교회에서 수행해야 하는 직책도 있고 세상에서 수행해야 할 직책도 있기에 교회의 직원이나 일반 회중은 협력적인 관계에 있습니다.

그렇게 때문에 교회의 직원들은 교만할 수 없습니다. 자신의 우월성을 입증하려는 차원에서 성도들을 강요하고 억압하는 것은 옳지 않습니다. 그것은 악한 것입니다. 성도들로부터 대접을 받으려는 자세가 아니라,

성도들을 주님 대하듯 수종하는 자세로 인도해야 할 책임이 교회의 직원들에게 있습니다. 본을 보이는 것은 쉬운 일이 아닙니다. 천국의 대사라는 각오로 언제나 성경 안에서, 성경과 더불어, 성경을 통하여 생각하고 말하고 행동해야 합니다. 마치 하나님이 말씀하시는 것처럼 말하고, 성령께서 공급하시는 능력으로 살아가는 가장 모범적인 삶을 살아야 합니다. 교회의 직원들은 이를 은밀하게 숨기는 자들이 아닙니다. 온 성도 앞에서 본으로 드러내는 자입니다. 그렇다고 진실에서 벗어나 가식을 취해서는 안됩니다. 그래서 교회의 직원은 하나님의 신적인 소명도 있어야 하겠지만 소명의 열매라는 차원에서 성도들의 선출과 합의와 승인도 있어야 합니다.

일반 성도들 편에서는 교회의 직원들이 구별된 직분을 가진다고 해서 그것을 차별로 여겨서는 안됩니다. 교회의 직원들이 일반 성도보다 더 큰 영광이나 상급을 취하는 것이 아닙니다. 남편과 아내가 생명의 유업을 함께 받을 자이듯이, 교회의 경우도 동일한 적용이 있습니다. "선지자의 이름으로 선지자를 영접하는 자는 선지자의 상을 받을 것이요 의인의 이름으로 의인을 영접하는 자는 의인의 상을 받을 것"(마 10:41)입니다. 목사나 장로나 교사의 상급은 일반 성도들의 상급과 다르지 않습니다. 다만 가시적인 교회 안에서 역할의 구분이 있을 뿐입니다.

이처럼 교회의 정치는 교회의 머리이신 그리스도 예수께서 항존적인 직원들을 통해 다스리고 성도들을 온전하게 하여 성도들이 각자의 처소에서 복음의 제사장 직분을 수행하게 만드는 것입니다. 비록 교회 안에는 다양한 직분과 역할이 있지만 직분의 차이가 상급의 차등을 낳지는 않습니다. 직분의 차이도 기능적인 차이일 뿐이고 신분적인 우열 개념은 아닙니다. 마땅히 해야 할 일들을 수행하고 수행한 이후에는 무익한 종이라고 고백해야 할 교회의 항존직들 사이에 어떠한 서열이나 차등도 없습니다. 목사와 목사 사이에도 차별이 있을 수 없습니다. 비록 그들이 위임목사, 담임목사, 부목사, 교육목사, 전도목사 등으로 불린다 할지라도 그것은 신분의 서열이나 우열이 아니라 교회의 질서를 위한 기능적인 구별일 뿐입니다. 교회의 조직을 동양적인 가정의 유교적인 구조로 이해하는 것은 성경적이지 않습니다. 하나님의 집에서 섬기는 사환들이 신분의 높낮이를 겨루는 것은 보편적인 상식에도 맞지 않습니다. 그리스도 예수의 몸에서 각자의 고유한 역할을 감당하며 몸을 세워 가는 모든 지체들은 각자가 몸 안에서의 동등성을 가지며 서로에게 동역자와 협력자의 관계성을 갖습니다.

주일 성수와 성례

주일 성수와 성찬과 세례를 이해하기 위해서는 율법의 의미에 대한 올바른 이해가 선행되어 있지 않으면 안됩니다. 율법의 무용성과 폐기론에 근거하여 수많은 유대인을 학살한 독일의 잔혹한 역사는 율법의 오해나 왜곡이 한 민족의 패망을 가져올 수도 있음을 잘 증언하고 있습니다. 성경에 대한 이해가 개인의 삶은 물론이고 민족의 운명과 세계의 평화까지 좌우하는 경우가 많습니다. 말씀에 대한 무지는 멸망을 가져오고 올바르게 분별하면 의와 평강과 희락을 얻습니다. 세상의 모든 역사는 흥하든 쇠하든 말씀에 정하신 하나님의 뜻대로 정확하게 경영되고 있습니다. 말씀으로 만물을 붙드시는 하나님의 깊은 섭리 때문에 이는 너무도 당연한 일입니다. 특별히 율법에 대한 바른 이해가 없으면 율법으로 의롭다 함을 얻으려는 율법 신봉자가 발생하는 한편, 율법을 송두리째 폐기하려는 극단적인 사람들도 나옵니다. 전자의 경우는, 주일의 거룩한 준수를 자기 의의 방편으로 이해하고 습관적인 의식으로 전락시킨 교회 안의 사람들에 해당합니다. 후자의 경우는, 그리스도 예수의 성육신을 통해 율법의 모든 조항과 의식이 완성되고 폐기되었다고 생각하여 창조의 원리이자 복으로서의 율법 이전에 주어진 안식일 준수까지 파기하려는 이들을 들 수 있습니다. 어떤 경우든 그리스도 예수와 그의 죽으심을 다시 오실 때까지 증거하는 수단으로 규정된 세례와 성찬에서 어떤 신비한 현상과 체험을 강조하여 기념보다 자만에 궁극적인 가치를 두고 집례하고 참여하는 무리들도 있습니다. 이처럼 지식이 없으면 필히 망하는 세 가지 양상으로 율법의 행위적인 준수와 폐기와 이탈의 오류를 극복하는 유일한 비결은 올바른 율법관을 가지는 것입니다.

율법은 거룩하고 의로우며 선하도다

아무리 모순되고 명백한 거짓도 오랫동안 반복되면 사실과 진리로 간주되는 경향이 있습니다. 반복은 인식과 배움의 중요한 원리이며, 판단력에 지대한 영향을 끼치며, 그로 인해 오류에 빠져 있어도 전혀 그 상황과 초래될 결과를 바라보지 못하게 만듭니다. 한국 교회의 율법에 대한 이해는 일제의 잔혹한 식민지 탄압과 민족적인 유린蹂躪의 반작용 때문인지 객관적인 균형을 다소 잃은 듯합니다. 통제하고 억류하는 인상을 주는 것에는 어떤 것이든 부정적인 평가를 내려 버리는 한 서린 국민적 정서와 맞물려, 율법은 예배당에서 배척을 받고 율법에 호의적인 태도를 보이면 공공의 적으로 매도되는 분위기 속에서 율법의 정당한 자리를 되찾으려는 시도는 적잖은 진통을 각오해야 하는 게 현 상황인 듯합니다. 율법의 준수 여부를 따지는 지극히 인간 중심적인 관점에서 수없이 설교된 율법의 목적과 의미는 분명 성경적인 율법관에서 다소 이탈해 있음에도 불구하고, 신학교와 교회에서 듣고 또 듣다 보니 객관적인 검증도 없이 율법을 거부하는 습성에 빠져 버린 듯합니다. 한국의 적지 않은 수의 교회가 바울의 율법 폐기적인 몇 마디 언사를 그의 문맥이나 성경 전체의 총체적인 입장보다 더 강조하여 율법의 정당한 자리를 박탈하고, 그로 인해 신앙의 뼈대를 신비와 감성의 지배에 떠맡기는 태도를 취합니다.

대부분의 사람들은 율법의 기능을 죄의 깨달음에 국한하기 때문에 구약과 신약은 질적인 차이가 있다고 말합니다. 대표적인 오류가 독일의 히틀러 시대에 벌어진 일입니다. 아우슈비츠 수용소 학살의 신학적 배경이 되었던 내용을 요약하면 이렇습니다. "구약은 죄악을 고발하고 신약은 용서한다. 율법이 수여된 유대인은 그리스도 예수를 죽여 하나님의 법통을 이어 가지 못한다. 거듭난 이성으로 작성된 바이마르 헌법이 구약의 율법을 대신한다. 이제 복음의 반차를 따라서 신민의 계보를 이어 가는 것은 게르만 민족의 몫이다. 율법은 폐하여졌으므로 그것을 헌법으로 삼았던 유대인은 이 땅에서 없어져야 한다. 아우슈비츠는 그들을 위한 무덤이 될 것이다." 이것은 독일과 유대인을 비롯한 온 세상 사람들이 기억하는 율법에 대한 그릇된 이해가 불러온 인류적 참사인 것입니다.

율법의 세 가지 기능을 다룬 부분에서 이미 충분히 언급한 것처럼, 율법의 궁극적인 기능은 거듭나지 않은 사람을 그리스도 예수께로 인도하는 안내하는 것이 아닙니다. 이미 홍해를 건너서 하나님의 백성으로 구별된 자들이 천국의 시민답게 살아가는 삶의 방식과 원리로서 주어진 것이 바로 율법인 것입니다. 물론 '그림자', '몽학선생', '세상의 초등 학문', '약하고 천한 초등 학문' 같은 표현들이 율법의 부정적인 성격에 대해서 많은 정보를 제공하고 있습니다. 바울의 이러한 표현들은 율법으로 돌아가는 것이 마치 신앙의 퇴보인 것처럼 느끼게 만듭니다. 그러나 이런 표현들은 율법의 의식적인 측면에 집착하는 자들을 경계하고, 죄악된 인간의 보편적인 상식이 제어되지 않으면 반드시 도달하는 폐단을 경계하기 위한 것입니다. 즉 율법의 본질인 하나님과 이웃 사랑이 빠져 버린 가시적 행동에만 초점을 맞추는 자들의 오류 때문에 사용된 표현입니다. 의식과 외형적인 행동 차원에서 율법을 자랑하는 바리새인과 유대인을 꼬집을 뿐 아니라 그것을 의식하고 답습하는 어리석은 자들을 경계하는 차원에서 한 말입니다. 바울은 율법 폐지론을 절대로 두둔하지 않습니다.

영원하고 거룩하신 하나님이 제정하고 주께서 한 구절도 없어지지 않는다고 하신 율법은 인간에 의해 결코 폐지되지 않습니다. 그래서 바울은 오히려 하나님의 율법을 "거룩하며 의로우며 선하도다"(롬 7:12)고 했고, 율법을 제정하고 반포하신 예수님도 율법을 폐하려고 오신 것이 아니라고 말합니다. "내가 율법이나 선지자를 폐하러 온 줄로 생각지 말라. 폐하러 온 것이 아니요 완전하게 하려 함이라. 진실로 너희에게 이르노니 천지가 없어지기 전에는 율법의 일점 일획도 결코 없어지지 아니하고 다 이루리라. 그러므로 누구든지 이 계명 중의 지극히 작은 것 하나라도 버리고 또 그같이 사람을 가르치는 자는 천국에서 지극히 작다 일컬음을 받을 것이요 누구든지 이를 행하며 가르치는 자는 천국에서 크다 일컬음을 받으리라"(마 5:17-19). 이 구절에는 예수님의 율법에 대한 입장이 너무도 단호하고 뚜렷하게 명시되어 있습니다. 율법을 폐기하고 첨삭하는 어떠한 자들도 그리스도 예수의 영원한 뜻으로 기록된 이 말씀을 명심해야 할 것입니다. 이렇게 설명해도, 율법을 싫어하는 사람들은 "율법과 선지자는 요한의 때까지요 그 후부터는 하나님 나라의 복음이 전파되어 사람마다 그리로 침입하"는(눅 16:16) 것이라는 예수님의 말씀으로 반론의 각을 세울 것입니다. 율법과 선지자가 요한 이후로는 필요가 없다는 것입니다. 그러나 예수님의 이러한 말씀은 율법의 무용성을 의도하신 말이 아닙니다. 율법과 선지자의 실체이신 예수님이 오셨기 때문에 '요한의 때까지'란 표현을 사용하신 것입니다.

율법의 기능과 효용성을 의심하는 자들의 교만과 무지를 방지할 목적 때문인지, 주님은 중요한 교훈을 설명하실 때 구약의 율법을 언급하는 경우가 많습니다. 주님 자신과 그를 보내신 아버지가 예수님의 증거라는 사실을 설명하면서 "너희 율법에도 두 사람의 증거가 참되다"(요 8:17)는 말씀을 하십니다. 또한 자신을 하나님의 아들이라 주장한 것의 정당성을 설명하면서, "너희 율법에 기록한 바 내가 너희를 신이라 하였노라"(요 10:34)는 말씀을 언급하고 계십니다. 또한 예수님은 율법의 본의에 대해 "무엇이든지 남에게 대접을 받고자 하는 대로 너희도 남을 대접하라. 이것이 율법이요 선지자"(마 7:12)라 하십니다. 이는 예수님이 구약을 도덕적인 차원에서 이해하고 계시다는 뜻입니다. 이처럼 성경에는 율법을 한 이오타도 버리지 않으시고 성취하고 완성하고 끝마치신 예수님의 율법 옹호 발언들이 적지 않습니다.

율법을 송두리째 무시하고 폐기하는 사람들은 갈라디아 교회와 히브리 사람에게 보낸 바울의 서신들이 자신의 입장을 변증하고 있다고 말합니다. 그러나 갈라디아 교회의 문제는 율법의 행위로 의롭다 함을 얻으려는 자들이 생겼다는 데에 있습니다. 율법의 가시적인 의식으로 자신의 의로움을 주장하는 그릇된 무리들이 난립하는 상황에서 갈라디아 서신이 작성된 것입니다. 바울은 율법으로 의롭다 함을 얻으려는 자들에게 율법의 엄밀한 요구를 이렇게 설명하고 있습니다. "누구든지 율법 책에 기록된 대로 모든 일을 항상 행하지 아니하는 자는 저주 아래에 있는 자라"(갈 3:10). 이는 한마디로 율법의 행위로는 의롭다 함을 얻을 육체가 없다는 뜻입니다.

이는 율법을 행위로나 의식으로 접근해서는 안된다는 의미로도 볼 수 있습니다. 율법은 하나님의 경륜에서 은혜 이후에 주어진 것입니다. 역사적인 순서만 보아도 의롭다 함을 얻는 것이 율법의 목적이나 기능이 아니라는 사실을 알 수 있습니다. 갈라디아 서신의 논지는 율법보다 은혜가 먼저라는 것입니다. 은혜가 먼저 주어졌고, 율법은 천국 시민들의 마땅한 생의 지침으로 '어떻게 살 것인가'와 관련해서 주어진 것입니다. 그런데 교만한 자들은 은혜 이후에 주어진 율법으로 은혜의 언약을 파기하는 발언을 했습니다. 율법에 누구보다 정통했던 바울은 잠잠할 수 없었고, 급기야 율법을 은혜로 해석하지 않고 의식과 행위 차원에서 이해하고 있는 자들의 사악한 광기를 잠재우기 위해 "누구든지 율법 책에 기록된 대로 모든 일을 항상 행하지 아니하는 자는 저주 아래에 있는 자라"는 율법 준수의 원리를 표명했던 것입니다. 우리는 성경의 종합적인 주장과 뜻을 염두에 두고 로마서와 갈라디아서 및 히브리서가 어떠한 논지에서 전개되고 있는지를 살펴야 할 것입니다. 성경 전체에서 그것이 어떠한 뉘앙스로 언급되고 있는지를 정확하게 분별하는 것이 좋습니다. 율법이란 단어만 나오면 거부감을 표출하는 해로운 습성은 제어될 필요가 있습니다.

율법은 아버지 하나님의 입에서 나온 말씀입니다. 이스라엘 백성들은 이러한 말씀만 먹고 살도록 부름을 받았으나 광야의 시험에서 완벽하게 실패했고 지금도 신약을 부정하며 말씀을 온전히 먹지 못하고 있습니다. 그러나 인류의 실패를 표상하는 유대인의 광야 시험은 40일의 주림 중에도 사탄의 유혹에 무릎 꿇지 않으시고 "사람이 떡으로만 살 것이 아니요 하나님의 입으로부터 나오는 모든 말씀으로 살 것이라"(마 4:4)는 구약의 인용으로 사탄의 모든 궤계를 일소하신 예수님에 의해 극복되었고 우리는 그분 안에서 온전한 영적 정체성을 가지게 된 것입니다. 하나님의 말씀을 탈취하려 했던 사탄의 궤계를 물리치신 예수님은 제자들을 위해 이런 기도를 드립니다. "그들을 진리로 거룩하게 하옵소서. 아버지의 말씀은 진리니이다"(요 17:17). 이처럼 예수님은 아버지의 말씀인 율법을 거룩하고 의롭고 선한 그 자체의 특성대로 성도들을 거룩하게 하는 성화의 수단으로 소개하고 있습니다.

유대인은 의식법과 형법도 도덕법의 일부라고 보기 때문에 율법을 구분하지 않습니다. 제사 드리는 것, 할례, 피를 먹지 말라는 조항들은 이미 율법 이전에 주어진 것입니다. 율법이 수여되기 전에 아담의 아들들은 제사를 드렸고, 아브라함은 이삭에게 할례를 주었으며, 하나님은 노아에게 동물의 피를 먹지 말라고 했습니다. 이러한 이유 때문에 의식법과 형법을 율법적인 의식으로 보지 않았던 것입니다. 이러한 설명이 일리는 있어 보입니다. 그러나 그러한 의식들이 율법 전에도 있었다는 것은 그것을 영원토록 지키라는 뜻이 아니라 태초부터 주님의 초림까지 그분의 십자가를 기념하고 예표하지 않았던 시대가 없었다는 차원에서 이해하는 것이 좋습니다. 그래서 믿음의 선배들은 율법을 도덕법과 의식법과 형법으로 분명하게 나누어서 이해했습니다. 이것은 주제나 분야별 조항에 대한 구분이 아닙니다. 성경에 기록된 모든 율법의 각 조항 안에서 도덕성과 의식성과 형법성을 구분하는 것이 좋습니다.

 예수님이 율법의 완성이 되신다는 것은 의식과 형법에 있어서도 다 이루셨고 도덕적인 차원에 있어서도 다 이루셨다는 뜻입니다. 의식과 형법은 예수님의 제사와 죽음으로 인해 종결되나, 율법의 핵심인 도덕성은 예수님 안에서 비로소 온전히 드러난 것이기 때문에 오히려 구약 시대보다 율법에 관해 보다 긍정적인 이해로 들어가야 마땅합니다. 이런 차원에서 우리가 율법의 지극히 작은 것 하나라도 버리는 것은 그 속에 예수님을 가리키고 온전히 보여주는 도덕적인 성격까지 폐기하는 것과 같습니다. 율법은 하나님이 주셨고 그 율법이 예수님을 가리키는 것이기 때문에 단 한 소절도 폐기할 수 없습니다. 율법에는 삼위일체 하나님의 뜻과 섭리와 역사가 들어 있습니다. 예수님이 이 땅에 육신으로 오시고 성령이 비둘기같이 임하시는 초대교회 시대에도 율법은 완성되는 것이지 결코 폐기되는 것이 아닙니다.

안식일을 기억하여 거룩히 지키라[38]

하나님의 거룩한 교회가 주일을 거룩하게 기억하여 지키는 것은 율법의 우매한 답습도 아니며 유대 민족의 전통을 두둔하거나 추종하는 것도 아닙니다. 주일을 성수하는 것은 하나님의 영원한 뜻에 기초한 명령을 순종하고 누리는 것입니다. 주일은 안식일과 무관할 수 없습니다. 이 안식일은 유대인의 민족적인 관습으로 주어진 것이 아닙니다. 안식일 개념은 온 인류가 아담의 허리에 있던 태초부터 하나님이 친히 가르치신 것입니다. 하

---

38 이 단락은 윌리엄 구지의 책 『안식일의 성화』의 부분적인 요약이다.

나님의 안식은 보시기에 심히 좋았던 6일간의 창조를 끝마치고 이루어진 것으로 창조 이상의 의미를 함축하고 있습니다.

　오늘날 사람들은 과학의 발달로 자연과 상식의 지극히 높은 가치까지 발견하고 있습니다. 그러나 인간의 죄성이 하나님을 빗나가듯, 가치를 추구하는 데에 있어서도 인간은 어긋난 목표를 지향하고 있습니다. 창조의 본래 가치를 회복하지 못하는 것은 물론하고 오히려 창조 가치의 심각한 훼손과 왜곡까지 초래하고 있습니다. 환경 오염은 아무것도 아닙니다. 자연의 인간화를 통해 초래되는 문제점은 전 인류의 생존을 위협할 수도 있습니다. 자연에는 자연의 인간화된 부분과 인간화가 불가능한 부분이 있습니다. 그러나 상당히 많은 부분에서 자연의 인간화가 진행되고 있습니다. 이제 인간의 생활은 거의 인간화된 자연에 의존하고 있습니다. 이는 인간화된 자연에 의한 인간의 자연화가 초래될 수 있다는 말입니다. 이러한 상호작용 속에서 인간과 자연은 복잡하게 조작된 관계를 맺게 될 테고, 이러한 관계가 심화되면 공존보다 공멸의 가능성이 더 높아질 것입니다. 인간화가 불가능한 부분과의 마찰과 불균형이 생겨서 심각한 재앙을 초래할 수도 있습니다. 그나마 자연에 인간화가 불가능한 부분이 있어서 그런 재앙이 저지되고 있음은 인간의 치명적인 공멸을 인내로써 막으시는 하나님의 자비로운 섭리가 아닐까 싶습니다.

　창조의 가치는 인간이 목마르게 추구하고 있지만 도달할 수 없을 정도로 대단한 것입니다. 그럼에도 불구하고 하나님은 창조보다 더 고급한 가치를 제시하고 있습니다. 제7일의 안식! 창조 이후에 취해진 하나님의 안식은 세상이 추구하는 가치와 전혀 다른 차원의 가치를 제시하며 향유의 가능성을 열어 주고 있습니다. 십계명에 의하면 하나님께서 안식하는 날을 거룩하고 복되게 하셨다고 합니다. "이는 엿새 동안에 나 여호와가 하늘과 땅과 바다와 그 가운데 모든 것을 만들고 일곱째 날에 쉬었"(출 20:11)기 때문에 그러신 것입니다.

하나님이 쉬신다는 말에는 중요한 의미가 있습니다. 십계명 중에서 안식일을 '기억하여' 거룩히 지키라고 강조하신 이유가 신명기에 언급되고 있습니다. "너는 기억하라. 네가 애굽 땅에서 종이 되었더니 네 하나님 여호와가 강한 손과 편 팔로 거기서 너를 인도하여 내었나니 그러므로 네 하나님 여호와가 네게 명령하여 안식일을 지키라 하느니라"(신 5:15). 애굽에서 이스라엘 백성의 상황은 죄와 사망의 법에 얽매인 종으로 묘사될 수 있습니다. 그러한 애굽에서 "네 하나님 여호와가 강한 손과 편 팔", 곧 "생명의 성령의 법"으로 이스라엘 백성을 이끌어 내셨기 때문에 안식일을 지키라는 뜻입니다.

좀더 단호히 말한다면, 안식일을 기억하여 거룩하게 준수하는 것은 거듭난 자가 하는 유일한 일이라는 뜻입니다. 안식에 들어간 자로서 부르심을 받은 모든 택자들이 살아가는 생의 의미와 내용은 안식일을 기억하여 거룩하게 준수하는 것과 동일한 것입니다. 하나님의 말씀으로 우리가 거룩하게 된다는 말씀에 따르면, 거룩하게 지키라는 것은 하나님의 말씀을 듣고 순종하는 것을 뜻합니다. 즉 안식일은 십계명을 비롯한 모든 율례를 지키는 날입니다. 이를 안식에 들어간 자, 거듭난 자에게 적용하면 그들이 기억하여 거룩하게 지켜야 하는 것은 하나님의 말씀이라는 뜻입니다. 부담스러운 의무가 아니라 그것이 안식이란 의미에서 하나님은 지키라고 말씀하고 계십니다. 이렇게 안식과 하나님의 명령은 분리될 수 없도록 결부되어 있습니다. 그리고 하나님을 향한 우리의 사랑은 가장 완고한 법규

조차 안식처로 인식하게 만듭니다. 그것이 사실이며, 율법의 지극히 연약해 보이는 것조차 인간의 가장 뛰어난 지혜보다 높고 강합니다. 이러한 차원에서 율법의 모든 것은 하나님의 사랑과 긍휼의 성문화로 간주될 수 있습니다. "여호와는 은혜로우시며 긍휼이 많으시며 노하기를 더디하시며 인자하심이 크시도다"(시 145:8)라는 다윗의 경건한 고백은 그의 끊임없는 율법 묵상에서 비롯된 것입니다.

사람을 살펴보십시오. 죄와 사망의 종이라는 신분을 가지고 있는 것은 존재하지 않는 것보다 못한 일입니다. 모세는 하나님의 6일간의 창조를 그가 강한 손과 편 팔로 출애굽을 단행하신 일과 대비시키고 있습니다. 하나님은 완벽한 최적의 환경을 조성하신 후에 인간을 만드시고 천국과 같은 에덴에 거하게 했습니다. 인간의 존재와 삶은 하나님이 보시기에 좋았던 만물을 아무런 수고나 대가 없이 누리는 복과 함께 시작되었습니다. 만물을 누린다는 것은 단순히 물질적인 차원만을 의미하지 않습니다. 궁극적으로 그것은 유일한 대상이신 만물의 창조자를 누리는 것입니다.

6일간의 창조 이후에 하나님이 안식하신 일곱째 날을 거룩하게 지키라 하신 것은, 인간의 존재와 활동의 목적이 피조물에 매일 것이 아니라 그 모든 것을 거저 주신 하나님만을 기뻐하며 온전히 누리라는 뜻입니다. 이는 죄와 사망의 법에서 생명의 성령의 법으로 해방된 자에게도 동일하게 주어진 메시지입니다. 죄와 사망의 법에서 해방되는 우리의 구원은 인간의 어떠한 의지나 공로의 작용 없이 하나님의 전적인 은혜와 능력과 지혜로 값없이 주어진 것입니다. 구원의 모든 역사는 마치 6일간의 창조처럼 인간의 어떠한 개입도 없이 이루어진 주님만의 자비로운 역사라는 의미가 있습니다. 이러한 인간이 안식일을 기억하여 거룩하게 지킨다는 것은 구원하신 분을 전적으로 누리는 것을 뜻합니다. 또한 안식일을 지키라고 하신 것은 교회의 성화와도 관계가 있습니다. 즉 교회가 거룩하게 성장하는 것은 비록 교회 스스로 노력하고 땀 흘리는 모양새를 취하지만 실상은 6일간의 창조처럼 하나님의 전적인 역사라는 말입니다.

창조자를 누림이 아담에게 허락된 안식이라면 구원자를 누림은 택자들의 특별한 안식이라 할 수 있습니다. 이는 택자들의 지극히 큰 상급이 하나님 자신이란 뜻도 담고 있습니다. 이처럼 상급으로 주어진 창조자요 구원자인 삼위일체 하나님을 누리는 참된 안식의 구체적인 내용은 안식일을 지켜야 하는 이유에서 발견할 수 있습니다. "네가 애굽 땅에서 종이 되었더니 네 하나님 여호와가 강한 손과 편 팔로 거기서 너를 인도하여 내었나니 그러므로 네 하나님 여호와가 네게 명령하여 안식일을 지키라 하느니라"(신 5:15). 이 말씀을 자세히 보면 출애굽이 안식일 준수의 원인으로 묘사되어 있습니다.

"너를 애굽 땅, 종 되었던 집에서 인도하여 낸 네 하나님 여호와"(출 20:2)의 명령입니다. "너는 나 외에는 다른 신들을 네게 두지 말라. 너를 위하여 새긴 우상을 만들지 말고 또 위로 하늘에 있는 것이나 아래로 땅에 있는 것이나 땅 아래 물 속에 있는 것의 어떤 형상도 만들지 말며 그것들에게 절하지 말며 그것들을 섬기지 말라. 나 네 하나님 여호와는 질투하는 하나님인즉 나를 미워하는 자의 죄를 갚되 아버지로부터 아들에게로 삼사 대까지 이르게 하거니와 나를 사랑하고 내 계명을 지키는 자에게는 천 대까지 은혜를 베푸느니라. 너는 네 하나님 여호와의 이름을 망령되게 부르지 말라. 여호와는 그의 이름을 망령되게 부르는 자를 죄 없다 하지 아니하리라"(출 20:3-7).

여기서 우리는 안식일을 기억하여 거룩하게 지키라는 계명에는 십계명의 첫 3가지 계명을 먹고 마시라는 의도가 있음을 확인할 수 있습니다. 하나님의 명령을 믿음으로 지켜 행하는 것은 대단히 즐거운 일입니다. 왕이었던 다윗이 막대한 국정에도 불구하고 주야로 여호와의 율법을 묵상할 수 있었던 것은 "오직 여호와의 율법을 즐거워하"(시 1:2)였기 때문에 가능했던 일입니다. 안식일은 사람의 일을 중단하고 하나님의 말씀을 먹고 마시고 즐기면서 거룩히 기념하는 날이며, 이렇게 반복되는 기념을 통해 안식에 이미 들어간 택자들의 숨겨진 생의 실체를 실상처럼 믿음으로 살아가는 날입니다.

하나님의 입에서 나온 계명을 먹고 마시는 방법은 이사야가 잘 표현하고 있습니다. "만일 안식일에 네 발을 금하여 내 성일에 오락을 행하지 아니하고 안식일을 일컬어 즐거운 날이라, 여호와의 성일을 존귀한 날이라 하여 이를 존귀하게 여기고 네 길로 행하지 아니하며 네 오락을 구하지 아니하며 사사로운 말을 하지 아니하면 네가 여호와의 안에서 즐거움을 얻을 것이라. 내가 너를 땅의 높은 곳에 올리고 네 조상 야곱의 기업으로 기르리라. 여호와의 입의 말씀이니라"(사 58:13-14). 이러한 방법은 안식의 구체적인 내용을 소개하는 십계명의 첫 3가지 계명과 맞물려 있습니다. 내 마음에 하나님만 모시고 그분만을 경배하고 그 이름을 망령되이 일컫지 않고 경외하는 일은 내 발과 길과 오락과 사사로운 말을 금하고 그분만을 기뻐하는 일과 맞물려 있습니다.

신약을 살펴보면 이상에서 소개된 안식의 구체적인 내용과 그것을 누리는 방법이 실천적인 사례로 소개되고 있습니다. 예수님은 "안식일에 자기 규례대로 회당에 들어가사 성경을 읽으려고"(눅 4:16) 했습니다. 영국의 청교도 목사였던 윌리엄 구지William Gouge, 1575-1653는 이를 '경건의 의무'Duties of Piety라고 했습니다. 또한 예수님은 "안식일에 선을 행하는 것과 악을 행하는 것, 생명을 구하는 것과 죽이는 것, 어느 것이 옳으냐"(막 3:4)며 완악한 자들을 책망하신 적이 있습니다. 윌리엄 구지는 선을 행하고 생명을 구하는 것을 '자비의 의무'Duties of Mercy라고 했습니다.

예수님이 보이신 본에 의하면, 주일은 경건과 자비에 힘쓰는 날입니다. 경건은 하나님에 대한 것이고 자비는 이웃에 대한 것입니다. 이러한 경건과 자비를 통해 우리는 신약과 구약 전체에서 가장 큰 계명을 이룹니다. "네 마음을 다하며 목숨을 다하며 힘을 다하며 뜻을 다하여 주 너의 하나님을 사랑하고 또한 네 이웃을 네 자신과 같이 사랑하라"(눅 10:27). 주일은 우리가 살아가는 모든 날을 대표하는 날이기에 우리는 모든 나날을 주일처럼 경건과 자비에 전무해야 할 것입니다. 이처럼 주일을 거룩하게 지킨다는 것은 하나님의 말씀을 온전히 이루는 것이며 주일만이 아니라 모든 날을 주일처럼 살아가는 것을 뜻합니다.

윌리엄 구지는 그의 책 『안식일의 성화』The Sabbath's Sanctification에서 경건의 의무를 공적인 일, 사적인 일, 은밀한 일로 나누고 있습니다. 우선, '공적인 일'은 교회 안에서 목사와 성도들에 의해 수행되는 일입니다. 목사가 행하는 공적인 일은 말씀을 읽는 것, 그 말씀을 설교하는 것, 기도하고 찬양하는 것, 성례를 집례하는 것, 성도들을 위해 복을 비는 것 등입니다. 이는 성경에 그대로 명시되어 있습니다. 이스라엘 회당의 대표자는 "율법과 선지자의 글을 읽"고 그 말씀에 입각해 백성들을 권면했고(행 13:15), 에스라는 "위대하신 하나님 여호와를 송축"했고(느 8:6), 예수님은 제자들을 향해 "너희는 가서 모든 민족을 제자로 삼아 아버지와 아들과 성령의 이름으로 세례를 베풀"라고 하셨으며(마 28:19), 하나님은 아론과 그 자손에게 "너희는 이스라엘 자손을 위하여 이렇게 축복하"라고 명하셨습니다(민 6:23).

성도들이 행하는 공적인 일은 읽고 설교되는 말씀을 경청하는 것, 기도와 찬양에 동의하는 것, 듣는 모든 것에 아멘으로 화답하는 것 등입니다. 이것도 성경이 분명히 가르치고 있습니다. 고넬료의 가족은 베드로를 바라보며 "주께서 당신에게 명하신 모든 것을 듣고자 하여 다 하나님 앞에 있나이다"라고 했습니다(행 10:33). 다윗이 "여호와 이스라엘의 하나님을 영원부터 영원까지 송축할지로다 하매 모든 백성이 아멘 하고 여호와를 찬양"했습니다(대상 16:36). 바울은 "우리가 유대인이나 헬라인이나 종이나 자유자나 다 한 성령으로 세례를 받아 한 몸이 되었"다고 했으며(고전 12:13), "에스라가 위대하신 하나님 여호와를 송축하매 모든 백성이 손을 들고 아멘 아멘 하고 응답하고 몸을 굽혀 얼굴을 땅에 대고 여호와께 경배"를 드렸습니다(느 8:6).

둘째, 경건의 의무에는 '사적인 일'도 있습니다. 이는 가정이나 다른 사적인 장소에서 각자가 행하는 일로서 하나님의 말씀을 읽는 것, 기도하고 하나님을 찬양하는 것, 교리를 공부하고 설교를 다시 살피는 것, 거룩한 회의에 참여하는 것, 시편을 노래하는 것 등입니다. 셋째, 경건의 의무 중에서도 하나님과 자기 자신만 있는 곳에서 은밀히 수행하는 '은밀한 일'이 있는데, 하나님의 말씀을 읽는 것, 기도하고 찬양하는 것, 묵상하는 것, 자신을 살피는 것 등이 있습니다. 주일에 이러한 경건의 의무만 수행해도 시간이 부족할 것만 같습니다. 그런데 오늘날 교회에는 온전한 경건에 이르는 것과 무관한 잡무들이 주일의 대부분을 차지하고 있습니다. 주일이 안식을 취하는 날이 아니라, 무거운 멍에를 추구하는 부담스러운 날이 되고 있습니다. 주일은 하나님 앞에서 경건에 힘쓰는 날입니다. 물론 나머지 6일도 이러한 패턴과 목적의 연장으로 살아야 합니다.

우리는 경건의 의무를 수행함에 있어서 호세아와 미가 선지자의 말을 명심해야 합니다. "나는 인애를 원하고 제사를 원하지 아니하며 번제보다 하나님을 아는 것을 원하노라"(호 6:6). "여호와께서 네게 구하시는 것은 오직 정의를 행하며 인자를 사랑하며 겸손하게 네 하나님과 함께 행하는 것이 아니냐"(미 6:8). 어린아이들을 돌보는 일이나, 병들고 무기력한 사람들을 지키는 일이나, 산고 중에 있는 여인을 돕는 일 등은 혹시 경건의 의무에 방해가 되더라도 우선적인 일입니다. 하나님은 자비를 원하시며 당신의 성품이 알려지기를 원하고 계십니다. 하나님의 뜻과 성품을 알아 가고 닮아 가기 위해 경건의 의무들이 요구되는 것입니다.

이제 이러한 차원에서 주일에 수행하는 '자비의 의무'를 살펴보겠습니다. 윌리엄 구지는 영혼에 관한 일과 육체에 관한 일을 구분하고 있습니다. 먼저, 영혼에 대한 자비의 의무는 무지한 자를 가르치는 일, 약한 자를 세우는 일, 의심을 풀어 주는 일, 곤란에 처한 이들을 위로하는 일, 오류에 빠져 있는 이들을 바르게 가르치는 일, 죄인을 책망하는 일, 다른 사람을 세우는 일 등입니다. 이는 모두 예수님과 사도들이 행했던 일입니다. 예수님이 공적인 삶으로 보이신 것은 개인적인 취미 차원에서 취하신 태도가 아닙니다. 예수님의 지극히 평범하고 사소해 보이는 말과 행동조차 모두 우리를 온전하게 하시려는 교훈과 가르침의 기능을 가지고 있습니다.

육체에 대한 자비의 의무는 다음과 같습니다. 병자와 다른 여러 원인들로 자유를 제한 받고 있는 사람들을 방문하는 일, 가난한 사람들을 그들이 필요로 하는 것으로 구제하는 일, 위험에 빠진 이들을 거기서 벗어나게 해주는 일 등입니다. 예수님은 장차 하나님의 유업을 계승할 구별된 자들에게 이렇게 말씀하신 적이 있습니다. "내가 주릴 때에 너희가 먹을 것을 주었고 목마를 때에 마시게 하였고 나그네 되었을 때에 영접하였고 벗었을 때에 옷을 입혔고 병들었을 때에 돌보았고 옥에 갇혔을 때에 와서 보았느니라"(마 25:35-36). 이러한 자비의 의무는 집사로 선출된 이들만의 전유물이 아니라 모든 성도의 어깨에 놓인 의무인 것입니다.

인간의 연약한 육체에 자비의 의무를 수행하기 위해서는 달콤한 수면과 적당한 음식과 용모를 아름답게 꾸미는 옷가지도 필요합니다. 그리고 안식일에 예수님이 계신 곳으로 "모든 병자와 귀신 들린 자"(막1:32)를 데려온 자들이 있었던 것처럼, 주일을 지키려고 교회로 나아오는 자들을 운반하는 수단도 필요합니다. 너무 세세한 것까지 강압적인 규제를 가하는 것 같아 거부감이 들 수도 있습니다. 물론 주님도 무엇을 먹을까, 무엇을 입을까 하는 문제는 이방인이 구하는 것이라고 했습니다. 그러나 베풀고 섬기는 차원에서 치밀한 계획을 세우고 준비해서 무엇을 먹여 주고 무엇을 입혀 주는 일은 불신이 아니라 하나님을 경외하는 것입니다. 다윗이 다음과 같이 고백한 것처럼 이러한 섬김의 일들은 하나님이 먼저 본을 보이신 것입니다. "그가 가축을 위한 풀과 사람을 위한 채소를 자라게 하시며 땅에서 먹을 것이 나게 하셔서 사람의 마음을 기쁘게 하는 포도주와 사람의 얼굴을 윤택하게 하는 기름과 사람의 마음을 힘 있게 하는 양식을 주셨도다"(시 104:14-15).

하나님의 모본을 따라 우리는 가난하고 병들고 위기에 처한 사람들에게 우리의 시선과 관심을 두어야 합니다. 웃고 농담하고 타인의 이야기를 대화 테이블에 별식으로 올리고 즐기는 정도의 자세와 관심은 주일 성수와 무관한 것입니다. 하나님께서 기억하여 거룩하게 지키라고 명하신 주일을 그런 식으로 보낸다면 나머지 6일은 안 봐도 뻔합니다. 바울은 "너는 말씀을 전파하라. 때를 얻든지 못 얻든지 항상 힘쓰라. 범사에 오래 참음과 가르침으로 경책하며 경계하며 권하라"고 말합니다(딤후 4:2). 바울의 권고처럼 초대교회 당시에는 "날마다 마음을 같이하여 성전에 모이기를 힘"썼다고 누가는 기록하고 있습니다(행 2:46). 날마다의 삶은 주일이란 샘에서 흘러나오는 것입니다. 주일의 모습은 우리가 나머지 6일을 살아가는 기준과 방향과 목적으로 작용한다는 말입니다. 기준과 방향과 목적을 설정하는 것은 대단히 중요한 일입니다. 이러한 일에 몸과 마음을 집중하지 않는다면 나머지 6일치 삶의 가치와 무게를 상실하기 쉽습니다. 이러한 사실 때문에 사탄의 전략과 유혹은 주일에 집중되어 있습니다.

사탄이 주일 성수를 훼방한 역사적인 사건이 있습니다. 간단히 말하면, 17세기 영국의 왕실에서 『오락의 책』*A Declaration to Encourage Recreations and Sports on the Lord's Day*을 출간하여 목회자가 읽도록 강요했던 일입니다. 이 책은 당시 국왕이던 찰스 1세가 아버지 제임스 1세의 포고문에 명시된 오락을 법적인 오락으로 규정하고 반포한 책입니다. 물론 주일에도 죽도록 일해야 했던 신민들에게 오락을 허용하는 것은 복지의 차원에서 대단한 명분이 있는 일이었지만, 오락을 허용하고 강제한 목적은 청교도의 확산을 막기 위함이었습니다. 오락의 내용을 보면, "남녀 모두에게 허용되는 춤, 뛰고 넘는 남자들의 승마 놀이, 5월제 놀이, 시골 축제, 모리스 댄스" 등입니다. 내용이 정말 노동자의 고달픈 삶에 활력을 제공하는 것 같습니다. 이 법령에 의해 청교도 신자들과 목회자들은 '순응한 자들'conformist과 '순응하지 않은 자들'non-conformist로 나뉘어졌습니다. 오락의 규정을 준수하지 않은

1천 2백여 명의 청교도들은 순교의 길을 걸어야만 했습니다.

　우리는 『오락의 책』과 관련된 사건에서 중요한 교훈을 확인해야 합니다. 찰스 1세의 오락 포고문은 주일을 거룩히 지키는 것에 반대한 책이 아닙니다. 민생의 복지를 생각하고 교황주의 세력을 견제하려는 명목상 건전한 목적을 의도한 책입니다. 사탄의 유혹은 이처럼 대단히 은밀하고 분별하기 어렵습니다. 지혜롭고 탐스러운 제안으로 다가오기 때문에 파악하기도 어렵고 거부하기란 더더욱 어렵습니다. 여기서 확인할 수 있는 사탄의 전략과 전술은, 교회의 거룩성을 부정하는 것이 아니라 혼탁하게 만드는 것입니다. 무의식 속에서 스스로를 더럽히는 방식으로 교회를 병들게 하는 것입니다. 만약 이러한 사탄의 전략이 탄로 나면 교회는 땀방울이 핏방울이 되도록 기도할 것입니다. 그렇기 때문에 사탄은 지극히 은밀하고 부드러운 전술을 구사하는 것입니다.

　지금까지 살펴본 경건의 의무와 자비의 의무를 수행함에 있어서 범하기 쉬운 두 가지 오류가 있습니다. 첫째, 주일을 거룩하게 지키는 것을 너무 느슨하게 생각하는 것 혹은 너무 엄격하게 생각하는 것입니다. 느슨하게 생각하는 경우로는 안식일의 도덕적인 성격을 부인하는 것, 주일을 사사롭게 여기는 것, 외적인 휴식과 의례를 충분한 것으로 판단하는 것, 염려 때문에 행하면서도 합법적인 것으로 간주하는 것 등이 있습니다. 너무 엄격하게 생각해서 범하는 오류로는 반드시 필요한 일조차도 어떤 규정을 조금만 벗어나도 불법적인 것으로 간주하는 것이 있습니다. 둘째, 실천에 있어서 타인과의 관계 및 자신에 대해 범할 수 있는 오류가 있습니다. 타인에 대해서는 다른 사람으로 하여금 주일을 거룩하게 지키지 못하게 방해하는 것, 안식일을 거룩하게 지키려는 사람을 비웃는 것 등이 있습니다.

자신에 대해서는 부득이한 일을 공식적인 일처럼 행하는 것, 주의 날을 하나님의 것과 자신의 것으로 나누는 행위, 거룩한 의무를 행하되 즐기지를 못하고 스스로 지치는 것, 겉으로는 주일을 지키는 척하면서 속으로는 속되게 여기는 것 등입니다. 주일에 우리는 이러한 두 가지의 오류를 경계하며 경건과 자비의 의무에 충실해야 할 것입니다.

성례, 세례, 성찬

성례 성례sacramentum는 희랍어인 '미스테리온'$\mu\nu\sigma\tau\eta\rho\iota o\nu$('비밀' 혹은 '신비')을 라틴어로 번역한 단어입니다. "이 비밀은 만세와 만대로부터 감추어졌던 것인데 이제는 그의 성도들에게 나타났고 하나님이 그들로 하여금 이 비밀의 영광이 이방인 가운데 어떻게 풍성한지를 알게 하려 하심이라"(골 1:26-27). 성례는 칼빈의 말처럼, "우리에게 대한 하나님의 은혜를 외형적인 표로 확인하는 증거이며 동시에 우리는 하나님께 대한 우리의 충성을 확인하는 것"입니다.[39] 또한 이것은 만세 전에 감추어진 하나님의 비밀을 영화롭게 드러내는 것으로 이방인 가운데도 나타내는 것이라고 할 수 있습니다. 이처럼 성례는 하나님이 제정하신 비밀하고 신성한 의식이요 만세 전에 계획된 비밀의 영광을 성도와 이방인들 가운데 확증하는 것입니다.

다른 곳에서 칼빈은 성례를 이렇게 정의하고 있습니다. "우리의 약한 믿음을 받쳐 주기 위해 하나님이 우리를 위한 그의 선하신 뜻의 약속을 우리의 양심에 인 치시는 외형적인 표이고, 우리 편에서는 그 표에 의해서 주와 주의 천사들과 사람들 앞에서 주님에 대한 우리의 충성을 확인하는 것이다. 하나님의 진리는 그 자체로 확고하고 부동하며, 그 자체 이외에 더

---

[39] *Inst.*, IV.xiv.1

훌륭한 확인을 받을 수 없다. 그러나 우리의 믿음은 연약해서, 각종 수단을 사용하여 사방으로 괴어 주고 받쳐 주지 않으면 떨리고 흔들리고 비틀거려 결국 무너지고 만다".[40] 같은 맥락에서 베드로는 "이제 너희를 구원하는 표니 곧 세례라. 이는 육체의 더러운 것을 제하여 버림이 아니요 하나님을 향한 선한 양심의 간구"(벧전 3:21)라고 했습니다.

이처럼 성례는 단순한 의식이 아닙니다. 대단히 깊은 의미와 목적을 가지고 있습니다. 믿음을 자라게 하는 도구로서 문화나 시대성에 제한되지 않기 때문에 많은 사람들이 성례를 강조하고 있습니다. 그렇다고 할지라도 성경의 적정한 정도를 넘어선 강조는 대단히 위험합니다. 로마 가톨릭은 성례 자체에 신성과 능력을 부여하고 있기 때문에 성례를 통해 죄도 사하고 구원에 이르게도 한다고 말합니다. 나아가 이 예식이 너무도 신성하기 때문에 집례하는 주교가 무오해야 한다는 주장까지 합니다. 주교들의 머리인 교황은 당연히 무오하게 여겨질 수밖에 없습니다. 이러한 오류는 성례의 의미를 과장하고 왜곡한 결과입니다.

칼빈은 "성례에는 반드시 선행하는 약속이 있으며 성례는 이 약속에 붙인 부록과 같다"고 했습니다.[41] 말씀과 성령으로 인한 보증이 없는 의식 자체는 아무것도 아닙니다. 의식에 가치와 의미를 부여하는 근거는 말씀과 성령 외에는 없습니다. 그래서 아우구스티누스는 성례를 '보이는 말씀'이라 했고, 바울은 할례를 '인'(롬 4:11)이라 했습니다. 아브라함 및 이삭이 할례를 행한 것은 칭의의 근거가 아니라 믿음의 언약을 날인하는 수단으로 삼기 위한 것입니다. 교회 안에서 수행되는 세례나 성만찬도 하나님의

---

[40] *Inst.*, IV.xiv.3
[41] *Inst.*, IV.xiv.3

말씀과 성령의 인도함이 없으면 아무런 효력이 없습니다.

바울은 할례를 말하면서 이면적인 유대인과 마음의 할례를 소개하고 있습니다. "표면적 유대인이 유대인이 아니요 표면적 육신의 할례가 할례가 아니라"고 말합니다(롬 2:28). 믿음으로 성례에 참여하는 자 안에서 역사하는 성령의 능력이 없다면 신령한 마음의 할례가 될 수 없습니다. 성찬이나 세례에는 악인도 얼마든지 참여할 수 있습니다. 그러나 "누구든지 주의 떡이나 잔을 합당하지 않게 먹고 마시는 자는 주의 몸과 피에 대하여 죄를 짓는 것"입니다(고전 11:27). 성령과 말씀이 보증하지 않으면, 의식의 모양은 같을지라도 미신적인 행동에 불과한 것입니다. 로마 가톨릭의 오류는 외형적인 의식 자체가 신령한 효력을 낳는다는 주장에 있습니다. 이러한 명분과 모양으로 의식에 참여하는 자들에 대해 주님은 이렇게 책망하고 계십니다. "입술로는 나를 공경하되 마음은 내게서 멀도다. 사람의 계명으로 교훈을 삼아 가르치니 나를 헛되이 경배하는도다"(마 15:8-9). 성령과 말씀이 아니라 사람의 계명을 보증으로 삼으면 경배가 아니라 헛되고 가증한 우상숭배 행위로 여겨질 수밖에 없습니다.

이제 성례의 의미와 본체와 효과를 칼빈의 표현으로 정리해 보겠습니다. "나는 성례의 영적 진상을 쉬운 말로 설명할 때 대개 세 가지를 지적한다. 그 세 가지는 의미, 의미에 의존하는 본체, 그리고 이 두 가지에서 나타나는 힘 또는 효과이다. 의미는 약속에 포함된 것이며, 약속은 표징에 내포되어 있다. 본체 혹은 실체는 죽었다가 부활하신 그리스도 예수이시다. 효과는 주님께서 우리에게 주시는 구속과 의와 성화와 영생과 그 밖의 모든 은혜이다".[42]

---

[42] *Inst.*, IV.xvii.11

세례 세례는 물을 사용해 성부와 성자와 성령의 이름으로 씻는 성례로서, 우리가 죽음과 부활에 있어서 그리스도 예수와 연합하고 언약의 모든 유익에 참여하고 우리가 주님의 것이라는 사실을 표시하고 확증하는 것입니다. 사실 하나님의 비밀과 구원의 역사를 세례보다 더 정확하게 종합적인 차원에서 설명해 주는 것은 없습니다. 2천 년의 역사가 흘러도 기독교의 진리를 세례보다 더 간결하고 압축적으로 제시하는 기념 방법은 없습니다. "만일 우리가 그의 죽으심과 같은 모양으로 연합한 자가 되었으면 또한 그의 부활과 같은 모양으로 연합한 자도 되리라"(롬 6:5)는 복음의 비밀과 핵심을 가장 완벽하고 심오하게 표상하는 것으로서 세례가 있습니다.

인간은 보이지 않는 것을 정확히 표상할 능력이 없습니다. 예를 들어, 자유라는 개념schema은 표상되지 않습니다. 임시적인 어떤 유사물similitudo을 찾아야 하는데, 그것으로는 자유라는 개념을 정확하게 전달하지 못합니다. 또한 저마다의 유사물이 다르기 때문에 '자유'라는 동일한 용어를 사용해도 동일한 의미의 공유는 불가능합니다. 사랑도 그러하고, 미움도 그러하고, 원망도 그러합니다. 모두 보이는 것이 아닙니다. 주님의 죽으심과 부활에 참여하는 것은 가시적인 행위가 아닙니다. 이 구원의 놀라운 비밀은 "천사들도 살펴보기를 원하는 것"(벧전 1:12)입니다. 보이지 않을 뿐만 아니라, 영적인 존재들도 인식하지 못하는 그러한 비밀을 어떻게 드러낼 수 있을까요? 이에 대해 사람이나 천사들의 생각은 아무런 보탬이 안됩니다. 그래서 지각을 통해 인식하는 인간의 한계를 따라 주님께서 신비하고 영적인 비밀을 아무런 오류 없이 우리로 알게 하고 확증하고 기념할 수 있도록 제정하신 의식이 바로 세례입니다. 하나님은 천상의 영적인 존재에게조차 감추어진 것을 능히 가르치고 기념하는 수단을 우리에게 허락하신 것입니다. 이방인뿐만 아니라 천사들도 이 세례를 통해 만세 전에 감춰진 비밀의 영광을 알게 됩니다.

　세례는 구원만이 아니라 전도와 성화도 하나님의 전적인 역사임을 말해 줍니다. 바울은 세례를 구약의 할례와 동일하게 취급하고 있기에 할례를 통해서 세례의 의미와 기능을 확인하는 것도 무익하지 않을 듯합니다. 칼빈은 세례와 할례를 비교하면서 "성례의 힘과 성격을 평가하는 표준이 되는 내적 신비에는 조금도 차이가 없다"고 했습니다. 바울은 "할례의 표를 받은 것은 무할례 시에 믿음으로 된 의를 인친 것"이라고 말합니다(롬 4:11). 즉 세례는 우리의 구원이 인간적인 노력이나 공로가 아니라 전적인 하나님의 은혜로 되었다는 사실을 인치고 있습니다. "표면적 육신의 할례가 할례가 아니니라"(롬 2:28). "할례는 마음에 할지니 영에 있"다고(롬 2:29) 한 바울의 말은 비록 육체의 할례는 인간의 손을 빌리지만 마음의 신령한 할례는 인간의 행위가 아니라는 뜻입니다.

　이는 마치 예수님이 "모든 민족을 제자로 삼아 아버지와 아들과 성령의 이름으로 세례를 베풀"라고(마 28:19) 하신 명령과 충돌하는 것 같습니다. 그러나 주님의 말씀이나 바울의 말은 모두 동일하신 하나님의 감동으로 기록된 것입니다. 바울의 말처럼 진정한 할례는 하나님의 일입니다. 그러나 주님은 자신의 제자들이 모든 족속을 제자로 삼아 그들에게 세례를 행하는 방식으로 하나님의 일을 이루시기 원한다는 것입니다. 우리의 영적인 후손은 육정이나 혈통으로 말미암지 않습니다. 그러나 전하는 자가 없으면 들을 수 없고 듣지 못하면 믿지도 못합니다. 그렇지만 우리가 전하는 일에 게으름을 보인다고 해서 하나님의 은혜로운 복음이 매이는 것은 아닙니다.

우리의 열심이나 태만이 하나님의 절대적인 일하심에 어떠한 변경을 가하지 못합니다. 데만 사람 엘리바스와 부스 사람 엘리후는 이렇게 말합니다. "사람이 어찌 하나님께 유익하게 하겠느냐……네가 의로운들 전능자에게 무슨 기쁨이 있겠으며 네 행위가 온전한들 그에게 무슨 이익이 되겠느냐"(욥 22:2-3). "그대가 범죄한들 하나님께 무슨 영향이 있겠으며 그대의 악행이 가득한들 하나님께 무슨 상관이 있겠으며"(욥 35:6). 천사들이 반란을 일으키고, 모든 인간이 배반해도 하나님은 그의 정하신 일을 반드시 이루어 가십니다. 긍휼히 여길 자를 긍휼히 여기시고 세례 줄 자에게는 신령한 마음의 세례를 주십니다. 성화에 있어서도 하나님의 뜻은 변경되지 않습니다. 그분이 한번 정하시면 반드시 "부르시고 부르신 그들을 또한 의롭다 하시고 의롭다 하신 그들을 또한 영화롭게"(롬 8:30) 하십니다. 이러한 구원의 서정은 모두 하나님의 일입니다.

세례란 내가 날마다 죽고 그리스도 예수께서 내 안에 사심으로 내가 부활하는 것을 기념하는 것입니다. 우리에게 죄 사함을 주시고 온갖 불의에서 우리를 깨끗하게 하시고 그리스도 예수께 접붙여 하나님의 아들이라 칭하시고 성화의 모든 나날 동안 동행하사 영화의 그날까지 친히 이끄시는 섭리를 예표하는 것입니다. 그래서 내가 나 된 것이, 누구보다 많은 수고를 했더라도 내 공로가 아니요 내 안에 계시는 하나님의 은혜라고 고백해야 하는 것입니다. 세례의 의미가 여기에 있습니다.

성찬 세례가 그리스도 예수와의 영적·신분적 연합을 뜻한다면, 성찬은 하나님의 자녀가 세상의 것으로 살지 않고 오직 그리스도 예수의 생명과 성품과 뜻과 본을 가지고 사는 것을 뜻합니다. 종교개혁 시대에 가장 많은 믿음의 선진들이 가장 많이 출간했던 책들의 주제가 바로 성례, 특별히 성찬에 관한 것이었습니다. 이는 당시의 로마 가톨릭 교회의 가장 심각한 부패가 성찬과 결부되어 있었기 때문입니다. 그러나 하나님의 섭리적 관점에서 보면 성찬보다 그리스도 예수의 온전한 복음을 더 명확하게 가르치고 증거할 수단이 없기 때문인 것 같습니다. 성찬은 그리스도 예수의 죽으심과 그로 말미암는 성도의 구원과 삶을 가장 정교하고 가장 광범위한 대상에게 보여주고 가르치는 방편으로 주님께서 친히 정하시고 명하신 것입니다.

이스라엘 백성은 바다를 가르는 기적으로 홍해를 도하한 후 광야로 들어갔습니다. 광야는 어떠한 양식도 없고 양식을 생산할 수 있는 어떠한 수단도 없는 곳입니다. 그들은 생활의 필수품이 위로부터 채워지지 않으면 생존이 불가능한 필사의 상황에 처하게 된 것입니다. 그래서 하나님은 그들에게 만나를 주셨고 만나의 공급은 하루도 거르지 않고 충분한 분량으로 이루어졌습니다. 사실, 애굽의 종이었던 이스라엘 백성을 당신의 백성으로 선택하신 하나님이 애굽보다 더 근사한 환경으로 인도하지 않으시고 죽음의 땅인 광야로 내모신 것은 인간의 상식으로는 이해하기 어려운 일입니다. 최소한 애굽에 빌붙어 살던 삶보다는 나은, 하늘 백성에 어울리는 상황이 전개될 것으로 기대했던 이스라엘 백성의 입술에서 집단적인 불평이 쏟아진 것은 어쩌면 지극히 정상적인 반응으로 보입니다. 그러나 하나님의 백성이 된다는 것은 땅에서의 최상급 문명을 누리는 것을 의미하지 않습니다. 이스라엘 백성을 광야로 인도하신 하나님의 뜻은, 하나님의 백성으로 구별된 택자들의 삶이 위로부터 오신 그리스도 예수님께 철저히 의존하고 있음을 객관적인 역사 속에 선명하게 새겨 두려는 것이었습니다. 이스라엘 백성의 생존을 가능하게 했던 광야의 만나는 예수님을 상징하는 음식으로 그들에게 주어진 것입니다. 예수님은 자신에 대해 이렇게 말씀하고 있습니다. "내 살은 참된 양식이요 내 피는 참된 음료로다. 내 살을 먹고 내 피를 마시는 자는 내 안에 거하고 나도 그의 안에 거하나니 살아 계신 아버지께서 나를 보내시매 내가 아버지로 말미암아 사는 것 같이 나를 먹는 그 사람도 나로 말미암아 살리라"(요 6:55-57). 이 말씀에 성찬의 핵심적인 의미가 다 들어 있습니다.

우리는 끊임없이 먹습니다. 인간은 먹는 존재이기 때문에 식음을 멈추지 않습니다. 보고 듣고 경험하고 깨닫고 생각하는 모든 것을 우리는 위장이 아닌 다섯 가지의 감관을 통해 먹습니다. 먹는다는 것은 우리의 본성에 가까운 것이기에, 우리는 의식하지 못하는 중에도 먹습니다. 양식이 지천에 깔려 있습니다. 양식이 아니라고 생각하는 것도 알고 보면 내가 무시로 먹고 있는 음식임을 부인할 수 없습니다. 그러나 주님은 "썩을 양식을 위하여 일하지 말고 영생하도록 있는 양식을 위하여 하라"(요 6:27)고 하십니다. 아무것이나 먹지 말라는 것입니다. 썩을 양식을 경계하라는 뜻입니다. 그렇다면 영생의 양식은 무엇입니까? "이 양식은 인자가 너희에게 주리니 인자는 아버지 하나님께서 인 치신 자니라"(요 6:27)고 성경은 말합니다.

성찬이 의미하는 바는, 영생의 양식은 인자가 주시는데 천상에서 제조한 어떤 보약을 주시는 게 아니라 "내가 곧 생명의 떡"(요 6:48)이라는 말씀처럼 예수님 자신을 주신다는 것입니다. 주시는 주체와 내용이 같습니다. 성찬은 영생의 양식을 주시는 주체께서 친히 자신을 그 양식으로 주시는 것입니다. 성찬은, 떡과 포도주가 우리의 신체에 주어져 생명력을 주듯이, 주님께서 자신의 살과 피를 주시면서 하나님의 자녀에게 생명력을 공급하시는 것입니다. 떡과 포도주를 먹고 마시면 그것이 나의 살과 피로 변하여 구분이 안되듯이, 주님의 살과 피를 먹고 마시면 우리가 주님 안에 주님이 우리 안에 거하는 신비로운 연합을 이룹니다. 바울은 예수님과 교회의 신비한 연합을 남편과 아내가 한 몸을 이루듯이 "이 비밀이 크도다"(엡 5:32)는 감탄사로 묘사하고 있습니다. 이는 남편과 아내가 비록 각자 독립적인 개체이지만 머리와 몸이라는 관계성을 이루고 마음과 뜻과 생각과 생명과 몸과 삶이 신비로운 하나를 이루듯이, 주님과 교회도 머리와 몸이라는 신비로운 연합체가 된다는 뜻입니다.

성찬의 간과할 수 없는 또 하나의 의미가 있다면, 성도들의 순결과 사랑과 화목과 일치를 요구하고 있다는 점입니다. "우리가 축복하는 바 축복의 잔은 그리스도의 피에 참여함이 아니며 우리가 떼는 떡은 그리스도의 몸에 참여함이 아니냐. 떡이 하나요 많은 우리가 한 몸이니 이는 우리가 다 한 떡에 참여함이라"(고전 10:16-17). 성찬에 참여하는 것은 우리가 예수님의 거룩한 몸으로서 하나이며, 어떠한 차별이나 비교나 대립이나 분리도 없어야 한다는 고백과 같습니다. 히포의 주교가 성찬을 '사랑의 유대'라고 표현한 것은 참으로 적절한 말입니다.

이처럼 주님은 성찬을 제정하여 보이지 않는 영적 연합의 신비를 확증하게 하고, 그의 거룩한 몸으로 하나 된 성도들의 순결과 연합을 격려하고, 다시 오실 때까지 그리스도 예수와 그의 죽으심을 감사한 마음으로 기념하고 전파하게 하셨습니다. 그러나 주님을 미워하고 땅 끝까지 이르는 복음을 방해하고 저항하는 사탄은 이토록 은혜롭고 아름다운 성례를 가만두지 않습니다. 온갖 수단을 동원하여 성례를 부패와 타락의 온상으로 만듭니다. 성찬과 관련해서 로마 가톨릭 교회의 학자들은 떡과 포도주가 실체에 있어서 그리스도 자신으로 변한다는 교설을 퍼뜨리고 있습니다. 심지어 떡으로 싸여진 예수님의 몸이 사람의 입에서 위로 들어간다고 말합니다. 이런 유치한 공상은 모세의 기록에서 명분을 찾았는데, 모세의 지팡이가 뱀으로 변했지만 여전히 지팡이로 있었습니다(출 7:10). 떡도 새로운 본질이 되었지만, 여전히 가시적인 차원에서 떡의 모양으로 보였을 뿐이라는 주장입니다.

참으로 기막힌 궤변이 아닐 수 없습니다. 이들의 주장을 따른다면, 성찬의 떡이 남아서 썩으면 주님도 썩습니다. 칼빈은 그들을 이렇게 비판하고 있습니다. "만일 그들이 주의 몸과 피를 떡과 포도주에 고착하려 한다면, 필연적인 결과로 이 둘은 서로 분리된다. 잔과는 별개로 제시된 떡에 숨겨진 그리스도의 몸은 잔에 있는 피와 나누어질 것이다." 이처럼 그리스도의 몸과 피가 서로 분리된다는 해괴한 결론에 대해 그들은 한마디도 변명하지 못합니다. 부활하신 때부터 그리스도 예수의 몸은 마지막 날까지 하늘에 보관되고 머무시는 것입니다. 베드로는 "하나님이 영원 전부터 거룩하신 선지자들의 입을 통하여 말씀하신 바 만물을 회복하실 때까지는 하늘이 마땅히 그를 받아 두리라"(행 3:21)고 했습니다.

그러나 교만하고 사악한 자들은 자신들의 주장을 굽히지 않고 "볼지어다, 내가 세상 끝날까지 너희와 항상 함께 있으리라"(마 28:20)는 말씀까지 동원하여, 예수의 몸은 떡과 잔을 먹고 마실 때마다 항상 우리와 함께 한다고 말합니다. 이에 대해서는 아우구스티누스 선에서 해결하는 것이 좋습니다. "'나는 항상 함께 있지 아니하리라'(마 26:11)고 하신 주님의 말씀은 신체의 임재에 대한 것이었다. 그의 위엄과 섭리와 형언할 수 없고 볼 수 없는 은혜에 관해서는 '볼지어다, 내가 세상 끝날까지 너희와 항상 함께 있으리라'(마 28:20)는 말씀을 실행했기 때문이다."

여기에 칼빈은 "은혜 안에서 그의 몸과 살에 참여하는 놀라운 일"을 성찬의 의미에 첨부하고 있습니다. 그리스도 예수의 몸은 하나님의 보좌 우편에 계십니다. 그러나 스콜라 학자들은 "주님께서 공간의 각처에 계시나 형태는 없다"고 말합니다. 이것도 헛소리에 불과한 것입니다. "만일 보이지 않는 모양으로 만물을 충만케 하는 것이 영화된 몸의 은사라면, 몸의 본질은 말소되며 신성과 인성의 차이가 없어지는 것"이 분명할 것입니다. 예수님은 자신의 영화된 몸에 관해 "내 손과 발을 보고 나인 줄 알라. 또 나를 만져 보라. 영은 살과 뼈가 없으되 너희 보는 바와 같이 나는 있느니라"(눅 24:39)고 했습니다. 만질 수도 없고 볼 수도 없다면 그것은 육체가 아니라 영일 것입니다.

스콜라 학자들의 광란은 여기서 그치지 않고, '이것은……이다'$^{hoc…est}$라는 라틴어 표현으로 유치한 트집을 잡습니다. "이것은 너희를 위하는 내 몸이니……이 잔은 내 피로 세운 새 언약이니"(고전 11:24-25). 이 구절에서 그들은 떡과 예수님의 몸이 동일한 것이라고 말합니다. 거룩하신 하나님께서 말씀으로 일치시켜 놓은 것을 함부로 폄하하지 말라는 엄포까지 늘어놓습니다. 하지만 명분은 거창하나 그들의 논리는 올바르지 않습니다. 그 같은 논리로 "여호와는 나의 요새이시요 나의 하나님은 내가 피할 반석이시라"(시 94:22)는 말씀은 어떻게 해석할 수 있습니까? 하나님이 건축물과 돌멩이란 말입니까? 그럴 수 없습니다. 예수님은 떡도 아니며, 포도주도 아니며, 햇볕도 아니며, 포도나무 줄기도 아니며, 양 문도 아닙니다. 이러한 표현들은 주님을 설명하는 비유일 뿐입니다.

비유 자체로는 의미가 없습니다. 비유의 의미는 비유가 가리키는 실체에 의존하고 있습니다. "하나님께서 지으신 모든 것이 선하매 감사함으로 받으면 버릴 것이 없나니 하나님의 말씀과 기도로 거룩하여짐이라"(딤전 4:4)고 바울은 말합니다. 제단이 제물을 의미 있게 만드는 법입니다. 성찬식이 끝나면, 사용된 떡과 포도주는 시장에서 파는 떡이나 술과 다를 바가 없습니다. 주님께서 말씀으로 제정하신 언약과 의식을 통하여 성물로 간주되는 것이지, 떡과 포도주의 본질이 변하여 의식 이후에도 예수님의 살과 피로서 거룩하게 있다는 말이 아닙니다. 성찬식 중에라도 떡과 포도주는 예수님의 피와 살로 바뀌지 않습니다. 성찬 시에 사용되는 떡과 포도주는 예수님의 말씀과 축사로 거룩하게 되는 것입니다.

하나님의 말씀과 규정은 아무리 치명적인 극약을 뿌려도 그 권위와 효력에는 아무런 손상이 없습니다. 비록 악인들이 의도적인 왜곡과 폄하로 성례를 더럽혀도 성례의 기원이 주님의 언약과 규정에서 비롯된 것이라면 위축될 필요도 없고 염려할 필요도 없습니다. 감사로 받으면 만물도 선하다고 했는데, 하물며 영원히 기념하는 방법으로 하나님이 제정하신 성례는 얼마나 거룩하겠습니까? 참으로 하나님이 우리에게 주시는 최상의 선물인 성찬은, 만나는 말씀이신 그리스도 예수를 가리키는 것이기에 우리가 오직 하나님의 말씀을 먹고 살아가야 하는 존재라는 점, 그 말씀은 교회로 하여금 하나님의 백성답게 살아가게 하는 원리이자 규범이며 질서이고 지침이라는 점, 주님과 교회는 머리와 몸으로 하나라는 점, 나아가 주님과 교회의 관계에 대해 교회는 주님 안에 있고 주님은 교회 안에 거하시는 온전한 하나라는 사실 등을 증거하는 표징이기에 너무도 소중하고 거룩하고 아름다운 것입니다.

교회와 국가 및 세상

로마 가톨릭 신학이 남긴 대표적인 업적은 은총과 자연 혹은 초자연과 자연을 분리한 것에 있습니다. 그들은 아담의 타락 이후로 인간은 죄나 하나님의 덧붙여진 은사 없이 순수한 자연인tabula rasa의 신분으로 태어나는 것이라고 말합니다. 덧붙여진 은사를 보존하고 수여하는 역할은 로마 가톨릭 교회에 주어진 것으로, 그 은사는 자연인에게 힘을 북돋아 주고 초자연적 목적에 도달하도록 능력을 공급해 줍니다. "교회는 사제로 하여금 자동적인 효력을 나타내는 성례를 집행하게 하여 교인에게 초자연적 은혜를 나누어 줌으로써 사람을 능하게 하여 응보의 법칙에 따라 사랑의 초자연적 원리 하에서 천상의 축복을 받기에 합당한 선행을 행하도록 한다"고 중세의 신학자 페트루스 롬바르두스Petrus Lombardus, 1905-1160는 말합니다.

이러한 이해를 따라, 로마 가톨릭은 "자연적인 것에 만족하지 않고 보다 나은 것, 보다 좋은 것을 사모하며 신이 교회에 허락하신 초자연적 생명의 숭고한 목적을 향해 뻗어 나가는 이상적인, 신비적인 성품"을 추구하고 있습니다. 이를 위해서는 가능한 한 자연적인 것을 죽여야 하는데, 빈곤과 순종과 정숙이 바로 그 길이라고 했습니다. 그래서 수도승은 로마 가톨릭의 유일한 대표자는 아니지만 최상급에 속하는 기독교적 이상으로 간주되고 있습니다. 십자가의 징표, 성수, 성유, 봉직 의식, 귀신 물리기 등은 자연과 초자연의 혼합을 피하고 초자연을 따로 정결하게 보존하는 수단으로 동원된 것입니다. "특히 주입된 은혜gratia infusa를 통해 교회가 제공하는 수단들의 도움으로, 인간은 최고의 목적을 위하여 스스로를 예비할 수 있다"고 말합니다. 이에 대해 바빙크는 중세의 "스콜라 신학과 신비주의는 한

계열에 속하며 같은 운명을 지녔다"며 냉소하고 있습니다.

바빙크는 초자연과 자연의 엄밀한 구분을 거절하고 자연주의 사상은 무신론의 경우처럼 철학의 고안물일 뿐이라고 말합니다. 인간은 누구나 종교의 씨앗을 가지고 있으며 세상 어디에도 초자연적 요소가 없는 종교는 없습니다. 초자연은 인간의 본성과도 긴밀하게 연결되어 있습니다. 우리의 본성과 초자연은 서로 대립되는 상극이 아닙니다. 바빙크의 지적대로, "만약 지성이 죄로 인하여 어둠에 가리지 않았다면 이적 자체에 대해 아무런 이의도 없었을 것이다. 왜냐하면 이적 자체는 우리의 본성이나 피조물의 본성과 모순되지 않기 때문인 것이다."

죄악으로 물든 세상은 이러한 사실을 왜곡하여 모든 문화를 초자연과 자연의 분리라는 이념에 입각하여 구축했고, 한 사회나 국가를 이끄는 지적 엘리트의 사고를 그러한 틀로 고착시켜 초자연적 요소를 특이한 것으로 인식하게 했으며, 이런 인식을 일반인의 지배적인 사고로 고착되게 했습니다. 이처럼 "모든 종교인은 어떠한 종파에 속하든지 비록 그의 머리로는 자연주의 사상가라 할지라도 마음은 초자연을 지지하는 자"가 된 것입니다. 이러한 사실은 천 년의 로마 가톨릭이 문화와 역사 속에 심어 둔 이원론적 사고에서 비롯된 것이며, 16세기 종교개혁은 이러한 사고를 뿌리째 뽑아 버린 역사적 사건입니다. 그런데 오늘날에는 보다 은밀한 문화와 지적인 지원을 힘입어 다시 중세의 이원론적 암흑으로 되돌아가고 있는 듯합니다.

로마 가톨릭은 은총과 자연을 뚜렷하게 구분했고 지금도 계속해서 구분하고 있습니다. 특별 은총과 일반 은총, 초자연과 자연으로 구분하여 하나님이 다스리는 영역을 인간적인 규정으로 제한하는 일을 했습니다. 초자연은 하나님이 다스리고, 자연은 스스로의 법칙으로 운영되는 것처럼 구분했습니다. 하나님이 다스리는 초자연에 도달하게 만드는 '덧붙여진 은총'은 로마 가톨릭 교회에 의해 수여되는 것이라고 하여 결국 초자연의 경영권을 가톨릭 교회에 돌리고 말았습니다.

은총과 자연의 이러한 구분은 비록 일반 학문 연구자의 학술적인 구미에는 부응할 수 있겠으나 하나님의 전 우주적 섭리를 제한하고 축소하는 일입니다. 성경은 그리스도 예수가 교회의 머리이며 동시에 "땅과 거기에 충만한 것과 세계와 그 가운데 사는 자들은 다 여호와의 것"(시 24:1)이라고 말합니다. 이는 교회와 국가 및 세상의 절대적인 통치권이 오직 유일하신 하나님께만 있다는 뜻입니다. 그분의 신성과 능력을 분명히 보여주는 기능을 가진 자연은 단지 인간이 지각하는 대상이 아니라 초자연적 성격을 가진 것이라고 성경은 말합니다. 자연은 독립적인 존재가 아니라 하나님과 연결되어 있습니다. 하나님의 통치라는 개입 때문에 자연에는 초자연적 성격이 있습니다. 교회는 물론이고 자연의 모든 만물이 하나님의 초자연적 역사의 장이라는 사실을 우리는 명심해야 할 것입니다.

엄밀한 의미에서 교회와 국가와 세상은 선명하게 구분되지 않습니다. 하나님의 나라가 그리스도 예수의 통치가 미치는 모든 영역을 말한다면, 그 나라는 인간이 식별할 수 있는 가시적인 영역에 제한될 수 없습니다. 인간의 인지적인 기준에 따른 구별도 물론 하나님의 섭리에 포함된 것이지만, 그것은 하나님의 절대적인 기준 앞에서는 언제나 겸손히 내려놓아야 할 임의적인 것입니다. 우리는 또한 교회를 건물과 조직과 등록 교인 같은 가시적인 모임으로 규정함으로써 동일하게 정치 및 경제 등의 조직적인 집단을 이루고 있는 국가나 세상과 구별하려는 습성을 가지고 있습니다. 그러나 교회의 비가시적 본질로 들어가면, 그러한 임의적 규정과 구분은 인간의 본성적인 한계에 따라 표상된 임시적인 경계선에 불과한 것임을 알 수 있습니다.

혈기 왕성하여 하나님의 거룩한 교회를 앞장서서 핍박하던 바울을 교회의 한 지체로 생각한 사람은 없었을 것입니다. 십자가에 달려서 생을 마감하는 강도가 하나님의 거룩한 자녀라고 상상했던 사람도 없었을 것입니다. 그러나 하나님의 은밀한 경륜과 섭리 안에서는 우리 모두 그들을 그리스도 안에서 한 형제로 맞이할 수밖에 없습니다. 하나님의 영원한 선택에 입각한 교회의 범위는 인간의 인식에 의해 결정되지 않습니다. 이러한 교회의 본질과 관련해서 볼 때, 국가나 세상을 단절하고 무시하는 것은 옳지 않습니다. 언제나 하나님의 비밀하고 절대적인 섭리와 경륜 앞에 겸손한 자세로 세상을 대해야 할 것입니다. 심지어 칼빈은 이렇게까지 말합니다. "이성은 신의 귀중한 은사이며 철학도 신의 빛나는 은사이다. 음악도 신의 한 은사이다. 예술과 학문은 선하고 유용하며 하나의 높은 가치를 지닌다. 정부는 신의 제정으로 세워졌다."

영적인 왕국과 시민정체

칼빈은 인간에게 두 가지의 통치가 있다고 말합니다. "하나는 영적인 통치로서 이를 통해 양심은 경건과 하나님 경외하는 법을 배우고, 다른 하나는 정치적인 통치로서 이를 통해 사람은 사람들 사이에서 준수해야 하는 도리와 사회생활의 의무를 교육 받는다." "전자는 하나님의 왕국, 참된 의, 영생의 축복과 관련된 하나님의 순수한 지식, 참된 의의 본성, 하늘 왕국의 신비 같은 하늘의 것이라 부르고, 후자는 정치, 경영, 모든 기술과 자유 학문 등과 같은 땅의 것"이라 부릅니다. 후자의 것에서는 전자의 것을 찾거나 구현할 수 없다고 말합니다.

"몸과 영혼을 구별하며 덧없는 현세와 영원한 내세를 구별할 줄 아는 사람은 그리스도 예수의 영적인 왕국과 세속적인 지배권이 전혀 다르다는 것"을 알고 있습니다. 영적인 통치는 교회를 통해 이루시는 것입니다. 그래서 교회는 세상의 정치적인 통치에 절대 매여서는 안됩니다. 교회는 "사람들 사이에 당신이 어떤 조건에 있든, 어떤 땅이나 법 아래 살든 중요하지 않습니다." 그리스도께서 우리를 자유롭게 하셨으니 다시는 "종의 멍에를 메지"(갈 5:1) 마십시오. 하나님의 나라에는 차별이 없습니다. 의와 진리의 거룩함으로 새 사람을 입은 사람은 세상의 어떠한 조건과 환경에도 종속되지 않습니다. 이것은 전적으로 위로부터 주어지는 것이며 그 보존과 성숙도 오직 하나님께 속한 일입니다.

영적인 왕국과 통치가 세상적인 지배권에 매이지 않는다는 말에는 다음과 같은 의미도 있습니다. 칼빈은 "굳세게 서서 종의 멍에를 메지 말라고 우리에게 명령하는 바울 사도가 다른 곳에서는 종들에 대해 그 처지를 염려하지 말라고 하니, 이것은 시민 생활에 있어서 노예 상태와 영적 자유가 완전히 공존할 수 있기 때문이 아니고 무엇인가?"라고 말합니다. 아무리 힘들고 비천한 세상 신분에 속해 있더라도 하나님의 영적인 통치 아래에 있다면 아무도 그를 배척할 수 없다는 것입니다. 그래서 바울은 "거기에는 헬라인이나 유대인이나 할례파나 무할례파나 야만인이나 스구디아인이나 종이나 자유인이 차별이 있을 수 없나니 오직 그리스도는 만유시요 만유 안에 계시니라"(골 3:11)고 했습니다.

어떠한 신분이나 처지에서 부름을 받았든 걱정하지 마십시오. "주 안에서 부르심을 받은 자는 종이라도 주께 속한 자유인이요 또 그와 같이 자유인으로 있을 때에 부르심을 받은 자는 그리스도의 종"(고전 7:22)이라고 바울은 말합니다. 세상의 신분에 집착하다 보면 사람이나 상황에 굴복하는 종이 될 수 있습니다. 그러나 바울은 이렇게 말합니다. "너희는 값으로 사신 것이니 사람들의 종이 되지 말라. 형제들아, 너희는 각각 부르심을 받은 그대로 하나님과 함께 거하라"(고전 7:23-24). 성도들이 지향하고 추구하는 가치와 목적은 정치적인 회복이나 제도적인 개혁이 아닌 것입니다.

"우리의 사회적 지위가 무엇이든, 우리가 어느 나라의 법률 아래서 살든 그리스도의 나라는 그러한 일에 있는 것이 아니므로 어떠한 상태에 있든 아무런 구별이 없다"는 사실을 안다면 경솔하게 행동하지 않습니다. 교회는 조금 피해를 입고 억울함을 당했다고 붉은 띠를 머리에 두르고 시위하면서 저항의 목청을 높이지 않습니다. 세상이 추구하는 개혁에 편승하는 교회의 태도는 옳지 않습니다. 우리가 세상과 만물에 기여하는 방식은 전혀 다릅니다. 세상의 논리와 욕망을 따라서 춤추면 안됩니다. 교회에 대한 하나님의 기대와 경영은 전혀 다른 것을 지향하고 있으며, 이러한 교회를 통해 하나님 아버지는 "하늘에 있는 것이나 땅에 있는 것이 다 그리스도 안에서 통일되게"(엡 1:10) 하십니다.

이렇게 말하면, 세상의 정치와 질서를 모조리 무시하려는 몰상식한 사람들이 나타납니다. "그리스도 예수로 말미암아 이 세상의 초등 학문에 대해서 죽고 하나님 나라로 옮겨져 하늘 존재들 사이에 앉아 있는 우리가, 하나님의 사람들과 상관없는 일에 대한 천박하고 세속적인 근심과 걱정에 매이는 것은 우리의 훌륭한 처지에 맞지 않는 아주 하찮은 짓이다"라고 그들은 말합니다. 이러한 경향에 대해서 김영규 박사는 "윤리적 혹은 정치적 질서의 씨로서 인간 이성humana ratio 혹은 이성의 빛lux rationis이나 그로 인한 인간의 활동들은 결코 무시하지 않고 어떤 영원한 목적에 기여하는 성격에서 포용적인 것"이라고 말합니다.

칼빈의 말대로 "국가 통치의 지정된 목적은 우리가 사람들과 함께 사는 동안 하나님께 대한 외적인 예배를 존중하고 보호하며, 건전한 교리와 교회의 지위를 수호하고, 우리를 사회생활에 적응시키고 우리의 행동을 사회 정의와 일치하는 방향으로 인도하며, 우리로 서로 화해하게 하고, 전반적인 평화와 평온을 증진하는 것" 등이 있습니다. 이러한 기능을 무조건 무시할 수는 없습니다. 이러한 국가 통치와 관련해서 우리는 세 가지를 고찰해야 합니다. "먼저, 집권자의 지위에 대해 그 신적인 기원과 성격과 권한의 범위는 어떠한가? 그리고 기독교적 정부는 어떤 법률에 근거해서 통치해야 하는가? 그 법률은 국민에게 어떠한 유익을 주며 국민은 관원에게 어떻게 복종해야 하는가?"

모든 권세는 다 하나님이 정하신 것이다
이러한 태제에 대해 우리는 세상에 악한 통치자도 있다는 점 때문에 거부하는 마음부터 들 것입니다. 그러나 권세의 기원에 관해 성경은 언제나 하나님을 모든 권세의 샘으로 기록하고 있습니다. "왕들이 치리하며 방백들이 공의를 세우며……재상과 존귀한 자 곧 모든 의로운 재판관들이 다스리"(잠 8:15-16)는 것은 다 하나님의 지혜로 말미암은 것입니다. 바울도 "권세는 하나님으로부터 나지 않음이 없나니 모든 권세는 다 하나님께서 정하신 바"(롬 13:1)라고 했습니다. 권세에 관해 성경의 규정은 세상의 어떠한 권세도 예외로 하지 않습니다. 어떠한 경우에도 권세는 하나님의 명령이며, 다스리는 은사는 위로부터 주어진 선물입니다.

그런데 세상에는 선하고 공의로운 왕만 존재하지 않습니다. "어느 시대를 막론하고 일부 군주들은 마땅히 수행해야 할 일에 태만하며 아무 관심도 없이 자신의 쾌락만을 추구해 왔습니다. 또 일부는 자기 일에 열중해서 법과 특권과 재판과 청탁 편지를 경매에 붙였고, 어떤 이들은 일반 국민의 돈을 탈취해서 심히 어리석은 증여에 낭비하고, 또 어떤 이들은 순전히 강도질을 하고 집을 털며 부녀자를 강탈하며 무고한 사람들을 죽이기도 했습니다." 이처럼 극악한 통치자의 경우에는 그 권위에 복종해야 한다는 말에 설복당할 사람이 많지 않습니다. 그러나 그럼에도 불구하고 권세의 기원을 명확하게 알고 있는 성도들은 권세에 대항하는 혁명의 칼을 쉽게 뽑지 않습니다.

하나님은 "때와 계절을 바꾸시며 왕들을 폐하시고 왕들을 세우시며"(단 2:21), "자기의 뜻대로 누구든지 그 자리에 세우시는"(단 5:21) 분이라고 한 다니엘의 고백은 사악한 왕에게도 해당되는 말입니다. 이스라엘 백성을 멸망시킨 강퍅하고 호전적인 통치자 느브갓네살 왕에 대해 다니엘은 이렇게 말합니다. "왕이여, 왕은 여러 왕들 중의 왕이시라. 하늘의 하나님이 나라와 권세와 능력과 영광을 왕에게 주셨고 사람들과 들짐승과 공중의 새들, 어느 곳에 있는 것을 막론하고 그것들을 왕의 손에 넘기사 다 다스리게 하셨으니"(단 2:37-38).

다른 곳에서 하나님은 이렇게 말씀하십니다. "나는 내 큰 능력과 나의 펴든 팔로 땅과 지상에 있는 사람과 짐승들을 만들고 내가 보기에 옳은 사람에게 그것을 주었노라. 이제 내가 이 모든 땅을 내 종 바벨론의 왕 느부갓네살의 손에 주고 또 들짐승들을 그에게 주어서 섬기게 하였나니 모든 나라가 그와 그의 아들과 손자를 그 땅의 기한이 이르기까지 섬기리라. 또한 많은 나라들과 큰 왕들이 그 자신을 섬기리라. 여호와의 말씀이니라. 바벨론의 왕 느부갓네살을 섬기지 아니하며 그 목으로 바벨론의 왕의 멍에를 메지 아니하는 백성과 나라는 내가 그들이 멸망하기까지 칼과 기근과 전염병으로 그 민족을 벌하리라……너희는……바벨론의 왕을 섬기라. 그리하면 살리라"(렘 27:5-8, 17).

다니엘과 예레미야 선지자의 기록에 따르면, 비록 한 나라의 주권을 탈취한 왕이라 하더라도 그 권세가 주님에게서 비롯된 것이기 때문에 섬겨야 한다는 것입니다. 어떤 나라든, 진보든 보수든 가리지 않습니다. 같은 맥락에서 다윗은, 그리스도 예수의 혈통을 이어갈 자신에게 단창을 던지며 생명을 위협하던 사울에 대해 이렇게 말합니다. "누구든지 손을 들어 여호와의 기름 부음 받은 자를 치면 죄가 없겠느냐"(삼상 26:9). 다윗은 "손을 들어 여호와의 기름 부음을 받은 내 주를 치는 것은 여호와께서 금하시는 것"(삼상 24:6)이라고 말합니다. 이처럼 사울의 권세가 위로부터 주어진 것이기에 다윗은 사울을 '주'라고 표현하는 것입니다.

그러면 "우리의 권리는 누가 옹호해 주느냐"고 걱정하는 이들이 있습니다. 염려하지 마십시오. 우리 하나님은 "신들의 모임 가운데에 서시며 하나님은 그들 가운데에서 재판"(시 82:1)하시는 분입니다. 우리는 그분께 호소할 수 있습니다. 정치적·제도적 개혁은 국민의 손으로 하는 것이 아니라 하나님의 일입니다. "왕의 마음이 여호와의 손에 있음이 마치 봇물과 같아서 그가 임의로 인도"(잠 21:1)하신다는 사실을 우리는 견고히 믿습니다. 불의한 법령을 반포하고 빈민을 불공평한 재판으로 유린하고 가련한 자의 권리를 박탈하고 과부를 토색하고 고아의 것을 약탈하는 자들은 모두 여호와 앞에서 처참하게 거꾸러질 것입니다(사 10:1-2).

세상의 군왕과 관원들은 자기들의 권세가 어디에서 비롯되었는지를 명확히 알고, 주신 분의 뜻을 공의롭게 집행해야 할 의무가 있습니다. 그의 아들에게 입 맞추지 않으면 여호와의 급격한 진노가 도적같이 임할 것입니다(시 2:12). 여호와를 의지하지 않는 권세자는 반드시 그 길에서 망합니다. 이 세상에서 의로운 소명을 받고도 거짓된 행동으로 하나님의 영광을 가리는 권세자의 진정한 형통을 본 적이 있습니까? 없습니다. 그들이 외적으로 형통하다 하더라도 배 아파할 이유가 없습니다. 그들의 외적인 형통은 저주의 가장 은밀한 형태일 수 있습니다. 그러니 걱정하지 않아도 됩니다. 의로우신 하나님이 다 알아서 하십니다. 자신의 의로운 뜻을 위해 가장 정확하고 공평한 방법으로 처리하실 것입니다.

하나님에 대한 복종이 모든 권세자에 대한 복종보다 앞선다

우리는 모든 권세의 기원이 하나님께 있기 때문에 세상의 사악한 집권자인 경우에도 순종해야 한다고 했습니다. 그러나 사도들이 보여준 예외가 있습니다. "이[예수] 이름으로 사람을 가르치지 말라"는 관원들의 위협에 직면하여 베드로와 다른 사도들은 "사람보다 하나님께 순종하는 것이 마땅"(행 5:28-29)하다고 했습니다. 이에 대해 칼빈은 이렇게 말합니다. 주님은 "모든 것보다 먼저, 그리고 모든 것보다 우월하게 경청해 들어야 할 분입니다. 따라서 우리보다 높은 인간에게 복종하되 그분 안에서가 아니면 복종하지 말아야 합니다."

그리스도 예수는 교회의 유일한 머리이며 왕입니다. 이것이 전제되지 않으면 어떠한 순종과 굴복도 하나님의 뜻이 아닙니다. 하나님과 재물을 겸하여 섬길 수 없듯이, 그리스도 예수와 세상의 집권자를 동시에 섬길 수는 없습니다. 우리는 하나님만 섬겨야 합니다. 그런데도 바울은 둘 다 섬기라고 말합니다. 그리스도 예수의 주되심과 권세의 신적 기원을 동시에 말하는 바울의 주장은 일견 모순처럼 보입니다. 하나님을 거역하지 않으면서 이러한 모순을 해결하는 방법은 무엇일까요? 난감해 할 필요가 없습니다. 세속의 권세를 대하는 보다 깊은 태도와 자세를 성경은 우리에게 분명히 가르치고 있습니다.

바울은 상전을 대하는 종의 자세에 대해 다음과 같이 말합니다. "두려워하고 떨며 성실한 마음으로 육체의 상전에게 순종하기를 그리스도께 하듯 하라. 눈가림만 하여 사람을 기쁘게 하는 자처럼 하지 말고 그리스도의 종들처럼 마음으로 하나님의 뜻을 행하고 기쁜 마음으로 섬기기를 주께 하듯 하고 사람들에게 하듯 하지 말라"(엡 6:5-7). 세상의 권세자가 생명을 위협하기 때문에 떨거나 복종하는 게 아닙니다. 인간 권세자를 기쁘게 하려는 차원에서 그에게 복종하는 것도 아닙니다. 우리의 복종은 그리스도 예수의 종으로서 하나님의 뜻을 행하는 것과 관련되어 있습니다. 권세자를 섬기되 사람에게 하듯이 섬기면 아무것도 아닙니다. 성경은 그 권세가 초래된 기원에 반응하는 순종을 요구하고 있습니다. 즉 그리스도 예수를 섬기듯이 세상의 상전을 대해야 한다는 것입니다.

헤롯 당원들과 바리새파 사람들이 예수를 올무에 빠뜨리기 위해 왕의 통치 행위와 관련된 질문을 했습니다. 대개 "공물과 세금은 군주들의 합법적인 수입이며, 이것을 그들은 주로 공무의 공적 경비 또는 호화로운 가정생활에도 사용"했을 것입니다. 다윗, 히스기야, 여호사밧, 요셉, 다니엘의 경우에도 그 지위의 존귀성에 따라 경건을 위반하지 않는 선에서 공적 경비를 많이 사용했고, 왕에게 많은 토지가 배당됐던 사례(겔 48:21)도 있습니다. 그러나 국민 전체의 재산을 낭비하고 부당한 세금을 부과하는 것은 전제적인 착취이기 때문에 모든 지도자가 경계해야 했습니다.

헤롯 당원들은 평소에 껄끄럽게 생각하던 로마 제국의 왕인 가이사에 대해 예수님께 묻습니다. 가이사는 이방인의 신분으로 유대인을 정복하고 조세를 부과하는 자이기 때문에 예수님의 답변에서 정죄의 빌미를 찾으리라 기대했지만 그들은 예수님의 획기적인 대책도 알고 싶었을 것입니다. 권세의 신적인 기원을 어디까지 적용할 것인가 하는 문제와 이방인 정복자의 세금 탈취에 대한 하나님의 입장을 묻는 질문에 대답하기란 만만하지 않습니다. 세금을 내라고 하면 로마를 합법적인 정부로 인정하는 셈이고, 내지 말라고 하면 로마법에 저촉되어 처형을 당할 수도 있는 일입니다. 그러나 주님은 단호하게 "가이사의 것은 가이사에게, 하나님의 것은 하나님께 바치라"(마 22:21)고 말합니다. 이는 주님께서 기준을 제시하시되 판단은 각자의 몫으로 돌리신 것입니다. 즉 가이사의 것이라고 판단한 것은 가이사에게 돌리고 하나님의 것이라고 판단한 것은 하나님께 돌리라는 말입니다. 각자가 믿음의 분량대로 판단하고 행동할 수밖에 없습니다. 믿음의 사람이라고 한다면, 하나님의 뜻을 거스르는 권세자와 하나님의 권한을 침해하고 하나님을 대신해 월권을 행사하는 권세자의 명령에 순응할 수는 없습니다.

사실 예수님의 답변은 하나님의 거룩하고 영원한 뜻과 우주적인 섭리가 모두 고려된 것입니다. 여기에 교회와 국가 및 세상의 뚜렷한 구별점이 있습니다. 남편과 아내의 관계, 또한 부모와 자녀 간의 관계에 대해서도 우리는 그러한 비유가 가리키는 본질로 돌아가야 진정한 가치와 의미를 발견할 수 있습니다. 남편을 대할 때에 그리스도 예수를 대하듯이 해야 한다는 바울의 권고는 이러한 맥락에서 주어진 것입니다. 부모를 공경하는 도리가 약속 있는 첫 번째 계명으로 주어진 것도 하나님을 섬기고 공경하는 것과 무관하지 않습니다. 세상의 모든 관계성과 만물은 그 모든 것을 내신 분께로 안내하는 은유의 성격을 가지고 있습니다.

과학과 기술을 연구할 때도 우리는 단순히 창세기로 돌아가지 않습니다. 만물과 역사를 통해 드러나는 계시의 본질적인 성격은 그 자체에 있지 않고 오직 성경에서 밝혀 주는 것에 의존해 있습니다. 즉 우리는 성경이 명백하게 말하고 있는 "창조의 주체와 창조의 근원과 방식, 목적 및 그 종결로 돌아가야" 합니다. 비록 영적 세계와 피조계가 공히 인격적인 주체로 활동하고 있지만 하나님은 전혀 다른 목적과 방식을 따라서 그 모든 주체들의 근원적인 주관자로 역사하는 분입니다. 그러므로 하나님의 섭리는 "처음부터 끝까지 하나님의 자유롭고 주권적인 은혜 아래 복음만 포함할 것이 아니라 율법, 심판, 죽음, 그리고 지옥까지 포함시킬 수 있습니다."

사회와 국가가 근원적으로 요구하는 것은 단순히 그들의 운동에 참여해 달라는 것이 아닙니다. 그 근원으로 돌아가 하나님을 추구하고 그분을 섬기고 경외하는 것이 우리가 해야 할 일입니다. 또한 이것은 사회와 국가도 우리에게 진정으로 요구하는 바입니다. 사회나 국가의 올바른 질서 확립은 하나님을 경외하고 섬기는 상전과 종의 관계, 남편과 아내의 관계, 부모와 자녀의 관계가 수립되면 반드시 수반되는 결과입니다. 이러한 국가적 요청에 부응하지 못하고 사람에게 아부하고 타협하는 성도나 교회의 모습은 나라와 민족을 멸망으로 인도하는 첩경인 셈입니다. 세상의 타락한 욕망에는 둔하고 궁극적인 해답에는 정확하게 부응하는 참된 교회의 모습을 모든 피조물이 고대하고 있습니다.

집권자는 하나님의 뜻을 수행할 의무를 가지고 있다

집권자의 권세는 위로부터 주어진 것입니다. 권세의 기원을 언급하는 이유는, 기원은 언제나 목적과 같은 것이기 때문에 집권자의 관심과 방향이 언제나 기원을 향하고 있어야 한다는 것을 알리기 위함입니다. 권세의 기원으로부터 부여된 뜻과 방향을 이탈하면 권세는 반드시 부패하고 그 권위는 존중받지 못할 것입니다. 이는 가지가 나무에 붙어 있지 않으면 아무런 열매도 맺지 못하는 것과 같은 이치입니다. 그래서 칼빈은 집권자가 무엇보다 십계명의 두 돌판에 새겨진 하나님의 뜻에 가장 민감한 지도자가 되어야 한다고 말합니다.

먼저, 정치적인 리더십을 발휘함에 있어서 하나님 이외에 다른 것을 마음의 중심에 두어서는 안됩니다. 불손한 목적에 시녀처럼 봉사하는 권세보다 더 괴로운 악취를 풍기는 것은 세상에 없습니다. 집권자는 언제나 하나님 중심적인 통치를 수행해야 할 의무를 가지고 있습니다. 하나님을 떠난 지도자의 권위와 영광은 어디에서 올까요? 사울을 보십시오. 그는 항상 정권의 지속과 재창출을 위해 사람들의 환심과 인기에 영합하는 통치를 했습니다. 그는 "백성을 두려워하여"(삼상 15:24) 하나님의 명령을 어겼다고 말합니다. 돌아서는 사무엘의 옷자락을 찢으며 그는 "백성의 장로들 앞과 이스라엘 앞에서 나를 높"여 달라고 구걸까지 했습니다(삼상 15:30). 하나님의 권세를 위임받은 자는 주신 분의 뜻과 목적을 달성하기 위해 존재하는 것입니다. 그에게는 다른 사람들과 상황에 집착하는 어떠한 통치도 옳지 않습니다.

집권자는 자신을 위해 조형물을 만들고 그 앞에 엎드려 절하면 안됩니다. 7백 명의 후비와 3백 명의 빈장을 거느렸던 솔로몬은 "모압의 가증한 그모스를 위하여 예루살렘 앞 산에 산당을 지었고 또 암몬 자손의 가증한 몰록을 위하여 그와 같이 하였으며 그가 또 그의 이방 여인들을 위하여 다 그와 같이"(왕상 11:7-8) 했습니다. 솔로몬의 우상 축조는 결국 이스라엘 왕국의 분열과 분쟁의 불씨가 됐습니다. 통치자는 하나님 한 분만 의지해야 하는데 우상을 세우고 거기에 신성과 능력을 부여하면 이처럼 민족이 찢어지는 참사를 경험하게 되는 것입니다.

집권자의 지위는 하나님의 이름과 영광을 위해 주어진 것입니다. 그러나 하나님의 이름과 위엄을 드러내기 위해 구별된 자라는 사실을 망각하고, 자신의 영광과 권위를 주장하기 위해 권력의 신적인 기원을 악용하는 집권자가 있습니다. 이는 주객과 본말이 전도된 것입니다. 하나님은 언제나 목적이며 영광의 주인인데, 이것을 무시하고 하나님의 고결한 이름과 막강한 주먹을 통치 수단으로 악용하는 패역한 집권자가 있습니다. "주의 이름으로 선지자 노릇 하며 주의 이름으로 귀신을 쫓아내며 주의 이름으로 많은 권능을 행"한(마 7:22) 통치자가 과거에도 있었고 지금도 있을 것입니다.

위정자는 하나님께 대한 경배가 소멸되고 부패한 상황에서 경배의 도리를 재건하고, 종교를 보호하고, 순수하고 흠 없는 종교가 융성할 수 있도록 통치해야 합니다. "그때에 이스라엘에 왕이 없으므로 사람이 각기 자기의 소견에 옳은 대로 행하였더라"(삿 21:25)는 기록이 있습니다. 이는 통치자의 자리가 백성에게 미치는 영향력을 증거하고 있습니다. 통치자는 백성들의 행실이 개인적인 소견이 아니라 하나님의 뜻에 의존하도록 지도할 영향력을 가지고 있습니다. 그래서 왕의 부패는 곧장 백성의 부패로 전이되는 것입니다. 가장이 거짓되면 자식들은 거짓의 자녀일 수밖에 없습니다.

머리가 부패하면 몸도 부패합니다. 머리가 깨끗하고 의로우면 온 몸이 깨끗합니다. 아담에게 인류의 죄성을 추궁하는 이유는 그가 인류의 머리였기 때문입니다. 바울은 그리스도 예수께서 교회의 머리라고 했지 국가의 머리라고 한 적은 없습니다. 그러나 통치자는 한 나라의 머리와도 같습니다. 국가의 존망이 그에게 달려 있습니다. 집권자가 하나님을 경외하고 이러한 사실이 백성에게 알려지면, 온 백성은 집권자의 말을 기꺼이 따를 것입니다. 이러한 관계성을 명확하게 이해했던 모세는 "왕위에 오르거든 이 율법서의 등사본을 레위 사람 제사장 앞에서 책에 기록하여 평생에 자기 옆에 두고 읽어 그의 하나님 여호와 경외하기를 배우며 이 율법의 모든 말과 이 규례를 지켜 행할 것이라"(신 17:18-19)고 했습니다. 그러할 때 백성들은 왕의 모습에서 하나님에 대한 올바른 도리를 배웁니다.

또한 왕은 "가난한 자와 고아를 위하여 판단하며 곤란한 자와 빈궁한 자에게 공의를 베풀지며 가난한 자와 궁핍한 자를 구원하여 악인들의 손에서 건질지니라"(시 82:3-4)고 성경은 말합니다. 비루한 것을 제거하고, 배교자의 행위와 사악한 마음을 미워하고, 이웃을 은근히 헐뜯는 자를 멸하며, 눈이 높고 마음이 교만한 자를 용납하지 않고, 충성되고 완전한 길에 행하는 자를 곁에 두어서 그 의견을 듣겠다는(시 101:3-7) 다윗의 지도자적 태도는 대단히 모범적인 것입니다. "왕이 가난한 자를 성실히 신원하면 그의 왕위가 영원히 견고하리라"(잠 29:14)고 말한 솔로몬은 자기 아버지에 대해 "다윗의 왕위는 영원히 여호와 앞에서 견고히 서리라"(왕상 2:45)고 했습니다.

과연 집권자의 보좌는 하나님이 명하신 "공의로 말미암아 굳게"(잠

16:12) 서는 것 같습니다. 하나님이 왕에게 명령하신 정의는 무죄한 사람들을 지켜 주고, 감싸 주고, 보호하고, 변호하고, 해방시켜 주는 것입니다. 이러한 정의를 실현하기 위해 바른 통치자는 공의의 칼을 뽑고 희생의 피를 흘립니다. 그렇다면 집권자가 어떻게 경건의 대표자인 동시에 피 흘리는 자가 될 수 있겠는가 하는 문제가 생깁니다. 그러나 경건과 통치는 상충되지 않습니다. 사람의 인위적인 판단을 따르지 않고 하나님의 뜻 안에서 뽑는 칼은 언제나 의로운 검입니다.

만약 경건과 칼이 상충되는 것이라면, "온유함이 지면의 모든 사람보다 더하였던 모세가 왜 야만성에 불타서 진중을 왕래하며 형제들을 도륙하고 그들의 피가 사방에 낭자하게 흐르게 할 수 있었으며, 여호와의 율법을 즐거워하여 주야로 묵상하여 하나님의 마음에 합하였던 사람 다윗이 어떻게 임종 시에 요압과 시므이가 백발로 평안히 음부에 내려가지 못하도록 하라고 아들에게 피비린내 나는 유언(왕상 2:6, 9)을 할 수 있었겠습니까?"

이것은 "돌연히 나타나는 잔인하고 가혹한 처사나 고소당한 사람들의 암초라고 당연히 불리는 법정"을 두둔하자는 게 아닙니다. 격분에 휩쓸리고 증오심에 사로잡힌 법정은 이미 신적인 기원을 스스로 떠나 그 기능을 상실한 것입니다. 저는 부당한 잔인성을 옹호하는 것이 아니라 공평한 판결이 인자한 정신에서 비롯되는 것임을 확실히 믿고 있습니다. 왕실의 최고 고문관은 관용이라는 사실과, 왕위의 견고함이 인자로 말미암는 것이라던 솔로몬의 진언(잠 20:28)을 뚜렷하게 기억하고 있습니다. 그러나 칼빈은 과도한 엄격함과 무기력한 온유를 모두 경계하고 있습니다. 가혹한 형벌로 폭압을 당한 사람들과 "무력한 친절의 낭비로 파멸을 당한 많은 사람들"은 통치자의 "관용에 대한 미신적인 애착"의 희생물인 것입니다.

이처럼 아무것도 못하게 만드는 집권자의 엄격함과, 무슨 일이든 하게 만드는 관용의 허비는 모두 성경이 제시하는 적정과 절도의 원리에 입각해서 수정될 필요가 있습니다. 비록 엄격과 관용의 균형 있는 조화가 없는 법정의 경우에도 바울은 특이한 사례를 보여주고 있습니다. "그는 자기를 고발하는 사람들의 중상을 논박하며 동시에 그들의 간계와 악의를 폭로했을 뿐만 아니라(행 24:12 이하), 법정에서 로마 시민이라는 자신의 특권을 주장했고(행 16:37; 22:1, 25), 필요한 때에는 불의한 재판장을 기피하고 가이사의 법정에 호소한 경우(행 25:10-11)도 있습니다." "악인도 악한 날에 적당하게"(잠 16:4) 세우시는 하나님의 우주적인 섭리를 믿는다면, 모두가 바울의 모본을 따라야 할 것입니다.

통치자의 신적인 공무는 한 나라 안에서만 수행되는 것이 아닙니다. 국가 간의 전쟁에도 적용되는 경우가 있습니다. 왕에게 "영토 내의 평온을 유지하며 불온한 사람들의 선동을 억제하고 압제받는 사람들을 도우며 악행을 처벌하는 권한이 있다면, 개인의 평안과 모든 사람들의 평화를 방해하는 자나 선동적인 소란을 일으키는 자나 또는 남을 폭압하며 학대하는 자들"의 광란을 제거하는 것도 합법적인 공무라고 할 수 있습니다. "법의 수호자가 되는 것이 그들의 임무라면, 법의 시행을 부패하게 만드는 악인들의 노력을 꺾는 것" 또한 그들의 일입니다. "몇 사람만을 해롭게 한 강도들을 방지하는 것이 마땅한 일이라면, 한 나라 전체를 황폐하게 만드는 무리들"을 제어하는 것은 더욱 마땅한 그들의 일입니다.

이에 반대하는 자가 있다면, "사람에게서 강탈하지 말며 거짓으로 고발하지 말고 받는 급료를 족한 줄로 알라"(눅 3:14)던 세례 요한의 충고가 무기 드는 군대를 폐지하자는 게 아니었다는 사실을 기억하는 것이 좋습니다. 국경을 방위하는 수비대와 곤란한 문제가 발생했을 때 서로 협력해서 대처하는 국가 간의 동맹은 "우리가 모든 경건과 단정함으로 고요하고 평안한 생활을 하"(딤전 2:2)기 위해 반드시 필요한 일입니다. 그래서 바울은 디모데를 향해 "내가 첫째로 권하노니 모든 사람을 위하여 간구와 기도와 도고와 감사를 하되 임금들과 높은 지위에 있는 모든 사람을 위하여 하라"(딤전 2:1-2)고 했습니다. 바울은 위정자를 반대하고 대적하는 태도가 아니라 그들에게 감사하고 기도하는 겸손을 권하고 있습니다.

우리는 인자한 남편과 선한 왕에 대해서 주를 경외하듯 해야 하겠지만, 잔혹한 남편과 폭정을 행하는 임금에 대해서도 동일한 태도를 견지해야 합니다. 하나님은 만물과 역사를 주관하고 임금들과 백성들의 마음을 임의로 움직이시는 분입니다. 사탄과 죽음과 지옥도 이러한 하나님의 자유롭고 선한 뜻과 섭리에서 예외일 수 없습니다. 원수라도 사랑하고 축복하는 것은 그들이 예쁘고 좋아서가 아닙니다. 그것은 하나님을 경외하고 그분을 사랑하기 때문에 나오는 태도이며, 하나님의 주권과 섭리의 영역이 악한 자까지도 포괄한다는 확신에서 나오는 태도입니다. 이것은 만물과 원수와 세상에 주어지는 하나님의 긍휼과 은총입니다. 만물이 하나님의 아들들이 나타나기를 고대하는(롬 8:19) 이유는 바로 이러한 축복에 목마른 탓입니다.

이런 의미에서 교회는 세상의 빛입니다. 교회는 어떠한 난관과 어려움 속에서도 하나님의 사랑을 증거해야 할 책임이 있습니다. 그래서 교회는 만물과 역사의 유일한 소망이며, 온 세상과 천상의 존재들은 교회를 통해 판단 받으며 교회로부터 비밀한 교훈을 배웁니다. 교회가 "살아 계신 하나님의 교회요 진리의 기둥과 터"(딤전 3:15)라는 바울의 언명은 정확한 말입니다. 모든 구조물이 터와 기둥에 의존해 있습니다. 한 국가의 운명과 세상의 미래와 만물의 복락은 교회에 의존해 있습니다. 하나님은 교회 중심적인 섭리를 주장하고 계십니다. 주님은 교회를 자신과 동일하게 생각하십니다. 만물을 창조하고 보존하고 운영하고 계시는 주님께서 "인자가 온 것은 잃어버린 자를 찾아"(눅 19:10) "그들의 죄에서 구원"(마 1:21)하는 것이라고 하셨다면, 이는 하나님의 관심사가 만물의 통치 자체보다 교회에 있다는 뜻입니다.

    동시에 하나님은 초미의 관심사인 교회를 통해 온 세상의 질서를 평정하고 만물을 회복하고 싶어 하십니다. "만물을 그의 발 아래에 복종하게 하시고 그 만물 위에 교회의 머리로 삼으셨"다면(엡 1:22), 결국 주님의 몸된 교회 아래에 만물이 있다는 말입니다. "생육하고 번성하여 땅에 충만하라, 땅을 정복하라, 바다의 물고기와 하늘의 새와 땅에 움직이는 모든 생물을 다스리라"(창 1:28)고 명하신 말씀은 인류를 대표하는 아담과 하와에게 주어진 것이지만, 하나님의 교회 중심적인 섭리에 따르면 이 명령은 교회의 어깨에 놓인 것임을 알 수 있습니다. 교회는 "만물을 충만하게 하시는 이의 충만"(엡 1:23)이며, 그리스도 예수로 충만하여 "하늘에 있는 것이나 땅에 있는 것이 다 그리스도 안에서 통일되게 하려"(엡 1:10) 하시는 것도 교회 안에서의 일입니다.

하나님 나라의 완성

하나님의 나라는 "알파와 오메가요 처음과 마지막이요 시작과 마침"(계 22:13)이신 그리스도 예수께서 다시 이 땅에 오셔서 "모든 통치와 모든 권세와 능력을 멸하시고 나라를 아버지 하나님께 바칠 때"(고전 15:24)에 완성될 것입니다. 종말의 의미는 이처럼 하나님의 나라가 완성되는 것과 관련되어 있습니다. 그런데 사람들은 하나님의 나라보다 완성의 시점, 곧 종말의 시기와 징후에 대해 집요하게 관심을 보입니다. 나아가 하나님 나라의 완성과 종말은 분리될 수 없도록 긴밀하게 결부되어 있음에도 불구하고 사람들의 관심사는 하나님 나라의 완성보다 종말의 시점에 치우쳐 있습니다. 종말을 생각할 때에도 하나님 나라의 완성과 결부시켜 이해하지 않고 무언가 엄중한 심판과 끔찍한 형벌과 인간 편에서의 기능적인 책무와 연결시켜 해석하는 경향이 있습니다. 종말은 하나님의 나라가 완성되는 때이기 때문에 참으로 아름답고 존귀하고 설레는 내용인데, 지금은 '종말'에 뭔가 잘못된 이미지가 덧씌워진 듯한 인상을 받습니다. 종말에 관한 다양한 견해와 관점들을 한번 보십시오.

종말의 시기와 성격에 대해 어떤 학자들은 종말을 미래적인 일 혹은 초월적인 일이 아니라 현재적인 사건이며 인간의 마음에서 벌어지는 윤리적인 것이라고 말합니다. 즉 예수는 과거와 현재의 구원자와 미래의 심판자가 아니라 도덕적인 인간 모델이자 교사일 뿐이며 그런 예수를 본받는 사람들은 이미 현세에서 종말을 경험하는 자라는 것입니다. 이러한 입장은 인간 사회 전체를 지상의 이상적인 하나님 나라로 만들기 위해 우리에게 모든 영역에서 적극적인 참여와 활동을 요청하고 있습니다. 이러한 입장과 비슷하게 어떤 학자들은 종말이 먼 미래에 이루어질 일이 아니라 이미 실현된 것이라고 말합니다. 그러나 이러한 입장과는 달리 어떤 학자들은 종말을 지극히 미래적인 것이며 초월적인 것이라고 말합니다. 이는 종말이 현재 이루어진 것도 아니고 인간의 내면적인 경험이나 현실과 관계된 것도 아니라는 것입니다. 이런 입장은 종말의 현재성과 실제성을 소홀하게 여기는 경향을 보입니다. 또 어떤 학자들은 종말이 현재이든 미래이든 역사적인 사건이 아니라 실존적인 것이라고 말합니다. 즉 성경에 기록된 종말 이야기는 실질적인 역사 혹은 사실이 아니라 인간의 현존을 신화적인 어법으로 표현한 것일 뿐이라는 것입니다. 또 어떤 학자들은 종말을 미래에 도래하는 것이며 하나님 나라의 완성에 대한 희망을 지금 가져야 하고 수동적인 자세로 기다리는 것이 아니라 적극적인 자세로 현재의 사회, 곧 정치와 경제와 문화 속에 공의와 평화와 자유를 구현하기 위해 노력해야 한다고 말합니다. 악에 대한 불평이 아니라 악의 변혁을 도모하고 선에 대한 기대만이 아니라 선의 구현을 도모해야 한다고 말합니다. 현재적인 종말론, 내면적인 종말론, 미래적인 종말론, 초월적인 종말론, 실존적인 종말론, 희망적인 종말론은 모두 저마다의 성경적인 근거들을 가지고 있습니다. 이 모든 것은 서로 배제적인 관계가 아니라 보완적인 관계에 있습니다. 그래서 종말을 현재와 미래, 실존과 초월, 희망과 실현, 미완성과 완성으로 뚜렷하게 구별하는 것보다 성경이 말하는 만큼의 각 요소들을 존중하며 종합적인 이해를 추구하는 것이 좋을 듯합니다. 일례로서, '이미 그러나 아직'already but not yet이라는 표현은 종말에 대한 종합적인 이해의 좋은 시도인 것 같습니다. 종말은 그리스도 예수의 죽음과 부활로 인해 이미 시작되었으나 아직 완성되지는 않았으며, 현재에 진행되고 있지만 미래에 완성될 것이며, 실존적인 진행과 함께 초월적인 선취가 공존하고 있으며, 주님의 죽음과 부활로 인해 실현된 것이면서 동시에 미래의 완성을 희망하게 되는 것입니다.

종말을 이해함에 있어서, '천 년'millennium 개념과 결부시켜 이해한 견해들도 있습니다. 그리스도 예수와 더불어 부활한 성도들에 의한 천 년의 통치를 기준으로 예수님이 그 이전에 재림할 것이라는 전천년설 혹은 천년왕국 이전 예수 재림설, 그 이후에 재림할 것이라는 후천년설 혹은 천년왕국 이후 예수 재림설, 천 년의 통치라는 것이 아예 없다고 주장하는 무천년설의 입장이 있습니다. 전천년설 입장을 옹호하는 이들은 예수님의 재림 이후에 사탄은 완전히 결박되고 성도들은 주님과 더불어 천 년 동안 왕 노릇을 할 것이라고 말합니다. 특별히 전천년설 입장의 하나로서 세대주의 전천년설의 경우에는 역사를 7세대, 곧 (1)무죄의 시대, (2)양심의 시대, (3)인간이 통치하는 시대, (4)약속의 시대, (5)율법의 시대, (6)은혜의 시대, (7)천년왕국 시대로 구분하고 구원의 방식도 각 시대마다 달랐다고 주장하며 마지막 천년왕국 시대가 끝난 이후에 예수님의 공중 재림, 7년 대환난, 그리고 예수님의 지상 재림 순으로 역사가 진행될 것이라고 말합니다. 후천년설 입장을 주장하는 이들은 역사에 대해 다소 진보적인 사관을 가졌으며 시간이 흐를수록 세상은 점점 더 좋아질 것이고 결국 이 지상에 하나님의 왕국이 세워지고 천 년의 통치기를 지난 이후에 주님께서 재림하실 것이라고 말합니다. 무천년설 입장에 의하면, 계시록에 나오는 '천년'은 주님께서 초림하신 이후 다시 오실 재림의 때까지를 가리키는 상징적인 숫자일 뿐입니다. 즉 계시록이 분명히 언급하고 있는 '천 년'이 없는 것은 아니고 다만 그 '천 년'이 천 년의 물리적인 시간을 가리키는 것은 아니라고 말합니다. 저는 무천년설 입장을 지지하고 있습니다.

그러나 저는 특별히 사도 요한이 편지에서 밝힌 종말의 한 의미를 특별히 좋아합니다. 그는 이러한 종말의 성격을 하나님의 자녀에게 적용합니다. "세상이 우리를 알지 못함은 그를 알지 못함이라. 사랑하는 자들아, 우리가 지금은 하나님의 자녀라. 장래에 어떻게 될지는 아직 나타나지 아니하였으나 그가 나타나시면 우리가 그와 같을 줄을 아는 것은 그의 참모습 그대로 볼 것이기 때문이니"(요일 3:1-2). 지금 우리의 신분은 하나님의 자녀인데 세상은 우리를 알지 못한다고 말합니다. 이는 그들이 주님을 알지 못하게 때문에 그런 것입니다. 그리고 주님께서 다시 오시면 우리가 그와 같다는 것을 깨닫게 될 것이라고 합니다. 즉 우리가 비록 하나님의 자녀이지만 지금은 세상처럼 우리 자신도 하나님의 자녀 됨에 대한 지식이 온전하지 못하다는 말입니다. 이는 우리가 아직은 주님을 '참모습 그대로' 보지 못했기 때문입니다. 여기에서 중요한 것은 우리가 이 언급의 사실성을 인지하는 것이라기보다는 이렇게 언급하는 사도의 의중을 파악하는 것입니다. 사도는 지금 우리가 비록 하나님의 자녀라는 신분을 가졌지만 그 신분에 걸맞은 지식의 분량과 깊이에 도달하지는 못했다는 사실을 지적함과 동시에 그리스도 예수의 참모습 그대로를 보면 하나님의 아들이신 그리스도 예수를 형제라고 부를 수 있는 하나님 자녀의 신분이 어떠한 것인지 알게 된다는 사실도 강조하고 있습니다. 이 강조가 제 귀에는 마치 변화되신 주님의 영광스런 형체를 목격한 베드로와 야고보와 요한처럼 우리도 그런 감격과 깨달음 속에서 하나님의 자녀답게 믿음과 소망과 사랑이 충만한 삶의 기쁨과 영광을 누리라고 말하는 듯합니다. 우리의 신분은 우리의 눈으로 관찰된 가시적인 정보의 총체가 아닙니다. 우리는 우리를 형제라 부르시는 우리의 '형제' 그리스도 예수와 같아질 것입니다. 굳이 이러한 내용의 종말론에 신학적 용어를 붙이자면 '교회론적 종말론'이 괜찮을 것 같습니다. 바울은 교회를 "만물 안에서 만물을 충만하게 하시는 이의 충만함"(엡 1:23)으로 규정하고 있습니다. 교회가 그리스도 예수로 충만하고 충만해져서 마침내 예수님과 같아지는 것입니다. 교회가 가장 교회다운 교회가 되는 것은 그리스도 예수로 충만하게 되었을 때입니다. 하나님 나라의 완성은 하나님의 교회가 온전하게 되는 것입니다. 하나님의 나라가 온전해지는 종말의 때는 곧 교회가 그리스도 예수로 충만하게 되는 때입니다. 하나님의 자녀 된 우리는 그리스도 예수와 같은 교회의 정체성을 지금 여기서 누리는 자입니다. 영광스러운 부활의 형체로 오시는 그리스도 예수와 같아질 종말의 때를 지금 누리는 성도 개인과 교회 공동체의 삶은, 사도 요한이 가르친 것처럼 거룩과 의와 사랑을 추구하는 삶입니다 (요일 3:3-10).

물론 그리스도 예수의 완벽한 충만은 지상의 교회에서 이루어질 일이 아닙니다. 그 충만은 예수께서 다시 오실 재림의 때에, 곧 시공간적 역사의 종말에 온전히 이루어질 것입니다. 그런데 종말에 해괴한 의미를 부여하고 비성경적 개념을 삽입해서 사람들의 마음에 인위적으로 두려움을 조장하는 사악한 종교 사기꾼들이 참으로 많습니다. 기독교의 영광스런 종말에 관한 진리를 혼탁하게 만들고 있는 그들의 저열한 작태를 보고 있노라면 치가 떨리고 이가 갈립니다. 자신들도 하나님께 나아오지 않고 나아오는 사람들도 가로막는 이중적인 불경의 원흉들을 지상에 허락하신 하나님의 마음을 도무지 이해할 수 없습니다. 그러나 그럼에도 불구하고 하나님의 깊고 공의롭고 자비로운 섭리가 있을 것이라는 분명한 사실을 의심할 수는 없습니다. 우리는 그러한 무리들의 존재로 인해 그리스도 예수를 바르게 아는 지식이 지극히 고상함을 더욱 절감할 수밖에 없습니다. 동시에 이러한 지식의 고상함이 멸시될 때 얼마나 심각한 결과가 초래되어 세상과 교회를 어지럽게 만들 수 있는지도 배웁니다. 결국 우리는 우리 자신이 과연 성경적인 진리 위에 온전히 서 있는지를 돌아보게 되고 다른 사람들도 권면하고 안위하고 세워야 한다는 열심과 결의를 다지게 됩니다.

많은 사람들이 역사적인 종말의 시기에 대해 궁금해 합니다. 그러나 주님은 "때와 시기는 아버지께서 자기의 권한에 두셨으니 너희의 알 바 아니요 오직 성령이 너희에게 임하시면 너희가 권능을 받고 예루살렘과 온 유대와 사마리아와 땅 끝까지 이르러 내 증인이 되리라"(행 1:7-8)고 말씀하십니다. 그런데도 성부에게 국한된 때와 기한의 비밀을 벗기려고 집요하게 매달리고 함부로 예측하고 어설프게 발설하고 오만하게 단언하며 금전적인 이윤을 추구하는 수준의 종교적 사기를 치는 삯꾼들이 적지 않습니다. 주께서 이미 선을 그으신 때와 시기의 문제에 대해서는 신경을 끄십시오. 그러면 미혹될 일도 없습니다. 주께서는 우리에게 증인의 도리에 매진하라고 권고하십니다. 그러므로 하나님의 나라를 증거하는 일에 전력으로 질주하십시오. 물론 주님께서 다시 오시는 때에는 어느 정도 마음을 준비할 수 있도록 다양한 전조들이 있습니다. 벌코프 Louis Berkhof, 1873-1957가 잘 정리한 것처럼, 성경은 주님의 재림 이전에 하나님 나라의 복음이 모든 열방에게 전파되어 이방인이 주님께로 돌이킬 것이며(마 24:14; 롬 11:25), 이스라엘 민족의 충만한 수가 회심할 것이고(고후 3:15; 롬 11:25-29), 대대적인 배교와 끔찍한 환란이 발생할 것이고(마 24:12, 21; 살후 2:3; 딤후 3:1-7), 주님을 대적하는 자들이 출현하고(살후 2:3-4), 전쟁과 기근과 지진이 발생하고 거짓 선지자가 출현하며 하늘의 기괴한 징조들이 많이 나타날 것(마 24:5-7, 24)이라고 말합니다. 이러한 말씀들이 기록되고 나서 2천여 년이 지났습니다. 그런데 그동안 성경에 열거된 전조들이 없었던 적이 없습니다. 매 시대마다 이러한 전조들을 근거로 이미 주님의 재림이 일어났으며 때로는 자신이 곧 재림한 예수라고 주장했던 자들도 많이 있었습니다. 지금도 성경에 예시된 전조들이 나타나고 있습니다. 그리고 지금도 그러한 전조들을 근거로 스스로를 재림한 예수라고 주장하는 자들이 곳곳에서 뱀처럼 혀를 놀리고 있습니다. 그들은 오직 아버지 하나님께 속한 때와 기한의 비밀이 바로 자신들의 시대이며 자신들 안에서 재림과 종말이 구현될 것이라고 말합니다.

성경에는 주님께서 다시 오실 "때가 가까우니라"(계 22:10)는 말씀도 있습니다. 이 구절에 대해서는 보혜사 성령께서 오심으로써 이미 1세기에 그 때가 왔다는 주장과, 장차 주님께서 하늘과 땅의 모든 권세로 세상을 심판하시는 때라는 주장이 있습니다. 실제로 성경학자들은 '때'의 의미가 단기적인 것을 뜻하는지 아니면 장기적인 것을 뜻하는지 그 구분이 뚜렷하지 않다고 말합니다. 이는 인간의 관점에서 보면 '때가 가깝다'는 말은 실제로 시간적인 근접성을 의미하지만, 하루가 천 년 같고 천 년이 하루 같은 하나님의 관점에서 보면 어떠한 '때'이든 '가깝다'는 개념이 적용될 수 있기 때문입니다. 이처럼 종말은 인간적인 면에서는 예루살렘 성전이 파괴되고 보혜사 성령께서 오순절에 강림하신 것을 의미할 수 있고, 하나님 편에서는 주님의 재림으로 하늘과 땅의 체질이 녹아 없어지고 새 하늘과 새 땅이 임하고 하나님의 나라가 완성되는 것을 의미할 수도 있습니다. 그러나 성경의 전반적인 흐름과 논지는 후자를 지지하고 있는 것 같습니다.

종말은 주님께서 다시 오시는 마지막 때입니다. 종말의 성격에 대해 벌코프가 잘 정리한 것처럼, 예수님은 하늘로 올라가신 방식처럼 내려오실 것입니다(행 1:11). 이 재림은 영적인 임재가 아니라 물리적인 몸의 가시적인 모습으로 오시는 것입니다. 그리고 예수님은 홀연히 다시 임하실 것입니다(마 24:37-44; 마 13:33-37; 계 3:3). 그러나 비천한 몸이 아니라 영화롭게 된 몸으로 오실 것입니다(마 24:30; 살후 1:7; 살전 3:13). 죄를 짊어지고 죽으러 오시는 게 아니라, 모든 악의 권세를 꺾고 모든 원수를 발 아래 두는 승리의 임재가 될 것입니다(고전 15:25; 계 19:11-16). 그때에는 죽은 자들이 부활하고 마지막 심판이 이루어질 것이며(딤후 4:1), 시간의 역사가 종식되고 온전한 주님의 날이 도래할 것입니다. 그러나 주님께서 다시 오시는 정확한 시점은 아무도 모릅니다.

성부께 속한 것이니 함부로 넘어가지 말라고 주님께서 경계선을 그어 놓으신 '때와 시기'에 대해 이단들은 항상 과도한 집착을 보이면서 교회를 미혹하고 세상을 어지럽힙니다. 진정한 신앙은 성경이 주목하는 곳을 주목하고 성경이 강조하는 것을 강조하며 성경이 지향하는 곳을 지향하는 것입니다. 성경이 강조하는 종말은 그리스도 예수에게 초점이 맞추어져 있습니다. 성경은 예수께서 처음 오신 초림을 종말의 시작으로 이해하고 다시 오시는 재림을 종말의 완성으로 이해합니다. 누구든지 부활하신 그리스도 안에 있으면 새로운 피조물이 된다는 사실에서 종말의 시작을 확인할 수 있습니다. 그러나 지금 우리는 비록 새로운 피조물이 되었으나 완전한 상태에 있지는 않습니다. 의와 지혜와 거룩의 완전한 상태는 주님께서 다시 오실 재림의 때에 이루어질 것입니다. 즉 종말의 완성은 하나님의 사람들이 온전하게 되는 영화의 상태와 다르지가 않습니다. 하나님 나라의 관점으로 본다면, 종말의 완성은 하나님의 나라가 완성되는 때, 곧 우리의 주님께서 "모든 통치와 모든 권세와 능력을 멸하시고 나라를 아버지 하나님께 바칠 때"(고전 15:24)입니다. 하나님의 공의와 긍휼이 완전히 성취되는 때입니다. 모든 자에게 그 행한 대로 갚으시되, 그리스도 밖에 있는 자들은 불못으로 던지시고 그리스도 안에 거하는 자들은 천국으로 들이시는 때입니다. 하나님의 영광스러운 공의와 긍휼의 속성이 완전히 드러나는 완전한 하나님의 나라가 출현하는 때입니다. 하나님의 뜻이 하늘에서 이루어진 것처럼 땅에서도 완전히 성취되는 때입니다. 정리하면, 종말의 완성은 하나님의 버림을 받은 자들은 영원한 멸망으로 들어가고 하나님의 택함을 받은 모든 사람들은 온전한 구원에 도달하며, 성도의 성화가 완성되어 영화의 상태로 들어가고, 결국 성도는 하나님의 영광스런 본성에 온전히 참여하는 자가 되어 하나님 안에 거하고 하나님은 그의 백성 안에 거하시는 하나님의 나라가 완성되는 때입니다.

종말의 시작과 완성 사이의 기간을 살아가는 우리는 이미 주어진 새로운 피조물의 신분으로 완성된 종말의 영광과 기쁨과 감격을 믿음으로 앞당겨 누릴 수 있습니다. 우리는 한 개인의 일대기 속에서도 종말의 시작과 종말의 완성을 확인할 수 있습니다. 그리스도 예수를 믿음으로 새로운 피조물이 되는 종말의 시작과 성화의 길을 걷다가 이 땅에서의 생을 마감하고 잠들어 낙원으로 가는 종말의 완성은 모든 하나님의 사람이 경험하는 보편적인 일입니다. 종말의 보다 명확한 메시지는 그리스도 예수의 삶에 담겨 있습니다. 주께서는 이 땅에 사람의 형체를 입고 오셨으며, "오늘 내가 너를 낳았도다"(시 2:7)는 종말의 시작을 보이셨고, 죽었다가 다시 부활하심으로써 종말의 완성을 보여주신 분입니다.

개인적인 종말이든 우주적인 종말이든, 그리스도 예수를 중심으로 이해하지 않으면 간교한 이단들의 종교적인 장난에 놀아날 수밖에 없습니다. 기독교적 종말론의 모든 왜곡은 어떤 식으로든 그리스도 예수를 대체하는 경향을 보입니다. 이단들의 전형적인 수법은 예수님의 자리에 인간을 앉히는 것입니다. 우리가 주변에서 관찰하고 경험하는 이단들은 하나

같이 그리스도 예수를 대체하는 인간의 신격화 혹은 인간의 메시아화 현상을 보입니다. 그러나 성경적인 종말은 그리스도 예수를 떠나서는 결코 이해할 수 없습니다. 종말의 처음과 나중, 알파와 오메가, 죽음과 부활의 완전한 지식이 그리스도 안에 있습니다. 구원의 여정은 그러한 그리스도 예수와의 연합으로 시작되어 그리스도 예수와의 온전한 연합으로 완성될 것입니다. 계시록에 나오는 새 하늘과 새 땅의 궁극적 실체는 영원토록 우리와 함께하시는 그리스도, 예수 안에 거하는 우리가 영원토록 그 안에 거하게 될 그리스도 자신일 수 있습니다. 그러므로 이제 우리는 그리스도 예수를 사랑하고 믿음으로 우리 마음에 모시되, 우리는 그분 안에 거하고 그분은 우리 안에 거하시는 온전한 사랑의 연합을 추구하는 것이 성경적인 종말론을 올바르게 이해한 성도의 합당한 자세입니다. 더 궁금해할 것도 없고 두려워할 것도 없고 걱정할 것도 없고 염려할 것도 없습니다.

그리스도 예수와 연합한 자에게는 오직 의와 평강과 희락만 있습니다. 그리스도 안에서의 종말은 완전한 연합, 완전한 소망, 완전한 성취, 완전한 기쁨, 완전한 만족, 완전한 안식의 다른 이름입니다. 모든 사람에게 육신의 죽음과 마지막 심판이 있을 테지만 믿는 자에게는 하늘의 영광이 있고 믿지 않는 자에게는 지옥의 고통이 있을 것이며, 믿는 자에게는 주님과의 완전한 연합이 있고 믿지 않는 자에게는 주님과의 영원한 분리가 있을 것입니다. 이러한 사실에 신앙의 닻을 내리고 오늘을 살아가지 않으면 우리는 세상의 변덕스런 광풍에 휩쓸릴 수밖에 없습니다. 사악하고 거짓된 종교 사기꾼의 일순위 먹거리가 될 수도 있습니다. 거꾸로 생각하면, 그러한 사기꾼들이 모든 시대에 있다는 사실은 하나님의 사람들로 하여금 그리스도 예수가 우리의 거룩함과 의로움과 진실함과 지혜와 기쁨과 소망이 되신다는 사실을 깨닫고 붙들게 하시려는 하나님의 자비롭고 공의로운 장치일 가능성이 높습니다. 그러므로 우리는 그들의 존재에 대해 분노와 응징을 가할 것이 아니라 오히려 주님께 감사를 돌리는 것이 마땅합니다. 살든지 죽든지, 먹든지 마시든지 이 모든 것들은 언제나 하나님께 영광을 돌리는 현장이고 우리가 그리스도 예수의 것이라고 증거할 계기라는 사실을 믿으시기 바랍니다.

참고 문헌

저자가 신학적인 사상과 책의 내용에 있어서 큰 영향을 받았고 크게 의존한 신학의 거인들은 아우구스티누스, 존 칼빈, 아만두스 폴라누스, 헤르만 바빙크, 김영규, 리처드 멀러 등이고, 이들의 중요한 작품들은 다음과 같다. 본서는 기독교에 대해 새로운 것을 주장한 것이 아니라 기존에 기독교의 진리를 잘 이해하고 소개하고 체계화한 결과들의 재구성에 불과함을 밝혀 둔다.

아우구스티누스, 『삼위일체론』(크리스챤다이제스트, 2004)
『그리스도교 교양』(분도출판사, 2011)
『하나님의 도성』(크리스챤다이제스트, 1998)
존 칼빈, 『기독교강요』(생명의말씀사, 1988)
『존 칼빈의 성경주석 전집』(성서원, 2000)
아만두스 폴라누스, *Logicae*. Basel, 1599.
Partitiones theologicae. London, 1591.
Syntagma theologiae christianae. Hanovia, 1610.
헤르만 바빙크, 『개혁교의학』 4권(부흥과개혁사, 2011)
김영규, 『조직신학 편람 I: 서론』(개혁주의성경연구소, 2001)
『조직신론 편람 II: 신론』(개혁주의성경연구소, 2009)
『조직신학 편람 III: 인간론과 기독론』(개혁주의성경연구소, 2008)
『조직신학 편람 IV: 교회론과 종말론』(개혁주의성경연구소, 2001)
『신구약의 성경이해』(개혁주의성경연구소, 2015)
『17세기 개혁신학』(개혁주의성경연구소, 2003)
『엄밀한 개혁주의와 그 신학』(도서출판 하나, 1998)
『신학적 관점에서 본 과학과 인간의 미래』(개혁주의성경연구소, 2001)
『칼빈의 신학 I』(개혁주의성경연구소, 2011)
『17세기 이전의 퓨리탄 신학』(개혁주의성경연구소, 2013)
리처드 멀러, 『신학 공부 방법』(부흥과개혁사, 2011)
『칼빈 이후 개혁신학』(부흥과개혁사, 2011)
『하나님의 본질과 속성』(부흥과개혁사, 2014)

찾아보기

ㄱ

결혼 336, 338, 343, 347

경륜 92, 93, 109, 130, 305, 309, 335, 376, 425, 454

공로 26, 37, 89, 99, 139, 141, 142, 179, 183, 191, 194, 195, 199, 266-268, 430, 443, 444

교부 12, 23, 25, 77, 106, 107, 109, 110, 114, 116, 168, 175, 176, 177, 179, 193, 194, 202, 204, 237, 244, 253, 254, 329, 359

교황 329, 393, 401, 402, 404, 405 438, 440

교회 291-481
  가시적 교회 330, 359-362, 389-394, 406
  가시적인 교회의 표지 382-394
  감추어진 교회 362
  교회와 국가와 세상 410-413
  교회의 기원 389-394
  교회의 본질 400-406
  교회의 비유들 326-356
  교회의 성격 357-382
  교회의 정치 394-420
  비가시적 교회 330, 359-362, 394, 413
  영광스런 교회 362-375
  유기적 교회 375-376
  교회의 거룩성 377-382
  교회의 비밀 314, 327, 334, 335, 345, 439, 442, 443, 447, 454, 469
  전투하는 교회 362-375
  제도적 교회 375-376
  하나님 나라의 완성 470-481

구원 92-94, 168, 198, 200, 211, 224, 242, 244, 245, 255, 256-266, 266-268, 283, 309, 318, 360, 371, 373, 381, 384, 413, 430, 442, 444, 479, 480

구원의 서정 138-144, 146, 309, 319, 360, 444

구원의 수단 145-146

권세 235, 236, 239, 264, 278, 283, 334, 395, 402, 404, 418, 457-460, 460-463, 464-470, 477, 478

그리스도 41, 43, 57, 64, 85, 88, 90, 91, 92, 100, 101, 109, 119-120, 128, 139, 143, 145, 146, 154, 156, 159, 165-172, 188, 190, 191, 198, 200-203, 206, 207, 210-213, 222-224, 225-230, 231-241, 242-245, 246-255, 256-265, 266-268, 271-273, 275-278, 282-283, 285-288, 305-309, 319, 323, 325-327, 331-356, 376, 380, 390-391, 400-406, 407, 409, 414, 417, 420-423, 441-442, 444-445, 447-454, 455-463, 470, 472, 473

그리스도와 연합 31, 42, 74, 110, 231, 249, 308, 315, 324, 447, 480

그리스도의 몸 241, 327, 330, 331-335, 416, 418, 447, 448

그리스도의 부활과 승천 256-266

그리스도의 삼중직 231-242, 418

그리스도의 선지자직 233-234
그리스도의 수난과 죽음 246-256
그리스도의 왕직 233-235
그리스도의 제사장직 236
기계론적 사고 122, 123
기독교 19-45
   신학의 원리 25
   존재의 근원 36
   존재의 원리 25
   존재의 질서 22, 23, 25, 103
『기독교강요』(Institutio 1559) 361
기독론 165, 168-172, 202, 236, 321
김영규 106, 122, 170, 293, 329, 456

ㄴ

『나는 왜 기독교인이 아닌가』(Why I Am Not a Christian) 8
남편과 아내 335-348
노회 406, 414-415

ㄷ

다신론 116
단일성 109-110, 112
단일신론 107, 113, 116
대속물 89, 154, 239, 244, 249, 417
대환난 473
덧붙여진 은사 451, 453
도덕법 204-206
동등성 112, 114
동방 교회 107, 109

ㄹ

로마 가톨릭 60, 310, 311, 329, 330, 361, 384, 393, 394, 401, 405, 441, 445, 447, 451, 452, 453
롬바르두스(Petrus Lombardus) 178, 451
루이스 벌코프(Louis Berkhof) 476, 477
르네 데카르트(René Descartes) 123
리처드 도킨스(Richard Dawkins) 9

ㅁ

마귀 120, 239, 252, 255, 258, 349, 350, 363, 366-371
마르틴 루터(Martin Luther) 254, 311, 360, 361, 363, 373
마티아스 플라키우스(Matthias Flacius) 255
막스 베버(Max Weber) 311
머리 되신 그리스도 264, 311, 329, 331-335, 362, 367, 395, 400-406, 409, 410, 413, 419, 447, 450, 453, 460, 466, 470
모나드(단자) 123, 124
무에서의 창조 121, 147, 411, 412
무천년설 473
미카엘 세르베투스(Michael Servetus) 113, 227

ㅂ

바뤼흐 스피노자(Baruch de Spinoza) 123
반석(베드로) 311, 401-404
버트런드 러셀(Bertrand Russell) 8
범신론 23, 107
베르나르두스(Bernardus of Clairvaux) 178, 179, 246
베르너 하이젠베르크(Werner Heisenberg) 19

복음의 제사장 285, 419
본성의 탁월함(naturae excellentia) 171
분할 111
블레이즈 파스칼(Blaise Pascal) 150
비참한 상태(misera condito) 171
빚쟁이(복음에 빚진 자) 282-288

ㅅ

사도신경 106, 251, 253, 265, 312, 360
사도회 405
사랑의 유대(성찬) 447
사역적인 은총(gratiam operantem) 178
삼위일체 하나님의 구조적 이해 114
상속 88, 266, 272, 278
새 하늘과 새 땅 477, 480
서방 교회 107, 109
선악과 156, 173, 215, 324, 325, 351, 352
선행 28, 29, 66, 82, 86, 89, 99, 178, 191, 192, 199, 200, 375, 451
섭리 29, 30, 52, 76, 84, 92, 94, 97, 103, 106, 121, 128, 130, 133, 146-162, 165, 168, 182, 197, 280, 301, 305, 330, 334, 364, 365, 370, 395, 396, 405, 406, 407, 415, 420, 427, 428, 444, 445, 448, 453, 454, 462, 463, 468, 469, 470, 475
성경 26-27
　내적인 말씀(성령) 25
　성경의 규범성 13, 25, 61, 65-67, 74, 107,195, 202
　성경의 명료성 56-57
　성경의 무오성 53, 55-56
　성경의 신적인 속성 53, 54, 96
　성경의 영감성 53, 56-57, 60

성경의 완전성 53, 55-56
성경의 종결성 53
성경의 충분성 53, 56-57
성경의 평이성 53, 58-59
성경의 확실성 61-65,
성례 439-441
성육신 42, 58, 146, 165, 230, 231, 233, 243, 244, 271, 286, 421
성찬 444-450
성화 138-145, 338-340, 362, 382-383, 426, 431, 441, 443, 444, 479
세대주의 473
세례 442-444
수학적 사고 122, 123, 124
숩스탄티아(substantia) 109
『신앙의 원리』(Fidei ratio) 360
신약과 구약의 통일성 172, 223-224
신학의 심장 168
실재 108, 109, 111
실체 107-116
심판 33, 214, 264-265, 362, 386, 463, 471, 478, 480
십계명 200-223

ㅇ

아돌프 히틀러(Adolf Hitler) 150, 168, 243
아브라함 카이퍼(Abraham Kuyper) 362
아브라함 칼로비우스(Abraham Calovius) 255
아우크스부르크 신앙고백 384
아이작 뉴턴(Issac Newton) 123
안드레아스 오시안더(Andreas Osiander) 227
안셀무스(Anselm of Canterbury) 244

안식일 262, 380, 390, 421, 427-439
『안식일의 성화』(The Sabbath's Sanctification) 433
양자설 106
언약의 총화 320-321, 324,
에드문트 후설(Edmund Husserl) 125
에센티아(essentia) 109
에클레시아 310
열쇠권 405
영적인 통치 455
예정론 122, 128, 135-138, 168, 304, 321
『오락의 책』(A Declaration to Encourage Recreations and Sports on the Lord's Day) 437-438
오리게네스(Origenes) 177
오캄(William of Ockham) 229
오토 베버(Otto Weber) 361
요세푸스(Flavius Josephus) 253
요하네스 코케우스(Johannes Cocceius) 319
우상숭배 72, 217, 218, 353, 368, 369, 441
우시야 109
울리히 츠빙글리(Ulrich Zwingli) 256, 320, 360, 361
웨스트민스터 신앙고백 385
위격 29, 30, 106-116, 119
윌리엄 구지(William Gouge) 427, 433, 435
유기 120, 137, 151, 193, 205, 253, 255, 265, 356, 358
『율리아누스에 대한 반박문』(Contra Julianum) 193
율법 200-223
율법과 인간 213-223
율법의 폐기 206-209

은사 194, 195, 235, 236, 264, 265, 297, 300, 449, 451, 454, 458
의논 114, 116, 145, 168
의장 414-415
이그나티우스(Ignatius of Antioch) 328
이레나이우스(Irenaeus of Lyons) 201
이신론 23, 26, 159
이원론 75, 123, 452
이중 예정 133
이중적인 은총(duplicem gratiam) 178
이혼 346-347
인간의 구원 93
인간의 본성 99, 127, 150, 171-178, 180-186

ㅈ
자발성 86, 249, 286
자연의 인간화 155, 428
자유의지 190-199
장로교 409, 414,
재림 260, 274, 473, 475-478
전 성경과 오직 성경(tota et sola Scriptura) 222, 386
전천년설 473
정치적 통치 454, 455
제한적 속죄 133
존 스토트(John Stott) 184
존 칼빈(John Calvin) 27, 38, 56, 65, 106-114, 134, 135, 165, 169-172, 173-183, 192-197, 200-209, 222-230, 231-236, 246-258, 263-268, 293, 312, 320, 343, 361, 383-385, 393-394, 439-441, 443, 448-449, 454-457, 460, 464, 467
종말 471-481

죄의 속성 185-190
  반복성 185-186
  보편성 187-188
  은닉성 189-190
  적극성 185
  전염성 187
  중독성 186
  지배성 188-189
  지속성 185
  파괴성 186-187
주인과 종 348-356
주일 성수 76, 392, 420-439,
중보자 그리스도 225-231
쥘리앵 라메트리(Julien LaMettrie) 123
증인 31, 81, 102, 233, 258, 262, 263, 285, 286, 341, 357, 476
지옥 252-256, 266, 463
지체와 연합 332, 333, 336, 375, 406, 442, 444, 447
직분론 231, 236
진리의 영 181, 182
진화론 146, 147

ㅊ
천 년 472-473
충만 42, 44, 79, 88, 309, 326, 327, 333, 335, 341, 416, 449, 453, 470, 474-476
칭의 143-144, 202, 206, 254, 258-259, 267, 278-279, 319, 408, 420, 424-425, 444

ㅋ
칼 바르트(Karl Barth) 98, 256, 316

크리소스토무스(Johannes Chrisostomus) 176
키릴로스(Cyril of Alexandria) 254
키프리아누스(Caecilius Cyprianus) 179

ㅌ
타락 32, 49, 50, 52, 62, 67, 74, 92, 104, 129, 130, 133, 137, 165, 169-177, 181-183, 200, 206, 209, 221-223, 225, 228, 248, 305, 451
타락전 선택설 129, 130, 133
택자 137, 205, 235, 253, 265, 312-318, 319-327, 354-358, 361, 376, 380, 429, 431, 432, 445
토마스 아퀴나스(Thomas Aquinas) 36
토마스 홉스(Thomas Hobbes) 123
토마스 후커(Thomas Hooker) 406
특별한 표지 109

ㅍ
파블로 피카소(Pablo Picaso) 20
페르조나(persona) 108-109
프로스퍼(Prosper Aquitanus) 179
필론(Philon) 253

ㅎ
하나님 71-116
  거룩하심 98-102
  구별됨 108-110, 115-116
  무한성 86-90
  불변성 81-86
  성령 하나님 106-116
  성부 하나님 106-116
  성자 하나님 106-116
  영원성 77-81

영이신 하나님 71-76
의로우심 102-105
전능하심 94-98
지혜 90-94
삼위성 106-116
하나님의 속성 38, 71-105, 151, 198, 215, 245, 272
하나님의 이름 112
하나님의 존재 26, 29-30, 71, 106, 159, 161
하나님의 통일성 112, 124
하나님의 사역 119-162
　내적인 사역 30, 120
　선택 128-137, 138-151
　외적인 사역 30, 120, 146
　일반적인 작정 120
　특별한 작정(예정) 120
　하나님의 6일 창조 148
　하나님의 일 120
하나님의 영광 13, 33-35, 45, 82, 85, 98, 141, 143, 145, 149, 156, 214, 295, 296, 300, 305, 374, 404, 407, 460, 479
하나님의 형상 49, 149, 150, 165, 215, 229, 230, 271-273
하인리히 불링거(Heinrich Bullinger) 320
헤르만 바빙크(Herman Bavinck) 168, 236, 293, 314, 317, 318, 321, 327, 329, 451, 452
협력적인 은총(gratiam cooperantem) 178
후사 32, 273, 277
후천년설 473
휘포스타시스(hypostatis) 108
히에로니무스(Eusebius Hieronymus) 176
히포의 아우구스티누스(Augustinus of Hippo) 23, 25, 27, 108, 114, 124, 176, 177, 179, 180, 183, 193, 194, 204, 208, 247, 263, 318, 329, 352, 359, 440, 447, 448
힐라리우스(Hilarius of Poitiers) 112